Peter Wandscher/Dr. Christiane Wandscher

Von der Einstellung bis zur Kündigung
Arbeitsrecht für Arbeitgeber und Vorgesetzte

D1640173

Von der Einstellung bis zur Kündigung
Arbeitsrecht für Arbeitgeber und Vorgesetzte

Von
Rechtsanwalt und Notar
Peter Wandscher und Dr. Christiane Wandscher

3. Auflage

VSRW-Verlag • Bonn
Verlag für Steuern, Recht und Wirtschaft

Nähere Informationen zum gesamten Buchprogramm im Internet unter www.vsrw.de („Bücher")

Bibliografische Information der Deutschen Bibliothek
Die Deutsche Bibliothek verzeichnet diese Publikation in der Deutschen Nationalbibliografie; detaillierte bibliografische Daten sind im Internet über http://dnb.ddb.de abrufbar.

© Copyright VSRW-Verlag GmbH, Bonn 2009

VSRW-Verlag GmbH, Rolandstr. 48, 53179 Bonn, Fax: 0228 95124-90

ISBN 978-3-936623-47-5

Vorwort

Seit Erscheinen der 2. Auflage sind mehr als vier Jahre vergangen. Aufgrund verschiedener Gesetzesänderungen und der neuen Entwicklung der Rechtsprechung, insbesondere des Bundesarbeitsgerichts, ist die Aktualisierung des Handbuchs dringend erforderlich geworden. So musste das Allgemeine Gleichbehandlungsgesetz (AGG), das Bundeselterngeld- und Elternzeitgesetz (BEEG) und das Gesetz über den Ausgleich der Arbeitgeberaufwendungen für Entgeltfortzahlungen (Aufwendungsausgleichsgesetz, AAG) eingearbeitet werden. Das Teilzeit- und Befristungsgesetz (TzBfG) und das Berufsbildungsgesetz (BBiG) wurden geändert.

Ziel des Handbuches ist es nach wie vor, dem Leser einen systematischen Überblick in den Fragen des Arbeitsrechts zu geben, die im Unternehmensalltag auftauchen. Es sollen juristische Fehler, insbesondere bei Personalentscheidungen vermieden und praktische sowie taktische Hilfestellungen in diesem Zusammenhang gegeben werden.

Gesetzgebung, Rechtsprechung und Literatur sind bis Mitte März 2009 berücksichtigt.

Als weitere Autorin des Buchs konnte Frau Dr. Christiane Wandscher gewonnen werden. Hierdurch können insbesondere die Schnittstellen des Arbeitsrechts zum Sozialrecht vertieft dargestellt werden. Aufgrund ihres europarechtlichen Studienschwerpunkts können zusätzliche Bezüge hergestellt werden, die in der Praxis eine immer größere Rolle spielen.

Wir danken unseren Partnern und Mitarbeitern der Anwaltskanzlei Wandscher & Partner für viele wertvolle Hinweise. Besonders bedanken wir uns bei unserer Sekretärin Frau Anna-Vera Böckmann, die zuverlässig und mit großem Engagement das Manuskript betreut hat.

Oldenburg, im Mai 2009

Peter Wandscher

und

Dr. Christiane Wandscher

Inhaltsverzeichnis

Abkürzungsverzeichnis

a.A.	andere(r) Ansicht
a.a.O	am angegebenen Ort
Abs.	Absatz
AGBG	Gesetz zur Regelung des Rechts der Allgemeinen Geschäftsbedingungen
AGG	Allgemeines Gleichbehandlungsgesetz
Anm.	Anmerkung
AP	Arbeitsgerichtliche Praxis (Nachschlagewerk des Bundesarbeitsgerichts)
ArbG	Arbeitsgericht
ArbGG	Arbeitsgerichtsgesetz
ArbNErfG	Gesetz über Arbeitnehmererfindungen
ArbPlSchG	Arbeitsplatzschutzgesetz
ArbSchG	Arbeitsschutzgesetz
ArbStättV	Arbeitsstättenverordnung
ArbZG	Arbeitszeitgesetz
Art.	Artikel
Aufl.	Auflage
AÜG	Arbeitnehmerüberlassungsgesetz
ausf.	ausführlich
Az.	Aktenzeichen
BA	Bundesagentur für Arbeit
BAG	Bundesarbeitsgericht
BAGE	Entscheidungssammlung des BAG Bundesarbeitsgerichts
BAT	Bundesangestelltentarif/-vertrag
BB	Betriebs-Berater (Zeitschrift)
BBiG	Berufsbildungsgesetz
BEEG	Bundeserziehungsgeldgesetz
BeschFG	Beschäftigungsförderungsgesetz
BetrAVG	Gesetz zur Verbesserung der betrieblichen Altersversorgung
BetrVG	Betriebsverfassungsgesetz
BfA	Bundesversicherungsanstalt für Angestellte
BGB	Bürgerliches Gesetzbuch
BGH	Bundesgerichtshof
BImschG	Bundesimmissionsschutzgesetz
BIfSG	Bundesinfektionsschutzgesetz
BSeuchG	Bundesseuchengesetz
BUrlG	Bundesurlaubsgesetz
BVerfG	Bundesverfassungsgericht

bspw.	beispielsweise
bzgl.	bezüglich
bzw.	beziehungsweise
DB	Der Betrieb (Zeitschrift)
d.h.	das heißt
e.g.	eingangs genannt(e)
EZG	Entgeltfortzahlungsgesetz
EG	Europäische Gemeinschaft(en)
EStG	Einkommensteuergesetz
etc.	et cetera
EU	Europäische Union
EuGH	Europäischer Gerichtshof
evtl.	eventuell
EWG	Europäische Wirtschaftsgemeinschaft
EzA	Entscheidungssammlung zum Arbeitsrecht
EzAÜG	Becker, Entscheidungssammlung zum Arbeitnehmerüber-lassungsgesetz und zum sonstigen drittbezogenen Personaleinsatz (Loseblatt)
f., ff.	folgende
GG	Grundgesetz
GbR	Gesellschaft bürgerlichen Rechts
gem.	gemäß
GewO	Gewerbeordnung
ggf.	gegebenenfalls
grds.	grundsätzlich
HAG	Heimarbeitsgesetz
HGB	Handelsgesetzbuch
h.M.	herrschende Meinung
i.d.R.	in der Regel
InsO	Insolvenzordnung
i.R.	im Rahmen
i.S.v.	im Sinne von
i.V.m.	in Verbindung mit
JASchG	Jugendarbeitsschutzgesetz
KG	Kommanditgesellschaft
KSchG	Kündigungsschutzgesetz
LAG	Landesarbeitsgericht
LAGE	Landesarbeitsgerichtsentscheidungen
LFZG	Lohnfortzahlungsgesetz
LStDV	Lohnsteuer-Durchführungsverordnung

lt.	laut
LVA	Landesversicherungsanstalt
MitbestG	Mitbestimmungsgesetz
MTV	Manteltarifvertrag
MuSchG	Mutterschutzgesetz
MuSchV	Mutterschutzverordnung
m.w.N.	mit weiteren Nachweisen
NachwG	Nachweisgesetz
NJW	Neue Juristische Wochenschrift (Zeitschrift)
NJW-RR	Neue Juristische Wochenschrift, Rechtsprechungs-Report Zivilrecht (Zeitschrift)
Nr.	Nummer
NRW	Nordrhein-Westfalen
n.v.	nicht veröffentlicht
NZA	Neue Zeitschrift für Arbeits- und Sozialrecht
NZA-RR	NZA-Rechtsprechungs-Report Arbeitsrecht (Zeitschrift)
o.ä.	oder ähnliches
o.g.	oben genannt(e)
OHG	Offene Handelsgesellschaft
PflegeVG	Pflegeversicherungsgesetz
Rspr.	Rechtsprechung
RVO	Reichsversicherungsordnung
s.	siehe
SAE	Sammlung arbeitsrechtlicher Entscheidungen (Zeitschrift)
SeemG	Seemannsgesetz
SGB	Sozialgesetzbuch
SGG	Sozialgerichtsgesetz
sog.	sogenannte
SprAuG	Sprecherausschussgesetz
st. Rspr.	Ständige Rechtsprechung
TVG	Tarifvertragsgesetz
TzBfG	Gesetz über Teilzeitarbeit und befristete Arbeitsverträge
u.a.	unter anderem
u.U.	unter Umständen
v.a.	vor allem
vgl.	vergleiche
VO	Verordnung
z.B.	zum Beispiel
Ziff.	Ziffer
ZPO	Zivilprozessordnung

Literaturverzeichnis

Annuß, G. / Stamer, K.	Die Kündigung des Betriebsveräußerers auf Erwerberkonzept, NZA 2003, 1247 f
Bader, P.	Das Gesetz zu Reformen am Arbeitsmarkt: Neues im Kündigungsschutzgesetz und im Befristungsrecht, NZA 2004, 65 ff
Bauer, J. / Krieger, S.	Das Ende der außergerichtlichen Beilegung von Kündigungsstreitigkeiten?, NZA 2004, 640 ff
Bauer, J. / Krieger, S.	Neuer Abfindungsanspruch – 1a daneben?, NZA 2004, 77 ff
Bauer, J.	Arbeitsrechtliche Aufhebungsverträge, 7. Aufl., München 2004
Bauer, J.	Taktische Erwägungen im Zusammenhang mit § 12 KSchG, BB 1993, 2444 ff
Bayreuther, F.	Das Verbot der geltungserhaltenden Reduktion im Arbeitsrecht, NZA 2004, 953 ff
Becker / Etzel / Bader /Fischermeier / Friedrich / Lipke / Pfeiffer / Rost / Spiler / Vogt / Weigand / Wolf	Gemeinschaftskommentar zum Kündigungsschutzgesetz zu sonstigen kündigungsrechtlichen Vorschriften (KR), 7. Aufl., München 2004 (ziz.: KR-Bearbeiter)
Berkowsky, W.	Die personen- und verhaltensbedingte Kündigung, 4. Aufl., München 2005
Berkowsky, W.	Änderungskündigung und vorbehaltlose Annahme eines Änderungsangebotes NZA 2008, 26
Brors, C. / Schüren, P.	Kostensenkung durch konzerninterne Arbeitnehmerüberlassung BB 2005, 437
Brors, C. / Schüren, P.	Konzerninterne Arbeitnehmerüberlassung zur Kostensenkung BB 2004, 2745
Däubler, W.	Neues zur betriebsbedingten Kündigung, NZA 2004, 177 ff
Dieterich, T. / Müller-Glöge, R. / Preis, U. / Schaub, G.	Erfurter Kommentar zum Arbeitsrecht, 8. Aufl., München 2008 (zit.: ErfK/Bearbeiter)
Diller, M. / Krüger, S. / Arnold, C.	Kündigungsschutzgesetz plus Allgemeines Gleichbehandlungsgesetz NZA 2006, 887

Engelmann, G.	Die Tätigkeiten des BAG im Jahre 2006, Rechtsprechungsübersicht, NZA Sonderbeilage zu Heft 24/2007, S. 53
Gaul, B. / Niklas T.	Neue Grundsätze zur Sperrzeit bei Aufhebungsvertrag, Abwicklungsvereinbarung und gerichtlichem Vergleich NZA 2008, 137
Graefe, B.	Arbeitsrechtliche Gestaltungsmöglichkeiten in Zusammenhang mit Alkoholerkrankungen, BB 2001, 1251 ff
Gross, H. / Wesch, M.	Änderungen des Haftungsrechts im Arbeitsverhältnis, NZA 2008, 849
Hage, M. / Heitmann, J.	Mobbing – ein modernes betriebliches Konfliktfeld, BB 1998, 742
Hauck, F.	Neueste Entwicklung der Rechtsprechung zu § 613a BGB, Sonderbeilage zu NZA 18/2004, 17 ff
Küttner, W.	Personalbuch 2008, 15. Aufl., München 2008
Melms, C. / Lipinski, W.	Absenkung des Tarifniveaus durch die Gründung von AÜG-Gesellschaften als alternative oder flankierende Maßnahme zum Personalabbau, BB 2004, 2409
Palandt, O.	Bürgerliches Gesetzbuch, 67. Aufl., München 2008 (zit.: Palandt/Bearbeiter)
Preis, U. / Greiner, S.	Vertragsgestaltung bei Bezugnahmeklauseln nach der Rechtsprechungsänderung des BAG, NZA 2007, 1073
Reichert, W.	Der Zugangsnachweis beim Einwurf-Einschreiben, NJW 2001, 2523 f
Reinecke, G.	Vertragskontrolle im Arbeitsrecht nach der Schuldrechtsreform, Sonderbeilage zu NZA 8/2004, 27 ff
Richardi, R.	Betriebsverfassungsgesetz, 11. Aufl., München 2008
Richardi, R. / Wlotzke, O.	Münchener Handbuch zum Arbeitsrecht, Individualarbeitsrecht Band 1 und 2, 2. Aufl., München 2000 (zit.: MünchArbR/Bearbeiter)
Sasse, S.	Hilfspolizist Arbeitnehmer – oder sinnvolle Neuregelung?, NZA 2008, 990

Schaub, G.	Steuerrechtliche und sozialversicherungs-rechtliche Behandlung der Abfindung, BB 1999, 1059 ff
Schaub, G.	Arbeitsrechts-Handbuch, 12. Aufl., München 2007
Schiek, D	Gleichbehandlungsrichtlinien der EU – Umsetzung im deutschen Arbeitsrecht, NZA 2004, 873 ff
Schmidt, I.	Die Beteiligung der Arbeitnehmer an den Kosten der beruflichen Bildung, NZA 2004, 1002 ff
Tschöpe, U.	Betriebsbedingte Kündigung, BB 2000, 2630 ff
Tschöpe, U.	Personenbedingte Kündigung, BB 2001, 2110 ff.
Willemsen, H. / Annuß, G.	Kostensenkung durch konzerninterne Arbeitnehmerüberlassung, BB 2005, 437 ff.
Wisskirchen, G.	Die steuerliche Behandlung von Entlastungsentschädigungen ab 1999, NZA 1999, 406 ff.

A. Grundbegriffe und Rechtsquellen des Arbeitsrechts

I. Grundbegriffe des Arbeitsrechts

1. Arbeitnehmer

a) Definition

Der Arbeitnehmerbegriff findet sich etwa in § 2 BUrlG, in § 5 BetrVG oder auch in §5 ArbGG. Gleichwohl ist der Begriff des „Arbeitnehmers" (gesetzlich) damit nicht abschließend und allgemeingültig definiert.

In Übereinstimmung mit der arbeitsgerichtlichen Rechtsprechung ist eine Person aber immer dann als Arbeitnehmer zu betrachten, wenn sie auf Grund eines

- privatrechtlichen Vertrags oder gleichgestellten Rechtsverhältnisses

- zur Leistung von Arbeit für einen anderen verpflichtet ist

- und diese Arbeit persönlich abhängig leistet.

Es kommt nicht darauf an, wie die Vertragsparteien das Vertragsverhältnis bezeichnen; der Status des Beschäftigten ist nicht vom Wunsch oder der Vorstellung der Vertragspartner abhängig, sondern richtet sich danach, wie die Vertragsbeziehung objektiv einzuordnen ist. Der wirkliche Geschäftsinhalt ist den ausdrücklich getroffenen Vereinbarungen und der praktischen Durchführung des Vertrags zu entnehmen. Wenn der Vertrag abweichend von den ausdrücklichen Vereinbarungen vollzogen wird, ist die tatsächliche Durchführung maßgebend. Denn die praktische Handhabung lässt Rückschlüsse darauf zu, von welchen Rechten und Pflichten die Parteien in Wirklichkeit ausgegangen sind (vgl. etwa BAG, EzA zu § 611 BGB Nr. 26 Arbeitnehmerbegriff).

b) Voraussetzungen

aa) Privatrechtlicher Vertrag

Eine Person wird grundsätzlich nur auf Grundlage eines privatrechtlichen Vertrags – dem **Arbeitsvertrag** als Unterfall des Dienstvertrags gem. §611 BGB – zum Arbeitnehmer. Mit einem solchen privatrechtlichen Vertrag dokumentiert der Arbeitnehmer, dass er sich freiwillig mit dem Willen zur Arbeitsleistung in die Dienste eines anderen begibt.

Keine Arbeitnehmer im Sinne der obigen Definition sind also beispielsweise Beamte, Richter oder Soldaten (Arbeitsleistung auf Grund eines öffentlich-rechtlichen Dienstverhältnisses) oder Familienangehörige, deren Tätigkeit lediglich auf einer familienrechtlichen Verpflichtung beruht (Arbeitsleistung aufgrund familienrechtlicher Vorschriften).

bb) Gleichgestelltes Rechtsverhältnis

Das Merkmal des gleichgestellten Rechtsverhältnisses ist in die Definition des Arbeitnehmerbegriffs mit aufgenommen worden, um zu verhindern, dass eine Person, die Arbeit für einen anderen leistet oder geleistet hat, ihre Arbeitnehmereigenschaft verliert, wenn sich herausstellt, dass der Arbeitsvertrag z.B. wegen Sittenwidrigkeit oder Abschluss durch einen nicht bevollmächtigten Vertreter unwirksam ist.

cc) Arbeitsleistung für einen anderen

Mit dem Merkmal „für einen anderen" soll der „Arbeitnehmer" abgegrenzt werden von den Gesellschaftern einer BGB-Gesellschaft gem.§ 705 BGB bzw. einer Personenhandelsgesellschaft (OHG, KG –§§105ff., 161 HGB), die sich gem. § 706 III BGB im Gesellschaftsvertrag verpflichten können, den ihnen obliegenden Gesellschafterbeitrag in Form einer Dienstleistung zu erbringen.

Soweit die Verpflichtung zur Dienstleistung gesellschaftsvertraglich übernommenen Pflichten entspringt, liegt also keine Arbeit für einen anderen vor. Etwas anderes gilt aber dann, wenn der Gesellschafter sich über den Gesellschaftsvertrag hinaus – also daneben –verpflichtet, Dienste für die Gesellschaft zu leisten.

dd) Persönliche Abhängigkeit

Die Frage, ob die Dienstleistung unselbstständig, also in persönlicher Abhängigkeit, oder selbstständig erbracht wird, lässt sich nur anhand einer wertenden Gesamtschau aller Vertragsumstände beantworten.

Dabei kommt drei Abgrenzungsmerkmalen eine besondere Bedeutung zu:

(1) Zur Abgrenzung Arbeitnehmer / Selbstständiger ist zunächst auf § 84 I 2 HGB abzustellen, wonach der Selbstständige im Wesentlichen frei seine Tätigkeit gestalten und seine Arbeitszeit bestimmen kann. Diese Vorschrift bezieht sich zwar unmittelbar lediglich auf die Abgrenzung zwischen dem selbstständigen Handelsvertreter und dem unselbstständigen Handlungsgehilfen; sie wird vom BAG jedoch wegen ihrer allgemeinen gesetzgeberischen Wertung als typisches Abgrenzungsmerkmal generell herangezogen.

Ist der Dienstleistende weisungsunterworfen bezüglich der Art und Weise, des Umfangs oder Ortes der zu erbringenden Dienstleistung, so spricht dies dafür, dass er seine Tätigkeit nicht selbstständig, sondern in persönlicher Abhängigkeit erbringt.

Dabei ist jedoch zu beachten, dass etwa das Fehlen einer fachlichen Weisungsgebundenheit die persönliche Abhängigkeit nicht unbedingt ausschließt: Je spezieller die Kenntnisse und Fertigkeiten des Arbeitnehmers, z.B. bei hoch spezialisierten IT-Fachleuten, Chefärzten etc., desto seltener werden Weisungen hinsichtlich Inhalt und Durchführung der Tätigkeit durch den Arbeitgeber erfolgen. Den Dienstverpflichteten verbleibt bei derartigen **Diensten höherer Art** ein hohes Maß an Gestaltungsfreiheit, Eigeninitiative und fachlicher Selbstständigkeit.

(2) Ebenso weist das arbeitsorganisatorische Abhängigkeitsmoment, das bei Eingliederung in einen fremden Produktionsbereich (Betrieb) bzw. in eine fremdbestimmte Arbeitsorganisation vorliegt, darauf hin, dass ein persönliches Abhängigkeitsverhältnis gegeben ist.

Für eine solche Eingliederung sprechen etwa die Bindung an bestimmte Örtlichkeiten (Betriebsstätten) bzw. festgelegte Arbeits- und Pausenzeiten, die erforderliche Zusammenarbeit mit anderen Dienstpflichtigen, die Nutzung fremder Produktionsmittel, die Unterordnung unter einen fremden Produktionsplan oder die Ausübung von Arbeitskontrollen über die Arbeitsleistung des Dienstverpflichteten.

(3) Des Weiteren kann von dem Vorliegen eines persönlichen Abhängigkeitsverhältnisses des Dienstleistenden ausgegangen werden, wenn dieser seine Arbeitskraft in einem so hohen Maße für fremdnützige Zwecke einbringt, dass er insgesamt nicht mehr die Möglichkeit hat, frei über seine Arbeitskraft zu verfügen und sie unternehmerisch einzusetzen.

Daraus kann aber nicht der Umkehrschluss gezogen werden, dass derjenige, der einer Neben- oder Teilzeitbeschäftigung mit einer geringen Arbeitszeit nachgeht, grundsätzlich unabhängige, d.h. selbstständige Arbeit verrichtet.

Sollten die vorgenannten drei wesentlichen Abgrenzungsmerkmale noch keine sichere Zuordnung ermöglichen, so kommt die ergänzende Heranziehung weniger aussagekräftiger Indizien in Betracht: Liegt das unternehmerische Risiko beim Dienstberechtigten, leistet dieser Entgeltfortzahlung im Krankheitsfall oder wird von ihm bezahlter Erholungsurlaub gewährt, so kann dies auf das Vorliegen einer persönlich abhängigen Tätigkeit des Dienstverpflichteten hindeuten.

Eher ungeeignet für eine klare Abgrenzung zwischen Arbeitnehmer und Selbstständigem sind formale Umstände wie die Art der Entlohnung (festes Gehalt oder erfolgsabhängige Vergütung), die Abführung von Lohnsteuer und Sozialversicherungsbeiträgen durch den Dienstberechtigten oder die Führung von Personalakten (vgl. etwa BAG, EzA zu § 611 BGB Nr. 44 Arbeitnehmerbegriff).

c) Einteilung der Arbeitnehmer in Arbeiter und Angestellte

Nach Angleichung der bis 1993 geltenden unterschiedlichen gesetzlichen Kündigungsfristen für Arbeiter und Angestellte und der Vereinheitlichung der Entgeltfortzahlungsansprüche im Krankheitsfall im Jahre 1994 hat die Einteilung der Arbeitnehmer in die Gruppe der Arbeiter und die Gruppe der Angestellten weitgehend an Bedeutung verloren. Gelegentlich findet sich diese Unterscheidung noch in Tarifverträgen.

Lediglich in wenigen Ausnahmefällen wird überhaupt noch eine Unterscheidung vorgenommen. So findet beispielsweise in sozialversicherungsrechtlicher Hinsicht eine Unterscheidung statt bei der Frage, ob die LVA oder die BfA als Rentenversicherungsträger fungiert (§ 133 I SGB VI) und arbeitsrechtlich im Hinblick auf mögliche differenzierende Regelungen in Tarifverträgen oder Betriebsvereinbarungen.

In Anlehnung an die Wertung des § 133 II SGB VI sind **Angestellte** Beschäftigte, deren Arbeit geprägt ist von kaufmännischer oder büromäßiger Tätigkeit. Im Zweifel spricht eine überwiegend geistige Tätigkeit für die Einordnung des Arbeitnehmers in die Gruppe der Angestellten, wobei dieses Kriterium aber angesichts der technischen Entwicklung, die auch an (Fach-)Arbeiter zunehmend höhere geistige Anforderungen stellt, immer mehr an Aussagekraft verliert.

Für **Arbeiter** findet sich keine gesetzliche Definition, insoweit ist negativ abzugrenzen: Arbeiter sind diejenigen Arbeitnehmer, die nicht Angestellte sind.

2. Leitende Angestellte

Leitende Angestellte nehmen als Arbeitnehmer eine arbeitsrechtliche Sonderstellung ein. Sie stehen in der innerbetrieblichen Hierarchie quasi zwischen Arbeitnehmer und Arbeitgeber. Anders als der Arbeitnehmer, der seine Aufgaben weisungsgebunden erfüllt, ist der leitende Angestellte in geringerem Maße weisungsunterworfen und mit weitgehender Entscheidungskompetenz ausgestattet, so dass er zu einem großen Teil Arbeitgeberfunktionen wahrnimmt und damit von der Interessenlage her eher auf Seiten des Arbeitgebers als auf Seiten des Arbeitnehmers steht.

Eine einheitliche gesetzliche Begriffsbestimmung des leitenden Angestellten gibt es nicht, wenngleich in den Gesetzen zunehmend ausdrücklich auf den Begriff des leitenden Angestellten i.S. des § 5 III BetrVG Bezug genommen wird (vgl. §§ 18 I Ziff.1 ArbZG, 3 I Ziff.2 MitbestG).

Nach § 5 III BetrVG ist leitender Angestellter derjenige Arbeitnehmer, der **zur selbstständigen Einstellung oder Entlassung von Arbeitnehmern berechtigt** ist (Ziff.1) oder Generalvollmacht bzw. Prokura hat (Ziff.2), also bestimmte formale Kriterien erfüllt.

Gem. § 5 III Ziff. 3 BetrVG ist auch derjenige leitender Angestellter, der regelmäßig sonstige Aufgaben wahrnimmt, die für den Bestand und die Entwicklung des Unternehmens oder Betriebs von Bedeutung sind und deren Erfüllung besondere Erfahrungen oder Kenntnisse voraussetzt, soweit er Entscheidungen im Wesentlichen frei von Weisungen treffen kann oder sie maßgeblich beeinflusst. Danach ist also ein Arbeitnehmer als leitender Angestellter anzusehen, wenn er in Anwendung seiner besonderen Kenntnisse und Erfahrungen nicht nur vorübergehend unternehmerische Aufgaben wahrnimmt, also für Planung, Leitung bzw. Organisation Verantwortung trägt. Dabei trifft er die Entscheidungen selbst (**Linienfunktion**) oder die Entscheidungen werden durch seine beratende Tätigkeit erheblich beeinflusst, d.h. sein Wort „hat Gewicht" (**Stabsfunktion**).

Aus der arbeitnehmeruntypischen Stellung des leitenden Angestellten und der sich daraus ergebenden geringer ausgeprägten Schutzbedürftigkeit rechtfertigen sich eine Reihe von arbeitsrechtlichen Differenzierungen:

- So ist der Kündigungsschutz gem. §§ 14 II, 17 V Ziff.3 KSchG wesentlich schwächer ausgeprägt als bei Arbeitnehmern, die nicht leitende Angestellte sind.

  Gem. § 14 II 2 KSchG kann z.b. der Arbeitgeber im Kündigungsschutzprozess gegen seinen leitenden Angestellten beim Arbeitsgericht den Antrag stellen, das Arbeitsverhältnis (gegen Zahlung einer entsprechenden Abfindung) aufzulösen. Dieser Antrag bedarf nach der gesetzlichen Regelung keiner Begründung. Trotz einer unwirksamen Kündigung muss das Arbeitsgericht einem Antrag des Arbeitgebers auf Auflösung des Arbeitsverhältnisses mit einem leitenden Angestellten ohne weitere Prüfung in jedem Fall entsprechen. In anderen Fällen sind Auflösungsanträge nur ausnahmsweise begründet (§ 9 I KSchG).

- Auch ist das Betriebsverfassungsgesetz für leitende Angestellte grundsätzlich nicht anwendbar (§ 5 III 1 BetrVG). Entsprechende betriebliche Mitbestimmungsregelungen für leitende Angestellte finden sich aber im Sprecherausschussgesetz.

- Die Schutzvorschriften des Arbeitszeitgesetzes (Höchstarbeitszeiten, Pausen- und Ruhezeiten, Sonn- und Feiertagsruhe etc.) gelten gem. § 18 I Ziff. 1 ArbZG ebenfalls nicht für leitende Angestellte.

- Weitere Sonderbestimmungen finden sich etwa in § 15 II 2 Ziff. 2 MitbestG (Zuerkennung eines Sitzes im Aufsichtsrat) oder §§ 22 II Ziff. 2 ArbGG, 16 IV Ziff. 4 SGG (leitende Angestellte als ehrenamtliche Richter bei den Arbeits- und Sozialgerichten auf Arbeitgeberseite).

- Schließlich hat auch die BAG-Rechtsprechung dazu beigetragen, dass bei leitenden Angestellten besondere Maßstäbe angesetzt werden. So werden an das Vorliegen des wichtigen Grundes zur außerordentlichen Kündigung oder personen- bzw. verhaltensbedingter Gründe bei einer ordentlichen Kündigung geringere Anforderungen gestellt.

- Es werden erhöhte Erwartungen in die leitenden Angestellten in Bezug auf ihre Treue-, Rechenschafts-, Prüfungs- oder Überwachungspflichten gesetzt. Auch wird von den leitenden Angestellten ein erhöhtes Maß an Arbeitsleistung erwartet, ohne dass dadurch ein grundsätzlicher Überstundenvergütungsanspruch ausgelöst werden würde, was allerdings im Allgemeinen auch mit einer ohnehin höheren Vergütung des leitenden Angestellten korrespondiert.

3. Organe juristischer Personen

Eine Reihe von arbeitsrechtlichen Gesetzen bestimmen, dass die Organe juristischer Personen, so etwa GmbH-Geschäftsführer, aus ihrem Geltungsbereich herausfallen:

- Gem. § 5 II Ziff. 1 BetrVG gelten Organe juristischer Personen nicht als Arbeitnehmer mit der Folge, dass das Betriebsverfassungsgesetz auf diese Gruppe von Dienstverpflichteten keine Anwendung findet.

- Nach § 17 V Ziff. 1 KSchG werden Organe juristischer Personen ebenfalls nicht als Arbeitnehmer betrachtet, so dass für sie das Kündigungsschutzgesetz nicht anwendbar ist.

- In § 3 I 2 MitbestG werden die Mitglieder der Vertretungsorgane juristischer Personen nicht als Arbeitnehmer angesehen. Das Mitbestimmungsgesetz findet für diese Personengruppe daher keine Anwendung.

- Auch in § 5 I 3 ArbGG wird festgestellt, dass die Mitglieder des Vertretungsorgans juristischer Personen nicht als Arbeitnehmer gelten. Unabhängig davon, ob die Organmitglieder auf Grund der tatsächlichen Ausgestaltung ihres Dienstvertrags (z.B. eingeschränkte Kompetenzen im Innenverhältnis) als Arbeitnehmer i.S.v. § 5 I 1 ArbGG oder wegen einer wirtschaftlichen Abhängigkeit als arbeitnehmerähnliche Personen i.S.v. § 5 I 2 ArbGG gelten, nimmt § 5 I 3 ArbGG diesen Personenkreis allein auf Grund der Organstellung generell aus dem Zuständigkeitsbereich der Arbeitsgerichte heraus. In den Anwendungsbereich von § 5 I 3 ArbGG fällt auch der Geschäftsführer einer Vor-GmbH (BAG, NJW 1996 2678). Dies ist eine Gesellschaft, die durch Abschluss des (notariellen) Gesellschaftsvertrags zwar errichtet, aber noch nicht im Handelsregister eingetragen worden ist.

Eine Ausnahmeregelung enthält in dieser Hinsicht allerdings § 2 IV ArbGG. Danach kann die Zuständigkeit des Arbeitsgerichts bei Streitigkeiten im

Zusammenhang mit der Organmitgliedschaft zwischen der GmbH und dem GmbH-Geschäftsführer als Mitglied des Vertretungsorgans vereinbart werden.

Auch wenn Ansprüche geltend gemacht werden, die auf einem gleichzeitig bestehenden oder ehemaligen Arbeitsverhältnis beruhen und in keinem Zusammenhang mit der Organmitgliedschaft stehen (Doppelstellung als Arbeitnehmer und Organ), ist der Weg zu den Arbeitsgerichten regelmäßig eröffnet. Die gleichzeitige Organstellung des die Klage erhebenden Dienstverpflichteten ist in dem Fall unerheblich.

4. Arbeitnehmerähnliche Personen

Arbeitnehmerähnliche Personen stehen quasi zwischen dem Arbeitnehmer, der seine Dienste in persönlicher Abhängigkeit erbringt, und dem Selbstständigen. Typischerweise sind arbeitnehmerähnliche Personen **nicht in die innerbetriebliche Organisation eingegliedert** und im Wesentlichen **frei bei ihrer Zeiteinteilung**, so dass ihre persönliche Abhängigkeit und Weisungsgebundenheit weniger stark ausgeprägt ist und sie deshalb nicht als Arbeitnehmer zu qualifizieren sind. Bei ihnen tritt das Merkmal der wirtschaftlichen Abhängigkeit in den Vorder- grund. Als wirtschaftlich abhängig können solche Personen betrachtet werden, die ihre Arbeitskraft einsetzen, um ihre Lebensgrundlage zu erwirtschaften, und dabei im Wesentlichen für einen Vertragspartner tätig sind.

In Anlehnung an die Legaldefinition des §12a I Ziff. 1 TVG muss nach der Rechtsprechung des BAG noch eine dem Arbeitnehmer gleichgestellte **soziale Schutzbedürftigkeit** hinzukommen (BAG, NJW 1996, 2678). Diese liegt i.d.R. dann vor, wenn die Abhängigkeit des Dienstleistenden von dem Vertragspartner ein solches Maß erreicht, wie es allgemein nur in einem Arbeitsverhältnis vorkommt.

Ob eine Person als arbeitnehmerähnlich einzustufen ist, wird also im Einzelfall an **zwei Kriterien** festgemacht: der **wirtschaftlichen Abhängigkeit** des ansonsten selbstständig Tätigen sowie der daraus resultierenden, einem Arbeitnehmer vergleichbaren **sozialen Schutzbedürftigkeit**.

Als arbeitnehmerähnliche Personen kommen etwa Hausgewerbetreibende, Einfirmenhandelsvertreter, also Handelsvertreter die lediglich für einen Unternehmer tätig sind, oder freie Mitarbeiter in Betracht. Ob sie tatsächlich als arbeitnehmerähnlich zu qualifizieren sind, muss im Einzelfall anhand der oben dargestellten Kriterien geprüft werden.

Obwohl das Arbeitsrecht auf arbeitnehmerähnliche Personen wegen ihrer fehlenden Arbeitnehmereigenschaft nicht anwendbar ist, wird dieser Personenkreis wegen der wirtschaftlichen Abhängigkeit und damit zusammenhän-

gender sozialer Schutzbedürftigkeit in diversen arbeitsrechtlichen Regelungs-
materien teilweise den Arbeitnehmern gleichgestellt:

- So finden etwa die Vorschriften des Bundesurlaubsgesetzes gem. § 2 Satz
  2 BUrlG auch auf arbeitnehmerähnliche Personen Anwendung.

- Nach § 5 I 2 ArbGG sind für Rechtsstreitigkeiten im Zusammenhang mit
  dem Dienstverhältnis einer arbeitnehmerähnlichen Person die Arbeitsgerichte zuständig.

- Arbeitnehmerähnliche Personen i.S.d. § 12a TVG werden in den Geltungsbereich des Tarifvertragsgesetzes einbezogen, so dass die Regelungen des
  TVG auch für diese Personengruppe gelten.

5. Heimarbeiter

Eine Definition des Heimarbeiters findet sich in § 2 I HAG. Danach arbeitet ein
Heimarbeiter in selbst gewählter Arbeitsstätte erwerbsmäßig, d.h. auf gewisse Dauer angelegt und auf die Bestreitung des Lebensunterhalts gerichtet, für
einen Gewerbetreibenden, wobei er diesem die Verwertung seiner Arbeitser-
gebnisse überlässt.

In Heimarbeit beschäftigte Personen sind keine Arbeitnehmer, denn sie arbeiten weisungsungebunden und persönlich unabhängig. So können sie die
Dauer und Lage ihrer Arbeitszeit, den Ort der Arbeitsleistung sowie die Reihenfolge der Arbeit nach eigenem Ermessen bestimmen und gem. § 2 I HAG sogar
Hilfspersonen hinzuziehen.

Für in Heimarbeit Beschäftigte gelten die speziellen Regelungen des Heimar-
beitsgesetzes.

Wegen ihrer wirtschaftlichen Abhängigkeit und der damit zusammenhängenden besonderen Schutzbedürftigkeit sind Heimarbeiter in einigen Bestimmungen des Arbeitsrechts den Arbeitnehmern gleichgestellt worden bzw. enthalten einzelne Gesetze Sonderregelungen für Heimarbeiter:

- § 5 I 2 ArbGG begründet die Zuständigkeit der Arbeitsgerichte für Streitigkeiten aus Heimarbeitsverhältnissen.

- Gem. § 5 I 2 BetrVG unterfallen auch in Heimarbeit Beschäftigte dem Rege-
  lungsbereich des BetrVG.

- Für in Heimarbeit tätige werdende Mütter gelten gem. § 1 Ziff.2 MuSchG
  die Regelungen des MuSchG.

- In Heimarbeit beschäftigte Eltern haben Anspruch auf Elternzeit (frühere
  Bezeichnung: Erziehungsurlaub) nach § 20 II BEEG.

- Auch das SGB IX enthält in § 127 spezielle Regelungen für in Heimarbeit beschäftigte schwerbehinderte Personen, so z.b. besondere Kündigungsfristen (§ 127 II SGB IX) oder Urlaubsansprüche (§ 127 III SGB IX).

- Der Urlaubsanspruch der in Heimarbeit Beschäftigten wird gem. § 2 i.V.m. §12 BUrlG wegen der Besonderheiten der Heimarbeit speziell geregelt.

- Das EFZG beinhaltet eigens für den Bereich der Heimarbeit geltende Regelungen, die die wirtschaftliche Sicherung von in Heimarbeit Beschäftigten im Krankheitsfall sowie an gesetzlichen Feiertagen sichern soll (§§ 1, 10 und 11 EFZG).

- Das KSchG findet auf Heimarbeiter keine Anwendung, hierfür enthält das HAG in den §§ 29, 29a HAG spezielle Regelungen.

Gem. §12 II SGB IV gelten Heimarbeiter als Beschäftigte i.S.d. Sozialversicherungsrechts und sind damit trotz der fehlenden Arbeitnehmereigenschaft in vollem Umfang sozialversicherungspflichtig, d.h. es besteht Versicherungspflicht in Bezug auf Kranken-, Pflege-, Renten-, Arbeitslosen- und Unfallversicherung.

Trotz fehlender Arbeitnehmereigenschaft sind die in Heimarbeit Beschäftigten mit ihren Einkünften **lohnsteuerpflichtig** (ausgenommen sind Zuschläge, die zur Abgeltung von durch die Heimarbeit bedingten Mehraufwendungen bestimmt sind).

6. Handelsvertreter

Nach der gesetzlichen Definition des § 84 I HGB ist Handelsvertreter, wer als selbstständiger Gewerbetreibender ständig damit betraut ist, für einen anderen Unternehmer Geschäfte zu vermitteln oder in dessen Namen abzuschließen. Dabei ist nach § 84 I 2 HGB selbstständig, wer **seine Tätigkeit im Wesentlichen frei gestalten** und **seine Arbeitszeit bestimmen** kann. Bei der Abgrenzung zwischen selbstständiger und unselbstständiger Tätigkeit kommt es nicht in erster Linie auf die vertragliche Vereinbarung dem Wortsinne nach an, sondern auf die tatsächliche Durchführung des Vertrags (s.o. unter A I 1 a).

Handelsvertreter, die vertraglich lediglich für einen Unternehmer tätig werden dürfen oder denen es nach Art und Umfang der von ihnen verlangten Tätigkeit nicht möglich ist, für mehrere Unternehmer tätig zu sein (§ 92a I HGB), werden als „**Einfirmenhandelsvertreter**" bezeichnet.

Auf Grund ihrer selbstständigen Tätigkeit sind Handelsvertreter nicht als Arbeitnehmer zu betrachten. Insofern stellt § 84 II HGB noch einmal klar, dass derjenige, der diese Aufgaben als Nichtselbstständiger wahrnimmt, nicht Handelsvertreter, sondern kaufmännischer Angestellter, also Arbeitnehmer ist.

Wegen der fehlenden Arbeitnehmereigenschaft des Handelsvertreters findet das Arbeitsrecht auf diese Personengruppe nur sehr eingeschränkt Anwendung, auch in steuer- und sozialversicherungsrechtlicher Hinsicht gelten einige Besonderheiten:

- So richten sich die Kündigungsfristen für ein auf unbestimmte Zeit eingegangenes Vertragsverhältnis eines Handelsvertreters anders als für Arbeitnehmer nicht nach § 622 BGB, sondern nach § 89 HGB. Danach unterfällt der Handelsvertreter wesentlich schneller dem Schutz längerer Kündigungsfristen als der Arbeitnehmer. Das Dienstverhältnis eines Handelsvertreters ist bereits bei einer Vertragsdauer ab fünf Jahren nur mit einer Frist von sechs Monaten kündbar. Um den Schutz einer sechsmonatigen Kündigungsfrist zu erlangen, muss das Arbeitsverhältnis eines Arbeitnehmers dagegen gem. § 622 II Ziff. 6 BGB 15 Jahre bestanden haben.

- Anders als im Arbeitsverhältnis, wo gem. § 626 II BGB jeder Vertragteil die Kündigung aus wichtigem Grund ohne Einhaltung einer Kündigungsfrist nur innerhalb von zwei Wochen nach Kenntniserlangung der maßgeblichen Tatsachen aussprechen kann, gilt eine entsprechende Erklärungsfrist im Falle des § 89a HGB, der die fristlose Kündigung von Handelsvertreterverträgen abschließend regelt, nicht (vgl. dazu BGH, NJW 1987, 57).

- Im Gegensatz zum Arbeitnehmer, dem gem. § 630 BGB bei Beendigung des Arbeitsverhältnisses ein Zeugnis zusteht, hat der Handelsvertreter keinen Anspruch auf ein Arbeitszeugnis. Etwas anderes gilt nur dann, wenn es sich um einen Einfirmenhandelsvertreter i.S.v. § 92a HGB handelt.

- Ein gesetzlicher Urlaubsanspruch steht dem Handelsvertreter nur dann zu, wenn er wegen seiner wirtschaftlichen Abhängigkeit als arbeitnehmerähnliche Person i.S.v. § 2 Satz 2 BUrlG anzusehen ist, was regelmäßig nur bei Einfirmenhandelsvertretern in Betracht kommt.

- Für Streitigkeiten aus Handelsvertreterverträgen sind gem. § 5III ArbGG ausnahmsweise nicht die Zivilgerichte, sondern die Arbeitsgerichte zuständig, wenn es sich bei dem Handelsvertreter um einen Einfirmenhandelsvertreter gem. § 92a HGB handelt, der zudem während der letzten sechs Monate des Vertragsverhältnisses, im Durchschnitt monatlich nicht mehr als 1.000 € auf Grund des Vertragsverhältnisses an Vergütung tatsächlich bezogen hat. Zur Vergütung gehören dabei auch Provisionen sowie der Ersatz der im Geschäftsbetrieb entstandenen Auslagen.

- Das Tarifvertragsgesetz ist gem. § 12a IV TVG auf Handelsvertreter nicht anzuwenden. Daher können Handelsvertreter nicht tarifgebunden sein.

- In steuerrechtlicher Hinsicht ist zu beachten, dass Handelsvertreter **nicht lohnsteuerpflichtig** sind, da sie keine Arbeitnehmer i.S.v. § 1 LStDV sind. Sie haben die Einkommensteuer dementsprechend selbst abzuführen.

- Schließlich unterliegen Handelsvertreter gem. §§ 2 und 7 SGB IV nicht der Sozialversicherungspflicht.

7. Der „Scheinselbstständige" in Abgrenzung zum Selbstständigen

a) Problemstellung

Unter „Scheinselbstständigen" sind Personen zu verstehen, die formal als Selbstständige arbeiten, tatsächlich aber weisungsabhängige, unselbstständige Arbeitnehmer sind.

Wegen ihrer tatsächlich nicht selbstständigen Tätigkeit sind diese Personen sozialversicherungs- und lohnsteuerpflichtig.

Ob im Einzelfall eine abgabenpflichtige Beschäftigung vorliegt und der Auftraggeber damit zur Abführung der Sozialversicherungsabgaben verpflichtet ist, kann unter Heranziehung des § 7 SGB IV festgestellt werden.

b) Vermutung eines Beschäftigungsverhältnisses

Nach § 7 I SGB IV spricht für eine abhängige Beschäftigung eine Tätigkeit nach Weisungen sowie eine Eingliederung in die Arbeitsorganisation des Vertragspartners.

Bei Zweifeln hinsichtlich der Selbstständigkeit eines Erwerbstätigen kann auf Abgrenzungskriterien zurückgegriffen werden, die von der Rechtsprechung entwickelt worden sind. Diese Kriterien hatte der Gesetzgeber in § 7 IV SGB IV a.f. kodifiziert, die Bestimmung jedoch mit Wirkung vom 01.01.2003 neu gefasst und die alte Vermutungsregelung aufgehoben.

Inhaltlich ändert diese Gesetzesneufassung an der Abgrenzung zwischen abhängiger Beschäftigung und Selbstständigkeit jedoch nichts. Denn auch die Vermutungskriterien des § 7 IV SGB IV a.f. hatten nur die bereits anerkannten Abgrenzungskriterien aufgegriffen. Im Einzelnen weisen folgende Kriterien auf eine abhängige Beschäftigung hin:

- Der Erwerbstätige erbringt die Arbeitsleistung ausschließlich persönlich.

- Er beschäftigt keine anderen Arbeitnehmer.

- Er verfügt über kein Eigenkapital.

- Er wird ausschließlich oder zumindest ganz überwiegend für einen Arbeitgeber tätig.

- Die Betriebsmittel werden wirtschaftlich von einem anderen Unternehmer gestellt.

- Dem Erwerbstätigen ist kein Unternehmerrisiko übertragen, sondern nur die Risiken aufgebürdet, die mit der Ausübung der Tätigkeit unmittelbar zusammenhängen.

Nach neuem Recht existiert eine andere gesetzliche Vermutung zur Abgrenzung von Selbstständigen und abhängig Beschäftigten: Für Personen, die für eine selbstständige Tätigkeit einen Existenzgründungszuschuss (sog. Ich-AG) nach § 421 I SGB III beantragen, wird widerlegbar vermutet, dass sie in dieser Tätigkeit als Selbstständige tätig sind (§ 7 IV 1 SGB IV n.f.). Diese gesetzliche Vermutung kann grundsätzlich von dem widerlegt werden, der die Vermutung nicht gelten lassen will. Für die Dauer der Zuschussgewährung gelten diese Personen allerdings gem. § 7 IV 2 SGB IV n.F. als Selbstständige, d.h. diese Fiktion kann in diesem Zeitraum nicht entkräftet werden.

Auch sog. „Ein-Euro-Jobber" sind keine Arbeitnehmer. Denn Arbeitsgelegenheiten mit Mehraufwandsentschädigungen, wie sie – bei den „Ein-Euro-Jobbern" in § 16 III 2 SGB II geregelt sind – begründen ein von Rechtssätzen des öffentlichen Rechts geprägtes Rechtsverhältnis und kein Arbeitsverhältnis (BAG, NZA 2007, 1422).

Eine Besonderheit sieht § 2 Nr. 9 SGB VI vor. Danach sind Personen auch dann rentenversicherungspflichtig, wenn sie zwar selbständig sind, aber im Zusammenhang mit ihrer selbständigen Tätigkeit regelmäßig keinen versicherungspflichtigen Arbeitnehmer beschäftigen und auf Dauer und im Wesentlichen nur für einen Auftraggeber tätig sind.

8. Arbeitgeber

Eine begriffliche Definition des Arbeitgebers findet sich im Gesetz nicht. Als Vertragspartner des Arbeitnehmers wird allgemein jede natürliche bzw. juristische Person sowie jede Personenhandelsgesellschaft als Arbeitgeber aufgefasst, die mindestens einen Arbeitnehmer beschäftigt.

Die GmbH als juristische Person ist im Rahmen der Beschäftigung von Arbeitnehmern Arbeitgeberin. Als Vertragspartner stehen sich also der Arbeitnehmer auf der einen und die GmbH auf der anderen Seite gegenüber. Daneben ist auch der Geschäftsführer der GmbH Arbeitgeber. Denn ihm obliegt die oberste Weisungsbefugnis.

II. Rechtsquellen des Arbeitsrechts

1. Überblick und Normenhierarchie arbeitsrechtlicher Vorschriften

a) Überblick und Normenhierarchie

Die nachfolgende Übersicht zeigt die Rangfolge der im Arbeitsrecht geltenden Rechtsquellen.

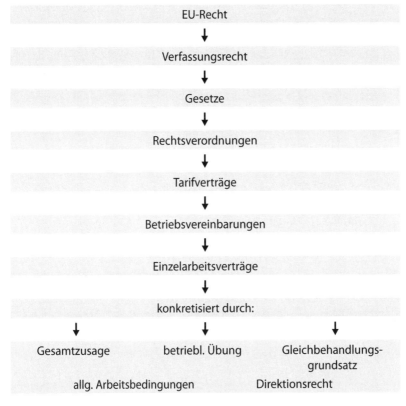

b) Kollisionen arbeitsrechtlicher Vorschriften verschiedenen Rangs

aa) Schematische Darstellung mit Erläuterung

Treffen unterschiedliche Normwerke mit demselben Regelungsgegenstand aufeinander, so gilt für die Rangfolge:

- Treffen verschiedene ranggleiche Rechtsquellen mit rangverschiedenen Rechtsquellen zusammen ist zunächst das Verhältnis der ranggleichen Normwerken zueinander zu klären. Hierbei gilt für die Rangfolge das Spezialitätsprinzip bzw. das Ordnungsprinzip, d.h. die speziellere Regelung hat Vorrang vor der allgemeineren, ohne dass es auf die zeitliche Abfolge ankäme. Enthält keine der beiden Normen speziellere Vorschriften, so geht die zeitlich jüngere der älteren Regelung vor.

- Grundsätzlich ist dann das Verhältnis der unterschiedlichen arbeitsrechtlichen Rechtsquellen zueinander nach dem Rangprinzip zu bestimmen. Bei Kollisionen geht das ranghöhere Recht dem rangniedrigeren vor, also z.B. gesetzliche Regelung vor Tarifvertrag, Tarifvertrag vor Betriebsvereinbarung etc.

- Ausnahmsweise genießt aber das rangniedrigere Recht stets dann den Vorrang, wenn es eine für den Arbeitnehmer günstigere Regelung enthält **(Günstigkeitsprinzip)**. Gewährt z.B. ein Einzelarbeitsvertrag eine günstigere Urlaubsregelung als der Tarifvertrag, so geht die günstigere einzelvertragliche Regelung dem Tarifvertrag vor.

Rangprinzip
grundsätzlich Vorrang des höherrangigen Rechts

bei gleichrangigem Recht
1. Spezialitätsprinzip
(Vorrang des Firmen-/Haustarifvertrags vor Verbandstarifvertrag)

2. Ordnungsprinzip
(Vorrang der zeitlich jüngeren Norm)

Günstigkeitsprinzip
das rangniedrigere Recht hat Vorrang, wenn es für den Arbeitnehmer günstiger ist

---

bb) Beispiel

Wie viele Tage Urlaub stehen dem Arbeitnehmer zu, wenn die Dauer des Urlaubs wie folgt geregelt ist? (vgl. zum Urlaubsanspruch des Arbeitnehmers nach dem Bundesurlaubsgesetz ausführlich unter C V 4)

- *Arbeitsvertrag:*   *30 Werktage*
- *BUrlG:*   *24 Werktage*
- *Verbands-Tarifvertrag:*   *27 Werktage*
- *Firmen-Tarifvertrag:*   *26 Werktage*

- *Zunächst sind die beiden Tarifverträge zu betrachten, da sie gleichrangig sind. Es gilt das Spezialitätsprinzip: Der Firmentarifvertrag geht als der Speziellere dem Verbandstarifvertrag vor.*

- *Es verbleiben Regelungen unterschiedlichen Rangs, nämlich der Arbeitsvertrag, der Firmen-Tarifvertrag und das Bundesurlaubsgesetz:*

  - *Grundsätzlich gilt der Vorrang des höherrangigen Rechts, das wäre hier das Bundesurlaubsgesetz.*

  - *Es greift jedoch das Günstigkeitsprinzip: Der Arbeitsvertrag enthält mit 30 Werktagen Urlaub eine für den Arbeitnehmer günstigere Regelung. (Nach dem Bundesurlaubsgesetz wären es nur 24 Tage).*

  - *Der Arbeitnehmer hat hier demzufolge einen Anspruch auf 30 Werktage Urlaub.*

2. Europäisches Gemeinschaftsrecht

Im Rahmen der europäischen Integration gewinnt das Europäische Gemeinschaftsrecht immer mehr an Bedeutung für das nationale Arbeitsrecht. Die europäischen Rechtsquellen gliedern sich zum einen in das **primäre Recht** (EU-Vertrag, EG-Vertrag) und das **sekundäre Recht**, also die von den Gemeinschaftsorganen erlassenen Normen.

Entscheidende Bedeutung für das Arbeitsrecht kommt hierbei dem sekundären Gemeinschaftsrecht, insbesondere den Verordnungen und Richtlinien zu. Die Verordnung ist quasi das europäische Gesetz. Sie ist für jeden Normadressaten bindend. Eines besonderen nationalen Umsetzungsaktes bedarf es nicht. Die Verordnung verdrängt entgegenstehendes nationales Recht.

Tatsächlich wird das deutsche Recht noch stärker von **Richtlinien** geprägt. Sie sind für die Mitgliedstaaten hinsichtlich des zu erreichenden Ziels verbindlich, überlassen jedoch den innerstaatlichen Stellen die Wahl der Form und Mittel. Sie richtet sich also an den jeweiligen Mitgliedstaat mit der Aufforderung, ein in der Richtlinie definiertes Ziel, z.B. die Gleichbehandlung von Männern und Frauen im Arbeitsleben, innerhalb einer in der Richtlinie festgelegten Frist in nationales Recht umzusetzen.

Die Richtlinie wirkt auf die Vertragsparteien also in erster Linie über die nationalen Vorschriften ein, die in Umsetzung der Richtlinie erlassen worden sind.

Das Antidiskriminierungsrecht der Europäischen Union, das auf der Gleichbehandlungsrichtlinie beruhte, ist nunmehr durch die Richtlinien zum Verbot der Diskriminierung wegen der Rasse oder der ethnischen Herkunft (Richtlinie 2000/43), zur allgemeinen Gleichbehandlung in Beschäftigung und Beruf (Richtlinie 2000/78), zur Gleichbehandlung von Männern und Frauen in beruflicher Hinsicht (Richtlinie 2002/73) und zur Verwirklichung des Grundsatzes der Gleichbehandlung von Männern und Frauen beim Zugang zu und bei der Versorgung mit Gütern und Dienstleistungen (Richtlinie 2004/113) geändert und vervollständigt worden. Diese Richtlinien wurden zwischenzeitlich durch das Allgemeine Gleichbehandlungsgesetz umgesetzt (vgl. hierzu ausführlich unter B I 1 a).

Ist der nationale Gesetzgeber seiner Umsetzungsverpflichtung nicht oder nicht ausreichend nachgekommen, kann nationales Arbeitsrecht gegen Europarecht verstoßen. Es darf dann von den nationalen Gerichten nicht mehr angewendet werden. In diesem Fall kann sich ein Privater vor den deutschen Gerichten unter bestimmten Bedingungen gegen- über dem Staat auf die Richtlinie berufen. Dies gilt jedoch ausschließlich im Verhältnis eines Privaten zum Staat, nicht bei einem Rechtsstreit zwischen zwei Privaten. Hier kann sich keine Partei auf den Inhalt einer nicht oder fehlerhaft umgesetzten Richtlinie berufen.

Trotzdem kann eine Richtlinie auch in dem Verhältnis zwischen zwei Privaten Geltung entfalten: Denn die Mitgliedstaaten – und damit auch die Gerichte als staatliche Stellen – sind verpflichtet, alle geeigneten Maßnahmen zu treffen, um das Ziel der Richtlinie zu erreichen. Daher müssen Gerichte in Rechtsstreitigkeiten zwischen Privaten das nationale Recht (einschließlich Tarifverträge und Betriebsvereinbarungen) so weit wie möglich anhand des Wortlautes und des Zwecks der betreffenden Richtlinie so auslegen, dass die Ziele der Richtlinie erreicht werden. Die nationalen Gesetze werden also auf den Inhalt reduziert, der noch mit der Richtlinie zu vereinbaren ist (EuGH, NZA 2004, 1145).

3. Gesetze und Rechtsverordnungen

Die wichtigsten arbeitsrechtlichen Gesetze sind Bundesrecht. Sie sind in erster Linie Arbeitnehmerschutzvorschriften und zwingend von der Gegenseite zu beachten. So können insbesondere solche Regelungen, die Mindestschutzvorschriften für Arbeitnehmer enthalten, wie z.B. Kündigungsschutzvorschriften, Urlaubs- oder Arbeitszeitregelungen nicht zu Ungunsten des Arbeitnehmers ausgeschlossen werden. Ausnahmsweise sind Tarifvertragsparteien ermächtigt, vom Gesetz abweichende Regelungen zu Lasten der Arbeitnehmer zu treffen (so in § 13 I 1 BUrlG, § 4 IV EFZG).

Vom Gesetz abweichende Vereinbarungen zu Gunsten des Arbeitnehmers durch Tarifverträge, Betriebsvereinbarungen oder Arbeitsverträge sind möglich.

4. Tarifverträge

Aus Art. 9 III GG und dem dort geregelten Koalitionsgrundrecht folgt die Tarifautonomie und damit das Recht, Tarifverträge auszuhandeln und abzuschließen.

Nach der in § 1 I TVG enthaltenen Regelung kann auf die klassische Formulierung von Nipperdey zurückgegriffen werden. Danach ist ein „Tarifvertrag **der schriftliche Vertrag zwischen einem oder mehreren Arbeitgebern oder**

Arbeitgeberverbänden und einer oder mehreren Gewerkschaften zur Regelung von arbeitsrechtlichen Rechten und Pflichten der Tarifvertragsparteien (schuldrechtlicher Teil) und zur Festsetzung von Rechtsnormen über Inhalt, Abschluss und Beendigung von Arbeitsverhältnissen sowie über betriebliche und betriebsverfassungs- rechtliche Fragen und gemeinsame Einrichtungen der Vertragsparteien (normativer Teil)".

Dabei entfaltet der normative Teil gem. § 4 I TVG **unmittelbar und zwingend Wirkung** zwischen den **tarifgebundenen Arbeitnehmern und Arbeitgebern.** Abweichende Vereinbarungen sind hier nur zulässig, soweit der Tarifvertrag dies gestattet oder die Änderung eine für die Arbeitnehmer günstigere Regelung schafft (§ 4 III TVG).

5. Betriebsvereinbarungen

Bei der Betriebsvereinbarung sind Vertragsparteien der einzelne Arbeitgeber und der Betriebsrat. Betriebsvereinbarungen sind das mit den Tarifverträgen vergleichbare Regelungsinstrument auf betrieblicher Ebene. Allerdings können gem. § 77 III Satz 1 BetrVG Arbeitsentgelte und sonstige Arbeitsbedingungen, die tarifvertraglich geregelt sind oder üblicherweise durch Tarifverträge geregelt werden, nicht Gegenstand einer Betriebsvereinbarung sein. Dies gilt nicht für Angelegenheiten, in denen der Betriebsrat ein Mitbestimmungsrecht gem. § 87 BetrVG hat.

Auch Betriebsvereinbarungen gelten **unmittelbar** und **zwingend** für die **Vertragsparteien** (§ 77 IV BetrVG). In entsprechender Anwendung des § 4 III TVG gilt auch für Betriebsvereinbarungen, dass abweichende Regelungen zu Gunsten der Arbeitnehmer möglich sind.

6. Der Einzelarbeitsvertrag und seine Konkretisierungen

a) Der Einzelarbeitsvertrag

Der Arbeitsvertrag des einzelnen Arbeitnehmers (§ 611 BGB) begründet zum einen das Arbeitsverhältnis. In ihm werden aber üblicherweise auch Regelungen darüber getroffen, wie das Arbeitsverhältnis im Einzelnen inhaltlich ausgestaltet werden soll. Dazu werden etwa Vereinbarungen hinsichtlich des Beginns des Arbeitsverhältnisses, der Art der zu leistenden Arbeit, der Lage der Arbeitszeit oder der Vergütung ausdrücklich in den Arbeitsvertrag aufgenommen. Weitere Konkretisierungen können sich auch aus Gesamtzusagen, betrieblicher Übung, dem allgemeinen Gleichbehandlungsgrundsatz oder einem vom Arbeitgeber ausgeübten Direktionsrecht ergeben.

Darüber hinaus wird der Inhalt des Arbeitsverhältnisses oft durch Kollektivvereinbarungen wie Tarifverträge oder Betriebsvereinbarungen bestimmt.

Nach § 310 IV BGB unterliegen jetzt auch Arbeitsverträge einer Inhaltskontrolle wie Allgemeine Geschäftsbedingungen. Allerdings sind die im Arbeitsrecht geltenden Besonderheiten angemessen zu berücksichtigen (§ 310 IV 2 BGB) (vgl. zur AGB-Kontrolle von Arbeitsverträgen im Einzelnen B III 2 e).

b) Die Gesamtzusage

Unter einer Gesamtzusage wird eine vom Arbeitgeber durch Aushang, Rundschreiben oder Erklärung auf einer Betriebsversammlung bekannt gemachte Regelung des Arbeitsverhältnisses verstanden, die für alle Beschäftigten des Betriebs oder für bestimmte Gruppen von ihnen gelten soll. Es handelt sich also um ein kollektives Angebot des Arbeitgebers an die Belegschaft.

Voraussetzung für die Wirksamkeit einer Gesamtzusage ist zum einen der **Rechtsbindungswille des Arbeitgebers,** der durch Auslegung zu ermitteln ist, und zum anderen die **Annahme dieses kollektiven Angebots des Arbeitgebers durch die Arbeitnehmer.** Eine solche Annahme erfolgt regelmäßig durch schlüssiges Verhalten, nämlich durch die Inanspruchnahme der versprochenen Leistung.

c) Die betriebliche Übung

Unter einer betrieblichen Übung versteht man das Entstehen einer rechtlichen Bindung, die durch die regelmäßige Wiederholung bestimmter Verhaltensweisen des Arbeitgebers begründet wird, aus denen die Arbeitnehmer schließen können, ihnen solle die Leistung oder Vergünstigung auf Dauer gewährt werden.

Begründet wird das Zustandekommen einer betrieblichen Übung durch das BAG mit der „Vertragstheorie", wonach die betriebliche Übung auf einer stillschweigenden Ergänzung des Arbeitsvertrags und damit auf rechtsgeschäftlicher Grundlage beruht (BAG, NZA 1994, 88, 89). Durch die regelmäßigen und wiederholten Leistungen macht der Arbeitgeber ein schlüssiges Vertragsangebot, welches von den Arbeitnehmern gem. § 151 BGB stillschweigend angenommen wird.

Nach der Vertragstheorie entfaltet die betriebliche Übung auch gegenüber neu eintretenden Arbeitnehmern Wirkung. Da sie von einer Gleichbehandlung aller Arbeitnehmer ausgehen können, haben sie bereits im ersten Jahr ihrer Betriebszugehörigkeit einen Anspruch auf die entsprechende Leistung, sofern diese nicht vertraglich ausgeschlossen ist (vgl. zur Möglichkeit des Ausschlusses c) am Ende).

Voraussetzung für eine betriebliche Übung ist, dass der Arbeitgeber freiwillig eine bestehende Leistung im Betrieb mindestens dreimal gleichförmig gewährt. Leistet der Arbeitgeber z.B. nach Gutdünken jeweils in unterschiedlicher Höhe

Sonderzulagen ist auf Grund der fehlenden Gleichförmigkeit keine betriebliche Übung gegeben. Zahlt der Arbeitgeber hingegen an drei aufeinander folgenden Jahren im Dezember ein Brutto-Monatsgehalt als Sonderleistung, liegt eine dreimalige gleichförmige Gewährung einer bestimmten Leistung im Betrieb und damit eine betriebliche Übung vor.

Um das Entstehen einer betrieblichen Übung trotz regelmäßiger Gewährung einer bestimmten gleichförmigen Leistung zu verhindern, sollte der Arbeitgeber seine Leistung stets unter einen sog. „Freiwilligkeitsvorbehalt" stellen, um damit zu zeigen, dass ihm der Verpflichtungswille bezüglich des Entstehens einer betrieblichen Übung fehlt. Hierfür ist es ausreichend, wenn der Arbeitgeber noch im dritten Jahr der Leistung den Freiwilligkeitsvorbehalt erklärt – in diesem Fall entsteht keine betriebliche Übung. Eine entsprechende Klausel könnte lauten:

„Diese Leistung erfolgt freiwillig, ohne Anerkennung einer Rechtspflicht".

Hiervon abzugrenzen ist die Leistung unter „Widerrufsvorbehalt". Behält sich der Arbeitgeber den Widerruf der Leistung vor, kann dies das Entstehen einer betrieblichen Übung nicht verhindern. Die dreimalige gleichförmige Leistung unter dem Vorbehalt, diese Leistung widerrufen zu können, führt zu einer betrieblichen Übung. Allerdings handelt es sich dann um eine betriebliche Übung bezüglich einer unter Widerrufsvorbehalt gewährten Leistung. Daher hat der Arbeitgeber in jedem Jahr die Möglichkeit, für das entsprechende Jahr, rechtzeitig vor Fälligkeit der erneuten Leistung den Widerruf zu erklären. Der Widerruf darf nicht willkürlich und unbillig sein. Die betriebliche Übung bleibt aber in jedem Fall bestehen, auch dann, wenn mehrere Jahre hintereinander wirksam ein Widerruf erklärt wurde, und demzufolge in diesen Jahren keine Leistung erfolgte.

Auch ein vereinbartes Schriftformerfordernis für Änderungen bzw. Ergänzungen des Arbeitsvertrags kann das Entstehen einer betrieblichen Übung nicht verhindern. Zwar ist in § 125 Satz 2 BGB festgelegt, dass die Nichteinhaltung einer rechtsgeschäftlich vereinbarten Form die Nichtigkeit des Rechtsgeschäfts zur Folge hat. Allerdings tritt diese Rechtsfolge nur ein, wenn Zweifel darüber bestehen, ob das Rechtsgeschäft auch ohne Einhaltung der Formvorschriften Bestand haben soll. Da sich im Falle der betrieblichen Übung beide Vertragsparteien darüber einig waren, dass diese entstehen sollte, hat der Parteiwille Vorrang vor der Regelung des § 125 Satz 2 BGB. Die einzelvertraglich vereinbarte Schriftform wird dadurch ausgeschlossen.

In Arbeitsverträgen wird häufig eine sogenannte doppelte Schriftformklausel vereinbart, z.B. mit folgender Formulierung:

> „Änderungen dieses Vertrags bedürfen zu ihrer Wirksamkeit der Schriftform. Dies gilt auch für die Abänderung dieser Schriftformklausel."

Diese Klausel ist irreführend und daher unwirksam (BAG, NZA 2008, S. 1233).

Ist eine betriebliche Übung bereits entstanden, so kann der Arbeitgeber diese mit Wirkung für die gesamte Belegschaft nur mit einer entgegenlaufenden betrieblichen Übung beseitigen. Er muss also dreimal hintereinander eine andere Leistung als bisher oder gar keine Leistung gewähren, ohne dass ein Widerspruch der Arbeitnehmer erfolgt. Dann ist die bisherige betriebliche Übung beseitigt und ggf. eine betriebliche Übung anderen Inhalts entstanden.

Eine einseitige Lossagung des Arbeitgebers von der betrieblichen Übung kann in keinem Fall zu deren Beendigung führen.

Um den Widerspruch der Arbeitnehmer möglichst auszuschließen, wäre es z.B. denkbar, die Leistung weiterhin der Höhe nach unverändert zu gewähren, sie allerdings jeweils unter einen Freiwilligkeitsvorbehalt zu stellen. Nach dreimaliger Leistung unter Freiwilligkeitsvorbehalt ist, soweit der Arbeitnehmer nicht widersprochen hat, die bisherige betriebliche Übung dann beendet.

Eine Anfechtung der betrieblichen Übung gem. §§ 119, 123 BGB ist prinzipiell möglich, wenn die darin genannten Voraussetzungen (Anfechtung wegen Irrtums oder Täuschung) vorliegen. Allerdings ist es kein ausreichender Anfechtungsgrund, wenn sich der Arbeitgeber darauf beruft, er habe nicht gewusst, dass aus seinem Verhalten eine betriebliche Übung erwachse oder auf einen entsprechenden Verpflichtungswillen geschlossen werden könne.

Denkbar wäre auch, die Wirkung der betrieblichen Übung für einzelne Arbeitnehmer zu beseitigen, also bei dem Anspruch des einzelnen Arbeitnehmers aus § 611 i.V.m. der betrieblichen Übung anzusetzen:

- Natürlich besteht jederzeit die Möglichkeit, eine betriebliche Übung durch einvernehmliche Vereinbarung mit dem einzelnen Arbeitnehmer zu beenden. Hierauf wird sich der Arbeitnehmer aber wohl kaum einlassen.

- Ohne Einvernehmen mit dem Arbeitnehmer könnte der Arbeitgeber eine Änderung der Vertragsbedingungen nur durch eine Änderungskündigung, d.h. Beendigung des alten Arbeitsvertrags und Begründung eines neuen mit anderem Inhalt, erreichen. Hierfür wird dem Arbeitgeber aber in aller Regel kein sachlicher Grund zur Seite stehen, so dass eine dennoch ausgesprochene Änderungskündigung unwirksam wäre.

- Bei neu eintretenden Arbeitnehmern könnte der Anspruch auf die Leistung vertraglich und damit einvernehmlich ausgeschlossen werden, dann würde eine betriebliche Übung für diesen neuen Arbeitnehmer nicht entstehen. In einem solchen Fall läge auch kein Verstoß gegen den allgemeinen arbeitsrechtlichen Gleichbehandlungsgrundsatz vor. Denn in der einzelvertraglichen gegenteiligen Vereinbarung liegt ein sachlicher Differenzierungsgrund.

d) Der allgemeine arbeitsrechtliche Gleichbehandlungsgrundsatz

Der Grundsatz der allgemeinen arbeitsrechtlichen Gleichbehandlung gebietet es, dass der Arbeitgeber allen Beschäftigten oder einer nach objektiven Kriterien abgrenzbaren Gruppe von Arbeitnehmern gleichberechtigt eine bestimmte Leistung gewährt und nicht einzelne Arbeitnehmer hiervon aus sachfremden oder willkürlichen Gründen ausschließt.

Im Gegensatz zur betrieblichen Übung, bei der sich der Arbeitnehmer auf eine Gleichbehandlung „in der Zeit" berufen kann (→ gleiche Leistung wie in den Jahren zuvor), fordert der allgemeine arbeitsrechtliche Gleichbehandlungsgrundsatz eine Gleichbehandlung „in der Person" (→ gleiche Leistung wie die anderen Arbeitnehmer). Der allgemeine arbeitsrechtliche Gleichbehandlungsgrundsatz ist also immer dann als Anspruchsgrundlage heranzuziehen, wenn eine Gleichbehandlung in der Person geltend gemacht wird.

Die h. M. leitet den arbeitsrechtlichen Gleichbehandlungsgrundsatz aus Treu und Glauben (§ 242 BGB) und damit der Fürsorgepflicht des Arbeitgebers sowie aus § 75 BetrVG ab. Danach hat der Arbeitgeber darüber zu wachen, dass die Arbeitnehmer nach den Grundsätzen von Recht und Billigkeit zu behandeln sind, insbesondere jede unterschiedliche Behandlung aus unbilligen Gründen unterbleibt. Zum Teil wird dieser Grundsatz auch als Anwendung oder Ausprägung des Gleichheitsgrundsatzes des Art. 3 GG verstanden. In jedem Fall ist aber allgemein anerkannt, dass sich ein Arbeitnehmer zur Durchsetzung seiner Ansprüche auch auf eine Verletzung des arbeitsrechtlichen Gleichbehandlungsgrundsatzes durch den Arbeitgeber berufen kann.

Ein Verstoß ist unter folgenden Voraussetzungen gegeben:

- Zunächst ist eine Berufung auf den allgemeinen arbeitsrechtlichen Gleichbehandlungsgrundsatz nur möglich, wenn nicht **speziellere Gleichbehandlungsregeln** wie z.B. die Benachteiligungsverbote aus dem Allgemeinen Gleichbehandlungsgrundsatz, den Vorrang haben (vgl. dazu B I 1 a/b).

- Des Weiteren muss ein **kollektiver Tatbestand** auf Seiten der begünstigten Arbeitnehmer gegeben sein, d.h. entscheidend ist die **Begünstigung aller Arbeitnehmer** oder zumindest einer abgrenzbaren Gruppe von Arbeitnehmern. Eine Berufung auf die Besserbehandlung einzelner Arbeitnehmer reicht nicht aus. Denn dem Arbeitgeber steht es frei, mit „einzelnen" Arbeitnehmern bessere Konditionen auszuhandeln und zu vereinbaren. Andernfalls würde die Vertragsfreiheit ausgehebelt.

- Weiteres Kriterium ist, dass eine Ungleichbehandlung **vergleichbarer Arbeitnehmer** vorliegt. Unabhängig davon, ob ein einzelner Arbeitnehmer oder eine ganze Gruppe benachteiligt wird, entscheidend ist deren Vergleichbarkeit mit den begünstigten Arbeitnehmern.

- Schließlich darf dem Arbeitgeber kein **sachlicher Differenzierungsgrund** zur Seite stehen. Die Ungleichbehandlung muss also willkürlich sein. Ein sachlicher Differenzierungsgrund ist immer dann gegeben, wenn die Ungleichbehandlung das Resultat einer einzelvertraglichen Vereinbarung ist; hier hat die Vertragsautonomie Vorrang. Keinen sachlichen Differenzierungsgrund sieht das BAG z.b. darin, einen Arbeitnehmer allein deshalb von einer rückwirkenden Lohnerhöhung auszunehmen, weil er vor Ausspruch der Lohnerhöhung aus dem Unternehmen ausgeschieden ist, wenn die Lohnerhöhung nicht zumindest teilweise im Zusammenhang mit der Betriebstreue steht (BAG, NJW 1976, 1551).

Entschließt sich ein Arbeitgeber wegen steigender Verluste bisher gewährte Leistungen, zu deren Erbringung er kollektivrechtlich nicht verpflichtet ist, für neu eingestellte Beschäftigte auszuschließen, ist sein Verhalten im Sinne des Gleichbehandlungsgrundsatzes sachlich gerechtfertigt (BAG, NZA 2004, 1152).

Aus Gründen des Vertrauensschutzes muss der Arbeitgeber die Gründe für die Ungleichbehandlung spätestens dann vortragen, wenn der benachteiligte Arbeitnehmer an ihn herantritt (BAG, DB 1982, 119). Gibt der Arbeitgeber keine oder eine unzureichende Auskunft, so hat dies zur Folge, dass vom Arbeitgeber erst später in einem eventuellen Prozess nachgeschobene Differenzierungsgründe unberücksichtigt bleiben („Verbot der Geheimpolitik").

Sind diese vier Voraussetzungen erfüllt, so hat der Arbeitnehmer gegenüber seinem Arbeitgeber einen **Anspruch auf Gleichbehandlung**, d.h. ihm stehen die gleichen Begünstigungen zu wie den übrigen Arbeitnehmern.

e) Das Direktionsrecht des Arbeitgebers

In der Regel wird in den Arbeitsverträgen die zu leistende Arbeit nur allgemein bezeichnet. Das sich aus dem Arbeitsvertrag ergebende Direktionsrecht räumt dem Arbeitgeber die Befugnis ein, in den Grenzen des Arbeitsvertrags die Vertragspflichten des Arbeitnehmers nach Zeit, Art und Ort näher zu bestimmen (BAG, DB 1994, 482). Dieses Weisungsrecht des Arbeitgebers ist in § 106 GewO festgeschrieben worden.

Der Arbeitnehmer ist zur Befolgung der ihm durch den Arbeitgeber erteilten Weisungen nur verpflichtet, soweit die Weisung nicht den Rahmen der arbeitsvertraglichen Vereinbarungen verlässt. Außerdem muss die Weisung der

Billigkeit entsprechen (§ 315 III BGB, § 106 GewO) und darf nicht gegen eine Kollektivvereinbarung oder ein Gesetz verstoßen.

Im Rahmen der Billigkeitserwägungen hat der Arbeitgeber auf die Belange des Arbeitnehmers Rücksicht zu nehmen.

Soweit der Arbeitsvertrag die Tätigkeit des Arbeitnehmers konkret beschreibt, muss der Arbeitnehmer einer davon abweichenden Weisung des Arbeitgebers keine Folge leisten. Denn geschuldet ist allein die vertraglich vereinbarte Tätigkeit. Ist ein Arbeitnehmer lt. Arbeitsvertrag also konkret als „EDV-Verkäufer" eingestellt, dann darf ihn der Arbeitgeber nicht anweisen, z.b. in der Lebensmittelabteilung Gemüse zu verkaufen. Anders liegt der Fall aber, wenn die vom Arbeitnehmer zu erbringende Tätigkeit lediglich allgemein fachlich – „eingestellt als Verkäufer" – umschrieben ist.

Will der Arbeitgeber dem Arbeitnehmer Aufgaben zuweisen, die von der vertraglichen Vereinbarung nicht mehr erfasst werden, da der Arbeitsvertrag eine bestimmte, genau bezeichnete Aufgabenbeschreibung enthält, dann muss der Arbeitgeber zur **Änderungskündigung** greifen (Näheres dazu unter E VII 7). Um eine Änderungskündigung zu vermeiden und den einfacheren Weg des Direktionsrechts gehen zu können, ist dem Arbeitgeber zu empfehlen, die **Aufgabenbeschreibung möglichst weit zu fassen.**

Insgesamt gilt: Je allgemeiner die Tätigkeitsbeschreibung im Arbeitsvertrag gehalten ist, desto eher kann der Arbeitgeber von seinem Direktionsrecht Gebrauch machen. Je enger der Arbeitsvertrag ausgestaltet ist, umso eher wird der Arbeitgeber im Einzelfall zum Mittel der Änderungskündigung greifen müssen.

Die Zuweisung einer vertraglich nicht geschuldeten, womöglich auch geringwertigeren Tätigkeit kann aber im Einzelfall für den Arbeitnehmer verbindlich sein, wenn eine Ausnahmesituation vorliegt (z.B. Mithilfe beim Einpacken der Geschäftsunterlagen bei bevorstehendem Umzug in andere Räumlichkeiten oder Hilfseinsätze in Notfällen wie Überschwemmung und Brand).

B. Begründung des Arbeitsverhältnisses

I. Anwerbung der Arbeitnehmer

1. Ausschreibung

Mit der Ausschreibung gibt der Arbeitgeber bekannt, dass er beabsichtigt, ein Arbeitsverhältnis zu begründen. Inseriert er etwa zu diesem Zweck in einer Zeitung, schaltet das Arbeitsamt ein oder macht einen Aushang innerhalb des Betriebs, so sind solche Stellenangebote nicht als verbindliche Angebote im rechtlichen Sinne aufzufassen. Der Arbeitgeber fordert damit lediglich potenzielle Vertragspartner auf, ihrerseits ein Vertragsangebot abzugeben, das er dann annehmen kann.

a) Das Allgemeine Gleichbehandlungsgesetz

Durch das Allgemeine Gleichbehandlungsgesetz (AGG) vom 14.08.2006 sind die **Antidiskrimierungsvorschriften** der §§ 611 a, 611 b und 612 II BGB mit Wirkung für die Zukunft aufgehoben. Die Regelungen des AGG sind unabdingbar. Gesetzesziel ist es, Benachteiligungen wegen bestimmter in der Person des Beschäftigten liegender Merkmale zu verhindern oder zu beseitigen. Bei einer Ausschreibung hat der Arbeitgeber zwingend § 7 I AGG zu beachten. § 7 I AGG verbietet jede Benachteiligung aus Gründen der Rasse oder wegen der ethnischen Herkunft, des Geschlechts, der Religion oder Weltanschauung, einer Behinderung, des Alters oder der sexuellen Identität.

Geschützt sind alle Beschäftigten (§ 6 I AGG). Hierzu gehören Arbeitnehmer und Arbeitnehmerinnen, Leiharbeitnehmer, Auszubildende, Personen deren Beschäftigungsverhältnis beendet ist, arbeitnehmerähnliche Personen, Selbstständige und Organmitglieder, insbesondere Geschäftsführer und Vorstände.

Der Schutz vor Diskriminierung besteht aber auch für Bewerberinnen und Bewerber und ist bereits bei der Ausschreibung zu beachten (§ 11 AGG)

Die **Pflicht zur Gleichbehandlung** besteht für den Arbeitgeber bei Arbeitnehmerüberlassungen sowohl für den Entleiher als auch für den Verleiher aber auch für Beschäftigte (Kollegen).

Benachteiligungen aus den oben genannten Gründen sind unzulässig in Bezug auf

- alle den Zugang zu einer Erwerbstätigkeit und den beruflichen Aufstieg betreffenden Bedingungen, damit insbesondere Auswahlkriterien und Einstellungen;

- die Beschäftigung- und Arbeitsbedingungen einschließlich Arbeitsentgelt und Entlassungsbedingungen;

- den Zugang zur Berufsberatung, Berufsbildung und Berufsausbildung, berufliche Weiterbildung und praktische Berufserfahrungen;

- die Mitgliedschaft und Mitwirkung einer Beschäftigungs- oder Arbeitgebervereinigung.

Für Kündigungen gelten ausschließlich die Bestimmungen zum allgemeinen und besonderen Kündigungsschutz.

Das AGG sieht verschiedene Benachteiligungsformen vor. Eine Benachteiligung kann sowohl durch aktives Handeln als auch durch Unterlassen erfolgen. Es fallen sowohl unmittelbare Benachteiligungen als auch mittelbare Benachteiligungen sowie Belästigungen und Anweisungen zur Benachteiligung in den Geltungsbereich des AGG.

In bestimmten Fällen ist eine unterschiedliche Behandlung wegen einzelner Diskriminierungsmerkmale zulässig. Dieses ist etwa dann der Fall, wenn eine unterschiedliche Behandlung dazu dient, die Förderungen bisher benachteiligter Gruppen zu ermöglichen. Darüber hinaus ist eine unterschiedliche Behandlung dann zulässig, wenn die Art der Tätigkeit oder die tatsächlichen Arbeitsbedingungen die Differenzierung objektiv tragen. Beispielsweise können Trendmoden oder Frisuren Jugendlicher nicht überzeugend von Mitarbeitern verkauft werden, die der Elterngeneration angehören.

Auch unterschiedliche Behandlungen wegen des Alters sind dann zulässig, wenn sie objektiv und angemessen und durch ein legitimes Ziel gerechtfertigt sind.

Der Arbeitgeber ist zur **diskriminierungsfreien Stellenausschreibung** verpflichtet. Er hat daher folgendes zu beachten:

- Geschlechtsneutrale Ausschreibung: Bei der Stellenausschreibung darf der Arbeitgeber Arbeitsplätze weder öffentlich noch innerhalb des Betriebs nur für Männer oder nur für Frauen ausschreiben. Der Arbeitgeber muss sich also bei der textlichen Gestaltung seines Stellenangebots einer geschlechtsneutralen Sprache bedienen, so dass sich von der konkreten Stellenausschreibung sowohl Männer als auch Frauen gleichermaßen angesprochen fühlen:

Beispiel:

Die Formulierung „Assistentin der Geschäftsführung" ist isoliert betrachtet selbstverständlich ebenso wenig geschlechtsneutral wie „Assistent der Geschäftsführung" und damit nach § 611b BGB unzulässig. Werden dagegen beide Begriffe in einer Annonce gleichzeitig verwandt („Assistent/Assistentin der Geschäftsführung") so ist dem § 611b BGB damit Genüge getan. Ebenso unproblematisch sind „der/die

Assistent/in der Geschäftsführung", „Assistent der Geschäftsführung (m/w)" oder die Formulierung „Assistent(In) der Geschäftsführung".

Von dem Grundsatz der geschlechtsneutralen Ausschreibung macht § 8 Abs. 1 AGG dann eine Ausnahme, wenn die Tätigkeit auf dem konkreten Arbeitsplatz ein bestimmtes Geschlecht voraussetzt. Das BAG hat bezogen auf die alte Rechtslage klargestellt, dass sachliche Differenzierungsgründe allein nicht genügen; notwendig ist danach, dass ein bestimmtes Geschlecht unverzichtbare Voraussetzung für die ausgeschriebene Tätigkeit ist (BAG, EzA § 611a BGB Nr. 14).

Eine solche unverzichtbare Voraussetzung liegt z.b. bei der Suche einer Frau als Arzthelferin vor, wenn der Patientinnenstamm vorwiegend der muslimischen Glaubensrichtung angehört (BAG, EzA zu § 123 BGB Nr. 35) oder eines weiblichen Models für Damenbekleidung, einer Frauenreferentin einer politischen Partei (LAG Berlin, NJW 1998, 1429), eines Mannes für die Chorsängerstelle eines Tenors oder Bassisten.

Ein **sachlicher Differenzierungsgrund** liegt jedoch nicht automatisch immer dann vor, wenn an einem Arbeitsplatz schwere körperliche Arbeiten geleistet werden müssen. Die körperliche Leistungsfähigkeit des Bewerbers kann zwar ein zulässiges Einstellungskriterium sein, nicht aber für sich genommen die Zugehörigkeit zum männlichen oder weiblichen Geschlecht. Wird eine Bewerberin z.B. allein wegen ihres Geschlechts nicht bei der Auswahl für eine körperlich sehr anstrengende Arbeitsstelle berücksichtigt, so trägt der Arbeitgeber die Beweislast dafür, dass die Einstellung einer Bewerberin auch ohne Diskriminierung nicht erfolgt wäre (LAG Köln, NZA RR 2001, 232).

Ein weiteres Beispiel für die geschlechtsbezogene Diskriminierung ist, wenn sich beispielsweise eine Ärztin auf eine in einem Krankenhaus ausgeschriebene Stelle eines/einer Assistenzarztes/-ärztin bewirbt. Nachdem die Stelle anderweitig vergeben worden ist, erfährt die Ärztin, dass sie nur deswegen nicht eingestellt worden ist, weil „sie ja schwanger werden könnte".

Mit der Einführung des AGG wird dieser bereits vor dem AGG bestandene Schutz aufrecht erhalten, eine Absenkung des bisherigen Schutzstands erfolgt mit dem Inkrafttreten des AGG nicht (BT-Drucks, 16/1780).

- Schwerbehinderten-neutrale Ausschreibung

Wie bislang in § 81 Abs. 2 S. 2 SGB IX geregelt, müssen nunmehr auch nach § 7 Abs. 1 AGG Ausschreibungen Schwerbehinderten neutral sein. Hier sind Ausnahmen dann denkbar, wenn die Art der Tätigkeit eine bestimmte Behinderung nicht zulässt.

- altersneutrale Ausschreibung

Neu ist die auch für Ausschreibungen nunmehr grundsätzlich verbotene Differenzierung nach dem Alter des Bewerbers. Mindest- oder Höchstangaben in Stellenausschreibungen dürfen nicht vorgenommen werden. Es sollte deshalb zukünftig vermieden werden, nach „jungen" oder „älteren" Arbeitnehmern oder nach Mitarbeitern unter „35" oder „älter als 40" zu suchen. Bisher nicht entschieden ist, ob auch die Bezugnahme auf das „junge, dynamische Team" eine Stellenausschreibung unzulässig macht, weil hierdurch ältere Bewerber faktisch ausgeschlossen würden.

Eine unterschiedliche Behandlung wegen des Alters ist nur dann zulässig, wenn sie objektiv und angemessen durch eine legitimes Ziel gerechtfertigt ist (§ 10 AGG). In Zukunft sollten Formulierungen wie „mindestens 5-jährige einschlägige Berufserfahrung" oder „langjährige Tätigkeiten als Vorstandsmitglied" verwandt werden, im Unterschied zu der Festlegung eines bestimmten Mindestalters, also z.b. die Suche eines mindestens 35 Jahre alten Personalleiters. Denn das konkret genannte Lebensalter ist nicht immer automatisch mit der Berufserfahrung in Verbindung zu bringen und dürfte daher unzulässig sein.

Im Unterschied dazu, hat das Bundesarbeitsgericht bereits festgestellt, dass tarifliche Altersbegrenzungen auf das Regelrentenalter sachlich gerechtfertigt sind (BAG, Urteil vom 18.06.2008, Az.: 7 AZR 116/07, NZA 2008, S. 1302).

In jedem Fall sollte der Arbeitgeber sehr sorgsam darauf achten, dass seine Ausschreibungen keine Benachteiligungen aus den oben genannten Gründen enthält

b)   Exkurs: Haftung des Arbeitgebers bei Benachteiligungen nach dem AGG

Verstößt der Arbeitgeber gegen das Benachteiligungsverbot, so hat der Arbeitnehmer zunächst ein Beschwerderecht und unter Umständen auch ein Leistungsverweigerungsrecht. Außerdem kann er sich schadenersatzpflichtig machen (§ 15 AGG). Dabei kommen drei Möglichkeiten in Betracht:

- Der Arbeitnehmer hat gegen den Arbeitgeber einen Anspruch auf Ersatz des durch die Benachteiligung entstandenen materiellen Schadens (§ 15 I AGG). Voraussetzung hierfür ist, dass der Arbeitgeber die Verletzung auch verschuldet hat.

- Zusätzlich zu diesem materiellen Schaden hat der Arbeitgeber auch eine angemessene Entschädigung für den erlittenen immateriellen Schaden zu zahlen. Wäre die Person ohne die Diskriminierung eingestellt worden, so liegt die Höhe im Ermessen des Gerichtes. Sie ist nicht begrenzt.

- Wäre die Person auch bei benachteiligungsfreier Auswahl nicht eingestellt worden, so besteht ein Entschädigungsanspruch maximal in Höhe von drei Monatsgehältern.

Ein Anspruch auf Begründung des Beschäftigungsverhältnisses besteht jedoch nicht (§ 15 VI AGG).

Voraussetzungen für eine Entschädigung ist, dass der Arbeitnehmer benachteiligt wurde. Für den Arbeitgeber ist hier die Beweislastverteilung nach § 22 AGG problematisch. Denn gem. § 22 AGG muss z.B. der erfolglose Bewerber nur Indizien darlegen und beweisen, die eine Benachteiligung vermuten lassen. Anschließend dreht sich die Beweislast um und der **Arbeitgeber ist beweispflichtig dafür, dass er den Arbeitnehmer nicht diskriminiert hat.** Das AGG hat damit beispielsweise die Lage schwerbehinderter Arbeitnehmer deutlich vereinfacht. Die Beweislastumkehr liegt in fast allen Fällen bei Schwerbehinderung vor, da in den vergangenen Jahren die Pflichten der Arbeitgeber zur Förderung von Schwerbehinderten bei der Stellenbesetzung extrem ausgebaut wurden. In der Praxis befolgt fast kein Arbeitgeber die gesetzlichen Vorgaben vollständig.

Zu diesen Vorgaben gehört, dass jeder Arbeitgeber bei Freiwerden oder Neuschaffen von Arbeitsplätzen zunächst intern und abstrakt prüfen muss, ob diese freie Stelle durch einen Behinderten besetzt werden kann. Des Weiteren muss der Arbeitgeber die Schwerbehindertenvertretung und den Betriebsrat – soweit vorhanden – dazu befragen, ob nach deren Auffassung die Stellung für einen Behinderten in Betracht kommt. Während der Betriebsrat nur anzuhören ist, muss die Schwerbehindertenvertretung umfassend und unverzüglich unterrichtet werden und die Entscheidung begründet werden.

Ergibt die Prüfung, dass **der Arbeitsplatz an sich mit geeigneten Schwerbehinderten besetzt werden könnte,** ist nach herrschender Meinung der Arbeitgeber weiter verpflichtet zu überprüfen, ob der Arbeitsplatz mit bei der Agentur für Arbeit arbeitslos oder arbeitssuchend gemeldeten Schwerbehinderten besetzt werden kann. Diese Pflicht besteht für jeden Arbeitgeber unabhängig von der Anzahl der Arbeitnehmer. Sie setzt voraus, dass der Arbeitgeber den freien Arbeitsplatz der Agentur für Arbeit überhaupt erst einmal meldet. Schließlich wird dem Arbeitgeber auch noch die Pflicht auferlegt, selbst zu überprüfen, ob ein bei der Agentur gemeldeter Schwerbehinderter für die Stelle in Betracht kommt. Dies setzt wiederum voraus, dass der Arbeitgeber nicht nur die Stelle der Agentur meldet, sondern zugleich ausdrücklich anfragt, ob diese einen arbeitslos oder arbeitssuchend gemeldeten Schwerbehinderten führt, der für die Stelle geeignet ist.

Des Weiteren hat der Arbeitgeber die Schwerbehindertenvertretung und den Betriebsrat über eingehende Bewerbungen von Schwerbehinderten unmittelbar nach deren Eingang zu unterrichten. Gleiches gilt für Vermittlungsvorschläge der Agentur für Arbeit. Schließlich ist der schwerbehinderte Bewerber unter Darlegung der Gründe unverzüglich über eine negative Entscheidung zu unterrichten.

Weitere Pflichten bestehen in speziellen Fällen, wenn der Arbeitgeber die Schwerbehindertenquote nicht erfüllt und die Schwerbehindertenvertretung oder der Betriebsrat mit einer beabsichtigten Einstellungsentscheidung des Arbeitgebers nicht einverstanden sind.

Ein Verstoß gegen eine dieser oben genannten Verpflichtungen des Arbeitgebers zur Förderung Schwerbehinderter kann eine Beweislastumkehr i.S.d. § 22 AGG nach sich ziehen.

Der Arbeitgeber kann dann aber die Vermutung, dass eine Benachteiligung wegen einer Behinderung erfolgt ist, widerlegen. (LAG Niedersachsen, Urteil vom 24.04.2008, Az.: 4 Sa 1077/07)

Es besteht aufgrund dieser Beweislastregelung die Gefahr, dass **Bewerbungen nur zum Zwecke des Erwerbs von Entschädigungsansprüchen erfolgen** (sog. AGG-Hopper). Gegen diese Entschädigungsansprüche kann der Arbeitgeber den Einwand des Rechtsmissbrauchs geltend machen, wenn er beweisen kann, dass der Bewerber das Arbeitsverhältnis tatsächlich gar nicht begründen wollte. Indizien hierfür können z.B. ersichtliche Fehlqualifikationen sein oder völlig unzureichende Bewerbungsunterlagen (Arbeitsgericht Frankfurt, Urteil vom 17.12.2007, Az.: 17 Ca 3529/07, LAG BE, Urteil vom 30.3.2006, NZA RR 2006, 513).

Es besteht aber weder die Pflicht, in einer Stellenanzeige beispielsweise den Passus aufzunehmen, „Schwerbehinderte werden bei gleicher Eignung und Qualifikation bevorzugt", oder Schwerbehinderte zum Vorstellungsgespräche einzuladen. Nur öffentliche Arbeitgeber haben gem. § 82 S. 2 SGB IV die Pflicht, Schwerbehinderte zum Vorstellungsgespräch einzuladen.

Gelingt dem Arbeitgeber dieser Beweis nicht, so steht dem Bewerber eine angemessene Entschädigung zu. Diesen Anspruch muss er innerhalb einer Ausschlussfrist gegenüber dem Arbeitgeber schriftlich geltend machen. Die Frist beginnt mit Zugang der Ablehnung der Bewerbung und beträgt zwei Monate. Hat der Bewerber seinen Anspruch schriftlich geltend gemacht und verweigert der Arbeitgeber eine Entschädigung, so muss der Bewerber innerhalb von drei Monaten nach der schriftlichen Geltendmachung des Anspruchs Klage vor dem Arbeitsgericht erheben (§ 61 b ArbGG).

Für die Höhe des Entschädigungsanspruchs kommt es auf eine Abwägung sämtlicher Einzelfallumstände an. Maßgeblich sind dabei vor allem die Art und die Schwere der Beeinträchtigung, der Grad der Verantwortlichkeit des Arbeitgebers, die Nachhaltigkeit und Fortdauer der Interessenschädigung des Bewerbers sowie bereits geleistete Wiedergutmachungen (Bauer/Göpfert/Krieger AGG-Kommentar, 2. Auflage 2008, § 15 Rn. 36). Wäre der Bewerber auch bei einer benachteiligungsfreien Stellenauswahl nicht eingestellt worden, so beträgt die angemessene Entschädigung höchstens drei Monatsverdienste in Bezug auf die ausgeschriebene Stelle (§ 15 II S. 2 AGG).

c) Innerbetriebliche Ausschreibung

Der Betriebsrat kann gem. § 93 BetrVG vom Arbeitgeber verlangen, dass eine **innerbetriebliche Ausschreibung** einer vakanten Arbeitsstelle erfolgt, bevor eine Entscheidung über die Besetzung ergeht. Kommt der Arbeitgeber dem Verlangen des Betriebsrats, die Stelle innerbetrieblich auszuschreiben, nicht nach oder sind in einer erfolgten innerbetrieblichen Ausschreibung höhere Anforderungen für eine Bewerbung aufgestellt worden als in der außerbetrieblichen Ausschreibung, so kann der Betriebsrat gem. § 99 II Ziff. 5 BetrVG seine Zustimmung zur Einstellung des Arbeitnehmers verweigern (BAG, EzA zu § 93 BetrVG 1972 Nr. 3).

2. Bewerberauswahl

a) Einholung von Auskünften beim ehemaligen Arbeitgeber

Der Arbeitgeber ist auch ohne Einwilligung des Bewerbers berechtigt, Auskünfte über den Bewerber bei dessen ehemaligem Arbeitgeber einzuholen. Allerdings kann der Bewerber die Einholung von Auskünften bei seinem ehemaligen Arbeitgeber untersagen. Holt der Arbeitgeber bei diesem dennoch Auskünfte ein und erwachsen dem Bewerber dadurch Nachteile, so macht er sich wegen Verschuldens bei Vertragsschluss **schadenersatzpflichtig.**

Das Auskunftsrecht ist begrenzt durch das Persönlichkeitsrecht des Bewerbers. Darf eine bestimmte Frage dem Arbeitnehmer nicht gestellt werden, weil sie in unangemessener Weise in dessen Persönlichkeitsrecht eingreift (s. dazu unter B II 3), so ist es dem Arbeitgeber untersagt, sich über den Umweg der Auskunft entsprechende Informationen bei dessen früherem Arbeitgeber zu verschaffen.

b) Einholung von grafologischen Gutachten

Die Einholung grafologischer Gutachten durch den Arbeitgeber ist nur zulässig, wenn folgende Voraussetzungen vorliegen:

- Ein grafologisches Gutachten darf generell nur eingeholt werden, wenn der Bewerber seine **Zustimmung** erteilt hat. Übersendet der Bewerber mit seinen Bewerbungsunterlagen auf Verlangen des Arbeitgebers einen handgeschriebenen Lebenslauf, so kann daraus nicht geschlossen werden, dass er damit stillschweigend in die Einholung eines grafologischen Gutachtens einwilligt. Dazu müssen noch besondere Umstände hinzutreten, etwa dass der Arbeitnehmer in einem Begleitschreiben seine Bereitschaft zum Ausdruck bringt (BAG, NJW 1984, 446) oder dass der Arbeitgeber zuvor seine Absicht, ein solches Gutachten einzuholen, deutlich gemacht hat.

- Die Einholung des Gutachtens darf **nicht unverhältnismäßig** sein. Dies ist z.b. der Fall, wenn an die zu besetzende Arbeitsstelle nur geringe Anforderungen gestellt werden. Regelmäßig sind derartige Gutachten **nur bei Führungskräften** angezeigt.

- Schließlich darf ein solches Gutachten nur in den Grenzen der Erforderlichkeit eingeholt werden, d.h. es dürfen darin nur Feststellungen getroffen werden, die inhaltlichen Bezug zu der zu besetzenden Stelle haben. Dazu gehören bei Führungskräften z.b. Aussagen zu Führungsqualitäten, Verantwortungs- oder Selbstbewusstsein.

Lässt der Arbeitgeber ein grafologisches Gutachten ohne Einwilligung des Bewerbers erstellen, so ist er nach den Grundsätzen des Verschuldens bei Vertragsschluss zum Schadensersatz und ggf. wegen einer Verletzung des Persönlichkeitsrechts zur Zahlung von Schmerzensgeld (§§ 823, 253 II BGB) verpflichtet (LAG Freiburg, NJW 1976, 310).

Wurde ein grafologisches Gutachten eingeholt, der Bewerber letztlich aber nicht eingestellt, so kann dieser i.d.R. **keine Einsichtnahme in das Gutachten** verlangen. Nur wenn konkrete Anhaltspunkte dafür vorliegen, dass das Gutachten unsachgemäß war, kann der Bewerber unter Berufung auf eine Verletzung seines Persönlichkeitsrechts ein Einsichtsrecht geltend machen.

c) Psychologische Eignungs- und Intelligenztests

Psychologische Eignungstests dürfen in jedem Fall nur mit Zustimmung des Bewerbers und nur von Fachpsychologen durchgeführt werden, die genau wie Ärzte der **Schweigepflicht** unterliegen. Die Tests dürfen nicht das **Persönlichkeitsrecht** des Bewerbers verletzen, weshalb eine umfassende seelische Durchleuchtung der Arbeitnehmer nicht zulässig ist. Der Grundsatz der Verhältnismäßigkeit ist einzuhalten, so dass psychologische Eignungstests nur in dem Rahmen erlaubt sind, wie sie zweckmäßig sind, um die Eignung des Bewerbers für den konkreten Arbeitsplatz zu überprüfen. Eine solche Zweckmäßigkeit wird i.d.R. nur zu bejahen sein, wenn es sich um die Besetzung eines Arbeitsplatzes mit besonderer Verantwortung handelt. In jedem Fall ist der Arbeitnehmer vor Durchführung des Tests über die Reichweite aufzuklären.

Auch Intelligenztests sind nur mit Zustimmung des Arbeitnehmers erlaubt und müssen sich am Grundsatz der Verhältnismäßigkeit messen lassen. So sind Tests, die lediglich dazu dienen, den Intelligenzquotienten des Bewerbers zu ermitteln, stets unzulässig.

d) Ärztliche Untersuchungen

Ärztliche Untersuchungen der Bewerber sind mit deren Einwilligung zulässig. Mit der Einwilligung in die Untersuchung wird der Arzt gleichzeitig von seiner Schweigepflicht entbunden. Dies gilt allerdings nur soweit dies Informationen betrifft, die für die Beurteilung einer Eignung für die zu besetzende Stelle erforderlich sind. Der Arzt darf also lediglich das Ergebnis der Untersuchung mitteilen, nämlich ob der Arbeitnehmer für die konkrete Stelle unter medizinischen Gesichtspunkten als geeignet anzusehen ist. Darüber hinaus darf der Arzt dem Arbeitgeber keine näheren Angaben über den allgemeinen Gesundheitszustand des Arbeitnehmers machen.

II. Anbahnungsverhältnis

1. Ersatz von Vorstellungskosten

Hat der Arbeitgeber den Bewerber zum Vorstellungsgespräch eingeladen, so steht dem Bewerber ein **Anspruch auf Ersatz seiner durch die Anreise bedingten Aufwendungen** (Fahrtkosten, Übernachtungskosten, Verdienstausfall) aus §§ 670, 662 BGB zu. Die Verpflichtung, die Kosten zu tragen, besteht unabhängig davon, ob es zum Abschluss eines Vertrags kommt oder nicht. Die Pflicht besteht auch dann, wenn die Aufforderung des Arbeitgebers auf eine Initiativbewerbung des Arbeitnehmers zurückgeht. Unerheblich ist auch, ob es zu einer Einstellung des Bewerbers kommt. Möglich ist es, einen solchen Ersatzanspruch auszuschließen. Dieser Ausschluss muss aber spätestens mit der Einladung zum Vorstellungsgespräch erfolgen.

Das bloße Schalten einer Stellenanzeige begründet für sich allein noch keinen Ersatzanspruch des Bewerbers gegenüber dem Arbeitgeber. Stellt sich der Bewerber bei dem Arbeitgeber auf Grund einer Anzeige persönlich vor, ohne zuvor zum Vorstellungsgespräch eingeladen worden zu sein, hat er also keinen Anspruch auf Ersatz der ihm dadurch entstandenen Kosten.

2. Personalfragebögen

Personalfragebögen sollen Aufschluss über die Person, den Ausbildungsstand oder sonstige Kenntnisse und Fähigkeiten des Bewerbers geben. Bei der Erstellung der Fragebögen ist darauf zu achten, dass sie nicht rein persönliche Dinge betreffen, die in keinem unmittelbaren Zusammenhang zu dem in Aussicht gestellten Arbeitsverhältnis stehen. Denn derartige Fragen greifen in das Persönlichkeitsrecht ein.

Soweit der Arbeitgeber zur rationellen Gestaltung des Einstellungsverfahrens Personalfragebögen verwenden will, bedarf deren Inhalt gem.§ 94 I BetrVG der **Zustimmung des Betriebsrats.**

3. Fragerechte und Offenbarungspflichten

a) Fragerecht des Arbeitgebers

Das berechtigte Interesse des Arbeitgebers, vor einer Einstellung möglichst umfassend über den Bewerber informiert zu sein, steht in einem Spannungsverhältnis zu dem Interesse des Arbeitnehmers an der Wahrung seiner **Persönlichkeitsrechte.**

Da eine vollkommene Erfassung und Katalogisierung mit dem Schutz der Privatsphäre und der Menschenwürde nicht vereinbar ist, wird dem Arbeitgeber lediglich ein **eingeschränktes Fragerecht** zugestanden. So sind Fragen, die die

Intimsphäre bzw. den Privatbereich des Bewerbers betreffen, wie z.B. Erkundigungen nach dem Freizeitverhalten, Heiratsabsichten, familiären Verhältnissen oder der Familienplanung generell unzulässig. Vielmehr darf der Arbeitgeber nur solche Fragen stellen, die in einer konkreten Beziehung zu dem Arbeitsplatz stehen und an deren Beantwortung er ein berechtigtes Interesse hat.

b) Selbstständige Offenbarungspflicht des Arbeitnehmers

Unter bestimmten Voraussetzungen kann der Arbeitnehmer zur Offenbarung von Umständen verpflichtet sein. Eine solche Offenbarungspflicht besteht dann, wenn der Arbeitgeber eine Aufklärung durch den Arbeitnehmer erwarten konnte. So ist der Arbeitnehmer verpflichtet, **alle Umstände wahrheitsgemäß darzulegen, die für das künftige Arbeitsverhältnis von Bedeutung sein können**, insbesondere die die Erfüllung der vertraglichen Pflichten unmöglich machen. Hierzu zählt z.B. ein laufendes Verfahren über den Entzug der Fahrerlaubnis bei einem Kraftfahrer oder das Vorliegen bestimmter Krankheiten, die einer Aufnahme der konkreten Arbeit entgegenstehen.

c) Einzelfälle

– Personenstand und berufliche Entwicklung

Ohne Einschränkung zulässig sind Fragen nach dem Personenstand des Bewerbers oder nach seinem beruflichen Werdegang. Auch die Frage, ob er in einem ungekündigten Arbeitsverhältnis steht, ist in Anbetracht des Interesses des Arbeitgebers daran, welche Kündigungsfristen der Arbeitnehmer einzuhalten hat bzw. ab welchem Zeitpunkt dieser ihm zur Verfügung steht, nicht zu beanstanden.

– Bisheriger Verdienst

Das BAG hat die Frage nach dem bisherigen Verdienst des Arbeitnehmers für unzulässig erachtet. Lediglich wenn die bisherigen Bezüge Schlüsse auf die Eignung des Bewerbers für den angestrebten Arbeitsplatz zulassen oder der Arbeitnehmer von sich aus sein früheres Gehalt zur Mindestbedingung erhebt, kann danach die Frage als zulässig angesehen werden (BAG, DB 1984, 298). Unproblematisch ist dagegen die Frage nach den Gehaltsvorstellungen des Bewerbers.

– Vermögensverhältnisse

Die Frage nach den Vermögensverhältnissen des Bewerbers ist nur dann zulässig, wenn der Arbeitgeber auf Grund der zu besetzenden Stelle ein berechtigtes Interesse daran hat, dass der Arbeitnehmer in geordneten Vermögensverhältnissen lebt. Dies wird dann zu bejahen sein, wenn eine besondere Vertrauensstellung zu besetzen ist, bei der der Arbeitnehmer mit Geld umgehen muss bzw. die Gefahr der Bestechung oder des Geheimnisverrats besteht.

- **Gesundheitszustand**

Der Arbeitgeber kann sich nach dem Gesundheitszustand des Bewerbers erkundigen, soweit dies für den konkreten Arbeitsplatz von Bedeutung ist. Die Zulässigkeit dieser Frage wird allerdings nur bei besonderem und begründetem Interesse des Arbeitgebers zu bejahen sein, z.B. wenn eine besondere Belastbarkeit oder Leistungsfähigkeit für das konkrete Arbeitsverhältnis von Bedeutung ist oder die Fürsorgepflicht dies im Hinblick auf den Schutz der Gesundheit der übrigen Arbeitnehmer gebietet. So ist etwa die Frage nach ansteckenden Krankheiten durchaus zulässig. Anders zu beurteilen ist dies aber bei der Frage nach einer bestehenden HIV-Infektion, da nach dem derzeitigen medizinischen Kenntnisstand die Möglichkeit einer Ansteckung bei normaler betrieblicher Tätigkeit und auch eine Verminderung der Leistungsfähigkeit in diesem Stadium auszuschließen ist. Etwas anderes gilt dann, wenn der Einsatz in einem besonders sensiblen Bereich (Mediziner, Krankenpflege) erfolgen soll. Die Frage nach einer akuten Aids-Erkrankung ist dagegen zulässig, da jederzeit mit Erkrankungen gerechnet werden muss, die zur Arbeitsunfähigkeit führen können.

Eine Offenbarungspflicht des Arbeitnehmers besteht nur wegen solcher Erkrankungen, die aus seiner Sicht für den in Aussicht genommenen Arbeitsplatz von erheblicher Bedeutung sind.

- **Schwerbehinderung**

Die Frage nach einer Schwerbehinderung und ggf. dem Grad der Behinderung war bisher unabhängig davon, ob sich eine Behinderung auf die zu besetzende Arbeitsstelle auswirken konnte, zulässig. Gerechtfertigt wurde dies mit der rechtlichen und wirtschaftlichen Tragweite sowie den betrieblichen Auswirkungen, die sich für den Arbeitgeber aus der Einstellung und Beschäftigung eines Schwerbehinderten ergeben.

§ 7 in Verbindung mit § 1 AGG enthält nunmehr ein ausdrückliches **Benachteiligungsverbot behinderter Beschäftigter**. Das Gesetz verlangt dabei nicht, dass eine Schwerbehinderung vorliegen muss. Daneben sieht auch § 81 II S. 2 SGB IV ein ausdrückliches Benachteiligungsverbot schwerbehinderter Beschäftigter vor. Dieses Verbot verweist auf das AGG und hat nunmehr lediglich deklaratorischen Charakter. Nach dem Allgemeinen Gleichbehandlungsgesetz ist eine unterschiedliche Behandlung wegen einer Behinderung nur dann zulässig, wenn die Art und gegebenenfalls die Schwere der Behinderung aufgrund einer vom Arbeitgeber vorgegebenen beruflichen Anforderung der Ausübung der jeweiligen Tätigkeit entgegen steht. Daraus lässt sich ableiten, dass der Arbeitgeber nach Behinderungen und deren körperliche Auswirkungen fragen darf, aber nur soweit dadurch die auszuübende Tätigkeit beeinträchtigt wird und werden kann.

Beispiel:

Ein Fahrer mit Unterschenkelprothese bewirbt sich als Lkw-Fahrer. Diesen Beruf übte er bisher problemlos aus. Bei der angestrebten Tätigkeit ist es notwendig, gelegentlich auf den Kran eines Lkw zur Containerentleerung zu steigen. In diesem Fall ist die Frage des Arbeitgebers, ob ihm dies trotz der Behinderung möglich ist, als zulässig anzusehen, um Gefährdungen für den Arbeitnehmer auszuschließen.

Unzulässig ist die Frage nach der Schwerbehinderung immer dann, wenn sie vom Arbeitgeber zum Zweck einer **Diskriminierung** eingesetzt wird, es bei der Frage also nicht so sehr darum geht, ob der schwerbehinderte Bewerber tatsächlich seine Arbeitsleistung erbringen kann, sondern im Vordergrund steht, ob die sonstigen Rechte aus den arbeitsrechtlichen Bestimmungen des SGB IX (Zusatzurlaub, Sonderkündigungsschutz ab dem siebten Monat der Beschäftigung usw.) bei einer Einstellung relevant werden.

Von der Unzulässigkeit der Frage nach der Schwerbehinderung wird also regelmäßig auszugehen sein, wenn die Frage nicht eingesetzt wird, um spezielle arbeitsplatzbezogene Kriterien, insbesondere die körperliche Geeignetheit des Bewerbers, aufzuklären, sondern (ansonsten) geeignete schwerbehinderte Bewerber um den Arbeitsplatz nur wegen der Behinderung ausfindig zu machen.

Ausnahmsweise wird die diskriminierende Auswirkung der Frage nach der Schwerbehinderung aber zu verneinen sein, wenn der Arbeitgeber die Mindestbeschäftigungsquote gem. § 71 SGB IX (noch) nicht erfüllt hat und er die Frage gerade deshalb stellt, um schwerbehinderte Arbeitnehmer einzustellen und damit die Ausgleichsabgabe (§ 77 SGB IX) nicht mehr zahlen zu müssen.

Der Arbeitnehmer ist im Übrigen nicht verpflichtet, eine Schwerbehinderung ohne ausdrückliche Nachfrage zu offenbaren, soweit die Behinderung die von ihm erwartete Tätigkeit nicht unmöglich macht.

Zu unterscheiden ist aber zwischen **Krankheit** und Behinderung. Eine Behinderung bedeutet, dass die körperlichen Funktionen, geistige Fähigkeit oder seelische Gesundheit länger als sechs Monate von dem für das Lebensalter typischen Zustand abweichen und daher die Teilhabe am Leben in der Gesellschaft beeinträchtigt ist (§ 2 I SGB IV). Eine Krankheit allein ist keine Behinderung, es sei denn, sie erfüllt diese Voraussetzungen (EuGH, Urteil vom 11.07.2006, NZA 2006, S. 839). Die Frage nach einer Krankheit ist nur in ganz eng begrenzten Ausnahmefällen zulässig, wenn sie erhebliche Bedeutung für den Arbeitsplatz hat (vgl. hierzu unter B II 3 c, Stichwort „Gesundheitszustand").

- **Alkohol- oder Drogensucht**

Hinsichtlich einer bestehenden Alkoholerkrankung oder Drogensucht hat der Arbeitgeber ein Fragerecht. Soweit die Krankheit nicht seit langem ausgeheilt ist, muss sie vom Arbeitnehmer wahrheitsgemäß beantwortet werden.

- **Schwangerschaft**

Die Frage des Arbeitgebers nach einer Schwangerschaft vor geplanter unbefristeter Einstellung einer Frau verstößt regelmäßig gegen das Verbot der **Benachteiligung aus Gründen des Geschlechts** und ist daher **unzulässig** (§ 7 I i.V.m. § 1 AGG).

In einer früheren Entscheidung – es ging um eine Laborhelferin, die mit infektiösem Material in Berührung kommen kann – hielt das BAG die Frage nach der Schwangerschaft noch für zulässig, weil sie dem Schutz der Arbeitnehmerin und dem werdenden Leben diene (BAG, NZA 1993, 933). Diese Ansicht hat das BAG zwischenzeitlich revidiert. In Übereinstimmung mit dem Europäischen Gerichtshof sieht das BAG in der Frage nach der Schwangerschaft jetzt auch dann eine unzulässige Diskriminierung, wenn für die unbefristet eingestellte Arbeitnehmerin zunächst ein mutterschutzrechtliches Beschäftigungsverbot greift (BAG, NZA 2003, 848). Das Beschäftigungshindernis besteht in diesen Fällen nur vorübergehend und führt nicht zu einer dauerhaften Störung des Vertragsverhältnisses. Die Bewerberin kann nach Ablauf der gesetzlichen Schutzfristen die Arbeit wieder aufnehmen. Anders zu beurteilen ist daher nur der Fall, wenn das Zusammentreffen von befristeter Einstellung und Beschäftigungsverbot dazu führen, dass die Arbeitnehmerin gar nicht zur Arbeitsleistung eingesetzt werden könnte.

Verneint eine Bewerberin die unzulässig gestellte Frage nach der Schwangerschaft wahrheitswidrig, liegt darin keine arglistige Täuschung im Sinne des § 123 Abs. 1 BGB. Eine Anfechtung des Arbeitsvertrags aus diesem Grund ist für den Arbeitgeber selbst dann ausgeschlossen, wenn für die vereinbarte Tätigkeit (zunächst) ein Beschäftigungsverbot nach dem MuSchG bestehen sollte.

- **Vorstrafen oder Ermittlungsverfahren**

Die Frage nach Vorstrafen ist wegen des Resozialisierungsgedankens i.d.R. unzulässig. Lediglich wenn die Vorstrafen für die Tätigkeit einschlägig sind, so etwa Verkehrsdelikte bei einem Kraftfahrer oder Vermögensdelikte bei einem Kassierer, kann die Frage zulässig sein. Eine Offenbarungspflicht besteht nur, wenn auf Grund der Vorstrafe die Arbeitsleistung unmöglich ist (z.B. Berufsverbot eines Rechtsanwalts).

Bei einem Arbeitnehmer, der zur Arbeitsleistung einen Führerschein benötigt, ist die Frage nach einem schwebenden Strafverfahren mit der möglichen Folge eines längeren Führerscheinentzugs zulässig. Ansonsten ist die generelle Frage nach laufenden Ermittlungsverfahren schon deshalb unzulässig, weil bis zu einer rechtskräftigen Verurteilung die Unschuldsvermutung gilt.

– **Haftstrafe**

Im Unterschied zu Vorstrafen muss der Arbeitnehmer aber offenbaren, wenn er demnächst eine Haftstrafe antreten muss und er aus diesem Grund am ordnungsgemäßen Dienstantritt gehindert sein wird.

– **Partei-, Gewerkschafts- oder Religionszugehörigkeit**

Die Frage nach der Partei-, Gewerkschafts- oder Religionszugehörigkeit ist nur zulässig, wenn die Einstellung in sog. Tendenzbetrieben erfolgen soll, da diese ein Engagement des Arbeitnehmers für ihre Ziele erwarten können. Bei einer Bewerbung um eine Arbeitsstelle in einer kirchlichen Einrichtung, einer Partei oder einer Gewerkschaft ist daher die Frage nach der entsprechenden Zugehörigkeit stets zulässig.

d) Rechtsfolgen der Falschbeantwortung von Fragen

Der Bewerber ist verpflichtet, **zulässigerweise gestellte Fragen wahrheitsgemäß zu beantworten.** Stellt der Arbeitgeber hingegen **unzulässige Fragen,** so kann der Arbeitnehmer deren **Beantwortung ablehnen.** Es steht ihm aber auch frei, auf eine unzulässige Frage eine falsche Antwort zu geben, ohne dass er hierdurch eine arglistige Täuschung begeht.

Beantwortet der Arbeitnehmer allerdings eine zulässige Frage bewusst falsch oder hat er eine offen zu legende Tatsache bewusst nicht offenbart und konnte er dabei erkennen, dass die von ihm verschwiegene Tatsache für die Begründung des Arbeitsverhältnisses wesentlich sein würde, so kann dies den Arbeitgeber berechtigen, das mit diesem Arbeitnehmer geschlossene Arbeitsverhältnis gem. § 123 BGB wegen arglistiger Täuschung anzufechten. Das Arbeitsverhältnis wird dann mit Wirkung für die Zukunft unwirksam. Voraussetzung dafür ist jedoch, dass die **Falschbeantwortung** der Frage bzw. die **Nichtoffenbarung ursächlich für die Einstellung gewesen** ist. Wäre der Arbeitnehmer also bei wahrheitsgemäßer Auskunft trotzdem eingestellt worden, ist ein Anfechtungsgrund nicht gegeben.

Neben der Anfechtung nach § 123 BGB kommt auch ein **Schadenersatzanspruch** wegen Verschuldens bei Vertragsschluss in Form einer Aufhebung des Arbeitsvertrags in Betracht. Im Gegensatz zur Anfechtung unterliegt dieser Schadenersatzanspruch nicht der Jahresfrist des § 124 BGB.

Die Anfechtung wegen arglistiger Täuschung bzw. die Geltendmachung eines Schadensersatzanspruchs wegen Verschuldens bei Vertragsschluss kann gegen Treu und Glauben verstoßen, wenn der Arbeitnehmer bereits über längere Zeit seine Arbeit ohne Beanstandungen erledigt hat. Die Täuschungshandlung kann im Zeitpunkt der Anfechtungserklärung bzw. der Geltendmachung des Schadenersatzanspruchs die Bedeutung für die Unzumutbarkeit der Fortsetzung des Arbeitsverhältnisses verloren haben.

e)   Unzulässige Fragen des Arbeitgebers

Es ist davon auszugehen, dass der Arbeitnehmer eine an ihn gerichtete Frage wahrheitsgemäß beantworten wird. Im Einzelfall kann es deshalb auch einmal sinnvoll sein, **unzulässige Fragen** an den Arbeitnehmer zu richten. Jedoch muss sich der Arbeitgeber darüber im Klaren sein, dass der **Bewerber** diese **nicht wahrheitsgemäß** beantworten muss und er dementsprechend auch keine Sicherheit erhält, ob diese Frage wahrheitsgemäß beantwortet worden ist.

Stellt sich nach Abschluss des Arbeitsvertrags heraus, dass der Arbeitnehmer dabei die Unwahrheit gesagt hat, kann der Arbeitgeber dem Arbeitnehmer dieses Verhalten nicht vorwerfen. Ein **Anfechtungs- oder Schadenersatzanspruch** des Arbeitgebers ist in diesem Fall **ausgeschlossen**.

Stellt der Arbeitgeber unzulässige Fragen, z.B. nach der ethnischen Herkunft, nach der Religionszugehörigkeit, nach Behinderungen oder Alter (§ 1 AGG) so kann er sich dadurch wegen Benachteiligungen der betroffenen Personen schadenersatzpflichtig machen (§ 15 AGG) (vgl. zu den Einzelheiten B I 1 a/b).

4.   Herausgabeanspruch für eingereichte Unterlagen

Der Bewerber hat einen Anspruch gegen den Arbeitgeber auf Herausgabe seiner Bewerbungsunterlagen. Mit dem Scheitern der Vertragsverhandlungen erlischt das Besitzrecht des Arbeitgebers.

III. Der Arbeitsvertrag

1. Abschluss des Arbeitsvertrags

a) Prinzip der Vertragsfreiheit

Auch im Arbeitsrecht gilt das **„Prinzip der Vertragsfreiheit"**. Arbeitgeber und Arbeitnehmer können also grundsätzlich frei entscheiden, ob und mit wem sie einen Arbeitsvertrag schließen (**Abschlussfreiheit**) und wie sie das Arbeitsverhältnis inhaltlich ausgestalten wollen (Gestaltungsfreiheit).

§ 105 GewO normiert die Privatautonomie der Vertragsparteien ausdrücklich.

Dieses Prinzip der Vertragsfreiheit gilt für den Arbeitgeber aber nicht schrankenlos. Es wird dort durchbrochen, wo der Gesetzgeber im Interesse des Schutzes von **sozial Schwächeren** oder der **Gleichbehandlung der Arbeitnehmer** bestimmte Regelungen getroffen hat.

Als finanzielle Belastung für den Arbeitgeber wirkt sich etwa die im SGB IX vorgesehene Abgabe aus, die ein Arbeitgeber, der 20 und mehr Arbeitnehmer beschäftigt und nicht mindestens 5% der Arbeitsplätze mit schwerbehinderten Arbeitnehmern besetzt, zu leisten hat (§§ 71, 77 SGB IX).

Der Arbeitgeber hat desweiteren **Benachteiligungen** aus den in § 1 AGG genannten Gründen der Rasse oder wegen der ethnischen Herkunft, des Geschlechts, der Religion, oder Weltanschauung, einer Behinderung, des Alters oder der sexuellen Identität zu **verhindern.**

Mittelbar wird die Abschlussfreiheit durch den von der Rechtsprechung entwickelten allgemeinen arbeitsrechtlichen Weiterbeschäftigungsanspruch sowie den Weiterbeschäftigungsanspruch gem. § 102 V BetrVG bei Widerspruch des Betriebsrats gegen eine ordentliche Kündigung eingeschränkt (zum Weiterbeschäftigungsanspruch des Arbeitnehmers siehe ausführlich unter E VII 12).

Auch Auszubildende, die Mitglied der Jugend- und Auszubildendenvertretung oder des Betriebsrats sind, genießen einen besonderen Schutz: Gem. § 78a II BetrVG haben sie einen Anspruch auf Weiterbeschäftigung nach Beendigung ihrer Ausbildung, wenn sie innerhalb der letzten drei Monate ihrer Ausbildung schriftlich von ihrem Arbeitgeber die Weiterbeschäftigung verlangen.

Berufsauszubildende darf zudem nur einstellen und beschäftigen, wer persönlich geeignet ist und über eine für die Berufsausbildung geeignete Arbeitsstätte verfügt (§§ 20, 22 BBiG).

Bestimmte Personen dürfen – in der Regel aufgrund strafrechtlicher Verurteilungen – Jugendliche gar nicht beschäftigen (§ 25 JArbSchG).

Über die soeben beschriebenen Durchbrechungen der Abschlussfreiheit hinaus unterliegt auch der Inhalt des Arbeitsvertrags bestimmten Einschränkungen. So schreibt etwa das BUrlG den Anspruch des Arbeitnehmers auf einen gesetzlichen Mindesturlaub von 24 Arbeitstagen fest (§ 3 BUrlG) oder im ArbZG finden sich Bestimmungen über die werktägliche Höchstarbeitszeit der Arbeitnehmer (§ 3 ArbZG), die Ruhepausen und Ruhezeiten (§§ 4, 5 ArbZG) oder die Nacht- und Schichtarbeit (§ 6 ArbZG).

b) Inhalt des Arbeitsvertrags

Auch wenn der Inhalt des Arbeitsvertrags weitgehend frei von den Vertragsparteien vereinbart werden kann, so wird in der Praxis nicht jede einzelne Vertragsbedingung individuell ausgehandelt. Die allgemeine Ausgestaltung des Arbeitsverhältnisses richtet sich i.d.R. nach vom Arbeitgeber einseitig verwendeten **formularmäßigen Einheitsarbeitsverträgen**, in denen in einzelnen Bereichen individuelle Ergänzungen vorgenommen werden. Einheitsarbeitsverträge unterliegen seit dem 1.1.2002 (Altverträge seit dem 1.1.2003) der Kontrolle nach dem Recht der Allgemeinen Geschäftsbedingungen (s. ausführlich unter B III 2 e). Eine nähere vertragliche Ausgestaltung erfährt das Arbeitsverhältnis dann durch

- Gesamtzusagen,
- betriebliche Übung,
- den arbeitsrechtlichen Gleichbehandlungsgrundsatz oder
- das Direktionsrecht des Arbeitgebers.

Weitere Inhalte des (individuellen) Arbeitsvertrags ergeben sich auch aus Tarifverträgen oder Betriebsvereinbarungen.

c) Form des Arbeitsvertrags

aa) Grundsatz der Formfreiheit

Grundsätzlich kann ein Arbeitsvertrag formfrei geschlossen werden. Für die Praxis empfiehlt es sich, Arbeitsverträge **ausnahmslos schriftlich** abzuschließen. Kommt es zum Streit über die Arbeitsbedingungen, können sich ansonsten Beweisschwierigkeiten für den Arbeitgeber ergeben.

Sieht abweichend von dem Grundsatz der Formfreiheit ein einschlägiger Tarifvertrag (oder ggf. eine Betriebsvereinbarung) eine Formvorschrift vor, ist diese natürlich einzuhalten, z.B. Schriftform gem. § 2 Abs. 1 TVöD.

Für den befristeten Arbeitsvertrag besteht eine Ausnahme insoweit, als § 14 Abs. 4 TzBfG vorsieht, dass die Befristungsabrede der Schriftform bedarf.

bb) Mündliche Nebenabreden

Eine Vereinbarung der Parteien im Arbeitsvertrag, dass zukünftig nur schriftliche, nicht aber mündliche Abreden den Vertrag wirksam ändern können, ist im Streit um dennoch getroffene mündliche Vereinbarungen wenig hilfreich. Wollten die Parteien übereinstimmend die Maßgeblichkeit der mündlichen Vereinbarung, sprechen praktische Erwägungen und die Vertragsfreiheit nach der Rechtsprechung dafür, dass die Parteien den ursprünglich vereinbarten Formzwang jederzeit formlos wieder aufheben konnten, die mündliche Abrede also gilt.

Nur falls eine Auslegung der Klausel ergibt, dass (ausnahmsweise) eine konstitutive tarifliche oder einzelvertragliche Schriftformklausel vorliegt, führt der Verstoß gegen sie zur Nichtigkeit der Abrede gem. § 125 Satz 2 BGB. Beispiel für eine konstitutive Schriftformklausel ist § 4 II BAT. Diese Vorschrift soll nicht lediglich Beweisschwierigkeiten vermeiden, sie soll darüber hinaus die Einheitlichkeit der Arbeitsbedingungen im öffentlichen Dienst wahren.

Die Partei, die sich auf eine außerhalb des Wortlautes des Arbeitsvertrags getroffene Vereinbarung berufen will, muss darlegen und im Zweifel beweisen, dass eine entsprechende mündliche Nebenabrede getroffen wurde und diese auch gültig ist.

In Arbeitsverträgen wurde daher zum Teil eine sog. doppelte Schriftformklausel vereinbart. Diese sah folgendermaßen aus:

„Änderungen dieses Vertrags bedürfen zu ihrer Wirksamkeit der Schriftform. Dieses gilt auch für die Abänderung dieser Schriftformklausel."

Das Bundesarbeitsgericht hat allerdings nunmehr festgestellt, dass eine solche doppelte Schriftformklausel bei Arbeitnehmern den Eindruck erwecken kann, dass jede spätere vom Vertrag abweichende mündliche Abrede nichtig sei. Dies entspricht nicht der wahren Rechtslage. Denn gem. § 305 b BGB haben individuelle Vertragsabreden Vorrang vor Allgemeinen Geschäftsbedingungen. Dieses Prinzip des Vorrangs individueller Vertragsabreden setzt sich auch gegenüber doppelten Schriftformklauseln durch. Im Ergebnis ist daher eine doppelte Schriftformklausel irreführend und daher unwirksam (BAG, Urteil vom 20.05.2008, NZA 2008, 1233).

cc) Ausnahmen

In bestimmten gesetzlich geregelten Fällen ist die **Schriftform** vorgeschrieben.

Nach § 11 I BBiG ist spätestens vor Beginn der **Berufsausbildung** bei der Einstellung eines Auszubildenden eine Niederschrift anzufertigen. In dieser Niederschrift sind Art, sachliche und zeitliche Gliederung sowie Ziel der Berufsausbildung, insbesondere die Berufstätigkeit für die ausgebildet werden soll, sowie Beginn und Dauer der Berufsausbildung, Ausbildungsmaßnahmen außerhalb der Ausbildungsstätte, Dauer der regelmäßig tätigen Ausbildungszeit,

Dauer der Probezeit, Zahlung und Höhe der Vergütung, Dauer des Urlaubs sowie die Voraussetzungen unter denen der Berufsausbildungsvertrag gekündigt werden kann, aufzunehmen. Zudem ist in der Niederschrift auf eventuell anzuwendende Tarifverträge Betriebs- oder Dienstvereinbarungen hinzuweisen. Die Niederschrift ist sowohl vom Auszubildenden selbst als auch von seinem gesetzlichen Vertreter und vom Ausbilder zu unterzeichnen. Sie ist dem Auszubildenden und dem gesetzlichen Vertreter auszuhändigen (§ 11 I, II und III BBiG). Ein Verstoß gegen § 11 BBiG stellt gem. § 102 BBiG eine Ordnungswidrigkeit dar und kann mit einer Geldbuße geahndet werden.

§ 2 NachwG fordert, dass der Arbeitgeber spätestens einen Monat nach dem vereinbarten Beginn des Arbeitsverhältnisses den **wesentlichen Inhalt des Arbeitsvertrags** schriftlich niederlegt und dem Arbeitnehmer eine unterschriebene Ausfertigung dieser Niederschrift aushändigt. In der Niederschrift müssen Angaben über Namen und Anschrift der Vertragsparteien, den Zeitpunkt des Beginns des Arbeitsverhältnisses (bei befristeten Arbeitsverhältnissen auch den voraussichtlichen Beendigungszeitpunkt), den Arbeitsort, die Arbeitszeit, die Dauer des jährlichen Erholungsurlaubs und die vereinbarten Kündigungsfristen enthalten sein sowie eine kurze Beschreibung der vom Arbeitnehmer zu leistenden Tätigkeit. Auf die Anfertigung und Aushändigung einer solchen Niederschrift hat der Arbeitnehmer einen einklagbaren Anspruch gegenüber dem Arbeitgeber. Bei Änderung der wesentlichen Vertragsbedingungen hat der Arbeitgeber den Arbeitnehmer erneut schriftlich zu unterrichten (§ 3 NachwG).

Der Arbeitgeber muss auch die für das Arbeitsverhältnis geltenden **Ausschlussfristen dokumentieren**. Ergeben sich Ausschlussfristen aus einem einschlägigen Tarifvertrag, genügt der Hinweis auf die Geltung des Tarifvertrags (BAG, NZA 2002, 800). Ist die Ausschlussfrist einzelvertraglich vereinbart, muss der Arbeitgeber in der Niederschrift auf sie gesondert hinweisen, ansonsten kann er sich schadenersatzpflichtig machen (BAG, NZA 2002, 1096). Die Rechtsprechung geht in diesem Fall davon aus, dass der Arbeitnehmer seinen Anspruch bei ordnungsgemäßer Aufklärung über die Ausschlussfrist auch rechtzeitig geltend gemacht hätte (BAG, NZA 2002, 1096).

Die Folgen einer **Verletzung der Nachweispflicht** sind nicht gesetzlich geregelt. Es ist davon auszugehen, dass zumindest eine Beweiserleichterung zu Gunsten des Arbeitnehmers eingreift.

Die Verpflichtung gem. § 2 NachwG entfällt natürlich, wenn der Arbeitgeber mit dem Arbeitnehmer den Arbeitsvertrag (und nachfolgende Änderungen) schriftlich schließt, ihm jeweils ein Exemplar aushändigt und in dem Vertrag mindestens alle vom NachwG verlangten Angaben enthalten sind (§ 2 IV NachwG).

d) Vertretung bei Abschluss des Arbeitsvertrags

Der Arbeitsvertrag muss nicht zwingend durch die Vertragsparteien persönlich abgeschlossen werden. Sowohl Arbeitgeber als auch Arbeitnehmer können sich dabei vertreten lassen.

Ein Abschluss durch einen **Stellvertreter** ist z.B. erforderlich, wenn Arbeitgeber oder Arbeitnehmer nicht oder nur beschränkt geschäftsfähig sind. Schließt ein Geschäftsunfähiger, ohne durch einen gesetzlichen Vertreter vertreten zu sein, einen Arbeitsvertrag, so ist dieser Vertrag nichtig – und zwar auch dann, wenn das Arbeitsverhältnis durch tatsächliche Dienstaufnahme des Arbeitnehmers in Vollzug gesetzt wurde. Bei einem **Abschluss durch einen beschränkt Geschäftsfähigen** ist der Vertrag so lange **schwebend unwirksam**, bis er durch den gesetzlichen Vertreter genehmigt wurde.

2. Rechtsmängel des Arbeitsvertrags

a) Nichtigkeit

Die Nichtigkeit eines Arbeitsvertrags kann sich einerseits daraus ergeben, dass er durch einen nicht oder nur beschränkt Geschäftsfähigen oder einen nicht bevollmächtigten Vertreter abgeschlossen wurde. Andererseits kann der Arbeitsvertrag aber auch aus Gründen des § 138 BGB (**Sittenwidrigkeit, Lohnwucher**) oder wegen **Verstoßes gegen ein Gesetz** (§ 134 BGB) nichtig sein.

aa) Sittenwidrigkeit, § 138 I BGB

Ein Arbeitsvertrag ist nach § 138 I BGB sittenwidrig, wenn er wegen seines Inhalts, seiner Zielsetzung oder des Beweggrundes der Vertragspartner gegen das Anstandsgefühl der Gemeinschaft, d.h. jedes gerecht und billig denkenden Menschen verstößt. So kann z.B. eine übermäßige wirtschaftliche Beschränkung des Arbeitnehmers (unangemessene Wettbewerbsverbote oder Verschwiegenheitspflichten, übermäßig hohe Vertragsstrafen etc.) oder eine unzulässige Überbürdung des Geschäftsrisikos auf den Arbeitnehmer (überzogene Mankoabreden oder Haftungsübernahmen, Verlustbeteiligung des Arbeitnehmers) eine Sittenwidrigkeit begründen.

bb) Lohnwucher, § 138 II BGB

Ein Spezialfall der Sittenwidrigkeit eines Arbeitsvertrags ist der Lohnwucher i.S.v. § 138 II BGB. Eine Nichtigkeit des Arbeitsvertrags wegen Lohnwuchers ist danach im Einzelfall gegeben, wenn ein auffälliges Missverhältnis zwischen dem Wert der Arbeitsleistung und der vereinbarten Gegenleistung vorliegt (BAG, NZA 2004, 971). Das ist zum einen der Fall, wenn die vereinbarte Vergütung unangemessen niedrig ist (z.B. Entlohnung weit unter Tariflohn oder der üblichen Vergütung), zum anderen aber auch dann, wenn zwar eine angemessene Vergütung gezahlt wird, dem Arbeitnehmer aber im Gegenzug wirtschaftliche Risiken aufgebürdet werden (z.b. im Verhältnis zur Entlohnung unangemessen hohe Mankohaftung oder Zahlung der Vergütung in Abhängigkeit vom Betriebsergebnis).

Einzelheiten sind sehr streitig. Jedenfalls darf die **Hälfte des Marktlohns** nicht unterschritten werden. Wenn es sich um einen besonders niedrigen Tariflohn handelt, dürfte bereits ein Unterschreiten von 40% zur Sittenwidrigkeit jedenfalls gem. § 138 I BGB führen (MünchArbR/ Hanau, § 63 Rn. 6 m.w.N.). Liegt ein derartiges objektives Missverhältnis vor, schließt die Rechtsprechung grundsätzlich auf die Verwerflichkeit der Gesinnung und nimmt Sittenwidrigkeit gem. § 138 I BGB an.

Das Bundesarbeitsgericht hat eine Entgeltvereinbarung, die eine unterschiedliche Vergütung von Lehrern an anerkannten privaten Ersatzschulen mit vergleichbaren im öffentlichen Dienst stehenden Lehrkräften vorsah, für sittenwidrig erachtet. Die Sittenwidrigkeit ergab sich nicht allein aus der vereinbarten Entgelthöhe, sondern auch aus der Wertung des Grundgesetzes und einfachen gesetzlichen Regelungen (BAG, Urteil vom 26.04.2006, NZA 2006, 1354).

Dem Vorwurf des Lohnwuchers ist der Arbeitgeber jedoch nur dann ausgesetzt, wenn er bewusst eine **Zwangslage**, das mangelnde Urteilsvermögen oder die **Unerfahrenheit des Arbeitnehmers ausgenutzt** hat. Die bloße Furcht des Arbeitnehmers vor Arbeitslosigkeit begründet eine solche Zwangslage noch nicht.

In der Regel wird bei Bejahung einer Sittenwidrigkeit aus Gründen des Arbeitnehmerschutzes nicht der gesamte Vertrag nichtig sein, sondern nur die Vergütungsvereinbarung. Dies hat zur Folge, dass gem. § 612 II BGB eine angemessene Vergütung zu ermitteln ist, die regelmäßig den maßgeblichen Tarifverträgen entnommen wird. Die Anpassung erfolgt also nicht auf das Niveau, das gerade noch als nicht sittenwidrig angesehen wird. An die Stelle des sittenwidrigen Lohns tritt vielmehr der **Marktlohn!**

Da arbeitsvertragliche Regelungen ab dem 1.1.2002 der Inhaltskontrolle wie Allgemeine Geschäftsbedingungen unterliegen (für Altverträge ab 1.1.2003), wird eine Überprüfung wegen § 138 BGB nur noch in Ausnahmefällen stattfinden. Eine Inhaltskontrolle gemäß § 307 BGB wird aber zu keinen anderen Ergebnissen führen. Denn in § 138 BGB kommen elementare Gerechtigkeitsanforderungen, die der gesamten Rechtsordnung zu Grunde liegen, zum Ausdruck (BAG, NZA 2004, 971). Richtwerte zur Feststellung eines auffälligen Missverhältnisses zwischen Leistung und Gegenleistung hat das BAG bislang nicht entwickelt. Der BGH hat im Falle einer strafrechtlichen Beurteilung des Lohnwuchers gemäß § 302a I 1 Nr. 1 StGB a.F. die tatrechtliche Würdigung des

Landgerichts gebilligt, ein auffälliges Missverhältnis liege bei einem Lohn vor, der zwei Drittel des Tariflohns betrage (BGHSt, NJW 1997, 2689).

b) Anfechtung des Arbeitsvertrags

aa) Konkurrenz zur Beendigung durch Kündigung

In der Regel wird bei Vorliegen der Voraussetzungen für eine Anfechtung auch die außerordentliche Kündigung in Betracht kommen (dazu näher unter E VII 8). In diesem Fall stehen beide Möglichkeiten zur Beendigung des Arbeitsverhältnisses zur Verfügung, es besteht insofern ein Wahlrecht.

bb) Voraussetzungen einer Anfechtung

Wie jedes andere Rechtsgeschäft auch können Arbeitsverträge wegen Irrtums (§ 119 BGB) oder Täuschung (§ 123 I BGB) angefochten werden.

Eine Anfechtung kann auf § 119 II BGB gestützt werden, wenn ein Irrtum über eine **verkehrswesentliche Eigenschaft** einer Person vorliegt. Unter einer Eigenschaft i.S. dieser Norm sind dabei alle gegenwärtigen oder vergangenen, tatsächlichen oder rechtlichen Merkmale zu verstehen, die einer **Person unmittelbar und für eine gewisse Dauer** anhaften. Zu den verkehrswesentlichen Eigenschaften können zählen: das Geschlecht, Alter, Sachkunde, Zuverlässigkeit, das Vorliegen von Vorstrafen etc. Ob eine verkehrswesentliche Eigenschaft vorliegt oder nicht, ist aber stets vom Einzelfall abhängig und auch unter Berücksichtigung der konkret übertragenen Aufgaben zu beurteilen.

Eine Anfechtung wegen arglistiger Täuschung i.S.v. § 123 I BGB kommt in Betracht, wenn folgende Voraussetzungen erfüllt sind:

- Eine für das Arbeitsverhältnis **wichtige Information** wurde trotz Vorliegens einer Offenbarungspflicht nicht gegeben oder eine zulässige Frage des Arbeitgebers wurde nicht wahrheitsgemäß beantwortet.

- Der Anfechtungsgegner muss die Tatsache **bewusst verschwiegen** bzw. bewusst eine **falsche Antwort** gegeben haben.

- Der Anfechtungsgegner musste wissen oder erkennen, dass diese falsche oder nicht gegebene Information für die **Entscheidung über die Begründung des Arbeitsverhältnisses** ausschlaggebend sein könnte.

- Schließlich muss ein **ursächlicher Zusammenhang** zwischen der fehlerhaften Information und der Begründung des Arbeitsverhältnisses gegeben sein. Die Einstellung muss also auf den durch die Täuschung hervorgerufenen Irrtum zurückzuführen sein.

cc) Fristen für die Erklärung einer Anfechtung

Eine Anfechtung nach § 119 II BGB ist gem. § 121 BGB ohne schuldhaftes Zögern zu erklären. Hierzu hat das BAG festgestellt, dass die Erklärung **maximal binnen 14 Tagen ab Kenntniserlangung** des Anfechtungsgrunds erfolgen muss (BAG, NJW 1980, 1302).

Bei der Anfechtung wegen Täuschung nach § 123 BGB gilt die Jahresfrist des § 124 BGB. Die Jahresfrist beginnt zu laufen, sobald der Anfechtungsberechtigte die Täuschung entdeckt.

c) Rechtsfolgen bei Nichtigkeit oder Anfechtung

Im Falle einer Nichtigkeit oder wirksamen Anfechtung des Arbeitsvertrags ist zu unterscheiden, ob das Arbeitsverhältnis bereits in Vollzug gesetzt wurde oder nicht.

Wurde das Arbeitsverhältnis noch nicht in Vollzug gesetzt, hat der Arbeitnehmer also seine Arbeit noch nicht angetreten, so ist der Arbeitsvertrag **von vornherein unwirksam** bzw. durch die Anfechtung rückwirkend beseitigt worden.

Sind lediglich einzelne Vertragsbedingungen angefochten worden oder nichtig, so werden diese im Wege einer ergänzenden Vertragsauslegung durch bestehende Arbeitnehmerschutzvorschriften ersetzt, die übrigen Vertragsbedingungen bleiben wirksam.

Nach Invollzugsetzung des Arbeitsverhältnisses kann der Arbeitsvertrag **nicht mehr rückwirkend beseitigt** werden. Es ist ein sog. faktisches Arbeitsverhältnis entstanden. Das Arbeitsverhältnis gilt erst ab dem Zeitpunkt der wirksamen Anfechtungserklärung bzw. ab Feststellung der Nichtigkeit als beendet.

Komplikationen können sich dann ergeben, wenn der Arbeitnehmer die Wirksamkeit einer Anfechtung bestreitet. Arbeitet er nach der Anfechtungserklärung nicht mehr weiter und stellt sich in einem folgenden arbeitsgerichtlichen Verfahren heraus, dass die Anfechtung unwirksam war, so befand sich der Arbeitgeber bis zur Entscheidung über die Wirksamkeit der Anfechtung im Annahmeverzug (§ 615 BGB) und muss dem Arbeitnehmer den Lohn für diese Zeit zahlen.

d) faktisches Arbeitsverhältnis

Bei einem faktischen Arbeitsverhältnis hat der Arbeitnehmer auf Grundlage eines fehlerhaften Arbeitsvertrags seine Arbeit aufgenommen.

Wegen seiner tatsächlich geleisteten Arbeit stehen dem Arbeitnehmer aus dem faktischen Arbeitsverhältnis **quasivertragliche Ansprüche** zu. Er hat für die Dauer seiner Arbeitsleistung die Ansprüche, die ihm bei Vorliegen eines einwandfreien Arbeitsverhältnisses zugestanden hätten, so dass ihm z.B. keine Lohnansprüche für bereits geleistete Arbeit entzogen werden können. Die Lohnhöhe ergibt sich in einem solchen Fall entweder aus der Vereinbarung in dem unwirksamen Arbeitsvertrag oder aus der üblichen Vergütung für eine entsprechende Arbeitsleistung (§ 612 II BGB).

Die Annahme eines faktischen Arbeitsverhältnisses ist an drei Voraussetzungen geknüpft:

- Das Vorliegen eines **fehlerhaften Arbeitsvertrags**. Es wurden z.b. zwei übereinstimmende Willenserklärungen abgegeben, jedoch ist die Einigung wegen der Willenserklärung eines Minderjährigen oder eines nicht bevollmächtigten Vertreters bzw. wegen Sittenwidrigkeit **unwirksam**.

- Die Invollzugsetzung dieses fehlerhaften Arbeitsvertrags durch Arbeitsaufnahme.

- Der fehlerhafte Arbeitsvertrag darf **nicht gegen ein überwiegendes öffentliches Interesse** verstoßen. So kann etwa ein Arbeitgeber für einen beschränkt Geschäftsfähigen, der auf Grund eines fehlerhaften Vertrags bei ihm arbeitet, keine Überstunden anordnen und sich dabei auf die Grundsätze des faktischen Arbeitsverhältnisses berufen, weil diese Anordnung dem **Minderjährigenschutz** zuwider laufen würde. Hat der Minderjährige hingegen auf eine Anordnung hin Überstunden geleistet, so kann er auch die Überstundenvergütung verlangen. Denn es entspricht dem öffentlichen Interesse, dass der Minderjährige einen Anspruch auf die Vergütung seiner geleisteten Arbeit hat.

Das faktische Arbeitsverhältnis wird beendet durch einseitige Lossagung einer der Parteien des unwirksamen Arbeitsvertrags. Dies sollte vorsorglich durch eine schriftliche Kündigungserklärung erfolgen.

e) Vertragskontrolle nach AGB-Recht

Arbeitsvertragliche Regelungen unterliegen seit dem 1.1.2002 (Altverträge seit dem 1.1.2003) der Kontrolle nach dem Recht der Allgemeinen Geschäftsbedingungen (§§ 305 ff. BGB). Daraus ergeben sich weitere Anforderungen an die Kontrolle von Arbeitsverträgen. Gem. § 310 IV 2 BGB sind die im Arbeitsrecht geltenden Besonderheiten zu berücksichtigen.

aa) Vorliegen Allgemeiner Geschäftsbedingungen und wirksame Einbeziehung

Ein Arbeitsvertrag unterliegt schon dann der Kontrolle nach dem AGB-Recht, wenn der Arbeitgeber von anderen **vorformulierte Vertragsbedingungen** benutzt, ohne selbst eine mehrfache Verwendung zu planen (§ 310 III Nr. 2 BGB).

Ausgenommen sind nur echte **Individualabreden** (§ 305b BGB). Eine Individualabrede setzt ein wirkliches Aushandeln der Vertragsbedingung voraus. Der Arbeitgeber muss also den gesetzesfremden Kern der Klausel ernsthaft zur Disposition gestellt haben, sodass der Arbeitnehmer inhaltlich Einfluss nehmen konnte. Die Beweislast für das Vorliegen einer individuell vereinbarten Arbeitsvertragsbedingung liegt beim Arbeitgeber (BGH, NJW 1998, 2600).

Nach wie vor gar nicht erst Vertragsbestandteil werden – ohne dass es auf ihren Inhalt ankommt – sog. **überraschende Klauseln** (§ 305c I BGB). Obwohl beispielsweise Ausschlussfristen im Arbeitsrecht üblich sind, können sie auf Grund ihres äußeren Erscheinungsbildes überraschend sein. Nicht Vertragsbestandteil wurde daher eine vertragliche Ausschlussfrist, die ohne besonderen Hinweis und ohne drucktechnische Hervorhebung in einem umfangreichen Vertragswerk unter der falschen oder zumindest missverständlichen Überschrift „Lohnabrechnung und Zahlung" versteckt wurde (BAG, NZA 1996, 702). Darüber hinaus hat das Bundesarbeitsgericht auch Ausschlussfristen, die unter der Überschrift Schlussbestimmungen versteckt waren, als überraschende Klausel gewertet (BAG, NZA 2006, 324).

bb) Gegenstand der Inhaltskontrolle

Nicht Gegenstand der Inhaltskontrolle sind nur solche Bestimmungen, die den Gesetzeswortlaut, ungeschriebene Rechtsgrundsätze (auch Richterrecht), Tarifverträge oder Betriebsvereinbarungen wiederholen (siehe § 307 III BGB). Das Bundesarbeitsgericht hat festgestellt, dass Tarifverträge auch dann keiner Inhaltskontrolle unterliegen, wenn im Formular Arbeitsvertrag auf den für den tarifgebundenen Arbeitgeber einschlägigen Tarifvertrag Bezug genommen wird, der Arbeitnehmer jedoch nicht Mitglied der entsprechenden Gewerkschaft ist (BAG, NZA 2007, 1049).

Zwei Problembereiche werden in diesem Zusammenhang diskutiert:

Die Rechtsprechung wird zum einen zu klären haben, in welchen Fällen und unter welchen Voraussetzungen eine Inhaltskontrolle möglich ist, wenn durch die im Arbeitsvertrag enthaltene Verweisung auf einen Tarifvertrag (oder eine Betriebsvereinbarung) sich nicht das gesamte Vertragswerk auf das Arbeitsverhältnis auswirken soll, sondern nur einzelne Teile in das Arbeitsverhältnis mit einbezogen werden sollen (s. zu tarifvertraglichen Fragen ausführlich unter G).

Fraglich ist zum anderen, ob alle formularmäßigen arbeitsvertraglichen **Entgeltabreden** an Tarifverträgen zu messen sind. Leistungsbeschreibungen und Preisabreden sind grundsätzlich nicht nach AGB-Recht kontrollfähig, es sei denn sie weichen von einer gesetzlichen Vergütungsregel ab. Da Tarifverträge nach § 310 IV 3 BGB den Rechtsvorschriften i.S.d. § 307 III BGB gleichstehen, könte der Schluss gezogen werden, Entgeltabreden seien nun unabhängig von der Tarifbindung von Arbeitgeber und Arbeitnehmer grundsätzlich am Tarifvertrag zu messen. Dagegen spricht,

- dass Tarifverträge dadurch quasi allgemeinverbindlich würden.

- Arbeitgeber und Arbeitnehmer zwar die Geltung eines Tarifvertrags für das Arbeitsverhältnis vereinbaren können, den Tarifvertragsparteien aber nicht die Kompetenz zusteht, Normen für Außenstehende zu setzen.

- Sinn der Regelung ist, Tarifverträge von der Inhaltskontrolle auszunehmen, sie selbst sollen aber nicht Maßstab der Kontrolle sein.

AGB-Grundsätze sind damit auf Entgeltbestimmungen in Arbeitsverträgen nicht tarifgebundener Parteien nicht anwendbar (Reinecke, Sonderbeilage zu NZA 18/2004, 27ff.). Die Entgeltvereinbarung unterliegt aber weiterhin dem gröberen Überprüfungsmaßstab des §138 BGB, bei dem der Vergleich mit tarifvertraglichen Regelungen ebenfalls eine Rolle spielen kann (siehe zu § 138 BGB (Sittenwidrigkeit, Lohnwucher) unter B III 2 a).

cc) Spezielle Klauselverbote

Nach dem AGB-Recht (§§ 305 ff. BGB) sind in vorformulierten Vertragsbedingungen bestimmte Klauseln unzulässig. Für das Arbeitsrecht von Bedeutung sind vor allem folgende Klauselverbote:

- § 309 Nr. 6 BGB (Vertragsstrafe)

    Wegen der Besonderheiten im Arbeitsrecht kann grundsätzlich im vorformulierten Arbeitsvertrag eine **Vertragsstrafe** wirksam vereinbart werden (s. ausführlich unter D V 3). Die Vereinbarung einer Vertragsstrafe muss angemessen sein. Eine formularmäßige Vertragsstrafenklausel kann aber auf Grund einer unangemessenen Benachteiligung nach § 307 I BGB unwirksam sein (BAG, NZA 2004, 727).

- § 309 Nr. 13 BGB (Form von Anzeigen und Erklärungen)

    Arbeitgeber dürfen im vorformulierten Arbeitsvertrag für Erklärungen und Anzeigen des Arbeitnehmers **keine strengere Form als die Schriftform** fordern oder besondere Zugangserfordernisse aufstellen. Unwirksam ist beispielsweise, die Kündigung des Arbeitnehmers nur per Einschreiben entgegen zu nehmen.

    Nicht zu beanstanden sind hingegen zweistufige Ausschlussfristen. Für die gerichtliche Geltendmachung eines Anspruchs wird hier lediglich eine bestimmte Frist verlangt, nicht aber eine besondere Form.

- § 308 Nr. 4 BGB (Änderungsvorbehalt)

An dieser Vorschrift werden künftig Versetzungsklauseln, Änderungsvorbehalte in Bezug auf die Arbeitszeit sowie Widerrufs- und Anrechnungsvorbehalte beim Entgelt zu messen sein. Die Vereinbarung eines Vorbehalts muss dem Arbeitnehmer – unter Berücksichtigung der Interessen des Arbeitgebers – zumutbar sein.

Bezogen auf Versetzungsklauseln hat das BAG allerdings entschieden, dass § 308 Nr. 4 hierauf keine Anwendung findet. Denn die Vorschrift erfasst nur einseitige Bestimmungsrechte hinsichtlich der Leistung des Verwenders. Versetzungsklauseln betreffen demgegenüber die Arbeitsleistung als die dem Verwender geschuldete Gegenleistung (BAG, NZA 2006, 1149).

Zumutbar ist nach einer neuen Entscheidung des BAG (Urteil vom 12.1.2005 – 5 AZR 364/04 –) beispielsweise die Vereinbarung eines Widerrufsrechts in Bezug auf eine außertarifliche Zulage und Fahrtkostenersatz, wenn dem Arbeitnehmer die tarifliche oder mindestens übliche Vergütung verbleibt und der Schutz gegenüber Änderungskündigungen nicht umgangen wird, d.h. vom Widerruf höchstens 25 bis 30% der Gesamtvergütung erfasst werden. Darüber hinaus darf der Widerruf nicht grundlos erfolgen. Die **Widerrufsgründe** (z.b. wirtschaftliche Gründe, Gründe im Verhalten des Arbeitnehmers) **müssen** in der Regelung selbst **genannt sein**.

- § 308 Nr. 5 und 6 BGB (Fingierte Erklärungen, Fiktion des Zugangs)

Unwirksam sind in Allgemeinen Geschäftsbedingungen Vereinbarungen über den fingierten Zugang von Erklärungen und der Verzicht auf ein Zugangserfordernis. Der Arbeitgeber kann in den Vertragsbedingungen z.b. nicht wirksam festlegen, dass eine am Schwarzen Brett ausgehängte Erklärung gegenüber dem einzelnen Arbeitnehmer als im Rechtssinne zugegangen gilt. Unwirksam ist es auch, im Vertragswerk zu bestimmen, dass die ausbleibende Reaktion auf so einen Aushang durch den Arbeitnehmer als dessen Zustimmung zu werten sei.

- Angemessenheitskontrolle nach § 307 BGB

Unwirksam in Allgemeinen Geschäftsbedingungen sind Bestimmungen, die den Arbeitnehmer unangemessen benachteiligen. Für diese Prüfung wird das **Erscheinungsbild des Gesamtvertrags** und nicht nur die isolierte Vertragsklausel betrachtet, kompensierende Effekte sind also zu berücksichtigen. U.a. kommt es auf die Art des Arbeitsverhältnisses unter Berücksichtigung der Stellung des Arbeitnehmers, die Höhe des Entgelts, den Status des Arbeitnehmers und darauf an, dass die Bestimmung weder den wesentlichen Grundgedanken gesetzlicher Regelungen noch den wesentlichen, sich aus der Natur des Vertrags ergebenden Rechten und Pflichten zuwiderläuft (§ 307 II Nr. 1 und Nr. 2 BGB). Letztlich ist das Interesse des Verwenders an der Aufrechterhaltung der Klausel mit dem Interesse des Arbeitnehmers an der Ersetzung der Klausel durch das Gesetz abzuwägen (BAG, NZA 2007, 853).

Die Angemessenheitskontrolle nach § 307 BGB wird künftig insbesondere Bedeutung erlangen bei der Kontrolle von einzelvertraglichen Ausschlussfristen. Bei einer einzelvertraglichen Einbeziehung eines Tarifvertrags insgesamt wird hiervon auszugehen sein, weil die Tarifvertragsparteien im Zweifel im Rahmen der Tarifautonomie einen ausgewogenen Vertrag ausgehandelt haben. Anders dürfte entschieden werden, wenn sich der Arbeitgeber aus dem Tarifvertrag nur die für ihn günstigen, aber vom Gesetz abweichend geregelten Bestimmungen heraussucht. Isolierte Ausschlussfristen von lediglich ein bis zwei Monaten sind z.B. unwirksam.

Auch einseitige Ausschlussfristen nach denen nur der Arbeitnehmer binnen einer bestimmten Frist Ansprüche aus dem Arbeitsverhältnis machen kann, benachteiligen den Arbeitnehmer unangemessen und sind daher unwirksam (BAG, NZA 2006, 324). Darüber hinaus ist bei zweistufigen Ausschlussfristen eine Frist für die gerichtliche Geltendmachung von weniger als drei Monaten unangemessen kurz (BAG, NZA 2005, 1111).

Alle Arbeitsverträge – auch die Altverträge! – sollten daher einer genauen Prüfung unterzogen werden. Sollten die Arbeitsgerichte eine einzelne Bestimmung für unwirksam halten, würde stattdessen die gesetzliche Regelung eintreten (i.d.R. keine sog. geltungserhaltende Reduktion). Eine unwirksame Ausschlussfrist wäre danach insgesamt nichtig. Es würden stattdessen lediglich die gesetzlichen Verjährungsfristen greifen (s. weiterhin unter Anmerkungen zu § 15 des Arbeitsvertragsmusters BIII 3 b).

An § 307 BGB werden des Weiteren die einseitigen Leistungsbestimmungsrechte, Mankoabreden (s. ausführlich unter D VI 2) und die Vereinbarung über die Rückzahlung von Fortbildungskosten (s. ausführlich unter D V) zu messen sein.

Eine unangemessene Benachteiligung kann sich gem. § 307 I 2 BGB auch daraus ergeben, dass eine Bestimmung nicht klar und verständlich ist.

dd) Rechtsfolgen unwirksamer Vertragsbestimmungen, § 306 BGB

Sind einzelne Vertragsbestimmungen unwirksam, bleibt der Vertrag im Übrigen wirksam und sein Inhalt richtet sich nach den gesetzlichen Bestimmungen (§ 306 II BGB). Der Verwender Allgemeiner Geschäftsbedingungen kann seine Vertragsposition gestalten, trägt aber im Falle eines Rechtsstreits das Risiko, dass den Partner benachteiligende Klauseln nicht lediglich auf das gerade noch zulässige Maß gekürzt, sondern durch die „gerechteren" gesetzlichen Regelungen ersetzt werden.

Im Arbeitsrecht tritt bei diesem so genannten Verbot einer geltungserhaltenden Reduktion das Problem auf, dass es häufig keine gesetzliche Regelung gibt, die an die Stelle der unwirksamen Vertragsbestimmung treten kann. Die weitere Entwicklung in der Rechtsprechung wird zeigen, wie dieses Problem zu lösen ist. Denkbar ist, bei Fehlen einer gesetzlichen Regelung auch auf ungeschriebene, durch die Rechtsprechung entwickelte Rechtsgrundsätze zurückzugreifen. Fraglich ist, ob eine unwirksame Bestimmung auch durch eine einschlägige tarifliche Regelung ersetzt werden kann. In Literatur und Rechtsprechung zeichnet sich ab, dass zukünftig im Arbeitsrecht, sofern keine „Ersatznorm" existiert, eine **angemessene Regelung im Wege der ergänzenden Vertragsauslegung** an Stelle der unwirksamen Bestimmung treten wird (vgl. Reinecke, Sonderbeilage zur NZA Heft 18/2004, 27, 31 m.w.N.).

Den Weg der ergänzenden Vertragsauslegung ist das BAG in einer neuen Entscheidung gegangen (BAG, Urteil vom 12.1.2005, Az. 5 AZR 364/04). Es hatte über die Wirksamkeit eines formularmäßigen Widerrufsvorbehalts in einem Altvertrag am Maßstab des AGB-Rechts (hier § 308 Nr.4 BGB) zu entscheiden. Die Klausel wurde zunächst verworfen, da die vertragliche Vereinbarung die Gründe für einen solchen Widerruf nicht nannte. Im Ergebnis könne laut BAG die unwirksame Klausel in dem vorliegenden Altfall aber nicht ersatzlos wegfallen. Die Unwirksamkeit beruhe allein auf förmlichen Anforderungen (hier Benennen der zulässigen Widerrufsgründe), die die Parteien bei Vertragsschluss nicht kennen konnten. Eine Bindung des Arbeitgebers an die vereinbarte Leistung ohne Widerrufsvorbehalt sei unverhältnismäßig. Laut BAG liege es nahe, dass Arbeitgeber und Arbeitnehmer bei Kenntnis der nachträglich in Kraft getretenen Anforderungen an die Widerrufsvereinbarung jedenfalls die vom Arbeitgeber geltend gemachten wirtschaftlichen Gründe mit einbezogen hätten.

Darüber hinaus hat das BAG in einer neueren Entscheidung festgestellt, dass eine ergänzende Vertragsauslegung nur dann in Frage kommt, wenn sich das **Festhalten am Vertrag für den Verwender** als **unzumutbare Härte** i.S.d. § 306 Abs. 3 BGB darstellen würde oder wenn eine verfassungskonforme den Grundsatz der Verhältnismäßigkeit wahrende Auslegung und Anwendung der unwirksamen Vertragsklausel eine ergänzende Vertragsauslegung deshalb gebietet, weil die §§ 307 ff. BGB hinsichtlich der Anforderung an wirksame Vertragsformulierung für Altverträge auf eine echte Rückwirkung hinauslaufen (BAG, NZA 2007, 809)

3. Muster eines Arbeitsvertrags

Die **Verwendung eines Musterarbeitsvertrags ersetzt keinesfalls die Beratung im Einzelfall.** Nur eine individuelle Beratung stellt sicher, dass die konkreten Umstände beim Arbeitgeber und ggf. aktuelle Rechtsprechung bei der Vertragsgestaltung berücksichtigt werden. Der folgende Arbeitsvertragstext ist daher lediglich als Anhaltspunkt für die Gestaltung eines Arbeitsverhältnisses zu verstehen. Sinnvoll ist er im Übrigen nur für den Fall, dass keine Tarifverträge auf das Arbeitsverhältnis Anwendung finden.

a) Arbeitsvertrag

Arbeitsvertrag

Zwischen

....

Arbeitgeber

und

....

Arbeitnehmer [Arbeitnehmerin]

wird folgender Arbeitsvertrag geschlossen:

§ 1 Beginn der Tätigkeit

(1) Herr / Frau .... nimmt die Tätigkeit am .... auf.

(2) Vor Aufnahme der Tätigkeit ist eine ordentliche Kündigung ausgeschlossen.

§ 2 Probezeit

(1) Die ersten sechs Monate des Arbeitsverhältnisses werden als Probezeit vereinbart.

(2) Innerhalb der Probezeit kann das Arbeitsverhältnis mit einer Frist von zwei Wochen gekündigt werden.

(3) Kündigt innerhalb der Probezeit weder der Arbeitgeber noch der Arbeitnehmer [die Arbeitnehmerin], wird das Arbeitsverhältnis auf unbestimmte Zeit fortgesetzt.

alternativ:

(1) Der Arbeitnehmer [Die Arbeitnehmerin] wird für die Zeit vom .... bis .... zur Probe in einem befristeten Probearbeitsverhältnis eingestellt.

(2) Das Arbeitsverhältnis endet mit Ablauf der Frist, ohne dass es einer Kündigung bedarf, sofern nicht bis zu diesem Zeitpunkt ausdrücklich eine Fortsetzung des Arbeitsverhältnisses als ein unbefristetes vereinbart wird.

(3) Während der Probezeit kann das Arbeitsverhältnis mit einer Frist von zwei Wochen gekündigt werden.

(4) Wird im Anschluss an die Probezeit ein unbefristetes Arbeitsverhältnis vereinbart, so gilt rückwirkend der Beginn der Probezeit als Beginn des unbefristeten Arbeitsverhältnisses.

§ 3 Tätigkeit

(1) Der Arbeitnehmer [Die Arbeitnehmerin] wird als .... eingestellt. Er [Sie] hat folgende Aufgaben zu erfüllen: ....

(2) Der Arbeitgeber behält sich vor, dem Arbeitnehmer [der Arbeitnehmerin] in begründeten Ausnahmefällen dauerhaft andere seinen [ihren] Fähigkeiten entsprechende gleichwertige, geringerwertige oder höherwertige Tätigkeiten zuzuweisen. Die Zuweisung einer geringerwertigen Tätigkeit darf von den Tätigkeitsmerkmalen her maximal eine Vergütungsstufe niedriger angesiedelt sein als die ursprünglich vereinbarte Tätigkeit.

(3) Soweit andere gleich- oder geringerwertige Aufgaben zugewiesen werden, bleibt davon die vereinbarte Vergütung unberührt.

Bei der Zuweisung einer höherwertigen Tätigkeit richtet sich die Vergütung von dem Zeitpunkt der Übertragung an nach der für diese Tätigkeit üblichen Vergütung.

(4) Der Arbeitnehmer [Die Arbeitnehmerin] verpflichtet sich, die ihm übertragenen Aufgaben gewissenhaft und sorgfältig zu erfüllen.

§ 4 Ort der Arbeitsleistung

(1) Der Arbeitnehmer [Die Arbeitnehmerin] hat seine [ihre] Tätigkeit beim Arbeitgeber in .... zu erbringen. Er [Sie] wird eingesetzt in der Abteilung ....

(2) Der Arbeitgeber behält sich vor, den Arbeitnehmer [die Arbeitnehmerin] auch in anderen Abteilungen oder an anderen Standorten des Unternehmens zu beschäftigen, wenn dieses dem Arbeitnehmer [der Arbeitnehmerin] bei Abwägung der beiderseitigen Interessen zuzumuten ist.

(3) Die Entscheidung über eine Zuweisung in eine andere Abteilung oder an einen anderen Standort des Unternehmens wird der Arbeitgeber außer bei dringenden betrieblichen Notwendigkeiten dem Arbeitnehmer [der Arbeitnehmerin] frühzeitig, unter Heranziehung der auf das Vertragsverhältnis anzuwendenden Kündigungsfristen, mitteilen.

(4) Soweit eine anderweitige Zuweisung einen Wohnortwechsel des Arbeitnehmers [der Arbeitnehmerin] erforderlich macht, trägt der Arbeitgeber die notwendigen Kosten des Umzugs.

§ 5 Arbeitszeit

(1) Die regelmäßige wöchentliche Arbeitszeit beträgt .... Stunden. Die Lage der Arbeitszeit und deren Verteilung auf die einzelnen Wochentage richtet sich nach den betrieblichen Regelungen.

alternativ:

Die tägliche Dauer der Arbeitszeit beträgt zusammenhängend .... Stunden. Die Arbeitszeit beginnt täglich um .... und endet um ....

(2) Der Arbeitnehmer [Die Arbeitnehmerin] ist grundsätzlich bereit, auf Verlangen des Arbeitgebers im Rahmen der gesetzlichen Bestimmungen Nachtarbeit, Schichtarbeit, Samstagsarbeit, Sonn- und Feiertagsarbeit oder Überstunden bzw. Mehrarbeit zu leisten, soweit dafür ein dringendes betriebliches Bedürfnis besteht.

(3) Leistet der Arbeitnehmer [die Arbeitnehmerin] angeordnete oder genehmigte Überstunden, werden diese grundsätzlich durch Freizeit ausgeglichen.

§ 6 Vergütung

(1) Der Arbeitnehmer [Die Arbeitnehmerin] erhält für die vereinbarte regelmäßige Tätigkeit ein monatliches Bruttogehalt von .... €.

(2) Bezahlt wird nur die geleistete Arbeit. § 616 BGB wird abbedungen.

§ 7 Weihnachtsgratifikation

(1) Der Arbeitnehmer [Die Arbeitnehmerin] die am 01.12. in einem ungekündigten und unbefristeten Arbeitsverhältnis stehen, erhalten eine Weihnachtssonderzahlung in Höhe von .... €. Die Auszahlung erfolgt mit dem Dezembergehalt.

(2) Die Zahlung erfolgt freiwillig und begründet auch bei wiederholter Gewährung keinen Rechtsanspruch.

(3) Sämtliche Fehlzeiten mindern die Jahressonderzahlung im 1/87 je Fehltag. Als Fehlzeiten gelten auch die Zeiten, in denen das Arbeitsverhältnis ruht.

§ 8 Erholungsurlaub

(1) Der Arbeitnehmer [Die Arbeitnehmerin] hat einen Urlaubsanspruch von .... Arbeitstagen pro Jahr.

(2) Der Urlaub wird in Abstimmung mit dem Arbeitgeber festgelegt. Die Urlaubswünsche des Arbeitnehmers werden angemessen berücksichtigt.

§ 9 Arbeitsverhinderung

(1) Der Arbeitnehmer [Die Arbeitnehmerin] ist verpflichtet, dem Arbeitgeber jede Arbeitsunfähigkeit oder sonstige Arbeitsverhinderung und deren voraussichtliche Dauer unverzüglich anzuzeigen. Der Grund für die Arbeitsverhinderung ist auf Verlangen anzugeben.

(2) Im Krankheitsfall ist der Arbeitnehmer [die Arbeitnehmerin] verpflichtet, dem Arbeitgeber spätestens am [2.] Kalendertag der Erkrankung die Arbeitsunfähigkeit und deren voraussichtliche Dauer durch Vorlage einer ärztlichen Bescheinigung nachzuweisen. Der Arbeitgeber ist berechtigt, die ärztliche Bescheinigung auch schon früher zu verlangen. Dauert die Arbeitsunfähigkeit länger als in der Bescheinigung angegeben, ist der Arbeitnehmer [die Arbeitnehmerin] verpflichtet, den Arbeitgeber unverzüglich darüber zu informieren und eine ärztliche Folgebescheinigung vorzulegen.

(3) Der Arbeitnehmer [Die Arbeitnehmerin] ist verpflichtet, den Arbeitgeber auf dringend zu erledigende Arbeiten, die wegen seiner [ihrer] Arbeitsverhinderung liegen bleiben werden, hinzuweisen.

§ 10 Nebentätigkeit

(1) Der Arbeitnehmer [Die Arbeitnehmerin] darf eine entgeltliche oder unentgeltliche Nebenbeschäftigung während der Dauer des Arbeitsverhältnisses nur mit vorheriger schriftlicher Einwilligung des Arbeitgebers ausüben.

(2) Der Arbeitgeber hat seine Einwilligung zu erteilen, soweit die Nebentätigkeit die Wahrnehmung der dienstlichen Aufgaben zeitlich nicht behindert und sonstige berechtigte Interessen des Arbeitgebers nicht beeinträchtigt werden.

(3) Die Entscheidung über den Antrag des Arbeitnehmers [der Arbeitnehmerin] hat der Arbeitgeber innerhalb einer Frist von ... Wochen nach Antragstellung zu treffen. Trifft der Arbeitgeber innerhalb dieser Frist keine Entscheidung, so gilt die Einwilligung als erteilt.

§ 11 Verschwiegenheitspflicht

(1) Der Arbeitnehmer [Die Arbeitnehmerin] verpflichtet sich, über alle im Rahmen seiner [ihrer] Tätigkeit erlangten betrieblichen, geschäftlichen und persönlichen Angelegenheiten des Arbeitgebers, insbesondere über Betriebs- und Geschäftsgeheimnisse, Stillschweigen zu bewahren. Er hat ferner insbesondere darauf zu achten, dass Dritte nicht unbefugt Kenntnis solcher Geheimnisse aus seinem Arbeitsbereich erlangen. Diese Pflicht er-

streckt sich nicht auf solche Kenntnisse, die der Allgemeinheit zugänglich oder für das Unternehmen erkennbar ohne Nachteil sind. Die Pflicht zur Geheimhaltung gilt auch nach Beendigung des Arbeitsvertrags.

(2) Die Verschwiegenheitspflicht erstreckt sich auch auf die Vergütungsvereinbarung und die Einzelheiten des Arbeitsvertrags sowie auf Angelegenheiten solcher Unternehmen, mit denen der Arbeitgeber wirtschaftlich und organisatorisch verbunden ist.

(3) Verstöße gegen die Verschwiegenheitspflichten lösen eine Vertragsstrafe pro Verstoß von einem halben Brutto-Monatsgehalt aus.

§ 12 Wettbewerbsverbot

(1) Der Arbeitnehmer [Die Arbeitnehmerin] verpflichtet sich, für einen Zeitraum von 2 Jahren nach Beendigung des Arbeitsverhältnisses in .... [alternativ: in bis zu ... km Entfernung vom Unternehmen] keiner selbstständigen oder unselbstständigen Tätigkeit auf folgenden Arbeitsgebieten nachzugehen: ....

(2) Der Arbeitnehmer [Die Arbeitnehmerin] erhält für die Dauer des Wettbewerbverbots eine Entschädigung, die für jedes Jahr des Verbots 50% der zuletzt bezogenen vertragsmäßigen Leistungen beträgt.

(3) Der Arbeitgeber kann vor Beendigung des Arbeitsverhältnisses durch schriftliche Erklärung auf das Wettbewerbsverbot verzichten. Verzichtet er, so ist er nach Ablauf eines Jahres nach der Verzichtserklärung von der Entschädigungszahlung frei.

(4) Im Übrigen gelten die Bestimmungen der §§ 74 ff. HGB.

(5) Diese Wettbewerbsabrede gilt nur für den Fall, dass das Arbeitsverhältnis über die Probezeit [§2] hinaus Bestand hat.

§ 13 Vertragsstrafen

(1) Im Falle der schuldhaften Nichtaufnahme oder vertragswidrigen Beendigung der Tätigkeit verpflichtet sich der Arbeitnehmer [die Arbeitnehmerin] dem Arbeitgeber eine Vertragsstrafe in Höhe eines Bruttomonatseinkommens zu zahlen. Das Bruttoeinkommen wird nach dem Durchschnitt der Bezüge der letzten zwölf Monate oder, im Falle einer kürzeren Beschäftigungsdauer, nach dem Durchschnittsverdienst während der Beschäftigungszeit oder, sofern die Tätigkeit nicht aufgenommen wurde, der vereinbarten Vergütung errechnet. Der Arbeitgeber ist berechtigt, einen weitergehenden Schaden geltend zu machen.

(2) Haben die Parteien eine Probezeit vereinbart und erfolgt die vertragswidrige Beendigung während der Probezeit, beträgt die Vertragsstrafe im

Falle der schuldhaften Nichtaufnahme und der vertragswidrigen Beendigung ein halbes Bruttomonatseinkommen.

§ 14 Beendigung und Kündigung des Arbeitsverhältnisses

(1) Für die Kündigung des Arbeitsverhältnisses finden die gesetzlichen Kündigungsfristen des § 622 BGB Anwendung. Die verlängerten Kündigungsfristen gem. § 622 Abs. 2 BGB gelten für beide Vertragsteile.

(2) Das Arbeitsverhältnis endet, ohne dass es einer Kündigung bedarf, zu dem Zeitpunkt, zu dem der Arbeitnehmer (die Arbeitnehmerin) die für ihn maßgebliche Regelaltersgrenze in der gesetzlichen Rentenversicherung erreicht.

§ 15 Ausschlussfristen

(1) Alle Ansprüche, die sich aus dem Arbeitsverhältnis ergeben, sind von den Vertragsschließenden binnen einer Frist von drei Monaten seit ihrer Fälligkeit schriftlich geltend zu machen und im Falle der Ablehnung durch die Gegenpartei binnen einer Frist von drei Monaten einzuklagen.

(2) Dies gilt nicht bei Ansprüchen auf Grund einer Haftung für Schäden aus der Verletzung des Lebens, des Körpers oder der Gesundheit, die auf einer fahrlässigen Pflichtverletzung des Arbeitgebers oder einer vorsätzlichen oder fahrlässigen Pflichtverletzung des gesetzlichen Vertreters oder Erfüllungsgehilfen beruhen, sowie für sonstige Schäden, die auf einer grob fahrlässigen Pflichtverletzung des Arbeitgebers oder einer vorsätzlichen oder grob fahrlässigen Pflichtverletzung des gesetzlichen Vertreters oder Erfüllungsgehilfen beruhen.

§ 16 Vertragsaushändigung

Beide Vertragsparteien haben eine unterzeichnete Ausfertigung dieses Vertrags erhalten.

....
Ort, Datum   Ort, Datum

....
Arbeitgeber   Arbeitnehmer [Arbeitnehmerin]

b) Anmerkungen

Mindestangaben

Der Arbeitsvertrag sollte mindestens Angaben über Namen und Anschrift der Vertragsparteien, den Zeitpunkt des Beginns des Arbeitsverhältnisses (bei befristeten Arbeitsverhältnissen auch den voraussichtlichen Beendigungszeitpunkt), den Arbeitsort, die Arbeitszeit, die Dauer des jährlichen Erholungsurlaubs und die vereinbarten Kündigungsfristen enthalten sowie eine kurze Beschreibung der vom Arbeitnehmer zu leistenden Tätigkeit. Auf Aushändigung einer Niederschrift dieser wesentlichen Vertragsbestandteile hat der Arbeitnehmer bei Fehlen eines schriftlichen Vertrags ohnehin einen einklagbaren Anspruch gegenüber dem Arbeitgeber (§ 2 NachwG).

Zu § 2 Probezeit

Bei einem unbefristeten Arbeitsvertrag kann eine Probezeit regelmäßig längstens für die Dauer von sechs Monaten vereinbart werden. Alternativ kann zunächst ein nur befristetes Arbeitsverhältnis zur Erprobung mit dem Arbeitnehmer eingegangen werden (§ 14 I Nr. 5 TzBfG). Eine Kündigungsmöglichkeit muss dann ausdrücklich vereinbart werden, ansonsten ist die Kündigung für die Dauer des befristeten Probearbeitsverhältnisses ausgeschlossen (§15 III TzBfG). Zu den Vorteilen eines Probearbeitsverhältnisses s. ausführlich unter E V.

Zu § 3 Tätigkeit, § 4 Ort der Arbeitsleistung und § 5 Arbeitszeit

Der Arbeitgeber kann auf Grund seines Direktionsrechts Inhalt, Ort und Zeit der Arbeitsleistung nach billigem Ermessen näher bestimmen, soweit diese Bedingungen nicht durch den Arbeitsvertrag, Bestimmungen einer Betriebsvereinbarung, eines anwendbaren Tarifvertrags oder gesetzliche Vorschriften festgelegt sind (§ 106 GewO). Damit es nicht zu Streitigkeiten darüber kommt, ob eine Weisung noch vom Direktionsrecht des Arbeitgebers gedeckt ist oder es zu ihrer Durchsetzung einer Änderungskündigung bedarf, ist es sinnvoll, entsprechende Vereinbarungen in den Arbeitsvertrag aufzunehmen. Die Interessen des Arbeitnehmers sind dabei angemessen zu berücksichtigen, so z.B. durch eine Übernahme der notwendigen Umzugskosten bei einem Ortswechsel (s. ausführlich zum Direktionsrecht des Arbeitgebers unter C I).

Der Arbeitgeber kann sich in gewissen Rahmen vorbehalten, den Arbeitnehmer auch für andere als die bei der Einstellung vereinbarte Tätigkeit einzusetzen. Die Interessen des Arbeitnehmers sind dabei angemessen zu berücksichtigen. Zu den Folgen dieser Klausel für die Sozialauswahl im Rahmen einer ordentlichen betriebsbedingten Kündigung siehe unter E VII 2 e.

Wann der Arbeitnehmer seine Leistung zu erbringen hat, kann der Arbeitgeber im Arbeitsvertrag mehr oder weniger flexibel festlegen. Auch hierbei handelt es sich um eine Konkretisierung des Direktionsrechts des Arbeitgebers (s. zur Arbeitszeit unter C I 3). Die Anordnung von Überstunden stellt eine Sonderverpflichtung im Arbeitsverhältnis dar, eine Weigerung des Arbeitnehmers kann kündigungsrechtlich relevant werden. Mehrarbeit ist die über die gesetzliche Arbeitszeit, Überarbeit (oder Überstunden) die über die regelmäßige betriebliche Arbeitszeit hinaus geleistete Arbeit (Schaub, Arbeitsrechtshandbuch, § 69 II 1). Zur Regelung der Vergütung von Überstunden sind keine besonderen gesetzlichen Regelungen vorhanden (s. ausführlich unter C III 2 b). § 5 Abs. 3 der Vereinbarung stellt klar, dass Überstunden vorrangig durch Freizeit ausgeglichen werden sollen.

Zu § 7 Weihnachtsgratifikation

Der Arbeitgeber sollte klarstellen, wofür er die Weihnachtsgratifikation zahlen will und unter welchen Voraussetzungen er sie in welcher Höhe kürzen kann. Eine Rückzahlungsklausel muss ausdrücklich vereinbart werden und bestimmt sein (BAG, NZA 1995, 1034), sie darf die Kündigung des Arbeitnehmers nicht unzumutbar erschweren. Zu den Einzelheiten s. unter C III 2 a.

Zu § 8 Erholungsurlaub

Zum Anspruch des Arbeitnehmers auf Erholungsurlaub siehe ausführlich unter C V.

Zu § 9 Arbeitsverhinderung

Der Arbeitgeber hat nach § 5 I 4 EFZG das Recht, die Vorlage der Arbeitsunfähigkeitsbescheinigung schon früher als gesetzlich vorgesehen zu verlangen (s. ausführlich unter D I 6). Den Hinweis auf dringend zu erledigende Arbeiten, die auf Grund der Arbeitsverhinderung liegen bleiben könnten, muss der Arbeitnehmer auf Grund seiner arbeitsvertraglichen Treuepflichten geben (s. unter C IX 1).

Zu § 10 Nebentätigkeit

Ohne die hier geregelte Verpflichtung stünde es dem Arbeitnehmer frei, ohne Zustimmung oder Benachrichtigung des Arbeitgebers eine Nebenbeschäftigung aufzunehmen (s. unter C I 4).

Zu § 11 Verschwiegenheitspflicht, § 12 Wettbewerbsverbot

Ebenfalls zu den arbeitsvertraglichen Treuepflichten zählen Verschwiegenheitspflicht und die Pflicht zur Unterlassung von Wettbewerb (s. ausführlich unter C IX 1 b und c). Ein nachvertragliches Wettbewerbsverbot kann nur im Zusammenhang mit einer Entschädigungszahlung wirksam vereinbart werden. Da der Arbeitgeber daher zur Entschädigungszahlung z.b. auch bei zweiten Arbeitsverhältnissen verpflichtet wird, ist es in den meisten Fällen nicht sinnvoll, ein nachvertragliches Wettbewerbsverbot zu vereinbaren. Sollte des dennoch vereinbart werden, ist eine umfassende vorherige Beratung erforderlich.

Zu § 13 Vertragsstrafen

Zu den Einzelheiten siehe unter D VI 3 Vertragsstrafen.

Zu § 14 Beendigung und Kündigung des Arbeitsverhältnisses

Die verlängerten, von der Dauer des Arbeitsverhältnisses abhängigen Kündigungsfristen gelten nur bei einer Kündigung durch den Arbeitgeber. Der Arbeitnehmer könnte ohne ausdrückliche vertragliche Vereinbarung auch ein z.b. 20 Jahre andauerndes Arbeitsverhältnis mit einer Frist von vier Wochen zum 15. oder zum Ende eines Kalendermonats kündigen (s. ausführlich unter E VI 1 c).

Zu § 15 Ausschlussfristen

Mit Ablauf einer Ausschlussfrist verfällt der Anspruch, der nicht innerhalb der Frist geltend gemacht bzw. eingeklagt wurde. Ausschlussfristen wirken damit praktisch wie Verjährungsfristen, sind aber regelmäßig viel kürzer. Die Verjährungsfrist für arbeitsrechtliche Ansprüche beträgt nach § 199 BGB 3 Jahre. Die Abweichung von den gesetzlichen Verjährungsfristen ist der entscheidende Gesichtspunkt für die Inhaltskontrolle, denen einzelvertraglich vereinbarte Ausschlussfristen seit dem 1.1.2002 (in Altverträgen seit dem 1.1.2003) unterliegen. Eine zu kurze Frist ist ebenso wie eine einseitig zu Lasten des Arbeitnehmers geltende Frist unwirksam. Die Klausel muss auch deutlich wahrnehmbar sein und darf sich nicht in einem umfangreichen Vertragswerk unter einer irreführenden Überschrift verstecken (BAG, NZA 1996, 702). Die hier verwandte Klausel gilt für Arbeitnehmer und Arbeitgeber gleichermaßen. Es handelt sich um eine zweistufige Ausschlussfrist. In einer ersten Stufe wird die schriftliche Geltendmachung des Anspruchs gefordert. Bestreitet der Anspruchsgegner, muss innerhalb einer dann beginnenden weiteren Frist Klage bezüglich des Anspruchs erhoben werden.

Zu beachten ist, dass der Arbeitnehmer die Ausschlussfrist nicht einzuhalten hat, wenn zuvor über den streitigen Anspruch eine Lohnabrechnung erteilt wurde (BAG, DB 1985, 2051).

Der Ausschlussfrist unterfallen nur **abdingbare Ansprüche**. Beispielsweise kann nicht der Anspruch auf Urlaubsabgeltung für den nicht gewährten Mindesturlaub nach § 3 BUrlG verfallen, nur die darüber hinaus vertraglich vereinbarten Urlaubstage und deren Abgeltung unterliegen der Ausschlussfrist.

Zu § 16 Vertragsaushändigung

Es ist sinnvoll, sich den Erhalt einer Ausfertigung des Vertrags vom Arbeitneh-mer bestätigen zu lassen.

IV. Betriebsübergang

§ 613a BGB ist zu beachten, wenn ein Betrieb oder Betriebsteil durch Rechtsgeschäft auf einen anderen übergeht. Diese Vorschrift zielt darauf ab, im Falle des Übergangs **bestehende Arbeitsverhältnisse umfassend zu sichern** und den einzelnen Arbeitnehmer durch **Wahrung seines sozialen Besitzstands** zu schützen. Dabei soll durch Beibehaltung der eingearbeiteten Belegschaft die Kontinuität des Betriebs gesichert werden. Daneben garantiert § 613a BGB im Arbeitnehmerinteresse den Bestand des Betriebsrats und damit der Mitbestimmungsrechte sowie den Fortbestand kollektivvertraglicher Regelungen aus Tarifverträgen und Betriebsvereinbarungen.

1. Rechtsfolgen des § 613a BGB

a) Eintritt des neuen Inhabers in die Rechte und Pflichten

Geht ein Betrieb oder Betriebsteil durch Rechtsgeschäft auf einen anderen über, so tritt dieser gem. § 613a I 1 BGB in die Rechte und Pflichten aus den im Zeitpunkt des Übergangs bestehenden Arbeitsverhältnissen ein.

Auf Seiten des Arbeitnehmers bleiben also etwa Ansprüche auf Beschäftigung, Entgeltzahlung, Urlaub, Entgeltfortzahlung im Krankheitsfall, aus Gesamtzusagen und betrieblicher Übung, Sonderzahlungen, Arbeitgeberdarlehen etc. erhalten.

Der neue Arbeitgeber kann ggf. auf Abmahnungen zurückgreifen, die das alte Arbeitsverhältnis betreffen, oder ein Anfechtungsrecht aus dem bisherigen Arbeitsverhältnis ausüben.

Grundsätzlich werden auch Rechte und Pflichten, die im bisherigen Arbeitsverhältnis **kollektivrechtlich,** d.h. durch einen Tarifvertrag bzw. eine Betriebsvereinbarung geregelt waren, ohne weiteres Inhalt des Arbeitsverhältnisses zwischen dem neuen Inhaber und dem Arbeitnehmer und dürfen nicht vor Ablauf eines Jahres nach dem Zeitpunkt des Übergangs zum Nachteil des Arbeitnehmers geändert werden (§ 613a I 2 BGB). Von diesem Grundsatz regelt § 613a I 4 BGB zwei Ausnahmen:

Falls eine kollektive Vorschrift keine zwingende Wirkung entfaltet oder sobald sie diese innerhalb der Jahresfrist verliert (z.B. weil der Tarifvertrag bereits gekündigt war und deshalb nur noch nachwirkt), unterliegt sie nicht dieser Veränderungssperre. Arbeitgeber und Arbeitnehmer können eine mögliche Änderung dann vor Ablauf der Jahresfrist vertraglich vereinbaren oder der Arbeitgeber kann eine Änderungskündigung aussprechen (zu den Voraussetzungen einer Änderungskündigung s. unter E VII 7; zu tarifvertraglichen Fragen s. unter G). Auch beim ehemaligen Betriebsinhaber wäre die Änderung einer solchen Bedingung vertraglich oder (unter den weiteren Voraussetzungen) durch Änderungskündigung möglich gewesen. Durch den Betriebsübergang soll die Stellung des Arbeitnehmers nicht verbessert, sondern in Bezug auf kollektivvertragliche Regelungen für einen Übergangszeitraum im bestehenden Umfang erhalten bleiben.

Eine weitere Ausnahme vom Änderungsverbot sieht der Gesetzgeber für den Fall vor, dass der neue Betriebsinhaber und der übernommene Arbeitnehmer die Anwendung eines anderen Tarifvertrags, der für sie nicht schon auf Grund beidseitiger Tarifgebundenheit gilt, vereinbaren. In Bezug genommen werden muss der Tarifvertrag insgesamt, nicht ausreichend ist die Vereinbarung lediglich einzelner Vorschriften. Diese Ausnahmevorschrift soll die Vereinheitlichung der Arbeitsbedingungen im Erwerberbetrieb erleichtern, zum Abschluss einer solchen Vereinbarung mit dem Arbeitgeber ist der übernommene Arbeitnehmer jedoch nicht verpflichtet. Eine dahingehende Änderungskündigung ist zwar denkbar – die Unterwerfung unter den anderen Tarifvertrag muss dann bei Abwägung der Interessen des übernommenen Arbeitnehmers und des Betriebsnachfolgers angemessen und billigenswert sein (ErfK/Preis § 613a Rn. 118 m.w.N.) – dringt aber nicht mit dem Argument durch, dass ansonsten die übernommenen Arbeitnehmer gegenüber den anderen Beschäftigten des Erwerberbetriebes besser gestellt wären.

Der gesetzliche Übergang der Rechte und Pflichten aus Tarifverträgen bzw. Betriebsvereinbarungen ist ferner gem. § 613a I 3 BGB ausgeschlossen, wenn die Rechte und Pflichten bei dem neuen Inhaber durch Rechtsnormen eines anderen Tarifvertrags oder durch eine andere Betriebsvereinbarung geregelt sind. Unterliegen Erwerber und übernommener Arbeitnehmer vor dem Betriebsübergang ohnehin der gleichen Tarifbindung, so verändert sich die Situation des Arbeitnehmers durch den Betriebsübergang nicht, für die Anwendung des § 613a I 2 BGB zum Schutz des Arbeitnehmers besteht dann kein Bedarf. Hier ist der Fall gemeint, dass beide Parteien vor dem Betriebsübergang an unterschiedliche Tarifverträge gebunden waren und nach dem Betriebsübergang eine Bindung an den Erwerbertarifvertrag vorliegt. Diese andere Regelung muss dann die ansonsten vertraglich fortgeltenden Tarifregelungen insgesamt ablösen bzw. sie muss denselben Gegenstand betreffen (BAG v. 22.1.2003, AP BGB § 613a Nr. 242). Für diese Konstellation muss der Arbeitnehmer regelmäßig die Gewerkschaft wechseln, wozu er auf Grund seiner Koalitionsfreiheit nicht gezwungen werden kann (zu tarifvertraglichen Fragen s. ergänzend unter G).

b)   Gesamtschuldnerische Haftung

§ 613a II BGB lässt den alten Arbeitgeber neben dem neuen für die eben angesprochenen Verpflichtungen aus § 613a I BGB **gesamtschuldnerisch haften,** wenn die Verpflichtungen vor dem Zeitpunkt des Übergangs entstanden sind und vor Ablauf von einem Jahr nach Betriebsübergang fällig werden.

Beansprucht der Arbeitnehmer nach dem Übergang also z.b. eine Weihnachtsgratifikation, auf die er nach der vertraglichen Ausgestaltung mit seinem bisherigen Arbeitgeber einen Anspruch hatte, so kann er die Gratifikation sowohl von seinem neuen als auch gleichzeitig von dem bisherigen Arbeitgeber fordern. Aber selbstverständlich gewährt das Gesamtschuldverhältnis auf Seiten des Arbeitgebers dem Arbeitnehmer nicht mehr als ihm bei Fortbestand des ursprünglichen Arbeitsverhältnisses zustünde: Auch wenn dem Arbeitnehmer gem. § 613a I, II BGB zwei Schuldner gegenüberstehen, kann er also die ihm zustehende Weihnachtsgratifikation insgesamt nur einmal beanspruchen.

c) Keine Kündigung wegen des Betriebsübergangs

Gem. § 613a IV 1 BGB ist eine **Kündigung** des Arbeitsverhältnisses eines Arbeitnehmers durch den bisherigen Arbeitgeber oder den neuen Betriebsinhaber **„wegen" des Übergangs eines Betriebs** oder Betriebsteils **unwirksam.** Der Betriebsinhaberwechsel muss der tragende Grund für die Lösung des Arbeitsverhältnisses sein (BAG, NZA 1999, 147), z.b. weil der Erwerber des Betriebs die Übernahme eines bestimmten Arbeitnehmers wegen dessen hohen Gehalts als unwirtschaftlich ansieht und deshalb die Kündigung erfolgt.

§ 613a IV 2 BGB stellt gleichzeitig klar, dass eine **Kündigung aus anderen Gründen** möglich bleibt. Als andere Gründe kommen in erster Linie betriebsbedingte Gründe nach § 1 II KSchG in Betracht (s. zur betriebsbedingten Kündigung unter E VII 2). Auch Kündigungen aus personen- und verhaltensbedingten Gründen sind grundsätzlich möglich. Ist eine solche Kündigung an sich wirksam, spielt es keine Rolle, dass sie im zeitlichen Zusammenhang mit einem Betriebsübergang erfolgte. Auszuschließen sein muss allerdings der Verdacht, dass das Kündigungsverbot des § 613a IV 1 BGB umgangen werden soll. Diesem Verdacht kann sich ein Arbeitgeber auch aussetzen, wenn die Beendigung des Arbeitsverhältnisses nicht durch Kündigung erfolgt. Eine Umgehung des Kündigungsverbots wird beispielsweise in der Vereinbarung gesehen, dass Arbeitsverhältnis solle mit Betriebsübergang aufgelöst werden. Ferner sind Eigenkündigung des Arbeitnehmers oder Aufhebungsverträge mit ihm unwirksam, wenn sie mit Hinweis auf eine Einstellungsgarantie beim neuen Inhaber – zu regelmäßig schlechteren Bedingungen bzw. Verlust des bisherigen Besitzstands – zustande gekommen sind.

Ein **Aufhebungsvertrag** kann im Zusammenhang mit einem Betriebsübergang gem. § 134 BGB nichtig sein, wenn er objektiv der Umgehung zwingender Rechtsfolgen des § 613 a Abs. 1 S. 1 BGB dient (BAG, NZA 2007, 866). Die Arbeitsvertragsparteien können das Arbeitsverhältnis im Zusammenhang mit einem Betriebsübergang wirksam durch Aufhebungsvertrag auflösen, wenn die Vereinbarung auf das endgültige Ausscheiden des Arbeitnehmers aus dem Betrieb gerichtet ist und nicht nur der Unterbrechung der Kontinuität des Arbeitsverhältnisses dient. Dies kann auch dadurch erreicht werden, wenn zugleich ein Übertritt des Arbeitnehmers in eine Beschäftigungs- und Qualifizierungsgesellschaft vereinbart wird. Auch dann darf der Arbeitgeber den Arbeitnehmer aber nicht darüber täuschen, dass ein Betriebsübergang geplant ist, in dem er wahrheitswidrig vorspiegelt, der Betrieb werde stillgelegt.

Ein **bevorstehender Betriebsübergang** kann nur dann zur Unwirksamkeit der Kündigung gemäß § 613a IV BGB führen, wenn die den Betriebsübergang ausmachenden Tatsachen im Zeitpunkt des Zugangs der Kündigung bereits feststehen oder zumindest greifbare Formen angenommen haben (BAG, NZA 1998, 251, 252; BAG vom 22.1.1998, Az. 8 AZR 623/96 n.v.). Kündigt der Arbeitgeber wegen Wegfalls der Beschäftigungsmöglichkeit und kommt es erst später zu einem Betriebsübergang, so hat der gekündigte Arbeitnehmer einen Vertragsfortsetzungs- (so ErfK/Preis, § 613a BGB Rdnr. 159 ff.) bzw. Wiedereinstellungsanspruch (BAG v. 13.11.1997, AP Nr. 169 zu § 613a BGB). Nach einer neuen Entscheidung des BAG gilt dies aber nicht in der Insolvenz (BAG v. 13.5.2004, Az. 8 AzR 198/03, EzA zu § 613a BGB 2002 Nr. 2).

Schon in einer früheren Entscheidung sah das BAG in einer Kündigung, die der Rationalisierung (Verkleinerung) des Betriebs zur Verbesserung der Verkaufschancen diente, keine Kündigung wegen eines Betriebsübergangs (BAG, AP Nr. 147 zu § 613a BGB). Eine nach § 613 IV BGB unwirksame Kündigung durch den bisherigen Arbeitgeber liegt auch dann nicht vor, wenn der Arbeitsplatz des Arbeitnehmers auf Grund eines Sanierungskonzepts des Betriebserwerbers entfallen ist (BAG, NZA 2003, 1027). Die Durchführung des verbindlichen Konzepts oder Sanierungsplans des Erwerbers muss im Zeitpunkt der Kündigungserklärung bereits greifbare Formen angenommen haben. Diese **Kündigung des Betriebsveräußerers auf Grund eines Erwerberkonzepts** widerspricht nicht dem Schutzgedanken des § 613a I 1, IV 1 BGB. Der Betriebserwerber soll daran gehindert werden, bei der Übernahme der Belegschaft eine freie Auswahl zu treffen. Sinn und Zweck der Regelung ist es aber nicht, den Erwerber auch bei einer fehlenden Beschäftigungsmöglichkeit zu verpflichten, das Arbeitsverhältnis künstlich zu verlängern. Ist nach einer Würdigung sämtlicher Umstände des Einzelfalls also damit zu rechnen, dass ein Sanierungskonzept des Erwerbers vernünftigerweise umgesetzt werden wird und fällt der betreffende Arbeitsplatz auf Grund dieses Konzepts beim Erwerber weg, kann schon der bisherige Betriebsinhaber die Kündigung aussprechen. Dabei soll es nicht darauf ankommen, ob das Konzept auch der bisherige Arbeitgeber hätte durchführen können. Das Kündigungsverbot des § 613a IV BGB läuft dann leer. In dem Fall, den das BAG zu entscheiden hatte, war das Insolvenzverfahren bereits eröffnet, in der Literatur wird aber erwartet, dass dies im Ergebnis keine Rolle spielt (Annuß/Stamer, NZA 2003, 1247).

Der Schutzgedanke des § 613a I, IV BGB steht nicht **Kündigungen des Erwerbers nach Betriebsübergang** entgegen, sofern diese nicht wegen des Betriebsübergangs erfolgen. Dies gilt selbstverständlich für personen- und verhaltensbedingte Kündigungen. § 613a IV BGB vermag den Arbeitnehmer aber auch nicht vor Risiken zu schützen, die jederzeit unabhängig vom Betriebsübergang seinen Arbeitsplatz gefährden können. Notwendige unternehmerische Maßnahmen zur Rationalisierung kann die Norm nicht verhindern, der Erwerber kann daher auch betriebsbedingte Kündigungen auf Grund fehlender Beschäftigungsmöglichkeiten aussprechen. Diskutiert und vom BAG zumindest in der Insolvenz bejaht ist nur der Fall, dass bereits der Betriebsveräußerer im Vorgriff auf ein Sanierungskonzept des Erwerbers Kündigungen aussprechen darf.

Der Erwerber ist auch nicht etwa verpflichtet, unternehmerische Maßnahmen aus Rücksicht auf eine vermeintliche Veränderungssperre zeitlich hinauszuschieben. Zu der in § 613a I 2 BGB geregelten einjährigen Veränderungssperre und deren Ausnahmen siehe unter B IV 1a. Mit der Vorschrift wird lediglich die Weitergeltung zwingender, kollektivrechtlicher Rechte und Pflichten für einen Übergangszeitraum im Arbeitsverhältnis erreicht. Das Verbot einer Kündigung, für die es neben dem Betriebsübergang einen sachlichen Grund gibt, wird sich daraus in der Regel nicht herleiten lassen.

2. Die Voraussetzungen des § 613a BGB

Die Frage, ob ein Betriebsübergang i.S.d. § 613a BGB vorliegt und damit die weitgehenden Arbeitnehmerschutzvorschriften gem. § 613a BGB zum Tragen kommen, lässt sich nicht einfach im Rahmen einer schematischen Betrachtung klären. Erforderlich ist vielmehr eine **Gesamtwürdigung aller Umstände**. Dabei ist zu fragen, ob sämtliche Tatbestandsvoraussetzungen des § 613a BGB vorliegen.

Es kommt entscheidend darauf an,

- ob ein Betrieb oder Betriebsteil übergeht,

- und zwar auf einen anderen,

- und ob dieser Übergang auf einem Rechtsgeschäft beruht.

a) Normadressaten

§ 613a BGB erfasst alle Arbeitnehmer einschließlich der leitenden Angestellten. Ebenso geschützt werden die Ausbildungsverhältnisse der betrieblichen Auszubildenden sowie Teilzeit- wie befristete Beschäftigungsverhältnisse. Auch gekündigte Arbeitnehmer genießen bis zum Ablauf der Kündigungsfrist den Schutz von § 613a BGB. Schließlich werden durch diese Norm auch **faktische Arbeitsverhältnisse** im Falle des Betriebsübergangs geschützt.

Nicht erfasst werden jedoch GmbH-Geschäftsführer in ihrer Geschäftsführereigenschaft (BAG, NZA 2003, 552), Ruheständler, Heimarbeiter (BAG AP Nr. 178 zu § 613a BGB), arbeitnehmerähnliche Personen (z.b. freie Mitarbeiter) und Leiharbeitnehmer, wenn der Entleiherbetrieb verkauft wird (übergeht).

b) Übergang eines Betriebs oder Betriebsteils

Nach der **früheren Rechtsprechung** des BAG wurden Betriebsübergang und Veräußerung bloßer Betriebsmittel gegeneinander abgegrenzt. Entscheidend für das Vorliegen eines Betriebsübergangs war, dass der neue Inhaber mit den übernommenen Betriebsmitteln den Betrieb im Wesentlichen fortführen konnte. Demnach war für die Annahme eines Betriebsübergangs die **Fortführungsmöglichkeit bei Übernahme der wesentlichen Betriebsmittel** ausreichend. Was zu den wesentlichen Betriebsmitteln zählte war nach der Eigenart der Betriebe zu ermitteln (Dienstleistungs- oder Produktionsbetriebe).

Nach der **neueren Rechtsprechung von BAG und EuGH** haben sich die Voraussetzungen für die Annahme eines Betriebsübergangs gewandelt. Ein Betriebsübergang setzt zunächst voraus, dass

- eine „wirtschaftliche Einheit" übergegangen ist und

- gleichzeitig deren „Identität gewahrt" worden ist.

Die bloße Fortführungsmöglichkeit bei Übernahme der wesentlichen Betriebsmittel reicht für die Annahme eines Betriebsübergangs nicht mehr aus. Im Einzelnen:

aa) Betrieb und Betriebsteil (wirtschaftliche Einheit)

Zum Betrieb i.S.v. § 613a BGB gehören alle sächlichen und immateriellen Betriebsmittel, nicht aber die Arbeitnehmer. Gleichwohl kann in der Übernahme von Arbeitnehmern ein wichtiges Indiz für das Vorliegen eines Betriebsübergangs liegen.

Unter Betriebsteil wird eine Teileinheit (Teilorganisation) eines Betriebs verstanden (z.B. der Fuhrpark, die Kantine etc.). Ein Betriebsteil stellt sich als organisatorische Untergliederung des gesamten Betriebs dar, mit der innerhalb des betrieblichen Gesamtzwecks ein Teilzweck verfolgt wird, auch wenn es sich dabei nur um eine untergeordnete Hilfsfunktion handelt (BAG, EzA § 613a BGB Nr. 116).

bb) Betriebsübergang (Identitätswahrung)

Nach der Rechtsprechung des EuGH sowie des BAG (EuGH, EzA § 613a Nr. 145; BAG, NZA 1998, 638) setzt ein Übergang die Wahrung der **Identität der betreffenden wirtschaftlichen Einheit** voraus. Dabei bezieht sich der Begriff

„wirtschaftliche Einheit" auf eine organisierte Gesamtheit von Personen und Sachen zur auf Dauer angelegten Ausübung einer wirtschaftlichen Tätigkeit mit eigener Zielsetzung. Dient die Übertragung also etwa dem Zweck, lediglich ein bestimmtes Vorhaben auszuführen – zum Beispiel die einem anderen Unternehmer übertragene Baustelle zur Fertigstellung bereits begonnener Arbeiten –, so liegt kein Betriebs(teil)übergang vor (EuGH, EzA § 613a BGB Nr. 128).

Bei der Prüfung, ob eine wirtschaftliche Einheit tatsächlich übergegangen ist, gilt das oben Gesagte: Nach der Rechtsprechung „müssen sämtliche den betreffenden Vorgang kennzeichnenden Tatsachen berücksichtigt werden. Dazu gehören als Teilaspekte der Gesamtwürdigung namentlich die Art des betreffenden Unternehmens oder Betriebs, der Übergang der materiellen Betriebsmittel wie Gebäude und bewegliche Güter, der Wert der immateriellen Aktiva im Zeitpunkt des Übergangs, die Übernahme der Hauptbelegschaft, der etwaige Übergang der Kundschaft sowie der Grad der Ähnlichkeit zwischen den vor und nach dem Übergang verrichteten Tätigkeiten und die Dauer einer eventuellen Unterbrechung dieser Tätigkeit. Eine Einheit darf allerdings nicht als bloße Tätigkeit verstanden werden. Denn eine auf Dauer angelegte wirtschaftliche Einheit setzt eine bestimmte **Organisationsstruktur** voraus. Wird lediglich eine bestimmte Tätigkeit beim Erwerber fortgeführt, handelt es sich um eine reine **Funktionsnachfolge**, die keinen Betriebs- bzw. Betriebsteilübergang darstellt.

Die Identität der Einheit ergibt sich auch aus anderen Merkmalen wie ihrem Personal, ihren Führungskräften, ihrer Arbeitsorganisation, ihren Betriebsmethoden und gegebenenfalls den ihr zur Verfügung stehenden Betriebsmitteln" (EuGH, EzA § 613a BGB Nr. 170; BAG, NZA 1998, 638).

Dabei müssen nicht sämtliche Betriebsmittel übergehen. Es reicht aus, wenn die „wesentlichen" Betriebsmittel vom Übergang betroffen sind. Es ist also zu fragen, ob beispielsweise bei einer Gesamtbetrachtung die Übernahme bestimmter Mittel für die Art des Unternehmens prägende Bedeutung hat und ausreichend ist, um die wirtschaftliche Identität zu wahren. Anders ausgedrückt: Welche materiellen, immateriellen und personellen Mittel dienen dem Zweck des Betriebs in besonderer Weise und sind für seine Fortführung von besonderer Bedeutung? Mögliche Kriterien sind (vgl. insgesamt BAG vom 22.1.1998, Az. 8 AZR 358/95 n.v.; Hauck, Sonderbeilage zu NZA Heft 18/2004, 17 ff.):

- die Art des betreffenden Unternehmens

- die Übernahme der Hauptbelegschaft

- der Übergang der materiellen Betriebsmittel wie Gebäude und bewegliche Güter sowie deren Wert und Bedeutung

- Übernahme der immateriellen Betriebsmittel und der vorhandenen Organisation
- der Übergang von Kundschaft und Lieferantenbeziehungen
- Grad der Ähnlichkeit der verrichteten Tätigkeit vor und nach dem Übergang (andere Betriebsmethoden)
- Dauer der Unterbrechung der Tätigkeiten (BAG, NZA 1998, 31)

Eine identitätswahrende Betriebsfortführung hat das Bundesarbeitsgericht verneint, wenn ein Bewirtschaftungsbetrieb vollständig in die eigene Organisationsstruktur eines anderen Unternehmens eingegliedert wird. Denn durch die sofortige vollständige Umstrukturierung werde nicht eine im Vorgängerbetrieb vorhandene Arbeitsorganisation genutzt, sondern eine wirtschaftliche Einheit werde in eine bereits vorhandene Organisation eingegliedert (BAG, NZA 2006, 1039).

cc) Art des betreffenden Betriebs

Welche **Betriebsmittel** für die Erfüllung der arbeitstechnischen Zwecke von entscheidender Bedeutung sind, richtet sich nach der **Eigenart des betreffenden Betriebs**. So wird bei Produktionsbetrieben ganz überwiegend auf die Übernahme der sächlichen Betriebsmittel abzustellen sein, etwa Gebäude oder bewegliche Mittel wie Maschinen.

Betriebe des Handels- und Dienstleistungsgewerbes ziehen ihre wirtschaftliche Identität in aller Regel aus den **immateriellen Betriebsmitteln**, so dass hier in erster Linie die immateriellen Aktivposten wie Kundenstamm, Kundenlisten, die Geschäftsbeziehungen zu Dritten, das „Know-how" und der „Goodwill" oder auch die Einführung des Unternehmens auf dem Markt im Vordergrund stehen (BAG, NZA 1995, 165).

Dies darf jedoch nicht zu der Fehlvorstellung verleiten, dass bei der von der Rechtsprechung vorgenommenen Unterscheidung in Produktions- und Handels- bzw. Dienstleistungsbetrieben stellte nur auf die immateriellen Betriebsmittel ab. Bei der Beurteilung, ob ein Betriebsteil übergegangen ist, hat stets eine **Gesamtwürdigung aller Umstände** zu erfolgen.

So hat der EuGH bei der Übernahme einer Krankenhauskantine einen Betriebsübergang angenommen (EuGH, NZA 2003, 1385). Das Bundesarbeitsgericht hat entschieden, dass die Übernahme eines Auftrags zur Personenkontrolle am Flughafen einen Betriebsübergang darstellt (BAG, NZA 2006, 1101). Denn der Auftragnehmer nutzte weiterhin das von der Bundesrepublik Deutschland zur Verfügung gestellte technische Gerät und die Anlagen, um die Personenkontrolle am Flughafen durchzuführen. Der Einsatz der technischen Geräte und Anlagen mache – so das BAG – den eigentlichen Kern des zur Wertschöpfung erforderlichen Funktionszusammenhanges aus und seien identitätsprägend, zumal sie auf dem freien Markt nicht erhältlich seien und ihr Gebrauch vom Auftraggeber zwingend vorgeschrieben sei.

dd) Übernahme der Hauptbelegschaft

Allein der Verlust eines Auftrags an einen Mitbewerber stellt keinen Betriebsübergang dar (EuGH, EzA § 613a BGB Nr. 145). Gleiches gilt, wenn ein Arbeitgeber dem betriebsintern beschäftigten Reinigungspersonal kündigt und die Reinigungsarbeiten an ein externes Reinigungsunternehmen vergibt. Das externe Reinigungsunternehmen begibt sich lediglich in eine Funktionsnachfolge.

Allerdings kann die Übernahme eines nach „Zahl und Sachkunde" wesentlichen Teils der Hauptbelegschaft gerade in Branchen, in denen es im Wesentlichen auf die Arbeitskraft ankommt – wie insbesondere im gerade angesprochenen Reinigungsgewerbe – einen Betriebsübergang darstellen.

So ging das BAG von einem Betriebsübergang in einem Fall aus, in dem ein konkurrierendes Reinigungsunternehmen bei der Neuvergabe eines Reinigungsauftrags für ein konkretes Objekt gegenüber dem bislang mit der Reinigung betrauten Unternehmen zum Zuge kam und zur Erfüllung des erhaltenen Reinigungsauftrags 60 von 70 der ehemals im Reinigungsobjekt Beschäftigten einschließlich der Vorarbeiterin zum unveränderten Einsatz einstellte, ohne jedoch die sächlichen Betriebsmittel des Konkurrenzunternehmens wie Maschinen oder Reinigungsmittel zu übernehmen (BAG, NZA 1998, 534).

Werden keine Führungskräfte (zumindest in Vorarbeiterstellung) übernommen, scheidet die Übernahme eines „nach Sachkunde" wesentlichen Teils der Belegschaft aus (LAG Köln, NZA-RR 1998, 337).

Nach dem Zweck des § 613a BGB, Arbeitnehmer bei einem Inhaberwechsel zu schützen, **kommt es auf die Gesamtzahl** der in dem übertragenen Unternehmensteil beschäftigten Arbeitnehmer **nicht an.**

ee) Übergang der Kundschaft/Grad der Ähnlichkeit

Der Übergang der Kundschaft sowie der Grad der Ähnlichkeit zwischen den vor und nach dem Übergang verrichteten Tätigkeiten spielten bei einer durch das BAG vorgenommenen Beurteilung, ob nach einem Mieterwechsel die Fortführung eines ehemals gutbürgerlichen deutschen Speiserestaurants nun als orientalisches Restaurant als Betriebsübergang zu werten ist, eine wesentliche Rolle.

Das BAG sah keinen Betriebsübergang, da von einer Wahrung der Identität der wirtschaftlichen Einheit „Gaststätte" nicht ausgegangen werden könne. Denn die Gaststätte werde nicht mehr als deutsches Speiserestaurant, sondern als

Restaurant mit arabischen Spezialitäten betrieben. Außerdem setze sich die Kundschaft nach dem Wechsel der gastronomischen Ausrichtung (deutsche auf arabische Küche) weitgehend aus anderen, nämlich arabischen Landsleuten zusammen (BAG, EzA § 613a BGB Nr. 153).

Den Charakter eines Einzelhandelsgeschäft macht nach BAG insbesondere die **Aufrechterhaltung der Kundenbeziehungen** aus, was regelmäßig durch Erhalt des Warensortiments, der Betriebsform, Übernahme der Mitarbeiter bei im wesentlichen unveränderter Beschäftigung und Beibehaltung der Örtlichkeit erreicht wird. Geringere Bedeutung hat der Erwerb von Warenbeständen und der Ladeneinrichtung (BAG, DB 2000, 622).

ff) Dauer der Unterbrechung der Tätigkeit

Auch der Dauer der Unterbrechung der Geschäftstätigkeit kann Bedeutung für die Beantwortung der Frage zukommen, ob eine wirtschaftliche Einheit übergegangen ist.

Im zuvor genannten Beispiel der arabischen Gaststätte lag eine Besonderheit darin, dass der Gaststättenbetrieb erst nach einer **Unterbrechung von einem halben Jahr** durch den neuen Mieter weitergeführt wurde. Eine so lange Zeitspanne ist nach der Auffassung des BAG auch bei einer Gaststätte als **wirtschaftlich nicht unerheblich** zu bewerten. So dürften sämtliche Gäste auf andere Lokale ausgewichen sein und müssten nun nach fast halbjähriger Schließung ganz neu gewonnen werden. Dieses spricht gegen den Übergang einer Einheit und damit gegen einen Betriebsübergang (BAG, EzA § 613a BGB Nr. 153).

gg) Abgrenzung zur Betriebsstilllegung

Die Grundsätze des BAG, wonach ein Betriebsübergang dann anzunehmen ist, wenn die Leitungsmacht über eine organisatorische Einheit von sächlichen und immateriellen Betriebsmitteln übergeht, mit der der (neue) Inhaber arbeitstechnische Zwecke „eigensubstratnutzend" verfolgen kann, kommen nicht zum Tragen, wenn nach einer Stilllegung des Betriebs bzw. Betriebsteils die ehemaligen Betriebsmittel an einen anderen veräußert werden. In einem solchen Fall der Betriebsstilllegung findet § 613a BGB keine Anwendung (BAG, NZA 1995, 1155). Eine Betriebsstilllegung und ein Betriebsübergang schließen sich gegenseitig aus (BAG, NZA 2003, 93).

Nach der ständigen Rechtsprechung des BAG „setzt eine Betriebsstilllegung voraus, dass die **Betriebsorganisation** und damit die zwischen Arbeitgeber und Arbeitnehmer bestehende Betriebs- und Produktionsgemeinschaft aufgelöst wird. Dies äußert sich darin, dass der Betriebsinhaber die wirtschaftliche Betätigung in der ernstlichen Absicht einstellt, den bisherigen Betriebszweck dauernd oder für eine ihrer Dauer nach unbestimmte, wirtschaftlich erhebliche Zeitspanne nicht mehr weiterzuverfolgen. An dieser Absicht fehlt es, solange der bisherige Betriebsinhaber mit einem potenziellen Betriebserwerber in Verhandlungen wegen einer Übernahme steht" (BAG, NZA 1995, 1155).

Ob eine „wirtschaftlich erhebliche Zeitspanne" vorliegt, lässt sich wiederum nur unter Berücksichtigung des Einzelfalls, insbesondere der Art des Betriebs beurteilen.

Wird nach einer Betriebsstilllegung der Betrieb bzw. die Produktion durch den Erwerber alsbald (z.b. nach einem Monat) wieder aufgenommen, so spricht eine **tatsächliche Vermutung** gegen die ernsthafte Absicht, den Betrieb stillzulegen und damit **für einen Betriebsübergang** i.S.v. § 613a BGB. Es ist Sache desjenigen, der als neuer Arbeitgeber in Anspruch genommen wird, diese Vermutung zu widerlegen. So muss er Tatsachen darlegen, die für eine Stilllegung sprechen (BAG, NZA 1995, 1155).

c) „Auf einen anderen"

Mit dem Merkmal „auf einen anderen" soll sichergestellt werden, dass die Schutzvorschriften gem. § 613 a BGB nur eingreifen, wenn die Identität des Betriebsinhabers, mit dem das Arbeitsverhältnis besteht, wechselt.

Findet etwa in einer GmbH ein **Gesellschafterwechsel** statt, so bleibt die Rechtspersönlichkeit der Gesellschaft als juristische Person erhalten, so dass mangels Identitätswechsels **kein Raum für die Anwendung von § 613a BGB** besteht. Gleiches gilt dann, wenn innerhalb einer KG Gesellschafter wechseln. Es ändert sich damit noch nicht die Identität der Gesellschaft (BAG, NZA 1991, 63).

d) Durch Rechtsgeschäft

Das Kriterium des § 613a BGB **„Übergang durch Rechtsgeschäft"** ist weit auszulegen. Es dient in erster Linie der **Abgrenzung zur Gesamtrechtsnachfolge**, deren wichtigster Fall die Erbfolge gem. § 1922 BGB darstellt. In einem solchen Fall, in dem sich der Übergang unabhängig vom Willen der Beteiligten, nämlich automatisch kraft Gesetzes vollzieht, ist § 613a BGB nicht anwendbar. § 613a BGB erfasst einerseits diejenigen Sachverhalte, in denen durch ausdrücklichen Vertrag zwischen dem bisherigen und dem neuen Betriebsinhaber vereinbart wird, der Betrieb solle übergehen – so z.B. im Rahmen eines Unternehmenskaufs, einer Schenkung oder eines Pachtverhältnisses (nicht erforderlich ist, dass der neue Betriebsinhaber Eigentümer des Betriebs wird).

Andererseits sind **unmittelbare rechtsgeschäftliche Beziehungen** zwischen dem früheren und dem neuen Inhaber nicht Voraussetzung für die Annahme eines Rechtsgeschäfts i.S.v. § 613a BGB.

Es kann schon als **rechtsgeschäftlicher Übergang** i.S.v. § 613a BGB aufgefasst werden, wenn der bisher verpachtete Betrieb an einen neuen Pächter weiterverpachtet wird (Pächterwechsel), ohne dass daran der bisherige Pächter und Betriebsinhaber in irgendeiner Form beteiligt wäre.

Ebenso kann der Rückfall des Betriebs nach Ablauf der vereinbarten Pachtzeit auf den Verpächter als rechtsgeschäftlicher Übergang zu werten sein. Zwar ergibt sich aus den §§ 581, 546 BGB die Pflicht des bisherigen Pächters, die Pachtsache (den Betrieb) nach Beendigung des Pachtverhältnisses an den Verpächter zurückzugeben. Bei Pachtverhältnissen ist aber von einem Rechtsgeschäft auszugehen, das in der Betriebsüberlassung auf Zeit liegt. Dadurch wird zugleich die vertragliche Rückgabepflicht begründet. Erfolgt die Rückgabe, so leitet der Verpächter die Befugnis zur weiteren Betriebsführung folglich aus einem Rechtsgeschäft her. Dass der Rückgabeanspruch in den §§ 581, 546 BGB gesetzlich geregelt ist, ändert daran nichts (BAG, NZA 1995, 1155).

Allerdings stellt das BAG klar, dass im Falle der Rückgabe des verpachteten Betriebs an den Verpächter nach Ablauf des Pachtverhältnisses die bloße Möglichkeit, den Betrieb selbst unverändert fortführen zu können, für die Annahme eines Betriebsübergangs nicht ausreicht. Ein Betriebsübergang liegt nur dann vor, wenn der Verpächter tatsächlich den Betrieb selbst weiterführt (BAG, NZA 1999, 704).

3. Das Widerspruchsrecht des Arbeitnehmers

Liegen die Voraussetzungen des § 613a BGB vor, so geht das Arbeitsverhältnis des Arbeitnehmers mit seinem bisherigen Arbeitgeber automatisch auf den neuen Arbeitgeber über, es sei denn der Arbeitnehmer widerspricht dem Übergang seines Arbeitsverhältnisses.

Der Arbeitnehmer kann dem Übergang seines Arbeitsverhältnisses **widersprechen** (§ 613a VI BGB). Dieses zuvor schon anerkannte Recht ist seit dem 1.4.2002 in § 613a VI BGB festgeschrieben. Mit dem Widerspruchsrecht wird sichergestellt, dass sich ein Arbeitnehmer beim Betriebsübergang keinen neuen Arbeitgeber aufzwingen lassen muss bzw. nicht gegen seinen Willen an einen anderen Arbeitgeber quasi „verkauft" werden kann. Mit dem Widerspruchsrecht wird dem Arbeitnehmer schließlich das **Grundrecht auf freie Arbeitsplatzwahl** garantiert.

a) Unterrichtungspflicht des Arbeitgebers

Der mögliche Widerspruch des Arbeitnehmers knüpft an eine Informationspflicht des Arbeitgebers an. Nach § 613a V BGB hat entweder der bisherige oder der neue Arbeitgeber den oder die betroffenen Arbeitnehmer in Textform vom Vorliegen des Betriebsübergangs vor dem Übergang zu unterrichten. Eine ordnungsgemäße Unterrichtung ist Voraussetzung für den Beginn der Widerspruchsfrist. Die Unterrichtung muss selbstverständlich den bisherigen Betriebsinhaber sowie den Übernehmer nennen und darüber hinaus gem. § 613a V Ziff. 1-4 BGB folgende Angaben enthalten (vgl. zu den Erläuterungen Hauck, Sonderbeilage zu NZA 18/2004, 17, 23 f.):

- **Den Zeitpunkt oder den geplanten Zeitpunkt des Betriebsübergangs:**

  Es genügt das geplante Datum falls der Arbeitgeber den kalendermäßigen Stichtag des Betriebsübergangs nicht genau benennen kann. Ist der Betriebsübergang von der Eintragung z.b. beim Handelsregister abhängig, muss der Arbeitgeber darüber und über den Zeitpunkt der voraussichtlichen Eintragung informieren.

- **Den Grund für den Übergang:**

  Auf Grund der Unterrichtung durch den Arbeitgeber soll der einzelne Arbeitnehmer entscheiden können, ob er von seinem Widerspruchsrecht Gebrauch macht. Neben der Angabe des Rechtsgrundes (z.b. Kaufvertrag, Pächterwechsel, Umwandlung) ist dafür also zumindest eine schlagwortartige Schilderung der zu Grunde liegenden Umstände erforderlich (z.b. Unternehmensentscheidung, Umorganisationskonzept).

- **Die rechtlichen, wirtschaftlichen und sozialen Folgen des Übergangs für die Arbeitnehmer:**

  Gemeint sind damit die Auswirkungen des Betriebsübergangs auf die Rechte und Pflichten des Arbeitnehmers. Es reicht aus, die Folgen für die Gruppe der Arbeitnehmer generell zu beschreiben. Der Arbeitnehmer muss darüber unterrichtet werden, ob (und wie) sich Rechte und Pflichten aus seinem Arbeitsvertrag ändern, d.h. auch inwieweit bisherige Tarifverträge und Betriebsvereinbarungen weiter auf sein Arbeitsverhältnis einwirken bzw. durch welche Regelungen sie ggf. abgelöst werden. Unterrichtet werden muss auch über die Haftung des bisherigen Arbeitgebers sowie des neuen Betriebsinhabers (§ 613a II und III BGB). Der Arbeitnehmer ist weiter über das Verbot der Kündigung wegen eines Betriebsübergangs (§ 613a IV BGB) sowie über sein Widerspruchsrecht und die Widerspruchsfrist zu informieren (§ 613a VI BGB). Nicht ausreichend ist die bloße Wiederholung des Gesetzestextes.

  Nach Auffassung des BAG, BB 2008, 2072) muss zwingend über das Haftungssystem des § 613 a Abs. 2 BGB als rechtliche Folge des Betriebsübergangs informiert werden. Dies umfasst auch die Verpflichtung, über das Bestehen des Rechts zum Widerspruch an sich, über die Widerspruchsfrist, die Schriftform und die richtigen Adressaten (Veräußerer und/oder Erwerber) zu unterrichten.

Als wirtschaftliche und soziale Folgen, über die unterrichtet werden muss, kommen Auswirkungen auf das Bestehen des Betriebsrats, der auf Grund der Betriebszugehörigkeit erworbene soziale Besitzstand oder eventuell Altersversorgungsanwartschaften in Betracht. Auch räumliche und funktionale Änderungen sind anzugeben, d.h. wenn die Tätigkeit auf Grund des Übergangs an einem anderen Arbeitsort erfolgen oder wenn sich beispielsweise die hierarchische Stellung einer Abteilung innerhalb des Unternehmens ändern wird.

Während die Anforderungen an eine ordnungsgemäße Unterrichtung im Übrigen überaus hoch (und kaum zu erfüllen) sind, gilt dies nicht uneingeschränkt für die wirtschaftlichen Folgen des Übergangs. Denn die Beurteilung der wirtschaftlichen und finanziellen Lage des Betriebserwerbers kann nicht eindeutig anhand objektiver Tatsachen erfolgen, sondern unterliegt im Einzelfall einer Einschätzung der wirtschaftlichen und rechtlichen Gegebenheiten sowie der künftigen wirtschaftlichen Entwicklung (BAG, BB 2008, 1342). Obwohl nach wie vor offen ist, wie weit die eingeschränkte Informationspflicht über das wirtschaftliche Potenzial des Betriebserwerbers geht, ist hierüber dann zu unterrichten, wenn sich dieser in einer wirtschaftlichen Notlage befindet und diese offensichtlich ist.

- **Die hinsichtlich der Arbeitnehmer in Aussicht genommenen Maßnahmen:**

  Die Arbeitnehmer sollen die Änderungen ihrer beruflichen Entwicklung auf Grund des Betriebsübergangs abschätzen können. Vom Arbeitgeber wird daher erwartet, dass er z.B. über geplante Weiterbildungsmaßnahmen im Zusammenhang mit dem Betriebsübergang informiert, über Produktionsänderungen, Umstrukturierungen sowie beabsichtigte Personalentwicklungs- und Beschäftigungssicherungsmaßnahmen. Auch Informationen über eventuelle Interessenausgleichs- und Sozialplanverhandlungen fallen unter diesen Punkt.

Diese Unterrichtungspflicht gilt unabhängig von der Größe des Betriebs. Eine Pflicht zur Unterrichtung des ggf. vorhandenen Betriebsrats folgt daraus nicht. Der Arbeitgeber kann aber im Falle eines Betriebsübergangs nach anderen Vorschriften zur Information des Betriebsrats verpflichtet sein (z.B. nach § 80 II 1 BetrVG oder im Rahmen einer geplanten Betriebsänderung nach § 111 BetrVG; besteht ein Wirtschaftsausschuss ist dieser nach § 106 BetrVG zu informieren).

Die Erfüllung der Unterrichtungspflicht ist nicht Voraussetzung für einen wirksamen Betriebsübergang. Der liegt zeitlich dann vor, wenn der Betriebserwerber die arbeitstechnische Führungs- und Leitungsmacht übernimmt.

Die Unterrichtungspflicht nach § 613a V BGB gibt dem Arbeitnehmer einen einklagbaren (Auskunfts-)Anspruch (vgl. Hauck, Sonderbeilage zu NZA 18/2004,

17, 23 m.w.N.). Bei Verletzung kann sich der **Arbeitgeber schadenersatzpflichtig** machen.

Eine Unterrichtung hat gem. § 324 UmwG auch im Falle eines Betriebsübergangs durch Gesamtrechtsnachfolge nach dem UmwG (Verschmelzung, Spaltung, Vermögensübertragung) zu erfolgen.

b) Widerspruchsfrist

Der Arbeitnehmer hat seinen **Widerspruch innerhalb eines Monats** zu erklären. Der Widerspruch des Arbeitnehmers muss schriftlich erfolgen. Das Widerspruchsrecht steht nur dem vom Betriebsübergang betroffenen Arbeitnehmer zu, nicht aber dem Betriebsrat. Der Arbeitnehmer kann seinen Widerspruch sowohl gegenüber dem bisherigen als auch dem neuen Arbeitgeber erklären. Er hat insofern ein Wahlrecht.

c) Fristbeginn

Die Frist für den Widerspruch beginnt (erst), sobald eine sachgerechte Information über die genannten Kriterien durch den bisherigen oder den neuen Betriebsinhaber erfolgt ist. Es liegt im Interesse des Arbeitgebers, die Arbeitnehmer im Sinne des § 613a V BGB ordnungsgemäß zu informieren. Nur wenn die Widerspruchsfrist zu laufen beginnt und damit der Widerspruch nach einem Monat ausgeschlossen ist, kann Planungssicherheit für den Betriebserwerber und den Betriebsveräußerer im Hinblick auf die Zahl und die Personen der zu beschäftigenden Arbeitnehmer erreicht werden. Die Information muss also vollständig sein und dem Arbeitnehmer zugehen. Nicht zu empfehlen ist eine Unterrichtung lediglich durch Aushang am schwarzen Brett oder per E-Mail, da der Nachweis des Zugangs beim Arbeitnehmer problematisch werden könnte. Die Unterrichtung darf nicht lediglich mündlich erfolgen, es genügt aber ein dem Arbeitnehmer zugehender Text, der die Person des Erklärenden angibt und den Abschluss der Erklärung erkennbar macht. Der Arbeitgeber sollte dem Arbeitnehmer die Möglichkeit einräumen, sich ggf. weitergehend zu erkundigen und beraten zu lassen.

Betriebsveräußerer und Erwerber sollten vereinbaren, wer die Unterrichtung in welcher Weise und mit welchem Inhalt vornimmt. Erfüllt der intern zur Unterrichtung Verpflichtete die Informationspflicht aber nicht oder fehlerhaft, beginnt die Frist auch nicht gegenüber dem anderen Arbeitgeber zu laufen.

Auf einen Kausalzusammenhang zwischen fehlerhafter Unterrichtung und zunächst unterbliebenem Widerspruch kommt es nicht an (BAG, BB 2007, 1340). Es besteht daher die große Gefahr, dass Arbeitnehmer noch mehrere Monate nach Unterrichtung und Übergang des Betriebes dem Übergang des Arbeitsverhältnisses widersprechen (insbesondere wenn die übernehmenden Unternehmen kaum ein Jahr nach dem Betriebsübergang Insolvenz anmelden).

d) Verzicht auf den Widerspruch, Verwirkung

Ein Verzicht auf das Widerspruchsrecht ist grundsätzlich möglich (BAG, NZA 1998, 750). Nicht zulässig ist der Verzicht aber im Voraus oder durch eine kollektive Regelung bzw. bereits abstrakt-generell im Arbeitsvertrag. Der Verzicht kann also nur vertraglich im Anschluss an eine ordnungsgemäße Unterrichtung nach § 613a V BGB erfolgen. Zulässig dürfte z.b. eine schriftliche Vereinbarung zwischen dem betroffenen Arbeitnehmer, dem bisherigen Arbeitgeber (Betriebsveräußerer) und dem neuen Arbeitgeber (Betriebserwerber) zur Überleitung des Arbeitsverhältnisses auf den Betriebserwerber sein (Hauck, Sonderbeilage NZA 18/2004, 17, 25).

Auch eine Verwirkung des Widerspruchsrechts durch den Arbeitnehmer ist möglich (§ 242 BGB). Noch nicht geklärt ist aber, wie viel Zeit vergangen sein muss und welche Umstände vorliegen müssen, um eine Verwirkung anzunehmen. Möglicherweise verwirkt der Arbeitnehmer sein Widerspruchsrecht, wenn er finanzielle Vorteile dafür angenommen hat, dem Betriebsübergang nicht zu widersprechen. Denkbar ist auch, dass er den Eindruck erweckt, den Widerspruch nicht mehr geltend machen zu wollen, weil er trotz Kenntnis des Betriebsübergangs sein Arbeitsverhältnis beim Betriebserwerber schon eine geraume Zeit fortsetzt.

In der Praxis ist der Verwirkungseinwand selten erfolgreich, weil es regelmäßig an dem erforderlichen Umstandsmoment fehlt. Allein die bloße Tätigkeit für den neuen Inhaber des Betriebs reicht nicht aus, um ein schützenswertes Vertrauen des veräußernden Unternehmens auf das Unterbleiben eines Widerspruchs zu begründen. Etwas anderes könnte sich dann ergeben, wenn der Arbeitnehmer selbst nach dem Betriebsübergang mit dem Erwerber einen Aufhebungsvertrag schließt oder eine Kündigung des Erwerbers (nicht des Veräußerers!) hinnimmt.

e) Folgen des Widerspruchs

Die Ausübung des Widerspruchsrechts ist für den Arbeitnehmer sehr riskant. Auf Grund des (Teil-)Betriebsübergangs dürfte der Arbeitsplatz des Arbeitnehmers entfallen sein. Steht in einem solchen Fall kein anderer angemessener Arbeitsplatz im verbliebenen Betrieb zur Verfügung, so kann das Arbeitsverhältnis wegen Wegfalls des Arbeitsplatzes gekündigt werden. Eine solche Kündigung wäre nicht unzulässig i.S.d. § 613a IV BGB. Denn der bisherige Arbeitgeber hat sie ja nicht „wegen des Übergangs" des Betriebsteils erklärt, sondern weil in dem alten Betrieb keine Beschäftigungsmöglichkeit mehr gegeben ist.

Die Beantwortung der sich dabei aufdrängenden Frage, ob sich nun der gekündigte Widersprechende im Kündigungsschutzverfahren auf eine fehlerhafte Sozialauswahl gem. § 1 III KSchG berufen kann, hängt unter anderem davon ab, ob dem gekündigten Arbeitnehmer für seinen Widerspruch ein sachlicher Grund zur Seite stand (BAG vom 22.4.2004, EzA § 1 KSchG, Soziale Auswahl, Nr. 53). Dabei darf der Kreis der vergleichbaren Arbeitnehmer bei der Sozialauswahl grundsätzlich nicht auf diejenigen mit gleichem Arbeitsvolumen beschränkt werden. Wird der auswahlrelevante Personenkreis allein nach Teilzeit- und Vollzeitbeschäftigten bestimmt, ohne dass hierfür sachliche Gründe vorliegen, kann darin eine unzulässige Diskriminierung i. S. v. § 4 IV TzBfG liegen.

Von einem sachlichen Grund für den Widerspruch kann etwa auszugehen sein, wenn

- der Erwerber für Missmanagement und Insolvenzen bekannt wäre,

- der Erwerber allgemein als äußerst unzuverlässig bekannt wäre,

- die Stilllegung des übergegangenen Betriebsteils bei Übergang bereits feststand,

- der Betriebsübergang erkennbar dem Ziel dienen sollte, die betriebsverfassungsrechtlichen Mitbestimmungsregelungen zu umgehen,

- wegen geringerer Beschäftigtenzahl im Erwerberbetrieb der soziale Schutz des Arbeitnehmers geschmälert würde oder

- im abgebenden Betrieb eine potenziell größere Anzahl freier Stellen vorhanden ist als im aufnehmenden Kleinbetrieb.

Liegen derartige Gründe, dem Übergang des Arbeitsverhältnisses zu widersprechen, nicht vor, so kann es gerechtfertigt sein, eine Berufung des Arbeitnehmers im Kündigungsschutzverfahren auf die fehlerhafte Sozialauswahl zurückzuweisen. Ebenso wenig kann sich der Arbeitnehmer dann darauf berufen, an einem Sozialplan beteiligt zu werden, der für betriebsbedingt gekündigte Arbeitnehmer aufgestellt wurde (LAG Berlin, BB 1995, 2379), da er in dem Fall einen ihm zumutbaren Arbeitsplatz abgelehnt hat und insofern eine ihn treffende betriebsbedingte Kündigung Folge seines nicht gerechtfertigten Widerspruchs wäre.

C. Rechte und Pflichten aus dem Arbeitsverhältnis

I. Arbeitspflicht des Arbeitnehmers

Die Hauptleistungspflicht des Arbeitnehmers aus dem Arbeitsvertrag ist die **Erbringung der Arbeitsleistung.** Diese Pflicht steht in einem **Austauschverhältnis zur Vergütungspflicht** des Arbeitgebers, wobei der Arbeitnehmer nach § 614 BGB vorleistungspflichtig ist.

Gem. § 613 Satz 1 BGB ist die Arbeitsleistung i.d.R. durch den Arbeitnehmer persönlich zu erbringen, d.h. er darf sich nicht durch eine andere Person vertreten lassen und ist demzufolge auch nicht verpflichtet, im Krankheitsfalle eine Ersatzperson zu beschaffen.

Der Arbeitgeber hat gegenüber dem Arbeitnehmer einen einklagbaren Anspruch auf Erbringung der Arbeitsleistung. Einen durch das Arbeitsgericht festgestellten Anspruch auf Arbeitsleistung kann der Arbeitgeber jedoch nicht vollstrecken lassen. Denn bei der Arbeitsleistung handelt es sich um eine Leistung von unvertretbaren Diensten, deren Vollstreckung gem. § 888 III ZPO ausgeschlossen ist. Dem Arbeitgeber steht in einem solchen Fall lediglich ein pauschalierter Entschädigungsanspruch (§ 61 II ArbGG) oder ein Schadenersatzanspruch zu. Außerdem besteht die Möglichkeit, bereits im Vorfeld bestimmte Vertragsstrafen für den Fall der Nichtleistung zu vereinbaren.

Einzelheiten in Bezug auf den Ort, die Art und den Inhalt der zu erbringenden Arbeitsleistung sowie die konkrete Arbeitszeit ergeben sich für den einzelnen Arbeitnehmer aus dem jeweiligen Arbeitsvertrag sowie etwaigen Tarifverträgen oder Betriebsvereinbarungen, ggf. konkretisiert durch ein vom Arbeitgeber ausgeübtes **Direktionsrecht.**

Hinsichtlich des Direktionsrechts ist zu beachten, dass für den Arbeitgeber die Möglichkeit der Konkretisierung der Arbeitspflichten umso geringer wird, je konkreter bzw. spezieller die Arbeitspflichten des einzelnen Arbeitnehmers im Arbeitsvertrag beschrieben worden sind.

1. Ort der Arbeitsleistung

Regelmäßig ist der Arbeitsort ein bestimmter im Arbeitsvertrag benannter **Betrieb des Arbeitgebers.** Es kann aber auch eine besondere Zuweisung durch den Arbeitgeber i.R. seines Direktionsrechts erfolgen, etwa im Falle einer Versetzung, einer Betriebsverlegung oder bei arbeitsvertraglich nicht festgelegten Arbeitsorten.

a) Versetzung

Enthält der Arbeitsvertrag keinen ausdrücklichen Versetzungsvorbehalt, ist die Versetzung an einen anderen Ort vom Direktionsrecht des Arbeitgebers nicht gedeckt, da der Arbeitsort i.d.R. der Betrieb des Arbeitgebers ist.

Selbst wenn der Betriebsrat in einem solchen Fall der Versetzung an einen anderen Ort zugestimmt hat, so ist die Versetzung dennoch wegen des unzulässigerweise ausgeübten Direktionsrechts unwirksam. Denn durch den Arbeitsvertrag haben Arbeitgeber und Arbeitnehmer eine Grenze gesetzt, die der Betriebsrat nicht durch seine Zustimmung überschreiten kann.

Bei einer Versetzung innerhalb des Betriebs ist stets die **Zumutbarkeit** im Einzelfall zu prüfen. Regelmäßig wird aber eine solche Versetzung durch das Direktionsrecht des Arbeitgebers gedeckt sein, und zwar auch dann, wenn die Versetzung in einen anderen Betrieb(steil) erfolgt, der aber am gleichen Ort liegt.

Einen Einsatz des Arbeitnehmers im Ausland kann der Arbeitgeber i.r. seines Direktionsrechts regelmäßig nicht anordnen, es sei denn ein entsprechender Versetzungsvorbehalt wurde in den Arbeitsvertrag mit aufgenommen.

b) Betriebsverlegung

Soll eine Versetzung wegen einer Betriebsverlegung erfolgen, so steht dem Arbeitgeber das Direktionsrecht in den Fällen zur Seite, wo der Betrieb an einen nahe gelegenen Ort verlegt wird. Dennoch ist jeweils die Zumutbarkeit der Versetzung zu überprüfen, was z.B. bei schlechter Verkehrsanbindung problematisch sein kann.

Erfolgt die Betriebsverlegung an einen weiter entfernten Ort, so kann der Arbeitgeber von seinem Direktionsrecht keinen Gebrauch machen. In einem solchen Fall besteht für ihn nur die Möglichkeit, das Arbeitsverhältnis im Wege der Änderungskündigung an die veränderten Verhältnisse „anzupassen" (zur Änderungskündigung s. unter E VII 7).

c) Arbeitsverhältnisse ohne festen Arbeitsort

Ist die Arbeitsleistung an keinem regelmäßigen, festen Arbeitsort zu erbringen (LKW-Fahrer, Bauarbeiter, Montagearbeiter etc.), so hat der Arbeitgeber ein weites Direktionsrecht hinsichtlich des Arbeitsortes. Dieses Direktionsrecht kann allerdings auch in derartigen Arbeitsverhältnissen beschränkt sein, wenn z.B. eine örtliche Begrenzung (nur Inland, nur begrenzt auf eine bestimmte Region innerhalb Deutschlands o.ä.) arbeitsvertraglich vereinbart wurde. Auch bei solchen Arbeitsverhältnissen muss der Arbeitgeber die Interessen seines Arbeitnehmers bei der Zuweisung des Arbeitsplatzes mit berücksichtigen. So ist z.B. die Erreichbarkeit der Arbeitsstelle für den Arbeitnehmer ein vom Arbeitgeber zu beachtendes Kriterium.

2. Art und Inhalt der zu leistenden Arbeit

Art und Inhalt der Arbeitspflicht bestimmen sich ebenfalls nach den vertraglichen Regelungen. Inwieweit dem Arbeitgeber hier ein Direktionsrecht zusteht, ist danach zu beurteilen, ob dem Arbeitnehmer im Arbeitsvertrag bereits eine bestimmte, genau umschriebene Tätigkeit zugewiesen wurde oder ob die Arbeit nur allgemein fachlich oder gar lediglich generalisierend umschrieben wurde (s. dazu auch A II 6 e und B III 3).

Eine Verpflichtung des Arbeitnehmers zur Erledigung so genannter **Nebenarbeiten** (Aufräumen des Arbeitsplatzes, Materialbeschaffung etc.) besteht nur, soweit diese Arbeiten in den Tätigkeitsbereich des Arbeitnehmers fallen, also unmittelbar mit seiner Arbeit zusammen hängen und von dem Arbeitsvertrag gedeckt sind.

3. Arbeitszeit

Zeit und Lage der zu erbringenden Arbeit richten sich grds. nach den Vereinbarungen im **Arbeitsvertrag** und eventuellen näheren Ausgestaltungen in **tarifvertraglichen oder betrieblichen Regelungen.** Soweit keine nähere Bestimmung getroffen wurde, kann der Arbeitgeber die Arbeitszeit des Arbeitnehmers in Bezug auf Beginn und Ende der täglichen Arbeitszeit, die Verteilung der Arbeitszeit auf die einzelnen Werktage, die Lage der Pausen etc. einseitig, ggf. unter Beachtung der Mitbestimmungsrechte des Betriebsrats festlegen.

Sowohl bei der Vereinbarung bestimmter Arbeitszeiten als auch bei der einseitigen Festlegung von Zeit und Lage der Arbeit durch den Arbeitgeber sind die Arbeitszeitschutzvorschriften, insbesondere des Arbeitszeitgesetzes oder anderer Schutzgesetze (MuSchG, JArbSchG etc.) zu beachten. Bei einer Verletzung dieser Vorschriften sind die entsprechenden Vereinbarungen unwirksam. An ihre Stelle tritt eine zulässige tarifvertragliche oder die gesetzliche Regelung.

a)   Zweck und Geltungsbereich des Arbeitszeitgesetzes

Das Arbeitszeitgesetz bezweckt den Gesundheitsschutz und die Sicherheit der Arbeitnehmer, den Schutz der Sonn- und Feiertage als Tage der Arbeitsruhe und die Verbesserung der Rahmenbedingungen für die Flexibilisierung der Arbeitszeiten.

Unter den Schutz des ArbZG fallen nach § 2 II ArbZG Arbeiter und Angestellte sowie Auszubildende. Leitende Angestellte und Chefärzte sind gem. § 18 ArbZG aus dem Geltungsbereich des ArbZG herausgenommen worden.

b) Begriff der Arbeitszeit

Zur Arbeitszeit zählt gem. § 2 I ArbZG die Zeit vom Beginn bis zum Ende der Arbeit ausschließlich der Ruhepausen. Hierbei ist es unerheblich, ob der Arbeitnehmer während dieser Zeit tatsächlich Arbeit leistet. Entscheidend ist vielmehr, dass er seine Arbeitskraft in dieser Zeit- spanne dem Arbeitgeber zur Verfügung stellen und sich zur Arbeit bereithalten muss.

Soweit keine entsprechende vertragliche Regelung existiert, ist die Frage, ob bestimmte, vom Arbeitnehmer aufgewendete Zeiten als Arbeitszeit zu werten sind, im Einzelfall zu entscheiden. Hierzu soll nachstehende Auflistung Anhaltspunkte bieten:

- Die **Wegezeit**, die der Arbeitnehmer aufwendet, um zu seiner Arbeitsstelle zu gelangen, wird regelmäßig nicht als Arbeitszeit i.S.d. ArbZG gewertet.

- Auch die **Umkleidezeit** zählt i.d.R. nicht zur täglichen Arbeitszeit. Sie dient lediglich der persönlichen Vorbereitung des Arbeitnehmers auf die von ihm zu erbringende Arbeit. Ist es dem Arbeitnehmer allerdings im Einzelfall verwehrt, die Arbeitskleidung mit nach Hause zu nehmen, so kann etwas anderes gelten.

- Unstreitig fällt die **Rufbereitschaft** des Arbeitnehmers nicht in die Arbeitszeit, denn er wählt seinen Aufenthaltsort selbst aus. Er kann also während dieser Zeit einer Freizeitbeschäftigung nachgehen oder sich sonst erholen und muss lediglich über ein Handy o.ä. für den Notfall erreichbar sein.

- Die **Arbeitsbereitschaft** wird allgemein mit zur Arbeitszeit gezählt. Hier hält sich der Arbeitnehmer während seiner Arbeitszeit an seinem Arbeitsplatz zwar in einem Zustand der Entspannung, jedoch in „wacher Achtsamkeit" zum Arbeitseinsatz bereit. Diese Arbeitszeit wird i.d.R. pauschal abgegolten.

- Beim **Bereitschaftsdienst** hält sich der Arbeitnehmer an einem vom Arbeitgeber bestimmten Ort innerhalb oder außerhalb des Betriebs auf und hat, sobald die Notwendigkeit besteht, seine Arbeit aufzunehmen. Ein solcher Bereitschaftsdienst wurde arbeitszeitrechtlich bis Ende 2003 nicht als Arbeitszeit gewertet. Das Arbeitszeitgesetz ist zwischenzeitlich mit Wirkung zum 1.1.2004 geändert worden, Bereitschaftsdienst ist nunmehr Arbeitszeit.

Hintergrund der Gesetzesänderung ist folgender: Die europäische Richtlinie 93/104/EG bestimmt, dass Arbeitszeit jede Zeitspanne ist, während der ein Arbeitnehmer gemäß den einzelstaatlichen Rechtsvorschriften und/oder Gepflogenheiten arbeitet, dem Arbeitgeber zur Verfügung steht und seine Tätigkeit ausübt oder Aufgaben wahrnimmt. Der EuGH hat zur Auslegung des Begriffs „Arbeitszeit" mehrmals Stellung genommen und ausgeführt, dass der Bereitschaftsdienst, den Ärzte und Pflegepersonal in Form von persönlicher Anwesenheit im Krankenhaus leisten, als Arbeitszeit i.S.d. Richtlinie anzusehen ist (EuGH, NZA 2000, 1227; NZA 2003, 1019). In Umsetzung der Richtlinie musste der deutsche Gesetzgeber das Arbeitszeitgesetz entsprechend ändern.

- Eine **Dienstreise** des Arbeitnehmers fällt regelmäßig in die Arbeitszeit, wenn der Arbeitnehmer während dieser Zeit Arbeit leistet. Ob eine Arbeitsleistung vorliegt, ist jeweils nach den Umständen des Einzelfalls zu beurteilen. Eine Dienstreise mit dem Auto kann als Arbeitszeit zu werten sein, da der Arbeitnehmer sich während der Fahrtzeit nicht erholen kann. Eine Reise mit der Bahn oder dem Flugzeug ist möglicherweise anders zu beurteilen. Um Unstimmigkeiten zu vermeiden, sollte im Falle von Dienstreisen eine ausdrückliche Vereinbarung über die Abgeltung dieser Zeiten getroffen werden (vgl. auch C III 3).

c) Höchstdauer der Arbeitszeit

Nach §3 ArbZG darf die werktägliche Arbeitszeit des Arbeitnehmers **acht Stunden** nicht überschreiten. Sie kann im Einzelfall auf bis zu zehn Stunden verlängert werden, wenn innerhalb eines Zeitraums von 24 Kalenderwochen im Durchschnitt nicht mehr als acht Stunden werktäglich überschritten werden (§ 3 I 2 ArbZG).

Für Nacht- und Schichtarbeiter gelten strengere Regelungen. Bei ihnen darf die Arbeitszeit nur auf zehn Stunden ausgedehnt werden, wenn innerhalb eines Zeitraums von vier Kalenderwochen ein Tagesdurchschnitt von acht Stunden nicht überschritten wird (§ 6 II 2 ArbZG).

Als Nachtzeit zählt die Zeit zwischen 23 und 6 Uhr (in Bäckereien zwischen 22 und 5 Uhr), wobei Nachtarbeit dann vorliegt, wenn mehr als zwei Stunden der Arbeit in die Nachtzeit fallen (§ 2 III, IV ArbZG).

Wenn die Arbeitszeit in erheblichem Maße aus Arbeitsbereitschaft oder Bereitschaftsdienst besteht, so besteht die Möglichkeit, die werktägliche Arbeitszeit in einem Tarifvertrag oder auf Grund eines Tarifvertrags in einer Betriebs- oder Dienstvereinbarung auch ohne Ausgleich über acht Stunden zu verlängern (§ 7 II a ArbZG). Dabei muss sichergestellt werden, dass die Gesundheit der Arbeitnehmer nicht gefährdet wird.

d) Pausen- und Ruhezeiten

Unter Ruhezeit wird die Zeit zwischen Ende der Arbeit und der Wiederaufnahme verstanden.

Nach § 5 I ArbZG muss dem Arbeitnehmer nach Beendigung seiner Arbeitszeit eine **ununterbrochene Ruhezeit von mindestens elf Stunden** zur Verfügung stehen. In Krankenhäusern und anderen Pflegeeinrichtungen, Gaststätten, Verkehrsbetrieben, Rundfunk und Landwirtschaft ist eine Kürzung der Ruhezeiten um maximal eine Stunde zulässig, wenn diese Kürzung innerhalb eines Kalendermonats durch entsprechende Verlängerung einer anderen Ruhezeit ausgeglichen wird (§ 5 II ArbZG). In § 5 III ArbZG ist abweichend von § 5 I ArbZG geregelt, dass in Krankenhäusern und sonstigen Pflegeeinrichtungen durch Inanspruchnahme während der Rufbereitschaft vorgenommene Kürzungen der Ruhezeit, die nicht mehr als die Hälfte der vorgeschriebenen Ruhezeit betragen, zu anderen Zeiten ausgeglichen werden können.

§ 4 ArbZG schreibt vor, dass dem Arbeitnehmer bei einer Arbeitszeit von mehr als sechs und bis zu neun Stunden feststehende **Ruhepausen** von 30 Minuten, bei einer Arbeitszeit von über neun Stunden von 45 Minuten zu gewähren sind. Die Pausenzeiten dürfen aufgeteilt werden, müssen jeweils aber mindestens 15 Minuten betragen. Länger als sechs Stunden darf ein Arbeitnehmer nicht ohne Pause beschäftigt werden.

Die Pausenzeiten zählen nicht zur Arbeitszeit, dementsprechend besteht auch keine Vergütungspflicht des Arbeitgebers für diese Zeiten.

e)   Sonn- und Feiertagsarbeit

An Sonn- und Feiertagen besteht gem. § 9 I ArbZG zwischen 0 und 24 Uhr ein grds. **Beschäftigungsverbot.** Ausnahmen hiervon sind für bestimmte Arbeitnehmergruppen (Kraftfahrer, Schichtarbeiter, Arbeitnehmer in Rettungsdiensten, Gaststätten, Theatern, Krankenhäusern, Rundfunk, Verkehrsbetrieben etc.) in §§ 9 II, III und 10 ArbZG geregelt.

Zudem enthält § 13 V ArbZG eine Ausnahmeregelung für die Fälle, in denen von der Sonn- und Feiertagsbeschäftigung die Konkurrenzfähigkeit des Unternehmens abhängt und dadurch die Beschäftigung gesichert werden kann. In diesen Fällen ist eine entsprechende Bewilligung durch die Aufsichtsbehörde zu erteilen.

4.   Recht zur Nebenbeschäftigung

Da der Arbeitnehmer seinem Arbeitgeber mit Abschluss des Arbeitsvertrags nicht seine gesamte Arbeitskraft zur Verfügung stellt, sondern lediglich i.R. der vereinbarten Arbeitszeit für ihn tätig wird, steht es dem Arbeitnehmer grds. frei, ohne Zustimmung oder Benachrichtigung des Arbeitgebers eine Nebenbeschäftigung aufzunehmen. Jedoch muss der Arbeitnehmer die geplante Nebentätigkeit seinem Arbeitgeber anzeigen, wenn hiervon die Interessen des Arbeitgebers berührt werden können, etwa wenn ein geringfügig Beschäftigter eine weitere geringfügige Beschäftigung aufnimmt und damit die Grenzen der Geringfügigkeit (§ 8 SGB IV) überschritten werden.

In jedem Fall ist eine Genehmigung des Arbeitgebers einzuholen, wenn sich der Arbeitnehmer hierzu vertraglich verpflichtet hat. Hierbei hat der Arbeitnehmer die Grenzen des ArbZG zu beachten. Ein Überschreiten der täglich zulässigen Arbeitszeit (§ 3 ArbZG) hat die Nichtigkeit des die Nebentätigkeit begründenden Arbeitsvertrags zur Folge (BAG, NJW 1959, 2036).

Die Nebenbeschäftigung kann auch aus anderen Gründen unzulässig sein. Führt etwa die Nebentätigkeit dazu, dass die Arbeitskraft des Arbeitnehmers erheblich beeinträchtigt wird, so ist die Aufnahme dieser Nebenbeschäftigung unzulässig. Gleiches gilt, wenn die Nebentätigkeit entgegenstehende Wettbewerbsinteressen des Arbeitgebers verletzt.

5. Zurückbehaltungsrecht des Arbeitnehmers

Erbringt der Arbeitgeber die geschuldete Vergütung für die vom Arbeitnehmer erbrachte Arbeitsleistung nicht, so steht dem Arbeitnehmer ein Zurückbehaltungsrecht zu. Er kann deshalb seine Arbeitsleistung bis zur Zahlung der ausstehenden Vergütung verweigern. Der Arbeitnehmer behält bei zu Recht zurückbehaltener Arbeitsleistung seinen Lohnanspruch aus Annahmeverzug (BAG, NJW 1982, 121).

Bevor der Arbeitnehmer sein Zurückbehaltungsrecht ausüben kann, muss er dem Arbeitgeber gegenüber eindeutig zum Ausdruck bringen, er werde die Arbeitsleistung verweigern, wenn der rückständige Lohn nicht bezahlt wird. Dem Arbeitgeber muss also die Möglichkeit gegeben werden, durch Zahlung der ausstehenden Beträge das Zurückhalten der Arbeitsleistung abzuwenden. Zahlt der Arbeitgeber den rückständigen Lohn trotz dieser Aufforderung nicht, so befindet er sich im Annahmeverzug.

Eine Ausübung des Zurückbehaltungsrechts ist nach den Grundsätzen von Treu und Glauben (§ 242 BGB) allerdings ausgeschlossen, wenn die Lohnrückstände verhältnismäßig gering sind, nur eine kurzfristige Verzögerung zu erwarten ist, dem Arbeitgeber dadurch ein unverhältnismäßig hoher Schaden droht oder die Lohnansprüche auf andere Weise gesichert sind (BAG, NZA 1985, 355).

II. Beschäftigungsanspruch des Arbeitnehmers

In dem Maße, in dem der Arbeitnehmer zur Arbeitsleistung verpflichtet ist, hat er auch einen Anspruch gegen seinen Arbeitgeber auf Beschäftigung.

Dieser Anspruch folgt aus dem **Persönlichkeitsrecht** des Arbeitnehmers, der ein berechtigtes Interesse daran hat, seine Arbeitskraft voll zur Entfaltung zu bringen, seine Fähigkeiten und Kenntnisse zu erhalten und auszubauen (BAG, NJW 1956, 359; NJW 1977, 215).

Die mit dem Beschäftigungsanspruch des Arbeitnehmers korrespondierende Beschäftigungspflicht des Arbeitgebers kann im Einzelfall entfallen, z.b. wenn dem Arbeitgeber wegen Auftragsmangels eine Beschäftigung des Arbeitnehmers nicht möglich ist. Auch eine Freistellung des Arbeitnehmers von seiner Arbeitspflicht und damit die vorübergehende Aussetzung seiner Beschäftigung kann im Einzelfall berechtigt sein, z.b. für die Dauer der Klärung des Verdachts einer strafbaren Handlung des Arbeitnehmers.

III. Vergütungspflicht des Arbeitgebers

Durch den Arbeitsvertrag verpflichtet sich der Arbeitgeber, dem Arbeitnehmer für seine Arbeitsleistung eine entsprechende Vergütung zu zahlen. Bei dieser Vergütungspflicht handelt es sich somit um eine der Hauptleistungspflichten des Arbeitgebers aus dem Arbeitsvertrag.

1. Höhe der Vergütung

Die Höhe der zu zahlenden Vergütung kann zwischen den Vertragsparteien frei ausgehandelt werden, allerdings muss sich diese i.R. der gesetzlichen Vorgaben bewegen, darf insbesondere nicht sittenwidrig sein. Vereinbaren die Parteien eine geringere Vergütung als in einem für beide Seiten bindenden Tarifvertrag, so kann der Arbeitnehmer dennoch einen Anspruch auf die höhere tarifliche Vergütung geltend machen, weil der Tarifvertrag gegenüber dem Arbeitsvertrag höherrangiges Recht ist (zur Normenhierarchie der Rechtsquellen vgl. A II 1).

Im Allgemeinen ergibt sich die Höhe der Vergütung aus Vereinbarungen im **Arbeitsvertrag** oder in **Lohn- und Gehaltstarifverträgen**. Haben Arbeitgeber und Arbeitnehmer keine ausdrückliche Vereinbarung über die Höhe der Vergütung getroffen und finden auf das Arbeitsverhältnis tarifvertragliche Regelungen keine Anwendung, so gilt gem. §612 II BGB die übliche Vergütung als vereinbart.

Bei der Vergütungshöhe hat der Arbeitgeber den Grundsatz der Lohngleichheit zu beachten (§ 612 III BGB), wonach Männer und Frauen für gleiche oder gleichartige bzw. vergleichbare Tätigkeiten nicht unterschiedlich entlohnt werden dürfen. Entgeltvereinbarungen, die unmittelbar nach dem Geschlecht unterscheiden, sind immer unzulässig. Die unterschiedliche Lohnhöhe muss jedoch nicht unmittelbar an das Geschlecht anknüpfen. Möglich ist auch eine mittelbare Anknüpfung. Hier wird die unterschiedliche Lohnhöhe nach Merkmalen differenziert, die von einem Geschlecht wesentlich häufiger erfüllt werden als von dem anderen. Diese Entgeltvereinbarungen können gerechtfertigt sein. Voraussetzung ist, dass sie objektiv zur Durchsetzung eines unternehmerischen oder sozialpolitischen Bedürfnisses erforderlich sind.

Folge der nicht gerechtfertigten unterschiedlichen Entlohnung ist, dass der Lohn der benachteiligten Arbeitnehmer angeglichen wird.

2. Formen der Vergütung

Die Vergütung kann sich neben einem vereinbarten festen Entgelt auch aus weiteren Bestandteilen zusammensetzen. In Betracht kommen hier etwa jährliche Sonderzuwendungen, Zulagen, Provisionen oder Sachbezüge.

a) Sonderzuwendungen

Ein Anspruch des Arbeitnehmers auf eine Sonderzuwendung kann sich aus Tarifvertrag oder Betriebsvereinbarung, aber auch aus dem Arbeitsvertrag, ggf. i.V.m. einer betrieblichen Übung, dem allgemeinen arbeitsrechtlichen Gleichbehandlungsgrundsatz oder oft auch aus einer Gesamtzusage ergeben.

aa) Abgrenzung arbeitsleistungsbezogene Sonderzuwendung/ Gratifikation

Bei den (jährlichen) Sonderzuwendungen ist zu unterscheiden zwischen **Gratifikationen** (Weihnachtsgeld, Urlaubsgeld) und **arbeitsleistungsbezogenen Sonderzuwendungen** (13. Monatsgehalt).

Letztere gewähren dem Arbeitnehmer einen unwiderruflichen Rechtsanspruch, denn sie werden als „echte" Lohnbestandteile vom Arbeitnehmer im Abrechnungszeitraum quasi monatlich verdient bzw. angespart. Dies hat zur Folge, dass der bereits verdiente Anteil durch spätere Änderungen der Rechtsgrundlagen (z.B. Kündigung der Betriebsvereinbarung) nicht mehr entzogen werden kann. Andererseits steht dem Arbeitnehmer bei vorzeitigem Ausscheiden oder späterem Antritt des Arbeitsverhältnisses oder bei Ruhen des Arbeitsverhältnisses, z.B. wegen Elternzeit, nur ein Anspruch auf anteilige Auszahlung zu.

Die Zahlung von **Gratifikationen** ist dagegen grundsätzlich **unabhängig von der tatsächlich erbrachten Arbeitsleistung** innerhalb eines bestimmten Jahres. Gegenleistung für die Gratifikation ist die vom Arbeitnehmer erbrachte Betriebstreue, sodass auch Arbeitnehmer, deren Arbeitsverhältnis ruht, Anspruch auf die Leistung haben. Endet hingegen das Arbeitsverhältnis vor dem vereinbarten Stichtag, so entfällt die Jahresleistung im Ganzen, auch wenn bis dahin die volle Arbeitsleistung erbracht worden ist.

Im Regelfall liegen den Sonderzuwendungen jedoch **Mischtatbestände** zu Grunde, sodass mit ihnen sowohl die Betriebstreue als auch die Arbeitsleistung belohnt werden sollen und somit auch beide Voraussetzungen vorliegen müssen, damit ein Anspruch entsteht. Die Vereinbarung eines solchen Mischtatbestands ist zulässig.

Ist für die Sonderzuwendung eine Mindestbeschäftigungszeit oder Stichtageregelung vereinbart, so spricht dies dafür, dass die Betriebstreue belohnt werden soll. Das gleiche gilt bei einer Gratifikationsrückzahlungsklausel. Die Bezeichnung „13. Monatsgehalt" spricht für das Vorliegen einer arbeitsleistungsbezogenen Sonderzuwendung. Im Zweifel sind beide Zwecke gewollt und es liegt eine Gratifikation mit Mischcharakter vor.

bb) Gratifikationsrückzahlungsklauseln

Der Arbeitgeber hat bei Gratifikationszahlungen die Möglichkeit, bereits geleistete Zahlungen vom Arbeitnehmer zurückzufordern, wenn dieser vorzeitig aus dem Betrieb ausscheidet. Voraussetzung dafür ist die Vereinbarung einer wirksamen Gratifikationsrückzahlungsklausel, die bestimmt, wie lange der Arbeitnehmer nach der Zahlung der Gratifikation noch in dem Betrieb weiter arbeiten muss, um nicht zur Rückzahlung der Zuwendung verpflichtet zu sein.

Die Rückzahlungsklausel darf dem Arbeitnehmer die Kündigung nicht unzumutbar erschweren, da das Grundrecht des Arbeitnehmers aus Art. 12 GG betroffen ist. Das BAG hat daher die Zulässigkeit derartiger Rückzahlungsklauseln an folgende Voraussetzungen geknüpft (BAG, BAGE 13, 129):

- die Rückzahlungsklausel muss ausdrücklich in einem Tarifvertrag oder Arbeitsvertrag vereinbart worden sein;

- die Klausel muss eindeutig und unmissverständlich sein;

- sie muss für den Arbeitnehmer erkennbar sein, d.h. sie darf sich nicht in anderen Klauseln „verstecken" und

- die Bindungsdauer muss für den Arbeitnehmer zumutbar sein.

Die Zumutbarkeit der Bindungsdauer ist nach der Rechtsprechung des BAG in Abhängigkeit zur Höhe der Gratifikation zu beurteilen. Bei Gratifikationen von bis zu 100 € ist eine Rückzahlungsklausel und damit eine Bindung des Arbeitnehmers an den jeweiligen Arbeitgeber stets unzulässig. Liegt die Gratifikation über 100 € aber unter einem Monatsgehalt, beträgt die maximale Bindungsdauer ¼ Jahr, ab einem Monatsgehalt ½ Jahr. Eine darüber hinausgehende längere Bindung ist in jedem Fall unzulässig.

cc) Anteilige Kürzung von Sonderzuwendungen für Fehlzeiten

Ob und in welcher Höhe der Arbeitgeber die Sonderzuwendungen wegen Fehlzeiten des Arbeitnehmers ohne weiteres anteilig kürzen kann, entscheidet sich zum einen danach, ob es sich um Fehlzeiten mit Entgeltfortzahlungsanspruch (z.B. Krankheit, Erholungsurlaub) oder ohne Entgeltfortzahlungsanspruch (z.B. Elternzeit) handelt. Zum anderen ist danach zu differenzieren, ob eine Gratifikation oder eine arbeitsleistungsbezogene Sonderzuwendung gekürzt werden soll.

Bei Fehlzeiten ohne Entgeltfortzahlungsanspruch des Arbeitnehmers können arbeitsleistungsbezogene Sonderzuwendungen jederzeit auch ohne besondere Vereinbarung durch den Arbeitgeber anteilig gekürzt werden. Diese Zuwendungen sind ja gerade von der Erbringung der Arbeitsleistung abhängig gemacht worden („Kein Lohn ohne Arbeit", § 614 BGB). Gratifikationen dagegen können in diesen Fällen vom Arbeitgeber nur dann anteilig gekürzt werden, wenn es sich um eine Gratifikation mit Mischcharakter handelt und ausdrücklich vereinbart war, dass der Anspruch auf Sonderzuwendung in diesen Fällen entfällt.

Handelt es sich um Fehlzeiten mit Entgeltfortzahlungsanspruch, ist nach h.M. in jedem Fall, d.h. sowohl bei Gratifikationen als auch bei arbeitsleistungsbezogenen Sonderzuwendungen, eine entsprechende Kürzungsvereinbarung notwendig. Dabei ist § 4a EFZG (bei Krankheit in direkter, bei Urlaub in entsprechender Anwendung) zu beachten, der eine solche Kürzungsvereinbarung zwar für zulässig erklärt, die mögliche Kürzung aber auf maximal ¼ des durchschnittlichen täglichen Arbeitsentgelts pro Fehltag beschränkt.

Die Berechnung des gem. § 4a EFZG höchstmöglichen Kürzungsbetrags soll anhand des nachstehenden Beispiels erläutert werden:

Bei einem Arbeitnehmer mit 20 krankheitsbedingten Fehltagen im Jahr und einem durchschnittlichen Arbeitsentgelt von 240 €/Arbeitstag sollte die Weihnachtsgratifikation ursprünglich 3.600 € betragen. Der Arbeitgeber kann diesen Betrag gem. § 4a EFZG pro Fehltag um maximal 25% des durchschnittlichen täglichen Arbeitsentgelts, in diesem Fall um 1.200 € auf 2.400 € herabsetzen.

Berechnung:

20 Fehltage x 240 € x 25% = 1.200 € (= max. Kürzungsbetrag)
3.600 € ./. 1.200 € = 2.400 € (= Mindestgratifikationsanspruch des Arbeitnehmers).

dd) Freiwilligkeitsvorbehalt bei Sonderzahlungen

Weist der Arbeitgeber in einem vorformulierten Arbeitsvertrag darauf hin, dass die Gewährung einer Sonderzahlung keinen Rechtsanspruch des Arbeitnehmers auf die Leistung für künftige Bezugszeiträume begründet, benachteiligt ein solcher Freiwilligkeitsvorbehalt den Arbeitnehmer nicht unangemessen. Eine solche Klausel ist selbst dann wirksam, wenn die Sonderzahlung ausschließlich im Bezugszeitraum geleistete Arbeit zusätzlich vergütet (BAG, BB 2008, 2465). Unter Sonderzahlungen sind nicht nur Gratifikationen, wie z.B. das Weihnachtsgeld zu verstehen. Hierunter fallen vielmehr alle Vergütungsbestandteile, die zusätzlich zum laufenden Entgelt bezahlt werden, wie Ziel-, Boni- oder dreizehnte Monatsgehälter. Bei laufend bezahltem Arbeitsentgelt sind sie allerdings unzulässig!

Zulässig wäre z.B. folgende Formulierung:

„Über die Gewährung einer Weihnachtsgratifikation entscheiden wir jedes Jahr neu. Es handelt sich um eine freiwillige Leistung, auf die auch bei wiederholter Zahlung weder dem Grunde noch der Höhe nach ein Rechtsanspruch besteht."

Eine klare arbeitsvertragliche Regelung verhindert auch, dass ein Gratifikationsanspruch durch betriebliche Übung entsteht. Hiervon geht die Rechtsprechung aus, wenn jährliche Gratifikationen dreimal gezahlt wurden, keine besonderen Umstände vorliegen oder der Arbeitgeber bei jeder Zahlung einen Bindungswillen für die Zukunft ausgeschlossen hat (BAG, NZA 1998, 423).

b) Zulagen

aa) Mehrarbeits- und Überstundenvergütungen

Unter Mehrarbeit ist die **Überschreitung der gesetzlich zulässigen Arbeitszeit** zu verstehen (Acht Stunden am Tag und 48 Stunden pro Woche). Früher löste die Überschreitung der gesetzlich zulässigen Höchstarbeit einen Anspruch auf Mehrarbeitsvergütung aus. Da das ArbZG eine solche Regelung nicht enthält, ist die Unterscheidung zwischen Mehrarbeit und Überstunden nicht mehr von praktischer Bedeutung.

Überstunden liegen dann vor, wenn der Arbeitnehmer über die regelmäßige betriebliche Arbeitszeit hinaus arbeitet. Hier hat der Arbeitnehmer einen Anspruch auf spezielle Überstundenzuschläge nur dann, wenn dies gesondert vereinbart wurde oder ggf. auch aus betrieblicher Übung oder dem allgemeinen arbeitsrechtlichen Gleichbehandlungsgrundsatz. Wurde kein Überstundenzuschlag vereinbart, so besteht lediglich ein Anspruch des Arbeitnehmers auf die „normale" (= vereinbarte oder übliche) Vergütung.

Bei leitenden Angestellten sind die Überstunden regelmäßig arbeitsvertraglich bereits mit dem Arbeitsentgelt abgegolten.

Bei Streitigkeiten hinsichtlich geleisteter Überstunden trägt der Arbeitnehmer die Beweislast, d.h. er muss beweisen, wie viele Überstunden er wann genau geleistet hat. Auch trifft ihn die Beweislast dafür, dass die von ihm erbrachten Überstunden vom Arbeitgeber oder seinem Bevollmächtigten angeordnet wurden (BAG, DB 1994, 1931, 1932). Eine solche Anordnung kann auch stillschweigend erfolgen, z.B. durch Zuweisung bestimmter Arbeiten oder Duldung, etwa wenn der Arbeitgeber nach dem üblichen Geschäftsschluss das Büro ohne Kommentar verlässt, obwohl er sieht, dass noch gearbeitet wird.

bb) Sonstige Zulagen

Neben den Überstundenzuschlägen kommen als besondere Formen der Vergütung Zulagen für besondere Leistungen, Erschwerniszulagen (Schmutz, Lärm), Zulagen wegen ungünstiger Arbeitszeiten (Nacht-, Feiertags-, Schichtarbeit), aber auch Provisionen für die erfolgreiche Vermittlung von Aufträgen oder Gewinnbeteiligungen in Betracht.

c) Sachbezüge

Neben einer Geldleistung können dem Arbeitnehmer für seine Arbeitsleistung auch Sachbezüge gewährt werden. Hierzu zählen etwa der zur Privatnutzung zur Verfügung gestellte Dienstwagen, Werkswohnungen oder Warenlieferungen.

3. Vergütung von Reisezeiten außerhalb der Arbeitszeit

Ist der Arbeitnehmer im Interesse des Arbeitgebers über seine regelmäßige Arbeitszeit hinaus auf **Dienstreise**, so hat der Arbeitgeber die außerhalb der Arbeitszeit liegenden Zeiten nur zu vergüten, soweit eine Vergütung nach den Umständen zu erwarten ist (§ 612 II BGB) oder eine entsprechende Vereinbarung dahingehend getroffen wurde (BAG, NZA 1998, 540). Ob die durch die Reise erbrachte Dienstleistung des Arbeitnehmers nach den Umständen nur gegen eine Vergütung erwartet werden konnte, kann nicht pauschal beantwortet werden, sondern ist nach den besonderen Umständen des jeweiligen Einzelfalls zu entscheiden.

Es ist daher zu empfehlen, in Arbeitsverträge mit Arbeitnehmern, bei denen mit Dienstreisen zu rechnen ist, eine klarstellende Regelung mit aufzunehmen (vgl. auch C I 3 b).

4. Lohnschutzvorschriften

Lohnansprüche des Arbeitnehmers sind nur eingeschränkt pfändbar. Der Arbeitgeber hat die §§ 850 ff. ZPO, insbesondere die Pfändungsgrenzen des § 850 c ZPO zu beachten.

Soweit der Lohn des Arbeitnehmers unpfändbar ist, kann er vom Arbeitnehmer nicht abgetreten werden (§ 400 BGB) und durch den Arbeitgeber auch keine Aufrechnung erfolgen (§ 394 BGB).

Bei Insolvenz des Arbeitgebers ist der Lohnanspruch des Arbeitnehmers für die letzten drei Monate vor der Eröffnung des Insolvenzverfahrens durch einen Anspruch auf Insolvenzgeld (§§ 183 ff. SGB III) gesichert (vgl. E VI 4).

IV. Pflicht des Arbeitgebers zur Abführung von Sozialversicherungsbeiträgen und Lohnsteuer

1. Grundsätzliche Pflicht bei der Beschäftigung von Arbeitnehmern

Bei der Beschäftigung von Arbeitnehmern ist der Arbeitgeber grundsätzlich verpflichtet, den Gesamtsozialversicherungsbeitrag des Arbeitnehmers an die Krankenkasse als zuständige Einzugstelle abzuführen. Regelmäßig trägt der Arbeitgeber je 50% der Pflichtbeiträge des Arbeitnehmers zur Kranken-, Pflege-, Renten- und Arbeitslosenversicherung (§§ 249 I SGB V, 58 I 1 SGB XI, 346 I 1 SGB III, 168 I Ziff.1 SBG VI).

Außerdem trifft den Arbeitgeber für die von ihm beschäftigten Arbeitnehmer eine Unfallversicherungspflicht (§ 150 I SGB VII), deren Kosten er zu 100% trägt.

Die vom Arbeitnehmer zu entrichtende Lohnsteuer ist gem. § 41a I Ziff. 2 EStG vom Arbeitgeber im Wege des Abzugs vom Lohn direkt an das Finanzamt abzuführen.

2. Abweichende Regelungen bei geringfügig beschäftigten Arbeitnehmern

Beschäftigt der Arbeitgeber Arbeitnehmer in einem geringfügigen Beschäftigungsverhältnis, so gelten hinsichtlich der Abführung der Sozialversicherungsbeiträge und der Lohnsteuer besondere Regelungen.

a) Voraussetzungen für eine geringfügige Beschäftigung

aa) Geringfügigkeitsgrenze

Für das gesamte Bundesgebiet gilt eine einheitliche **Geringfügigkeitsgrenze des Arbeitsentgelts von 400 €** im Monat.

bb) Fallgruppen des § 8 I SGB IV

In § 8 I SGB IV werden unterschiedliche Fallgruppen von geringfügigen Beschäftigungen beschrieben:

- Nach § 8 I Ziff. 1 SGB IV gelten Beschäftigungen mit einem Entgelt von regelmäßig nicht mehr als 400 € im Monat als geringfügig (**dauerhaft geringfügige Nebentätigkeit**). Unerheblich ist hierbei zunächst, ob diese geringfügige Beschäftigung die einzige Tätigkeit des Arbeitnehmers ist, er noch weitere geringfügige Beschäftigungen ausübt oder daneben noch einem sozialversicherungspflichtigen Haupterwerb nachgeht.

Zu beachten ist hier, dass nicht nur das Arbeitsentgelt als solches für die 400-€-Grenze zählt, sondern auch Sachbezüge, die zum Arbeitsentgelt gehören, sind zu berücksichtigen. Dabei darf die Grenze regelmäßig nicht überschritten werden. Der Begriff regelmäßig bedeutet, dass gelegentliche Überschreitungen unerheblich sind. Überschreitet das Arbeitsentgelt die Grenze über einen Zeitraum von zwei Monaten, so liegt eine gelegentliche Überschreitung nicht mehr vor.

Ebenfalls müssen bei der 400-€-Grenze die vom Arbeitgeber zu zahlende Lohn- und Kirchensteuer dem gezahlten Arbeitsentgelt hinzugerechnet werden, es sei denn, der Arbeitgeber versteuert pauschal gem. § 40 a EStG.

- **Beschäftigungen von längstens zwei Monaten oder höchstens 50 Arbeitstagen** im Jahr zählen gem. § 8 I Ziff. 2 SGB IV ebenfalls zu den geringfügigen Beschäftigungen, soweit sie üblicherweise zeitlich begrenzt sind (Saisonarbeiten) oder bereits im Voraus vertraglich befristet wurden (**kurzfristige Nebentätigkeit**). Dies gilt nicht, wenn die Beschäftigung berufsmäßig ausgeübt wird und ihr Entgelt 400 € im Monat übersteigt.

cc) Zusammenrechnung mehrerer Beschäftigungsverhältnisse (§ 8 II SGB IV)

Bei der Beurteilung, ob eine geringfügige Beschäftigung vorliegt, werden grundsätzlich mehrere Beschäftigungsverhältnisse zusammengerechnet. Ergibt die Addition, dass die Voraussetzungen des § 8 I SGB IV nicht mehr erfüllt sind, liegt keine geringfügige Beschäftigung mehr vor. Die Addition regelt § 8 II 1 SGB IV wie folgt:

„Bei der Anwendung des Absatzes 1 sind mehrere geringfügige Beschäftigungen nach Nummer 1 oder Nummer 2 sowie geringfügige Beschäftigungen nach Nummer 1 mit Ausnahme einer geringfügigen Beschäftigung nach Nummer 1 und nicht geringfügige Beschäftigungen zusammenzurechnen."

Die Auslegung dieser Norm bereitet erhebliche Schwierigkeiten, bedeutet aber im Ergebnis folgendes:

- Bei mehreren geringfügig entlohnten Beschäftigungen werden die **Arbeitsentgelte zusammengerechnet**. Wird durch die Zusammenrechnung der Grenzwert überschritten, werden sämtliche Beschäftigungen von der Versicherungspflicht erfasst.

- Mehrere kurzfristige Beschäftigungen sind ebenfalls zusammenzurechnen.

- Eine geringfügige Beschäftigung aufgrund eines niedrigeren Arbeitsentgeltes als 400 € wird nicht mit einer kurzfristigen Nebentätigkeit (Beschäftigung von längstens zwei Monaten oder höchstens 50 Arbeitstagen) zusammengerechnet.

- Eine „Hauptbeschäftigung" wird nur mit der dauerhaft geringfügigen Nebentätigkeit (Arbeitsentgelt unter 400 €) zusammengerechnet, wenn der Arbeitnehmer mehr als eine dieser geringfügigen Nebentätigkeiten ausübt. Die Hauptbeschäftigungen werden nicht mit der ersten dauerhaften geringfügigen Nebentätigkeit und auch nicht mit einer kurzfristigen Nebentätigkeit also mit einer Beschäftigung für längstens zwei Monate oder 50 Arbeitstage im Kalenderjahr, zusammengerechnet.

b) Besonderheiten hinsichtlich der Sozialversicherungspflicht

Ein **Arbeitnehmer** ist gem. § 7 SGB V von der Krankenversicherungspflicht und gem. §§ 5 II Ziff. 1, 168 I Ziff. 1 b SGB VI von seiner Rentenversicherungspflicht befreit, wenn er eine geringfügige Beschäftigung gem. § 8 SGB IV ausübt.

Für den **Arbeitgeber** entfällt die Pflicht zur Zahlung eines Kranken- und Rentenversicherungsbeitrags nur im Fall des §8 I Ziff. 2 SGB IV, also wenn es sich um eine Saisonarbeit oder typische kurzfristige Beschäftigung von unter 50 Arbeitstagen im Jahr handelt (vgl. §§ 249 b S. 1 SGB V und 172 III SGB VI).

In den Fällen des § 8 I Ziff. 1 SGB IV ist der Arbeitgeber hingegen verpflichtet, pauschal 13% des Arbeitsentgelts des Arbeitnehmers in die Krankenversicherung (§ 249 b S. 1 SGB V i.V.m. §8 I Ziff. 1 SGB IV) und 15% des Arbeitsentgelts in die Rentenversicherung (§§ 168 I Ziff. 1 b, 172 III SGB VI i.V.m. § 8 I Ziff. 1 SGB IV) des Arbeitnehmers einzuzahlen.

Die Pflicht des Arbeitgebers zur Zahlung des 13%-igen Beitrags zur Krankenversicherung entfällt bei den geringfügig beschäftigten Arbeitnehmern, die im Hauptberuf nicht als Mitglied einer gesetzlichen Krankenversicherung pflichtversichert sind (Beamte, privat Krankenversicherte, Selbstständige). In diesem Fall muss der Arbeitgeber lediglich den Rentenversicherungsbeitrag i.H.v. 15% an den Sozialversicherungsträger abführen.

Führt die Addition mehrerer Beschäftigungsverhältnisse nach § 8 II SGB IV dazu, dass die Geringfügigkeitsgrenze von 400 € überschritten wird, so ist der Arbeitnehmer in vollem Umfang sozialversicherungspflichtig. Der jeweilige Arbeitgeber hat also in dem Fall nicht mehr die Pauschalsätze von 13 bzw. 15% zur Kranken- und Rentenversicherung abzuführen, sondern es fallen die regelmäßigen Sozialversicherungsbeiträge zur Kranken-, Pflege-, Renten- und Arbeitslosenversicherung an, die Arbeitnehmer und Arbeitgeber je zur Hälfte zu tragen haben.

c) Besonderheiten hinsichtlich des Lohnsteuerabzugs

Einkünfte des Arbeitnehmers aus einer geringfügigen Beschäftigung sind nicht mehr **lohnsteuerfrei**. Die bis 31.3.2003 mögliche Lohnsteuerfreiheit ist entfallen, jedoch besteht die Möglichkeit, unter Verzicht auf Vorlage der Lohnsteuerkarte die Lohnsteuer pauschal abzuführen.

Bei einer dauerhaft geringfügigen Nebentätigkeit (§ 8 I Ziff. 1 SGB IV), für die der Arbeitgeber Rentenversicherungsbeiträge (§§ 168 I Ziff. 1 b, 172 III SGB VI) entrichten muss, kann er die Lohnsteuer mit einem einheitlichen **Pauschsteuersatz** von 2% des Arbeitsentgelts erheben (§ 40a II EStG).

Hat der Arbeitgeber nicht die genannten pauschalen Rentenversicherungsbeiträge zu entrichten, sondern die vollen Arbeitgeberanteile, hat er die Möglichkeit, die Lohnsteuer mit einem Pauschsteuersatz von 20% des Arbeitslohns zu erheben (§ 40a II a EStG). Da diese Alternative nur greift, wenn der Arbeitnehmer neben einer Hauptbeschäftigung zwei dauerhaft geringfügige Tätigkeiten ausübt, ist ihr praktischer Anwendungsbereich gering.

Bei einer kurzfristigen Nebentätigkeit (§ 8 I Ziff. 2 SGB IV) besteht die Möglichkeit, die Lohnsteuer pauschal mit 25% zu erheben (§ 40a I 1 EStG). Allerdings sind die Voraussetzungen der kurzfristigen Beschäftigung für die Lohnsteuer einerseits und die Sozialversicherungspflicht andererseits nicht deckungsgleich. Liegen die Voraussetzungen des § 40a I 1 EStG (Beschäftigungsdauer von nicht mehr als 18 zusammenhängenden Arbeitstagen und Arbeitslohn von nicht mehr als 62 € pro Tag oder wenn die Beschäftigung an einem unvorhersehbaren Zeitpunkt sofort erforderlich wird) nicht vor, so kann die Lohnsteuer nicht pauschaliert werden. Sie muss dann über die Lohnsteuerkarte abgewickelt werden. Steuerschuldner der Pauschsteuern ist stets der Arbeitgeber. Bei kurzfristigen Nebentätigkeiten kann es sich daher im Einzelfall empfehlen, die Lohnsteuer nicht pauschal, sondern regulär abzuführen. Denn dann ist Steuerschuldner der Arbeitnehmer, d.h. die Lohnsteuer kann von seinem Lohn abgezogen werden und er kann diese i.R.d. Lohnsteuerjahresausgleichs geltend machen.

V. Anspruch des Arbeitnehmers auf Erholungsurlaub

1. Begriff und Anspruchsvoraussetzungen

Nach § 1 BUrlG hat jeder Arbeitnehmer in jedem Kalenderjahr Anspruch auf bezahlten Erholungsurlaub. Arbeitnehmer im Sinne des BUrlG sind Arbeiter, Angestellte, Auszubildende und arbeitnehmerähnliche Personen (§ 2 BUrlG).

Erholungsurlaub ist die der Erholung dienende zeitweise Freistellung des Arbeitnehmers von der ihm nach dem Arbeitsvertrag obliegenden Arbeitspflicht durch den Arbeitgeber unter Fortzahlung der Vergütung (st. Rspr., vgl. BAG, BB 1994, 1569). Der Anspruch ist höchstpersönlicher Natur und daher weder vererblich noch auf einen anderen übertragbar.

Der Urlaubsanspruch entsteht, wenn ein wirksames Arbeitsverhältnis besteht und eine Wartezeit zurückgelegt ist. Nach § 4 BUrlG entsteht der volle Urlaubsanspruch erstmals nach **6-monatigem Bestehen** des Arbeitsverhältnisses. Angerechnet wird die Zeit der Ausbildung und die Zeit eines arbeitnehmerähnlichen Verhältnisses. Nicht maßgeblich ist, ob der Arbeitnehmer in dieser Zeit tatsächlich arbeitet, ausschlaggebend ist allein das Bestehen eines Arbeitsverhältnisses. Wird das Arbeitsverhältnis vor Ablauf von sechs Monaten beendet (z.B. innerhalb der Probezeit), so hat der Arbeitnehmer keinen Anspruch auf den vollen Jahresurlaub. Er erhält jedoch grundsätzlich **Teilurlaub**.

2. Abgrenzung zum Sonderurlaub

Abzugrenzen ist der (Erholungs-)Urlaub vom Sonderurlaub (vereinzelt auch Beurlaubung genannt). Sonderurlaub liegt vor, wenn der Arbeitgeber den Arbeitnehmer von seiner Verpflichtung zur Arbeit freistellt, ohne die vereinbarte Vergütung zu zahlen. Unbezahlter Urlaub setzt eine Einigung zwischen Arbeitgeber und Arbeitnehmer darüber voraus, dass die beiderseitigen arbeitsvertraglichen Hauptleistungspflichten (Arbeitsleistung und Vergütung) für die Dauer der Freistellung nicht zu erfüllen sind. Da der Arbeitgeber für die Zeit des Sonderurlaubs keine Vergütung zu zahlen hat, hat er insoweit auch keine Beiträge zur Sozialversicherung abzuführen.

Grundsätzlich ist der Arbeitgeber in seiner Entscheidung frei, ob er einem Arbeitnehmer unbezahlten Urlaub bewilligt, es sei denn, der Sonderurlaub ist tariflich, arbeitsvertraglich oder durch Betriebsvereinbarung vorgesehen. Eine Ausnahme gilt nur dann, wenn der Arbeitnehmer geltend machen kann, dass er auf Grund einer unverschuldeten Zwangslage für einen überschaubaren Zeitraum daran gehindert ist, seine Arbeitsleistung zu erbringen. Der Arbeitgeber kann bei dieser Sachlage verpflichtet sein, unbezahlten Urlaub zu bewilligen (Beispiel aus der Rechtsprechung: Der ausländische Arbeitnehmer wird von seinem Heimatland für zwei Monate zum Wehrdienst einberufen, vgl. BAG, DB 1984, 132).

3. Urlaubserteilung

Der Arbeitnehmer ist nicht berechtigt, eigenmächtig Urlaub zu nehmen. Der Arbeitgeber muss den Urlaub erteilen. Hält sich der Arbeitnehmer nicht daran, so verletzt er seine arbeitsvertraglichen Verpflichtungen, was im Einzelfall eine fristlose Kündigung rechtfertigen kann. Dies bedeutet jedoch nicht, dass der Arbeitgeber nach Belieben entscheiden kann, wann welcher Arbeitnehmer wie viele Tage Urlaub erhält. Vielmehr hat der Arbeitgeber die Entscheidung an folgenden Grundsätzen auszurichten:

- Bei der zeitlichen Festlegung des Urlaubs sind die Wünsche des Arbeitnehmers zu berücksichtigen (§ 7 I BUrlG),

- der Urlaub soll zusammenhängend gewährt werden (§ 7 II BUrlG).

a) Wünsche des Arbeitnehmers

Dieser Grundsatz soll sicherstellen, dass der Arbeitgeber nicht „willkürlich" die Urlaubszeit festlegen kann. Er darf sich jedoch nach § 7 I 1 BUrlG über die Urlaubswünsche des Arbeitnehmers hinwegsetzen, wenn – von ihm darzulegende und im Streitfall auch zu beweisende – dringende betriebliche Belange oder Urlaubswünsche anderer Arbeitnehmer entgegenstehen, die unter sozialen Gesichtspunkten den Vorrang verdienen.

Betriebliche Belange sind z.B. personelle Engpässe in Saisonzeiten oder plötzlich auftretende, unvorhergesehene Produktionsnachfragen. Maßgeblich hierfür sind Umstände der Betriebsorganisation, des technischen Arbeitsablaufs, der Auftragslage sowie die konkrete Bedeutung des Arbeitnehmers und der von ihm verrichteten Tätigkeit für den Betrieb. Als **dringend** können die betrieblichen Belange nur dann angesehen werden, wenn die Urlaubserteilung zu Gunsten des Arbeitnehmers zu einer erheblichen Beeinträchtigung des Betriebsablaufs führen würde.

Sind Betriebsferien durch Betriebsvereinbarung festgelegt (bei der Festlegung von Betriebsferien hat der Betriebsrat ein erzwingbares Mitbestimmungsrecht, vgl. F VII 6), steht damit der Urlaubszeitpunkt für alle Arbeitnehmer fest. Betriebsferien, die mit einer Schließung des Betriebs einhergehen, stellen einen dringenden betrieblichen Belang dar, hinter dem die Urlaubswünsche des Arbeitnehmers zurückstehen müssen (BAG, DB 1981, 2621).

Stehen betriebliche Aspekte dem Urlaubswunsch des Arbeitnehmers nicht entgegen, so muss der Arbeitgeber bei der Gewährung des Urlaubs **soziale Gesichtspunkte** beachten. Begehren z.B. zwei Arbeitnehmer für denselben

Zeitraum Urlaub, kann der Arbeitgeber auf Grund betrieblicher Gründe jedoch nicht beiden gleichzeitig Urlaub gewähren, so hat er – wie etwa beim Kündigungsschutz – eine Sozialauswahl zu treffen. Diese richtet sich v.a. nach dem Lebensalter, der Dauer der Betriebszugehörigkeit, dem Alter und der Zahl der Kinder unter Berücksichtigung ihrer Schulpflichtigkeit.

b) Zusammenhängende Urlaubsgewährung

Damit der Urlaub auch tatsächlich der Erholung des Arbeitnehmers dienen kann, ist er grundsätzlich zusammenhängend zu gewähren. Hiervon kann zum einen abgewichen werden, wenn dringende betriebliche Gründe (s.o.) eine Teilung des Urlaubs erforderlich machen. Zum anderen ist eine Teilung der Urlaubszeit möglich, wenn hierfür Gründe in der Person des Arbeitnehmers bestehen (z.B. wegen privater Verpflichtungen des Arbeitnehmers).

Kommt es zu einer Urlaubsteilung, so muss ein Urlaubsabschnitt nach § 7 II 2 BUrlG mindestens zwölf aufeinander folgende Werktage umfassen.

c) Geltendmachung und Übertragbarkeit des Urlaubsanspruchs

Der Arbeitnehmer muss seinen Urlaubsanspruch geltend machen. Der Arbeitgeber ist also nicht verpflichtet, den Arbeitnehmer von sich aus auf die Gewährung von Urlaub anzusprechen. Gleichwohl kann der Arbeitgeber dem Arbeitnehmer auch ohne dessen Urlaubsverlangen Urlaub erteilen.

Unterlässt es der Arbeitnehmer, Urlaub geltend zu machen, so erlischt sein Urlaubsanspruch mit dem Ende des jeweiligen Kalenderjahres.

Denn der Urlaub ist nach § 1 BUrlG auf das laufende Kalenderjahr befristet und daher grundsätzlich im Laufe des Kalenderjahres zu nehmen und zu gewähren. Nach § 7 III 2 BUrlG darf der Urlaub ausnahmsweise in das folgende Kalenderjahr übertragen werden, wenn dringende betriebliche Gründe (der Arbeitnehmer wird im Betrieb gebraucht) oder in der Person des Arbeitnehmers liegende Gründe dies rechtfertigen. Zu den in der Person des Arbeitnehmers liegenden Gründen gehört auch eine krankheitsbedingte Arbeitsunfähigkeit, die es dem Arbeitnehmer unmöglich macht, Urlaub zu nehmen. Kein persönlicher Grund ist die Erkrankung indes, wenn sie das Jahr über andauert, der Arbeitnehmer aber so rechtzeitig wieder arbeitsfähig wird, dass noch hinreichend Zeit für seinen Urlaub verbleibt.

Wird der Urlaub auf das nächste Jahr übertragen, muss er spätestens bis zum 31.3. des folgenden Jahres gewährt und genommen werden, andernfalls **verfällt** er. Diese zeitliche Begrenzung gilt ausnahmsweise dann nicht, wenn der Arbeitnehmer nur einen Anspruch auf Teilurlaub hat, weil er in dem betreffenden Kalenderjahr noch nicht sechs Monate bei dem Arbeitgeber tätig ist, und er die Übertragung des Teilurlaubs auf das (gesamte) folgende Kalenderjahr beansprucht (§ 7 III 4 BUrlG).

Kann der Urlaub wegen Beendigung des Arbeitsverhältnisses ganz oder teilweise überhaupt nicht mehr gewährt werden, so hat der Arbeitnehmer nach § 7 IV BUrlG einen Anspruch auf finanzielle Abgeltung des nicht verbrauchten Urlaubs. Die Berechnung erfolgt nach denselben Regeln wie beim Urlaubsgeld (s. C V 5).

Nach ständiger Rechtsprechung des Bundesarbeitsgerichtes konnte der Arbeitnehmer allerdings dann keine Urlaubsabgeltung verlangen, wenn die Urlaubsgewährung an den Arbeitnehmer unmöglich war, da er während des Urlaubsjahres und des Übertragungszeitraums arbeitsunfähig krank war. Der Urlaubsanspruch erlosch daher mit dem Ende des Übertragungszeitraums, ohne dass im Wege des Schadenersatzes ein Ersatzurlaubsanspruch entstehen konnte (BAG, NZA 1994, 802). Der EuGH hat nunmehr entschieden (EuGH, NJW 2009, 495), dass das Erlöschen des Urlaubs und Urlaubsabgeltungsanspruchs bei Arbeitsunfähigkeit bis zum Ende des Übertragungszeitraums mit der europäischen Arbeitszeitrichtlinie unvereinbar ist (Artikel 7 der Richtlinie 2003/88/ EG). Das Bundesarbeitsgericht hat auf diese Entscheidung reagiert. §§ VII und IV BUrlG sind nach der Arbeitszeitrichtlinie fortzubilden. Der Urlaubsabgeltungsanspruch erlischt daher nicht (mehr), wenn der Arbeitnehmer den Jahresurlaub wegen Krankheit nicht in Anspruch nehmen können (BAG v. 24.3.2009 – 9 AZR 983/07).

Angesichts des Urteils des EuGH wird es in Zukunft für den Arbeitgeber ratsam sein, sich möglichst frühzeitig von dauerhaft erkrankten Arbeitnehmern zu trennen. Die bislang gängige Praxis dauerhaft erkrankten Arbeitnehmern nicht zu kündigen, sondern sie einfach in der Kartei weiter zu führen, ohne dass sich hieraus finanzielle Lasten ergeben, bis zur anderweitigen Beendigung des Arbeitsverhältnisses (beispielsweise Erreichen der Altersgrenze) birgt nunmehr finanzielle Risiken. Denn nunmehr besteht das Risiko, dass die Arbeitnehmer zumindest ihren gesetzlichen Mindesturlaubsanspruch, den sie möglicherweise über Jahre hinweg nicht nehmen konnten, nun doch abgelten lassen können. Zu den Voraussetzungen für eine personenbedingte Kündigung siehe E VII 4.

4. Dauer des Urlaubs

a) Allgemeines

Die **Mindestdauer des Urlaubs** beträgt nach § 3 BUrlG pro Kalenderjahr **24 Werktage**. Zur Zeit des Inkrafttretens des BUrlG war die 6-Tage-Woche noch selbstverständlich. Aus diesem Grunde zählen nach § 3 II BUrlG alle Kalendertage, die nicht Sonn- oder gesetzliche Feiertage sind, zu den Werktagen, also auch Sonnabende. Durch die mittlerweile praktizierte 5-Tage-Woche ist der gesetzliche Mindesturlaubsanspruch von 24 Werktagen jedoch der konkreten Arbeitsverpflichtung des Arbeitgebers von fünf Arbeitstagen anzupassen. Die Umrechnung erfolgt in der Weise, dass bei der Verteilung der Arbeitszeit auf weniger als sechs Arbeitstage die Gesamtdauer des Urlaubs durch die Zahl sechs geteilt und mit der Zahl der Arbeitstage einer Woche multipliziert wird. Für den Arbeitnehmer, der an fünf Tagen einer Woche arbeitet, ergibt dies einen Mindesturlaubsanspruch von 20 Arbeitstagen pro Kalenderjahr.

Diese Formel ist auch für die Berechnung der Mindesturlaubsdauer von Vollzeitbeschäftigten maßgeblich, deren Arbeitszeit regelmäßig auf eine bestimmte Anzahl von Wochentagen verteilt ist. Wer z.b. von montags bis einschließlich mittwochs arbeitet, hat Anspruch auf mindestens (24 dividiert durch 6, multipliziert mit 3 =) 12 Urlaubstage pro Jahr.

Ist die Arbeitszeit hingegen nicht regelmäßig auf alle Tage der Woche verteilt, erfolgt nicht eine auf die Woche, sondern auf das Jahr bezogene Umrechnung nach der Formel:

Gesetzliche bzw. tarifliche Urlaubsdauer geteilt durch die Jahresarbeits- tage multipliziert mit den Tagen, an denen der Arbeitnehmer zur Arbeit verpflichtet ist. Besteht im Betrieb die 6-Tage-Woche, so gibt es (52 x 6 =) 312 Jahresarbeitstage. In der 5-Tagewoche sind (52 x 5 =) 260 Jahresarbeitstage zugrunde zu legen.

Beispiel:

Eine Teilzeitkraft arbeitet in einem Betrieb, der allen Arbeitnehmern 20 Tage Urlaub gewährt und in dem eine 5-Tage-Woche besteht, in 14 Wochen mit je fünf Arbeitstagen, in 28 Wochen mit je drei Arbeitstagen und in zehn Wochen gar nicht (z.B. wegen Sommerzeit).

Insgesamt hat der Arbeitnehmer pro Jahr an (14 x 5 + 28 x 3 =) 154 Tagen zu arbeiten. Dies ergibt einen Urlaubsanspruch von (20 / 260 x 154 =) 11,85 Arbeitstagen. Eine Auf- bzw. Abrundung der Urlaubstage findet hierbei nicht statt (BAG, NZA 1995, 86).

Der Arbeitgeber darf weder **individual- noch kollektivvertraglich** von der gesetzlichen Mindesturlaubsdauer zu Lasten des Arbeitnehmers **abweichen**. Es ist ihm oder den Tarifvertragsparteien selbstverständlich unbenommen, über den gesetzlichen Mindestanspruch hinaus Urlaub zu gewähren.

b) Zusatzurlaub für Schwerbehinderte

Schwerbehinderte haben gem. § 125 SGB IV einen Anspruch auf einen bezahlten zusätzlichen Urlaub von fünf Arbeitstagen im Jahr. Wird arbeitsvertraglich oder tarifvertraglich bereits ein höherer Urlaub als der gesetzlich geschuldete Mindesturlaub gewährt, so tritt dieser Zusatzurlaub hinzu. Die Dauer des Urlaubs eines Schwerbehinderten soll sich effektiv um eine Woche verlängern. Der Gesetzgeber ist im Unterschied zum Bundesurlaubsgesetz hier von einer 5-Tage-Woche ausgegangen. Im Falle der Abweichung der Arbeitszeit erhöht oder vermindert sich der Zusatzurlaub entsprechend. Beispielsweise erhält ein Schwerbehinderter bei einer 3-Tage-Woche drei zusätzliche Urlaubstage.

c) Teilurlaub und gekürzter Vollurlaub

Die Berechnung der Anzahl der dem Arbeitnehmer zustehenden Urlaubstage bereitet in der Regel keine Probleme, wenn dieser das ganze Kalenderjahr über bei einem Arbeitgeber beschäftigt ist. Schwierig wird es, wenn das Arbeitsverhältnis erst im Laufe des Jahres begründet wird oder der Arbeitnehmer im laufenden Kalenderjahr ausscheidet. In diesen Fällen steht dem Arbeitnehmer kein voller, sondern nur ein **anteiliger Urlaubsanspruch** zu. Nach § 5 BUrlG gilt insoweit das Quotelungsprinzip: Danach hat der Arbeitnehmer für jeden vollen Monat der Beschäftigung Anspruch auf ein Zwölftel des Jahresurlaubs, wobei sich ergebende Bruchteile von Urlaubstagen, die mindestens einen halben Tag ergeben, auf volle Urlaubstage aufgerundet werden (§ 5 II BUrlG). Dies ist praktisch bedeutsam, wenn

- der Arbeitnehmer wegen Nichterfüllung der 6-monatigen Wartezeit im laufenden Kalenderjahr noch keinen vollen Urlaubsanspruch erworben hat (§ 5 I a BUrlG). Beispiel: der Arbeitnehmer wird zum 1.10. eingestellt; er erhält lediglich Teilurlaub bezogen auf drei Beschäftigungsmonate.

- der Arbeitnehmer vor Ablauf der Wartezeit aus dem Arbeitsverhältnis ausscheidet (§ 5 I b BUrlG). Beispiel: Der Arbeitnehmer wird zum 1.3. eingestellt und innerhalb der Probezeit zum 31.8. entlassen (sog. gekürzter Vollurlaub, bezogen auf eine 6-monatige Beschäftigungszeit).

- der Arbeitnehmer, der die Wartezeit bereits erfüllt hat, in der ersten Hälfte eines der folgenden Kalenderjahre aus dem Arbeitsverhältnis ausscheidet (§ 5 I c BUrlG).

Hat der Arbeitnehmer in diesem Fall im Laufe des Kalenderjahres bereits mehr Urlaub genommen als ihm aufgrund der Beendigung des Arbeitsverhältnisses eigentlich zusteht, so kann der Arbeitgeber das dafür gezahlte Urlaubsentgelt (= Fortzahlung des Arbeitsentgelts während der Urlaubszeit) nicht zurückfordern (§ 5 III BUrlG).

Beispiel:

Ein langjähriger Mitarbeiter kündigt zum 31.5. eines Jahres. Ihm stehen laut Arbeitsvertrag 30 Tage Urlaub pro Jahr zu, die er schon Anfang des Jahres vollständig genommen hat. Da er in der ersten Hälfte eines Kalenderjahres aus dem Arbeitsverhältnis ausgeschieden ist, stehen ihm nur (30 Urlaubstage / 12 Monate x 5 Be-

schäftigungsmonate =) 12,5 Urlaubstage zu. Somit hat er 17,5 Tage „zuviel" Urlaub genommen. Sofern der Arbeitgeber das Urlaubsentgelt bereits vollständig gezahlt hat, kann er dies nicht vom Arbeitnehmer zurückverlangen.

Beim Arbeitsplatzwechsel entsteht der Urlaubsanspruch im Folgearbeitsverhältnis nach obigen Grundsätzen erneut. Um zu verhindern, dass der Arbeitnehmer, der im Laufe des Kalenderjahres den Arbeitgeber wechselt, einen „doppelten" Urlaubsanspruch geltend machen kann, ordnet § 6 I BUrlG an, dass ein Urlaubsanspruch insoweit nicht besteht, als dem Arbeitnehmer für das laufende Kalenderjahr bereits von einem früheren Arbeitgeber Urlaub gewährt worden ist. Im obigen Beispielsfall müsste der neue Arbeitgeber dem Arbeitnehmer daher für das laufende Jahr keinen Tag Urlaub mehr gewähren, auch wenn der Arbeitnehmer in Bezug auf das neue Arbeitsverhältnis die 6-monatige Wartezeit noch im laufenden Kalenderjahr erfüllt hat.

Damit der Umfang des im laufenden Kalenderjahr bereits gewährten Urlaubs für den neuen Arbeitgeber auch nachvollziehbar ist, ist der Arbeitgeber nach § 6 II BUrlG verpflichtet, dem Arbeitnehmer bei Beendigung des Arbeitsverhältnisses eine Bescheinigung über den im laufenden Kalenderjahr gewährten oder abgegoltenen Urlaub auszuhändigen.

Nicht gesetzlich geregelt ist der Fall, dass ein Arbeitnehmer nach erfüllter Wartezeit in der zweiten Hälfte des Kalenderjahres aus dem Arbeitsverhältnis ausscheidet. Die Frage ist hier, ob dem Arbeitnehmer der volle oder nur der gekürzte, auf die Beschäftigungsmonate bezogene Urlaubsanspruch zusteht. Nach Auffassung des BAG behält der Arbeitnehmer in diesem Fall seinen vollen Jahresurlaubsanspruch (BAG, DB 1989, 1730; MünchArbR/Leinemann, § 89 Rn. 195).

d)   Erkrankung und Urlaub

Erkrankt der Arbeitnehmer vor Antritt des Urlaubs und wird hierdurch arbeitsunfähig, so hat er einen Anspruch auf Nachgewährung des Urlaubs. Hierbei kommt es nicht darauf an, ob die durch Krankheit bedingte Arbeitsunfähigkeit den Erholungszweck vereitelt oder die Arbeitsunfähigkeit schuldhaft vom Arbeitnehmer herbeigeführt worden ist.

Erkrankt der Arbeitnehmer während seines Urlaubs, so werden die durch ein ärztliches Zeugnis nachgewiesenen Tage der Arbeitsunfähigkeit nicht auf den Jahresurlaub angerechnet (§ 9 BUrlG). Legt also der Arbeitnehmer dem Arbeitgeber trotz einer Erkrankung während des Urlaubs keine Arbeitsunfähigkeitsbescheinigung vor, so verliert er sämtliche Urlaubstage, an denen er erkrankt war. Legt er eine Arbeitsunfähigkeitsbescheinigung für die Zeit seines Urlaubs vor, so verlängert sich der Urlaub nicht automatisch. Der Arbeitnehmer kann die im Ergebnis nicht gewährten Tage nicht an den Urlaub anhängen, sondern muss im Falle der Wiedergenesung nach Beendigung des Urlaubs wieder an seinen Arbeitsplatz zurückkehren.

In Tarif- oder Arbeitsverträgen kann in Abweichung von § 9 BUrlG geregelt sein, dass nur dann keine Anrechnung auf den Jahresurlaub erfolgt, wenn der Arbeitnehmer die Erkrankung unverzüglich anzeigt.

e) Erwerbstätigkeit während des Urlaubs

§ 8 BUrlG sieht vor, dass der Arbeitnehmer während des Urlaubs keine dem Urlaubszweck widersprechende Erwerbstätigkeit leisten darf. Da der Urlaub in erster Linie der Erholung und nicht der Erzielung von Einkünften dienen soll, ist die Ausübung einer selbstständigen oder unselbstständigen Tätigkeit, die zum Zwecke der Entgelterzielung ausgeführt wird und durch die die Arbeitskraft überwiegend in Anspruch genommen wird, verboten. Nicht verboten sind dagegen „anstrengende" Urlaubsreisen oder Heimwerkerarbeiten.

Auch wenn der Arbeitnehmer gegen das Erwerbsverbot verstößt, verliert er hierdurch nicht seinen Entgeltzahlungsanspruch. Der Arbeitgeber ist also darauf beschränkt, seinen Anspruch auf Unterlassung der Erwerbstätigkeit gerichtlich durchzusetzen, z.b. im Wege der einstweiligen Verfügung. Der Arbeitgeber kann das Arbeitsverhältnis im Einzelfall nach vorheriger Abmahnung wegen verbotener Erwerbstätigkeit ordentlich kündigen.

5. Höhe des Urlaubsentgelts

a) Berechnungsgrundlage

Der Urlaubsentgeltanspruch ist der Anspruch auf **Fortzahlung des Arbeitslohns während der urlaubsbedingten Freistellung** von der Arbeitspflicht (BAG, NZA 1990, 486).

Die Höhe des Entgelts bemisst sich gem. § 11 I 1 BUrlG nach dem durchschnittlichen Arbeitsverdienst, den der Arbeitnehmer in den letzten 13 Wochen vor dem Beginn des Urlaubs erhalten hat, mit Ausnahme des zusätzlich für Überstunden gezahlten Arbeitsverdienstes. Verdienstkürzungen, die im Berechnungszeitraum infolge von Kurzarbeit, Arbeitsausfällen oder unverschuldeter Arbeitsversäumnis des Arbeitnehmers eintreten, bleiben für die Berechnung des Urlaubsentgelts außer Betracht (§ 11 I S. 3 BUrlG).

Zum Arbeitsverdienst zählen etwa Zulagen, die einen Bezug zur Arbeitsleistung aufweisen (Nacht-, Schmutz- und Gefahrenzulagen), erfolgsabhängige Vergütungen (Akkord, Prämien, Provisionen) oder Sachbezüge, soweit sie nicht während des Urlaubs weitergewährt werden.

Fällt in den Berechnungszeitraum eine Verdiensterhöhung, die nicht nur vorübergehender Natur ist (z.B. durch Erhöhung des Tariflohns oder beim Übergang von einem Ausbildungs- in ein Arbeitsverhältnis), so ist von dem erhöhten Verdienst auszugehen (§ 11 I 2 BUrlG).

Die Formel zur Berechnung des Urlaubsentgelts lautet: Gesamtarbeitsverdienst der letzten 13 Wochen vor Urlaubsbeginn (abzüglich Mehrarbeitsvergütungen) geteilt durch die Anzahl der Arbeitstage (bei 5-Tage-Woche = 65 Arbeitstage) = Urlaubsentgelt pro Arbeitstag; multipliziert mit der Anzahl der Urlaubstage ergibt das zu zahlende Urlaubsentgelt.

Das Urlaubsentgelt ist gem. § 11 II BUrlG **vor Antritt des Urlaubs auszuzahlen**, sofern individual- oder kollektivvertraglich keine andere Vereinbarung getroffen worden ist.

Im Gegensatz zum Anspruch auf Urlaubsgewährung ist der Anspruch auf Urlaubsentgelt – als reiner Zahlungsanspruch – übertragbar, vererblich und pfändbar.

b) Abgrenzung zum Urlaubsgeld

Neben dem Urlaubsentgelt kann der Arbeitgeber eine zusätzliche, über das Urlaubsentgelt hinausgehende Vergütung für die Dauer des Urlaubs zahlen. Dieses sog. **Urlaubsgeld** dient dazu, erhöhte Urlaubsaufwendungen des Arbeitnehmers zumindest teilweise abzudecken. Ein Anspruch auf (zusätzliches) Urlaubsgeld besteht **nur auf Grund besonderer Vereinbarung**, die entweder im Arbeitsvertrag oder aber durch Betriebsvereinbarung oder Tarifvertrag geregelt sein kann. Nimmt ein Arbeitsvertrag Bezug auf die Geltung tariflicher Regelungen für den Urlaub, so umfasst diese Bezugnahme auch das zusätzliche tarifliche Urlaubsgeld (BAG, NZA 2006, 923).

Der Arbeitgeber kann im Arbeitsvertrag ein Urlaubsgeld auch in der Weise in Aussicht stellen, dass er sich jedes Jahr erneut die Entscheidung vorbehält, ob und unter welchen Voraussetzungen ein Urlaubsgeld gezahlt werden soll (sog. Freiwilligkeitsklausel, vgl. dazu C III 2 a dd).

Hat der Arbeitgeber sich den Widerruf eines arbeitsvertraglich zugesagten Urlaubsgelds vorbehalten, so bewirkt seine Widerspruchserklärung nur dann das Erlöschen des Anspruchs, wenn sie dem Arbeitnehmer vor der vertraglich vereinbarten Fälligkeit zugeht (BAG, DB 2000, 2320 = NZA 2001, 24).

VI. Anspruch des Arbeitnehmers auf Bildungsurlaub

Unter bestimmten Voraussetzungen ist dem Arbeitnehmer nicht nur Urlaub zur Erholung, sondern auch zur persönlichen Weiterbildung zu gewähren (Bildungsurlaub).

Unter Bildungsurlaub versteht man die vom Arbeitgeber bezahlte Freistellung des Arbeitnehmers zur Teilnahme an Fortbildungsmaß- nahmen. Die Frage, ob und unter welchen Voraussetzungen der Arbeitgeber verpflichtet ist, Bildungsurlaub zu gewähren, ist nicht bundeseinheitlich geregelt, sondern weicht von Bundesland zu Bundesland ab. In mehreren Bundesländern wurden Bildungsurlaubsgesetze geschaffen (so in den Bundesländern Berlin, Brandenburg, Bremen, Hamburg, Hessen, Niedersachsen, Rheinland-Pfalz, Nordrhein-Westfalen, Saarland, Schleswig-Holstein). Zweck des in diesen Landesgesetzen geregelten Bildungsurlaubs ist die politische und berufliche Weiterbildung des Arbeitnehmers. Der Anspruch auf Bildungsurlaub entsteht einheitlich nach einer Wartezeit von sechs Monaten. Die Dauer der bezahlten Freistellung beträgt grundsätzlich fünf Arbeitstage im Kalenderjahr (in Brandenburg, Bremen, Hamburg und Rheinland-Pfalz zehn Tage für zwei aufeinander folgende Kalenderjahre). In Niedersachsen und im Saarland besteht die Möglichkeit, mit Zustimmung des Arbeitgebers den Anspruch von vier Jahren im vierten Jahr zusammenzulegen.

Über die Frage, für welche Weiterbildungsveranstaltungen Bildungsurlaub zu bewilligen ist, lässt sich keine einheitliche, sondern eine einzelfallbezogene Rechtsprechung ausmachen, so z.B. für die Notwendigkeit von Sprach- oder EDV-Kursen. Vorauszusetzen ist jedoch in jedem Fall ein gewisser Bezug der Fortbildungsveranstaltung zum persönlichen Arbeitsbereich des Arbeitnehmers. Einem reinen „Fließbandarbeiter" braucht z.B. ein EDV-Kurs nicht bewilligt zu werden, da er in der Regel keine EDV-Kenntnisse für seine berufliche Tätigkeit benötigt. Anders ist dies z.B. bei Sekretärinnen.

VII. Mutterschutz und Elternzeit

Das Grundgesetz stellt die Familie unter den besonderen Schutz der staatlichen Ordnung (Art. 6 I GG). Auch das Arbeitsrecht sieht eine Reihe von Schutzvorschriften für (werdende) Mütter und Familien vor. Der Arbeitgeber hat hierbei vor allem die gesetzlichen Regelungen zum Mutterschutz und der Zeit der Kindererziehung zu beachten.

1. Mutterschutz

Das MuSchG gewährt einer Arbeitnehmerin während der Zeit der Schwangerschaft und für einige Zeit nach der Entbindung einen umfassenden, aufeinander abgestimmten Schutz, nämlich:

● **Gesundheitsschutz** durch gesetzliche Beschäftigungsverbote für werdende Mütter (§ 3 MuSchG),

● **Entgeltschutz** während der Zeit der Beschäftigungsverbote (§ 11 MuSchG),

● **Arbeitsplatzschutz** durch ein gesetzliches Kündigungsverbot (§ 9 MuSchG).

Das MuSchG gilt für alle Frauen, die in einem Arbeitsverhältnis stehen, und für weibliche in Heimarbeit Beschäftigte und ihnen Gleichgestellte (§ 1 MuSchG). Schwangerschaft ist der Zeitabschnitt von der Empfängnis der Frau bis zur Entbindung des Kindes.

a) Beschäftigungsverbote

Den Arbeitgeber trifft die Grundpflicht, den Arbeitsplatz werdender oder stillender Mütter so zu gestalten, dass **gesundheitliche Gefahren** für die Mutter und das Kind **ausgeschlossen** sind (vgl. im einzelnen § 2 MuSchG sowie die MuSchVO). Darüber hinaus ordnet das Gesetz Beschäftigungsverbote an. Diese lassen sich in 2 Gruppen einteilen:

● individuelle Beschäftigungsverbote, die sich nach der persönlichen Konstitution und Befindlichkeit der einzelnen Frau richten,

● allgemeine Beschäftigungsverbote, die an eine generelle, d.h. nicht notwendig im konkreten Fall anzunehmende Gesundheitsgefährdung anknüpfen.

Damit der Arbeitgeber die Beschäftigungsverbote einhält, werden Zuwiderhandlungen mit Bußgeldern, Geld- und Freiheitsstrafen sanktioniert (vgl. § 21 MuSchG).

aa) Individuelle Beschäftigungsverbote

Nach § 3 I MuSchG dürfen werdende Mütter nicht beschäftigt werden, soweit nach ärztlichem Zeugnis Leben oder Gesundheit von Mutter oder Kind bei Fortdauer der Beschäftigung gefährdet ist.

„Soweit" bedeutet dabei, dass sich der Umfang des Beschäftigungsverbotes (in zeitlicher oder inhaltlicher Hinsicht) nach dem ärztlichen Zeugnis richtet. Der Arbeitgeber kann vom behandelnden Arzt Auskunft darüber verlangen, welche behebbaren Arbeitsumstände für das Verbot maßgeblich sind.

bb) Allgemeine Beschäftigungsverbote

Bestimmte Beschäftigungsarten sind für schwangere Frauen und stillende Mütter **generell verboten**, so insbesondere schwere körperliche Arbeiten oder solche, bei denen gesundheitsgefährdende Immissionen auftreten (§ 4 I MuSchG). Das Gesetz nennt in § 4 II und III MuSchG eine Reihe von Beispielen, so z.B. bestimmte Lohnformen wie Akkord- oder Fließbandarbeit.

Zudem dürfen werdende und stillende Mütter gem. § 8 I MuSchG nicht mit Mehrarbeit belastet, nicht in der Nacht zwischen 20 und 6 Uhr und nicht an Sonn- und Feiertagen beschäftigt werden (§ 8 MuSchG, zu den Ausnahmen s. § 8 III und IV MuSchG).

Das wichtigste allgemeine Beschäftigungsverbot sieht § 3 II MuSchG vor. Danach dürfen werdende Mütter in den letzten sechs Wochen vor der Entbindung nicht beschäftigt werden. Die Frist berechnet sich, indem von dem nach dem ärztlichen Zeugnis mutmaßlichen Entbindungstermin sechs Wochen zurückgerechnet werden, wobei das zuletzt vorgelegte Zeugnis maßgeblich ist. Irrt sich der Arzt, so ist dies unbeachtlich. Die Frist verlängert oder verkürzt sich entsprechend, § 5 II MuSchG.

Die Arbeitnehmerin darf in dieser Zeit jedoch beschäftigt werden, wenn sie sich hierzu ausdrücklich bereit erklärt. Sie kann diese Erklärung jederzeit frei widerrufen. Der Arbeitgeber hat diese Entscheidung in jedem Fall zu respektieren.

Für die Zeit nach der Entbindung besteht ein 8-wöchiges **Beschäftigungsverbot** (§ 6 MuSchG). Diese Frist verlängert sich bei Früh- und Mehrlingsgeburten auf zwölf Wochen, bei Frühgeburten zusätzlich um den Zeitraum der jeder werdenden Mutter zustehenden 6-Wochen-Frist, der auf Grund der Frühgeburt nicht in Anspruch genommen werden konnte.

Beispiel:

Der Arzt prognostiziert die Niederkunft einer werdenden Mutter für den 1.6. Der Arbeitgeber darf die werdende Mutter daher sechs Wochen vor diesem Zeitpunkt (in diesem Beispiel der 20.4.) nicht mehr beschäftigen. Wird das Kind auf Grund einer Frühgeburt bereits zwei Wochen vor dem mutmaßlichen Entbindungstermin geboren (18.5.), so besteht zunächst ein Beschäftigungsverbot nach der Niederkunft von zwölf Wochen, also bis zum 10.8. Hinzuzurechnen ist der Zeitraum zwischen dem tatsächlichen und dem prognostizierten Geburtstermin, hier also zwei Wochen. Somit darf die Mutter erst wieder nach 14 Wochen, also ab dem 24.8. beschäftigt werden.

Im Gegensatz zum Beschäftigungsverbot vor der Entbindung darf die Arbeitnehmerin, die entbunden hat, auch dann nicht beschäftigt werden, wenn sie damit ausdrücklich einverstanden ist. Das Verbot der Beschäftigung nach der Entbindung ist zwingend (BAG, AP Nr. 1 zu § 13 MuSchG; AP Nr. 20 zu § 63 HGB).

Kann die Mutter nach Ablauf dieser Schutzfrist wieder beschäftigt werden, hat der Arbeitgeber ein weiteres individuelles Beschäftigungsverbot zu beachten: Legt die Arbeitnehmerin ein ärztliches Attest vor, demzufolge sie noch nicht wieder voll leistungsfähig ist (und deshalb für bestimmte Arbeiten nicht eingesetzt werden kann), so darf der Arbeitgeber die Mutter nicht zu einer ihre Leistungsfähigkeit übersteigenden Arbeit heranziehen (§ 6 II MuSchG). Dies gilt sowohl im Hinblick auf die Dauer als auch die Art der Beschäftigung.

Der Arbeitgeber hat der Mutter, die nach der Geburt wieder beschäftigt werden kann, **Stillzeiten** einzuräumen. Als Mindestmaß sieht § 7 I Satz 1 MuSchG hierfür zweimal täglich eine halbe Stunde oder einmal täglich eine Stunde vor. Die Stillzeit darf nicht zu einem Verdienstausfall führen. Sie darf von stillenden Müttern auch nicht vor- oder nachgearbeitet oder auf Ruhepausen angerechnet werden (§ 7 II MuSchG).

b) Entgeltschutz

Der werdenden Mutter soll jeglicher Anreiz genommen werden, gesundheitsgefährdende Arbeiten zu übernehmen. Sie wird deshalb während der Dauer der Beschäftigungsverbote **vor finanziellen Nachteilen geschützt.**

aa) Mutterschutzlohn

Der Arbeitgeber ist verpflichtet, der Frau, die wegen eines Beschäftigungsverbots, das außerhalb der Schutzfristen besteht, ganz oder teilweise mit der Arbeit aussetzt, mindestens den Durchschnittsverdienst der letzten 13 Wochen oder der letzten drei Monate vor Eintritt der Schwangerschaft zu gewähren (§ 11 I Satz 1 MuSchG). Dieser Mutterschutzlohn wird somit nach dem Durchschnittslohnprinzip berechnet. Zu berücksichtigen ist dabei der Arbeitsverdienst einschließlich etwaiger Prämien und Akkord, Zuschläge für Mehr-,

Nacht-, Sonn- und Feiertagsarbeit. Einmalzahlungen wie Urlaubsgeld und Weihnachtsgratifikation bleiben hingegen außer Betracht.

bb) Mutterschaftsgeld

Während der Schutzfristen (sechs Wochen vor und acht bzw. zwölf Wochen nach der Entbindung) muss der Arbeitgeber kein Arbeitsentgelt zahlen, wenn die Arbeitnehmerin mit der Arbeit aussetzt. Er hat aber ggf. Zuschüsse zu zahlen (dazu im Folgenden). Sofern die Mutter gesetzlich krankenversichert ist, erhält sie von den Sozialversicherungsträgern und der öffentlichen Hand Mutterschaftsgeld, § 13 I MuSchG.

Das Mutterschaftsgeld errechnet sich nach § 200 RVO für gesetzlich krankenversicherte Frauen, die bei Beginn der Schutzfrist in einem Arbeitsverhältnis stehen oder deren Arbeitsverhältnis vom Arbeitgeber während ihrer Schwangerschaft zulässig aufgelöst worden ist, nach dem Arbeitsentgelt der letzten drei abgerechneten Kalendermonate vor Beginn der Schutzfrist. Zu Grunde zu legen ist das Gesamtarbeitsentgelt, das um die gesetzlichen Abzüge und um einmalig gezahltes Arbeitsentgelt zu mindern ist. Gezahlt wird damit für die Zeit der Beschäftigungsverbote der durchschnittliche kalendertägliche Nettolohn.

Das Mutterschaftsgeld beträgt jedoch höchstens 13 € pro Kalendertag (vgl. § 200 II 2 RVO). Übersteigt das Arbeitsentgelt 13 € kalendertäglich, so muss der Arbeitgeber den 13 € übersteigenden Betrag an die Mutter zahlen (§ 14 I 1 MuSchG). Dieser Zuschuss des Arbeitgebers zum Mutterschaftsgeld berechnet sich nach folgender Formel:

$$\frac{\text{Gesamtnettoverdienst im Berechnungszeitraum}}{\text{Kalendertage im Berechnungszeitraum}} - 13\ €$$

In den Berechnungszeitraum fallen die letzten drei abgerechneten Kalendermonate, bei einem wöchentlich abgerechneten Arbeitsentgelt die letzten 13 Wochen vor Beginn der Schutzfrist.

Beispiel:

Hat eine Arbeitnehmerin im Berechnungszeitraum einen Nettoverdienst von wöchentlich 300 €, so erhält sie für die Zeit der Beschäftigungsverbote vor und nach der Entbindung (im Regelfall sechs Wochen plus acht Wochen = 14 Wochen = 98 Kalendertage) pro Kalendertag Mutterschaftsgeld in Höhe von 13 €. Der Arbeitgeber hat kalendertäglich (300 € x 14 Wochen / 98 Kalendertage abzgl. 13 € =) 29,86 € als Zuschuss zum Mutterschaftsgeld zu zahlen.

In der gesetzlichen Krankenversicherung versicherte Arbeitnehmerinnen sind während des Bezugs von Mutterschaftsgeld (und Erziehungsgeld) nach § 192

I Ziff. 2 SGB V i.V.m. § 224 1 SGB V beitragsfrei versichert. Das Mutterschaftsgeld und der Mutterschaftsgeldzuschuss des Arbeitgebers sind einkommensteuer- und sozialversicherungsbeitragsfrei (§ 3 Ziff. 1 d EStG i.V.m. § 14 SGB IV). Frauen, die nicht Mitglied einer gesetzlichen Krankenkasse sind, erhalten Mutterschaftsgeld in entsprechender Anwendung des § 200 RVO, höchstens jedoch insgesamt 210 € (§ 13 II MuSchG).

Grundlegende Änderungen betreffend den Arbeitgeberzuschuss zum Mutterschaftsgeld hat eine Entscheidung des BVerfG gebracht. Das MuSchG bezweckt u.a., das bisherige Nettoeinkommen der geschützten Frau zu sichern. Sie soll ohne wirtschaftliche Nachteile den gesetzlich vorgesehenen (Gesundheits-) Schutz tatsächlich in Anspruch nehmen können (Entgeltschutz). Seit Einführung des Arbeitgeberzuschusses im Jahre 1967 wurde das von Krankenkasse und öffentlicher Hand gezahlte Mutterschaftsgeld in Höhe von 13 € täglich (ursprünglich 25 DM) nicht erhöht – gestiegen sind aber die Arbeitseinkommen, so dass der Arbeitgeber, insbesondere bei besser verdienenden Frauen, zu immer größerem Anteil am Entgeltschutz beteiligt wird. Faktisch beeinträchtigt die Regelung daher die Chancen jüngerer Frauen, einen besser bezahlten Arbeitsplatz zu bekommen. Nach einer Entscheidung des BVerfG begünstigte § 14 I 1 MuSchG in seiner damaligen Form eine verfassungswidrige Benachteiligung von Frauen und beschränkte somit die grundgesetzlich geschützte Berufsfreiheit unzulässig (BVerfG, NZA 2004, 33). Daraufhin wurde das Gesetz über den Ausgleich auf Arbeitgeberaufwendungen für Entgeltfortzahlungen geschaffen. Dem **Arbeitgeber werden danach auf Antrag in vollem Umfang die gezahlten Zuschüsse zum Mutterschaftsgeld erstattet.** Gleiches gilt für das vom Arbeitgeber bei Beschäftigungsverboten gezahlte Arbeitsentgelt und die auf die Arbeitsentgelte entfallenden von dem Arbeitgeber zu tragenden Beiträge zur Bundesagentur für Arbeit und die Arbeitgeberanteile an Beiträgen zur gesetzlichen Krankenversicherung, Rentenversicherung und sozialen Pflegeversicherungen sowie den vom Arbeitgeber zu tragenden Beitrag zu einer berufsständischen Versorgungseinrichtung sowie die Beitragszuschüsse nach den §§ 257 SGB V und § 61 SGB XI. Die zu gewährenden Beiträge werden von derjenigen Krankenkasse ausbezahlt, bei der der Arbeitnehmer versichert ist.

Die Mittel, die für diese Zahlungen notwendig sind, werden durch eine Umlage erbracht. An diesem Ausgleichsverfahren der Entgeltfortzahlung bei Mutterschaft sind alle Arbeitgeber unabhängig von der Zahl der Beschäftigten einbezogen. Dies gilt auch für diejenigen Arbeitgeber die ausschließlich männliche Arbeitnehmer beschäftigen. Damit ist der vom Bundesverfassungsgericht bemängelten Beeinträchtigung der Berufschancen junger Frauen Einhalt geboten.

c) Arbeitsplatzschutz und Kündigungsverbot

Während der Schwangerschaft und bis zum Ablauf von vier Monaten nach der Entbindung darf das Arbeitsverhältnis nicht vom Arbeitgeber gekündigt werden, wenn ihm zur Zeit der Kündigung die Schwangerschaft oder die Entbindung bekannt war oder innerhalb zweier Wochen nach Zugang der Kündigung mitgeteilt wird. Spricht der Arbeitgeber trotz des Kündigungsverbots in dieser Zeit eine Kündigung aus, so ist die Kündigung gem. §§ 9 MuSchG, 134 BGB nichtig. Das Verbot erfasst Kündigungen jeder Art, d.h.

- ordentliche Kündigungen,
- außerordentliche Kündigungen,
- Änderungskündigungen und
- Kündigungen im Insolvenzverfahren.

aa) Kenntnis des Arbeitgebers von der Schwangerschaft

Eine trotz Schwangerschaft ausgesprochene Kündigung ist nicht von vornherein nichtig, wenn der Arbeitgeber zur Zeit der Kündigung keine **Kenntnis von der Schwangerschaft** oder Entbindung hat und innerhalb von zwei Wochen nach Zugang der Kündigung auch keine Kenntnis hiervon erlangt. Die Zulässigkeit der Kündigung richtet sich in diesen Fällen nach dem KSchG.

Beispiel:

Der Arbeitgeber kündigt einer Angestellten in Unkenntnis ihrer Schwangerschaft am Montag, den 1.10. Die Kündigung geht der Arbeitnehmerin noch am gleichen Tag zu. Teilt die Arbeitnehmerin dem Arbeitgeber am Montag, den 15.10. mit, dass sie schwanger ist, so ist die Kündigung nichtig. Denn der Tag des Kündigungszugangs wird bei der Berechnung der Kündigungsfrist nicht mitgerechnet (§ 187 I BGB). Die Kündigung ist hingegen wirksam erklärt, wenn der Arbeitgeber erst am Dienstag, den 16.10. von der Schwangerschaft erfährt.

Das Überschreiten der Zwei-Wochen-Frist ist allerdings unschädlich, wenn es auf einem von der Frau nicht zu vertretenden Grund beruht und die Mitteilung unverzüglich nachgeholt wird (§ 9 I S. 1, 2. Hs. MuSchG). In Betracht kommt hierfür die Unkenntnis der Frau von ihrer Schwangerschaft, so z.B. wenn der behandelnde Arzt irrtümlich eine Schwangerschaft nicht erkennt.

Der Kenntnis des Arbeitgebers gleichgestellt wird das Wissen einer der Personen, die zum Empfängerkreis der Mitteilung von der Schwangerschaft gehören, d.h. Personen, die der Arbeitgeber mit der Leitung des Betriebs oder besonderen Personalaufgaben betraut hat und die aus Sicht der Frau Ansprechpartner sind (Personalabteilung, Filialleitung). Nicht ausreichend ist die Mitteilung gegenüber bloßen Vorgesetzten, wenn sich diese Stellung nur auf die fachliche Arbeit beschränkt.

bb) Ausnahmen vom Kündigungsverbot

Unter engen Voraussetzungen kann der Arbeitgeber einer Arbeitnehmerin im Zeitraum vom Beginn der Schwangerschaft bis zum Ablauf von vier Monaten nach der Entbindung kündigen (vgl. § 9 III MuSchG). Erforderlich hierfür ist ein Antrag des Arbeitgebers bei der zuständigen obersten Landesbehörde oder bei der von ihr bestimmten Stelle. Dies ist in der Regel das örtlich zuständige Gewerbeaufsichtsamt. Der Antrag kann formfrei gestellt werden, unterliegt aber den üblichen Fristen, innerhalb derer eine Kündigung auszusprechen wäre. Beabsichtigt der Arbeitgeber eine außerordentliche Kündigung, so muss er den Antrag daher innerhalb von zwei Wochen nach Kenntnis des Grundes stellen (§ 626 II BGB). Erteilt die Behörde ihre Zustimmung zur Kündigung, so muss der Arbeitgeber anschließend die Kündigung unverzüglich erklären.

Der Antrag auf Erklärung der Zulässigkeit einer Kündigung hat nur dann Aussicht auf Erfolg, wenn es sich um einen besonders gravieren- den Fall handelt, der nicht mit dem Zustand einer Frau während der Schwangerschaft oder ihrer Lage bis zum Ablauf von vier Monaten nach der Entbindung im Zusammenhang steht. Die Anforderungen gehen über das Vorliegen eines „wichtigen Grundes" im Sinne des § 626 I BGB, der dem Arbeitgeber ein außerordentliches Kündigungsrecht einräumt, hinaus. Somit kommen nur schwerwiegende vorsätzliche Vertragsverstöße, Vermögensdelikte, tätliche Bedrohung des Arbeitgebers in Betracht. **Praktisch ist damit eine schwangere Arbeitnehmerin unkündbar.**

cc) Beendigung des Arbeitsverhältnisses ohne arbeitgeberseitige Kündigung

Mit dem mutterschutzrechtlichen Kündigungsschutz soll verhindert werden, dass eine Arbeitnehmerin um den Bestand ihres Arbeitsplatzes und ihre Rechte aus dem Arbeitsverhältnis wegen ihrer Mutterschaft besorgt sein muss. Ein Arbeitsverhältnis, das innerhalb der Schwangerschaft oder bis zum Ablauf von vier Monaten nach der Entbindung ohne Kündigung des Arbeitgebers endet, ist daher nicht geschützt. Endet ein Arbeitsverhältnis infolge wirksamer Befristung, so steht der wirksamen Beendigung des Arbeitsverhältnisses eine Schwangerschaft nicht entgegen.

Vorsicht ist bei **Probearbeitsverhältnissen** geboten. Probearbeitsverhältnisse sind in der Regel unbefristete Arbeitsverhältnisse und enden daher nicht automatisch mit Ablauf der Probezeit. Somit besteht hinsichtlich Arbeitnehmerinnen, die innerhalb oder nach Ablauf der Probezeit schwanger werden, ein Kündigungsverbot nach § 9 MuSchG.

Der Arbeitgeber kann ohne weiteres mit der schwangeren Arbeitnehmerin einen **Aufhebungsvertrag** abschließen. Die Vertragsfreiheit wird durch das MuSchG nicht eingeschränkt. Auch steht es der Arbeitnehmerin frei, von sich aus das Arbeitsverhältnis durch eine Kündigung zu beenden. Wusste die Arbeitnehmerin nichts von ihrer Schwangerschaft, so kann sie einen Aufhebuhgsvertrag oder eine Eigenkündigung nicht aus diesem Grunde anfechten (BAG, DB 1992, 1478). Sie ist also an die Eigenkündigung gebunden.

d) Mitteilungspflicht der Schwangeren

Arbeitnehmerinnen sollen dem Arbeitgeber ihre Schwangerschaft und den mutmaßlichen Tag der Entbindung mitteilen, sobald ihnen ihr Zustand bekannt ist, § 5 I MuSchG. Eine Mitteilungspflicht sieht das Gesetz damit nicht vor. Es handelt sich um eine **Soll-Vorschrift**, die nur ausnahmsweise dann zu einer Pflicht wird, wenn erhebliche berechtigte Interessen des Arbeitgebers betroffen sind (z.b. wenn die Frau im Betrieb eine Schlüsselposition bekleidet, die nicht ohne weiteres neu besetzt werden kann). Verletzt eine Mitarbeiterin eine – nur in Ausnahmefällen anzunehmende – Mitteilungspflicht, so kann sie sich schadenersatzpflichtig machen (zu der Frage, ob eine schwangere Frau verpflichtet ist, den Arbeitgeber im Rahmen von Bewerbungsgesprächen auf eine Schwangerschaft hinzuweisen vgl. B II 3 c „Schwangerschaft").

e) Vorlage eines ärztlichen Zeugnisses

Der Arbeitgeber kann von der Arbeitnehmerin verlangen, dass sie ihm ein ärztliches Zeugnis vorlegt, welches die Tatsache der Schwangerschaft sowie den mutmaßlichen Tag der Entbindung für den Arbeitgeber verständlich und erkennbar bescheinigt. Dieses Zeugnis ist für die Berechnung des Beginns des Beschäftigungsverbots gem. § 3 II MuSchG verbindlich (§ 5 I, II MuSchG).

Der Arbeitgeber hat die Aufsichtsbehörde (zuständig ist das Gewerbeaufsichtsamt des Betriebssitzes) unverzüglich von der Mitteilung der werdenden Mutter zu benachrichtigen. Unterlässt er es, kann dies als Ordnungswidrigkeit geahndet werden (§§ 5 I 3, 21 I Ziff. 6 MuSchG).

2. Elternzeit

a) Inhalt und Umfang der Elternzeit

Damit erwerbstätigen Eltern die Betreuung und Erziehung ihrer Kinder ermöglicht und erleichtert wird, haben Arbeitnehmer einen Anspruch gegen den Arbeitgeber auf unbezahlte Freistellung von der Arbeit. Dieser Freistellungsanspruch, der nach früherem Recht als „Erziehungsurlaub" bezeichnet wurde, heißt seit 1.1.2001 „Elternzeit". Er ist unverzichtbar und kann nicht durch Arbeitsvertrag ausgeschlossen oder eingeschränkt werden (§ 15 II 6 BErzGG). Auch mit Inkrafttreten des Gesetzes zum Elterngeld und zur Elternzeit (BEEG) zum 01.01.2007 hat sich an dieser Bezeichnung nichts geändert. Der **Freistel-**

lungsanspruch ist unverzichtbar und kann nicht durch Arbeitsvertrag ausgeschlossen oder eingeschränkt werden (§ 15 Abs. 2 S. 6 BEEG). In zeitlicher Hinsicht ist er bis zur Vollendung des dritten Lebensjahres des Kindes begrenzt; er endet also am Tag vor dem dritten Geburtstag des Kindes (§§ 15 II 1 BEEG, 187 II 2 BGB).

Die Elternzeit kann von einem Elternteil allein oder von beiden Elternteilen gemeinsam – auch anteilig – genommen werden (§ 15 III BEEG). Beide Elternteile können also gleichzeitig für bis zu drei Jahre eine Freistellung von der Arbeit zur Erziehung eines Kindes verlangen. Dabei hat j**eder Anspruchsberechtigte einen eigenständigen persönlichen Anspruch gegen seinen Arbeitgeber auf Elternzeit**. Bei mehreren Kindern gilt der Anspruch für jedes Kind, auch wenn sich die Drei- bzw. Acht-Jahres-Zeiträume überschneiden. Die Zeit des Mutterschutzes nach der Geburt wird auf die Elternzeit des Kindes angerechnet (§ 15 II 2 BEEG).

Mit Zustimmung des Arbeitgebers kann ein Anteil von bis zu zwölf Monaten auf die Zeit bis zur Vollendung des achten Lebensjahres des Kindes übertragen werden (§ 15 II 4 BEEG).

Für die Dauer der Elternzeit ruht das Arbeitsverhältnis. Die wechselseitigen Hauptleistungspflichten des Arbeitnehmers (Arbeitsleistung) und Arbeitgebers (Lohnzahlung) werden ausgesetzt. Der Bestand des Arbeitsverhältnisses wird durch die Elternzeit nicht beeinträchtigt (BAG, NZA 1989, 13).

b)   Inanspruchnahme der Elternzeit

Wenn ein Arbeitnehmer die Elternzeit unmittelbar nach der Geburt des Kindes oder nach der Mutterschutzfrist nehmen möchte, muss er dies spätestens sieben Wochen, sonst acht Wochen vor Beginn der Elternzeit schriftlich vom Arbeitgeber verlangen. Zugleich müssen die Eltern erklären, für welchen Zeitraum innerhalb von zwei Jahren sie Elternzeit nehmen werden.

Beispiel:

Eine Arbeitnehmerin erwartet ein Kind, Stichtag ist der 1.3. Sie möchte unmittelbar nach Ablauf des Mutterschutzes (acht Wochen) Elternzeit in Anspruch nehmen, und zwar zunächst für zwölf Monate. Da der Tag der Entbindung nicht mitzählt (§ 187 I BGB), endet die Schutzzeit am 27.4., die Elternzeit soll am 28.4. beginnen. Die Mitteilung der Arbeitnehmerin über die Elternzeit muss dem Arbeitgeber spätestens am 16.3. vorliegen. Im Anschluss an die Mutter will der Vater für weitere zwölf Monate Elternzeit nehmen. Er muss dies seinem Arbeitgeber acht Wochen vor Beginn seiner Elternzeit (28.04. des Folgejahres), also bis zum 2.3. des Folgejahres mitgeteilt haben.

Die von den Elternteilen allein oder gemeinsam genommene Elternzeit darf insgesamt auf zwei Zeitabschnitte verteilt werden. Eine Verteilung auf weitere

Zeitabschnitte ist mit Zustimmung des Arbeitgebers möglich (§ 16 I 5 BEEG). Die Eltern müssen also die Elternzeit nicht ausschöpfen, sondern können sie unterbrechen und zwischenzeitlich arbeiten. Der Arbeitgeber soll die Elternzeit bescheinigen (§ 16 I 6 BEEG).

Einer **Zustimmung des Arbeitgebers** zur geltend gemachten Elternzeit **bedarf es nicht.** Der Arbeitnehmer darf zu dem mitgeteilten Zeitpunkt von der Arbeit fernbleiben. Beginn und Ende der Elternzeit werden verbindlich durch die vom Arbeitnehmer mitgeteilten Daten festgelegt.

Hiervon kann mit Zustimmung des Arbeitgebers jederzeit abgewichen werden.

Der Arbeitnehmer hat einen Anspruch auf vorzeitige Beendigung der Elternzeit. Denn diese kann nach § 16 III BEEG vorzeitig beendet (oder auch innerhalb des zulässigen Rahmens, also bis zur Vollendung des dritten bzw. achten Lebensjahres des Kindes verlängert) werden.

Eine Arbeitnehmerin kann ihre Elternzeit jedoch nicht wegen der Mutterschutzfristen vor und nach der Geburt eines weiteren Kindes vorzeitig beenden (§ 16 III 3 BEEG). Hierdurch soll verhindert werden, dass eine Mutter die Elternzeit abbricht, um die mit dem Mutterschutz verbundenen finanziellen Zuschüsse des Arbeitgebers zu erhalten.

Hat der Arbeitnehmer Elternzeit zunächst für die Dauer von zwei Jahren (oder weniger) verlangt, so ist der noch nicht erfüllte Anspruch spätestens acht Wochen vor dessen Beginn schriftlich geltend zu machen (§ 16 I BEEG). Unbeachtlich ist dabei, ob der Anspruch bis zur Vollendung des dritten Lebensjahres genommen werden soll oder sich der Arbeitgeber mit dem Arbeitnehmer auf eine Übertragung bis zum achten Lebensjahr geeinigt hat. Will z.B. der Arbeitnehmer, der Elternzeit zunächst für zwei Jahre unmittelbar nach der Geburt genommen hat, im sechsten Lebensjahr weitere zwölf Monate Elternzeit nehmen, so braucht er dies erst acht Wochen vor Vollendung des fünften Lebensjahres geltend zu machen.

c) Verringerung der Arbeitszeit

Der Arbeitnehmer hat während der Elternzeit einen Anspruch auf Verringerung seiner Arbeitszeit. Voraussetzung hierfür ist nach § 15 VII BEEG, dass

- der Arbeitgeber in der Regel mehr als 15 Arbeitnehmer beschäftigt (ausschließlich der Auszubildenden), wobei auch Teilzeitkräfte „voll" mitgezählt werden,

- das Arbeitsverhältnis mindestens sechs Monate besteht,

- die regelmäßige Arbeitszeit für mindestens drei Monate auf einen Umfang zwischen 15 und 30 Wochenstunden verringert wird,

- dem Anspruch keine dringenden betrieblichen Gründe entgegenstehen,

- der Anspruch dem Arbeitgeber acht Wochen vorher mitgeteilt wird.

Will der Arbeitgeber die beanspruchte Verringerung der Arbeitszeit ablehnen, so muss er dies innerhalb von vier Wochen mit schriftlicher Begründung tun. Erteilt der Arbeitgeber seine Zustimmung nicht oder nicht fristgerecht, muss der Arbeitnehmer hiergegen Klage vor dem Arbeitsgericht erheben (§ 15 VII 3-5 BEEG).

Der Arbeitnehmer kann während der Gesamtdauer der Elternzeit insgesamt **zweimal eine Verringerung seiner Arbeitszeit beanspruchen** (§ 15 VI BEEG). Unbeschadet davon können Arbeitgeber und Arbeitnehmer auch eine abweichende Regelung vereinbaren, sofern eine Einigung innerhalb von vier Wochen erzielt wird. Mit Zustimmung des Arbeitgebers kann der Arbeitnehmer auch bei einem anderen Arbeitgeber in Teilzeit oder als Selbstständiger arbeiten (§ 15 IV 2 BEEG). Hierzu muss der Arbeitnehmer Art und Umfang der beabsichtigten Tätigkeit mitteilen. Der Arbeitgeber kann die Zustimmung nur binnen vier Wochen aus dringenden betrieblichen Gründen verweigern (§ 15 IV 3 BEEG). Dies können Wettbewerbsgründe sein oder auch die Notwendigkeit, den Arbeitnehmer selbst zu beschäftigen.

Nach Beendigung des Erziehungsurlaubs hat der Arbeitnehmer die Möglichkeit, jederzeit eine Verringerung der vertraglich vereinbarten Arbeitszeit zu verlangen, also auch im unmittelbaren Anschluss an die Elternzeit. Voraussetzung für die Verringerung der Arbeitszeit ist, dass das Arbeitsverhältnis länger als sechs Monate bestanden hat, dass der Arbeitgeber mindestens 15 Arbeitnehmer beschäftigt und dass betriebliche Gründe nicht entgegenstehen (§ 8 TzBfG).

d) Kündigungsschutz

Der Arbeitgeber darf das Arbeitsverhältnis ab dem Zeitpunkt, von dem an Elternzeit verlangt worden ist, höchstens jedoch acht Wochen vor Beginn der Elternzeit, und während der Elternzeit nicht kündigen, § 18 I BEEG. Eine gleichwohl ausgesprochene **Kündigung ist nichtig**. Ähnlich wie beim Kündigungsverbot im Falle des Mutterschutzes kann der Arbeitgeber ausnahmsweise von der zuständigen obersten Landesbehörde für Arbeitsschutz, also in der Regel von dem örtlich zuständigen Gewerbeaufsichtsamt, die Zustimmung zu einer Kündigung verlangen. Die Anforderungen, die an die Zulässigkeit der Kündigung einer im Mutterschutz befindlichen Arbeitnehmerin oder einem Arbeitnehmer, der eine Elternzeit nimmt, gestellt werden, entsprechen sich dabei im Wesentlichen.

Der Arbeitnehmer kann das Arbeitsverhältnis zum Ende der Elternzeit nur unter Einhaltung einer Kündigungsfrist von drei Monaten kündigen (§ 19 BEEG).

e) Elterngeld

Der Arbeitgeber braucht dem Arbeitnehmer **während der Elternzeit keine Vergütung** zu zahlen. Gegenüber dem Staat hat der zum Zwecke der Erziehung seiner Kinder ganz freigestellte oder nur teilweise erwerbstätige Arbeitnehmer (Arbeitnehmer mit einer maximalen Arbeitszeit von 30 Stunden wöchentlich) auf Antrag einen Anspruch auf **Elterngeld**. Das Bundeselterngeld- und Elternzeitgesetz hat das frühere „Erziehungsgeld" abgelöst und nunmehr das Elterngeld neu geregelt. Das neue Gesetz gilt für alle ab dem 01.01.2007 geborenen oder zur Adoption angenommenen Kinder. Einen Anspruch auf Elterngeld haben diejenigen Personen, die

- ihren Wohnsitz und gewöhnlichen Aufenthalt in Deutschland haben,
- mit ihrem Kind in einem Haushalt leben,
- diese Kinder selbst betreuen und erziehen
- und keine oder keine volle Erwerbstätigkeit ausüben.

Im Unterschied zum bisherigen Erziehungsgeld, das für alle Arbeitnehmer einen gleichen Betrag enthielt, ist das Elterngeld eine Entgeltersatzleistung. Es knüpft an das bisherige Einkommen an. Grundsätzlich beträgt das Elterngeld 67% des in den zwölf Monaten vor Geburt des Kindes erzielten monatlichen Nettoeinkommens. Es ist auf einen Höchstbetrag von 1.800 € monatlich begrenzt. Bei einem monatlichen Einkommen unter 1.000 € wird der Prozentsatz von 67% stufenweise erhöht. Mindestens erhält jeder Arbeitnehmer ein Elterngeld in Höhe von 300 € (§ 2 Abs. 5 BEEG). Dieser Betrag wird auch dann gezahlt, wenn vor der Geburt des Kindes kein Einkommen erzielt wird.

Ein Elternteil kann grundsätzlich nur für zwölf Monate Elterngeld beziehen. **Insgesamt kann das Elterngeld ausnahmsweise 14 Monate lang bezogen werden**, wenn vom dem anderen Elternteil mindestens zwei Monate die Betreuung der Kindern übernommen und die Erwerbstätigkeit dafür unterbrochen wird.

Da es für die Berechnung des Elterngeldes auf das zuletzt erzielte Einkommen ankommt, treffen den Arbeitgeber Auskunftspflichten. Der Arbeitgeber hat dem Arbeitnehmer auf Verlangen deren Arbeitsentgelt, die abgezogene Lohnsteuer und den Arbeitnehmeranteil der Sozialversicherungsbeiträge sowie die Arbeitszeit auf Verlangen zu bescheinigen.

f) Weihnachtsgeld trotz Elterngeld

Grundsätzlich ist eine Weihnachtsgratifikation auch während der Elternzeit zu zahlen. Etwas anderes gilt nur, wenn dies ausdrücklich geregelt und sachlich gerechtfertigt ist (BAG, Urteil vom 10.12.2008, Az.: 10 AZR 35/08, juris). Belohnt die Gratifikation die Betriebstreue, ist dies sachlich gerechtfertigt.

VIII. Die Zeugniserteilungspflicht des Arbeitgebers

1. Einleitung

Jeder Arbeitnehmer hat einen gesetzlichen Anspruch auf Erteilung eines schriftlichen Arbeitszeugnisses (vgl. § 630 BGB; § 109 GewO; § 8 BBiG). Diesen Anspruch kann der Arbeitnehmer vor den Arbeitsgerichten einklagen und im Wege der Zwangsvollstreckung auch durchsetzen. Das Arbeitszeugnis ermöglicht dem Arbeitnehmer bei der Suche nach einem neuen Arbeitsplatz den Nachweis der fachlichen Befähigung und Eignung. Dritten gibt das Zeugnis Auskunft darüber, inwiefern der Arbeitnehmer über das gewünschte Anforderungsprofil verfügt.

Da das Zeugnis für die Stellensuche und bei der Auswahl neuer Mitarbeiter eine überragende Bedeutung hat, können Fehler oder Nachlässigkeiten bei der Erstellung des Zeugnisses für den zeugniserteilungspflichtigen Arbeitgeber **Schadenersatzansprüche** auslösen. Hierzu muss der Arbeitnehmer nachweisen, dass er infolge eines gar nicht oder verspätet erteilten oder unrichtigen Zeugnisses keine oder eine schlechtere Arbeitsstelle erhalten hat.

Einen Anspruch auf Erteilung eines Arbeitszeugnisses haben alle Arbeitnehmer, egal ob sie in Voll- oder Teilzeit beschäftigt sind oder ob sie das Arbeitverhältnis haupt- oder nebenberuflich, lang- oder kurzfristig ausüben.

Auch leitenden Angestellten, arbeitnehmerähnlichen Personen (vgl. A I 4), Heimarbeitern und Einfirmenhandelsvertretern (vgl. A I 6) steht ein Zeugnis zu. Die Pflicht zur Erteilung eines Zeugnisses besteht mithin bei sämtlichen wirtschaftlich abhängig Beschäftigten.

Kein Zeugnis können hingegen sonstige Handelsvertreter, freie Mitarbeiter oder Geschäftsführer, die zugleich Mitgesellschafter sind, beanspruchen.

2. Zeugnisarten

Es gibt drei Arten von Zeugnissen:

- das **Schluss- oder Endzeugnis**, das bei Beendigung des Arbeitsverhältnisses erteilt wird,

- das **Zwischenzeugnis**, das im Laufe des Arbeitsverhältnisses erteilt wird,

- das **vorläufige Zeugnis**, das der Arbeitnehmer nach Ausspruch einer Kündigung bis zum Ablauf der Kündigungsfrist verlangen kann, sofern er solange weiterbeschäftigt wird.

a) Das Zwischenzeugnis

Bereits während eines laufenden Arbeitsverhältnisses kann der Arbeitgeber auf Grund seiner ihm gegenüber dem Arbeitnehmer obliegenden Fürsorgepflicht verpflichtet sein, dem Arbeitnehmer ein Zeugnis zu erteilen. Einen Anspruch auf Erteilung eines Zwischenzeugnisses hat der Arbeitnehmer aber nur dann, wenn er einen triftigen Grund hierfür vor- weisen kann. In Betracht kommen z.b.:

- eine vom Arbeitgeber bereits in Aussicht gestellte, aber noch nicht ausgesprochene Kündigung,
- ein eigener beabsichtigter Stellenwechsel des Arbeitnehmers,
- (bevorstehende) Insolvenz des Arbeitgebers,
- Betriebsübergang gem. § 613a BGB,
- Änderungen im internen Arbeitsbereich (Versetzung, Bewerbung innerhalb des Unternehmens, Wechsel des Vorgesetzten).

b) Das Zeugnis bei Beendigung des Arbeitsverhältnisses

Im Falle der tatsächlichen – und nicht der rechtlichen – Beendigung des Arbeitsverhältnisses ist dem Arbeitnehmer ein Schlusszeugnis zu erteilen. Hiervon zu unterscheiden ist das sog. vorläufige Zeugnis, welches dem bereits gekündigten Arbeitnehmer, der bis zum Ende der Kündigungsfrist im Betrieb weiterbeschäftigt wird, die Suche nach einer neuen Stelle ermöglichen soll.

3. Form des Zeugnisses

Das Zeugnis wird schriftlich auf dem für Geschäftskorrespondenz üblichen Geschäftspapier des Arbeitgebers erteilt und ist mit einer entsprechenden Überschrift zu versehen. Es bedarf keiner näheren Ausführung, dass das Zeugnis rein äußerlich einen sauberen, ansprechenden Eindruck aufzuweisen hat. In der Eingangsformel sind der vollständige Name sowie auf Wunsch des Arbeitnehmers auch das Geburtsdatum und die Anschrift anzuführen.

Das Zeugnis ist grundsätzlich mit dem tatsächlichen Ausstellungsdatum zu versehen. Der Arbeitgeber kann das Ausstellungsdatum auch rückdatieren, wenn er es erst später ausstellt. Der Arbeitnehmer hat jedoch keinen Anspruch auf Rückdatierung. Etwas anderes gilt nur im Falle der Zeugnisberichtigung. Hier muss das berichtigte Zeugnis das Ausstellungsdatum des ursprünglichen Zeugnisses enthalten.

Am Ende muss das Zeugnis handschriftlich unterschrieben sein. Der Unterzeichner des Zeugnisses muss ein nach außen hin erkennbar ranghöherer Mitarbeiter sein. Die Vertretungsbefugnis ist dabei anzugeben, etwa „i.V." oder „ppa.".

4. Inhalt des Zeugnisses

Jedes Zeugnis muss vollständig, wahrheitsgemäß und wohlwollend sein. Diese Grundsätze stehen in einem Spannungsverhältnis zueinander, das in jedem Einzelfall aufgelöst werden muss.

- **Vollständigkeit:** Ein Zeugnis muss vollständig und genau abgefasst sein. Daher muss es aus einem individuell abgefassten Text bestehen. Einmalige Vorfälle, die für den Arbeitnehmer nicht charakteristisch sind, dürfen nicht in das Zeugnis mit aufgenommen werden.

- **Wahrheit:** Das Zeugnis darf nichts Falsches enthalten, aber auch nichts auslassen, was der Leser eines Zeugnisses erwarten darf. Es muss sich um größtmögliche Objektivität bemühen, darf lediglich Tatsachen und keine bloßen Annahmen, Behauptungen oder Verdächtigungen enthalten.

- **Wohlwollende Beurteilung:** Bei der Formulierung eines Zeugnisses ist ein wohlwollender Maßstab anzulegen, um dem Arbeitnehmer das berufliche Fortkommen nicht unnötig zu erschweren. Der Wortlaut des Zeugnisses liegt im Ermessen des Arbeitgebers, der Arbeitnehmer hat keinen Anspruch auf bestimmte Formulierungen oder Redewendungen.

Auch der Betriebsrat hat bei der inhaltlichen Gestaltung des Zeugnisses kein Mitbestimmungsrecht. Jedoch darf ein Zeugnis keine widersprüchlichen, verschlüsselten oder doppelbödigen Formulierungen enthalten.

Die zur Frage der verschleierten Formulierungen ergangene Rechtsprechung wirkt allerdings teilweise recht befremdlich und unnatürlich. So wird die Formulierung „Wir haben Frau X. als eine freundliche und zuverlässige Mitarbeiterin kennengelernt" als unzulässig angesehen, da der Arbeitnehmerin damit gerade nicht bescheinigt werde, dass sie eine tatsächlich „freundliche und zuverlässige Mitarbeiterin" gewesen ist. Der Gebrauch des Wortes „kennengelernt" drücke stets das Nichtvorhandensein der angeführten Eigenschaft aus (LAG Hamm, BB 2000, 1786).

Inhaltlich unterscheidet man zwischen dem sog. einfachen Zeugnis, das lediglich Angaben über die Art und Dauer der Beschäftigung enthält, und dem sog. qualifizierten Zeugnis mit zusätzlichen Informationen über Verhalten und Leistung des Arbeitnehmers. Ein solches qualifiziertes Zeugnis braucht jedoch nur auf Verlangen des Arbeitnehmers erteilt zu werden.

a) Einfaches Zeugnis

Das einfache Zeugnis beinhaltet eine wertfreie Beschreibung der **Art und der Dauer der Beschäftigung**. Dies ist die sog. **Aufgabenbeschreibung**. Sie hat als Unterpunkte Darstellungen über Unternehmen/Branche, hierarchische Position, Berufsbild/Berufsbezeichnung, Aufgabengebiet, Art der Tätigkeit und berufliche Entwicklung zu enthalten. Im Einzelnen bedeutet das:

- Die vom Arbeitnehmer verrichteten Tätigkeiten sind exakt darzustellen.
- Die Berufsbezeichnung ist ebenfalls möglichst konkret anzugeben.
- Die zeitliche Abfolge der dem Arbeitnehmer übertragenen Aufgaben muss dabei deutlich werden.
- Auch sind Sonderaufgaben und berufliche Fortbildungsmaßnahmen nach Art, Dauer und Abschluss zu nennen.

Eine Mitgliedschaft im Betriebsrat oder in einer Gewerkschaft darf nur auf Wunsch des Arbeitnehmers angeführt werden. Insgesamt sollen die Erläuterungen zum Aufgabengebiet ein getreues Spiegelbild aller vom Zeugnisempfänger ausgeführten Tätigkeiten und Arbeiten darstellen.

Die Umstände, die für die Beendigung des Arbeitsverhältnisses ausschlaggebend waren, können am Schluss des Zeugnisses angeführt werden. Allerdings hat der Arbeitgeber auch hier sowohl das Gebot der Wahrheitspflicht als auch die Verpflichtung zu beachten, das berufliche Fortkommen des Arbeitnehmers nicht unnötig zu erschweren. So darf etwa eine Krankheit im Zeugnis grundsätzlich nicht vermerkt werden, auch dann nicht, wenn sie den Kündigungsgrund bildet. Krankheitsbedingte Fehlzeiten dürfen nur dann im Zeugnis erwähnt werden, wenn sie außer Verhältnis zur tatsächlichen Arbeitsleistung stehen, wenn sie also etwa die Hälfte der gesamten Beschäftigungszeit ausmachen (LAG Sachsen, NZA-RR 1997, 47).

Schlussformulierungen, mit denen der Arbeitgeber das Ausscheiden des Arbeitnehmers bedauert, ihm für die gute Zusammenarbeit dankt und für die Zukunft alles Gute wünscht, werden vielfach verwendet. Gesetzlich ist der Arbeitgeber aber nicht verpflichtet, das Arbeitszeugnis auf diese Weise abzuschließen (BAG, NJW 2001, 2995).

Formulierungsbeispiel für ein einfaches Zeugnis:

„Herr/Frau ...., geboren am .... in ...., war in der Zeit vom .... bis .... als .... in unserer Abteilung .... beschäftigt. Ihm/Ihr waren zunächst folgende Aufgaben übertragen......... Später hat er/sie auch......... übernommen."

„Herr/Frau .... verlässt unseren Betrieb am .... auf eigenen Wunsch. Für den weiteren beruflichen Werdegang wünschen wir ihm/ihr alles Gute."

....
Ort, Datum   Unterschrift

b)   Qualifiziertes Zeugnis

Ein ordnungsgemäßes qualifiziertes Arbeitszeugnis muss über die folgenden vier Punkte informieren, nämlich:

- die **Dauer** des Arbeitsverhältnisses,
- die **Art** des Arbeitsverhältnisses,
- die **Leistungen** des Arbeitnehmers und
- das **Verhalten** des Arbeitnehmers.

Das qualifizierte Zeugnis enthält damit stets die im einfachen Zeugnis enthaltenen Angaben zu Art und Dauer der Beschäftigung (Aufgabenbeschreibung). Als Unterpunkte sind wie beim einfachen Zeugnis Angaben über Unternehmen/Branche, hierarchische Position, Berufsbild/Berufsbezeichnung, Aufgabengebiet, Art der Tätigkeit und berufliche Entwicklung darzustellen.

Um dem Grundsatz des Wohlwollens gerecht zu werden, empfiehlt es sich, die durch jahrzehntelange Rechtsprechung ausgeprägte Zeugnissprache zu verwenden.

Zu den Leistungen des Arbeitnehmers gehören sämtliche Umstände, die die berufliche Einsetzbarkeit des Arbeitnehmers darstellen, wie z.b. Fachkenntnisse und Fertigkeiten, Arbeitsengagement, Arbeitserfolge, Arbeitsqualität, Vielseitigkeit, Verhandlungsgeschick, Verantwortungsbereitschaft und die Fähigkeit, Entscheidungen zu treffen. Dabei hat der Arbeitnehmer einen Anspruch auf Darstellung und Beurteilung des gesamten Vertragszeitraums. Dem Arbeitgeber steht bei der Frage der Gewichtung der einzelnen (positiven oder negativen) Leistungselemente ein umfassender Beurteilungsspielraum zu. Maßstab ist dabei die Sicht- weise eines wohlwollenden, verständigen Arbeitgebers.

Nachfolgend werden allgemein übliche Formulierungen für die Leistungsbeurteilung genannt, die von der höchstrichterlichen Rechtsprechung geprägt worden sind:

„Er/Sie hat die ihm übertragenen Arbeiten..."

- **sehr gute Leistungen** = „stets zu unserer vollsten Zufriedenheit erledigt." Oder: „Wir waren mit seinen Leistungen außerordentlich zufrieden."

- **gute Leistungen** = „stets zu unserer vollen Zufriedenheit erledigt." Oder: „Wir waren mit seinen Leistungen voll und ganz zufrieden."

- **befriedigende Leistung** = „zu unserer vollen Zufriedenheit erledigt." Oder: „Er hat unseren Erwartungen in jeder Hinsicht entsprochen."

- **ausreichende Leistung** = „zu unserer Zufriedenheit erledigt." Oder: „Er hat unseren Erwartungen entsprochen."

- **mangelhafte Leistung** = „im Großen und Ganzen / insgesamt zu unserer Zufriedenheit erledigt." Oder: „Er hat unsere Erwartungen größtenteils erfüllt."

- **ungenügende Leistung** = „hat sich bemüht, die übertragenen Aufgaben zu unserer Zufriedenheit zu erledigen."

Unter Verhalten als einem weiteren Grundelement des qualifizierten Zeugnisses wird die Qualität der Mitarbeiterführung eines Vorgesetzten sowie ganz allgemein das Sozialverhalten zu Vorgesetzten, Kollegen, Kunden und Geschäftspartnern verstanden. Je nach Führungsebene ist eine Reihe von Merkmalen darzulegen. Sehr wichtig bei der Beurteilung des Verhaltensergebnisses ist, dass sowohl zur Auswirkung seiner Führung auf die Motivation der Mitarbeiter (Betriebsklima) als auch zur Auswirkung auf die Mitarbeiterleistung (Arbeitsergebnis) Stellung genommen wird. Die Senkung der Fluktuationsrate oder Abwesenheitsquote lässt auf ein gutes Betriebsklima schließen. Stets zu beurteilen ist die Durchsetzungsfähigkeit der Führungskraft, denn fehlendes Durchsetzungsvermögen ist ein Zeichen von Führungsschwäche.

Auch bei der Beurteilung des Verhaltens des Arbeitnehmers empfiehlt es sich, die allgemein üblichen Formulierungen zu verwenden, etwa wie folgt:

- **Sehr gut** = „Sein Verhalten zu Vorgesetzten, Arbeitskollegen, Mitarbeitern und Kunden war stets vorbildlich."

- **Gute Führung** = „Sein Verhalten zu Vorgesetzten, Arbeitskollegen, Mitarbeitern und Kunden war vorbildlich."

- **Befriedigend** = „Sein Verhalten zu Mitarbeitern und Vorgesetzten war stets einwandfrei."

- **Ausreichend** = „Sein Verhalten zu Vorgesetzten war einwandfrei."

- **Mangelhaft** = „Sein persönliches Verhalten war insgesamt einwandfrei."

- **Ungenügend** = „Er galt als kollegialer und freundlicher Mitarbeiter."

Wird eine Schlussformel in einem qualifizierten Zeugnis verwendet, muss sie mit dem übrigen Zeugnisinhalt, insbesondere mit der Leistungs- und Verhaltensbewertung des Arbeitnehmers übereinstimmen. Denn zuvor nicht geäußerte negative Werturteile dürfen nicht versteckt mit einer knappen, „lieblosen" Schlussformel nachgeholt werden.

Formulierungsbeispiele für Schlussformulierungen im qualifizierten Zeugnis mit korrespondierender Bewertung:

„Wir wünschen ihm/ihr

- **sehr gut** = ... auf ihrem/seinem weiteren Berufs- und Lebensweg alles Gute und weiterhin recht viel Erfolg.

- **gut** = ... auf ihrem/seinem weiteren Berufsweg alles Gute und viel Erfolg.

- **vollbefriedigend** = ... auf ihrem/seinem weiteren Berufsweg alles Gute und Erfolg.

- **befriedigend** = ... auf ihrem/seinem weiteren Berufsweg alles Gute.

- **ausreichend** = ... alles Gute.

- **mangelhaft** = ... alles Gute und in Zukunft auch Erfolg.

- **ungenügend** = ... für die Zukunft alles nur erdenklich Gute.

Der „klassische" Aufbau eines qualifizierten Schlusszeugnisses stellt sich damit wie folgt dar:

- Überschrift

- Personalien des Arbeitnehmers und Angaben zum Umfang der Beschäftigung

- Art der Beschäftigung

- Leistungsbeurteilung

- Verhaltensbeurteilung

- Beendigung des Arbeitsverhältnisses

- Schlussformel

- Ort, Datum, Unterschrift

5. Fälligkeit des Zeugnisses

Das Zeugnis ist bei Beendigung des Arbeitsverhältnisses zu erteilen. Jedoch muss der Arbeitgeber dem Arbeitnehmer das Zeugnis zu diesem Zeitpunkt nicht unaufgefordert ausstellen, da der Arbeitnehmer erst einmal die Wahl zwischen qualifiziertem und einfachem Zeugnis treffen muss. Dabei ist nach allgemeinem Sprachgebrauch „Zeugnis" das qualifizierte Zeugnis. Das einfache Zeugnis wird eher als „Bescheinigung" bezeichnet. Im Ergebnis ist es also so, dass der Arbeitgeber dem Arbeitnehmer das Zeugnis erst auf dessen Verlangen hin ausstellen muss. Auszubildenden ist hingegen unaufgefordert ein Zeugnis zu erteilen.

Der Arbeitnehmer ist grundsätzlich gehalten, sich das Zeugnis ebenso wie seine Arbeitspapiere beim Arbeitgeber abzuholen. Wenn der Arbeitgeber das Zeugnis trotz rechtzeitigen Verlangens nicht bis zum Zeitpunkt der Beendigung des Arbeitsverhältnisses zur Abholung bereithält, muss er es auf eigene Gefahr und auf eigene Kosten dem Arbeitnehmer übersenden.

Wie bei Arbeitspapieren kann auch gegen den Zeugnisanspruch nicht die Einrede des nicht erfüllten Vertrags oder ein sonstiges Zurückbehaltungsrecht geltend gemacht werden (z.B. mit der Begründung, im Eigentum des Arbeitgebers stehende Gegenstände seien nicht zurückgegeben worden). Der Zeugnisanspruch ist unabdingbar. Auf ihn kann nicht wirksam verzichtet werden.

6. Anspruch auf Zeugnisberichtigung und Beweislast

Der Arbeitnehmer kann die Berichtigung des ihm ausgehändigten Zeugnisses verlangen, wenn das ihm ausgehändigte Zeugnis nach Form und Inhalt den dargestellten Anforderungen nicht entspricht. Der Anspruch besteht also, wenn das Zeugnis entweder formal nicht ordnungsgemäß ausgestellt ist oder den Grundsätzen von Wahrheit, Wohl- wollen und Vollständigkeit nicht entspricht. Der Arbeitgeber hat dann ein neues Zeugnis zu erstellen, das so aussehen muss, als sei es das Erstzeugnis. Insbesondere hat der Arbeitnehmer einen Anspruch darauf, dass es rückdatiert wird.

Der Arbeitnehmer kann diesen Anspruch gerichtlich geltend machen. Bei einem Streit zwischen Arbeitnehmer und Arbeitgeber über den Inhalt eines Zeugnisses ist die Verteilung der **Darlegungs- und Beweislast** zu beachten, d.h. die Frage, wer im Streitfall welche Tatsachen darlegen und beweisen muss. Dabei ist zu differenzieren:

Wenn es um die dem Arbeitnehmer übertragenen Aufgaben oder die Dauer des Arbeitsverhältnisses geht, so muss der Arbeitnehmer die von ihm behaupteten Tatsachen beweisen. Bei der Beurteilung von Leistung und Verhalten des Arbeitnehmers (in einem qualifizierten Zeugnis) ist nach der „Note" zu differenzieren, die der Arbeitgeber dem Arbeitnehmer bescheinigt. Begehrt der Arbeitnehmer ein Zeugnis mit der Schlussnote „gut" oder „sehr gut", behauptet er also eine überdurchschnittliche Leistung, so muss er die Tatsachen, aus denen sich diese überdurchschnittliche Leistung ergibt, vortragen und beweisen. Umgekehrt muss der Arbeitgeber beweisen, dass der Arbeitnehmer unterdurchschnittliche Leistungen gezeigt hat, das Zeugnis also zu Recht „ausreichende", „mangelhafte" oder „ungenügende" Leistungen bescheinigt (BAG, NZA 2004, 843).

Viele Arbeitnehmer sind der Auffassung, sie hätten einen Anspruch auf eine „sehr gute" Bewertung, wenn der Arbeitgeber die Arbeitsleistung während des Arbeitsverhältnisses nicht beanstandet hat; nach der obergerichtlichen Rechtsprechung kann (nicht muss!) dem Arbeitnehmer jedoch in diesen Fällen eine „durchschnittliche" Leistung bescheinigt werden (LAG Düsseldorf, DB 1985, 2692).

Ist dem Arbeitnehmer, der ein Schlusszeugnis beansprucht, zuvor ein Zwischenzeugnis erteilt worden, so kann der Arbeitnehmer nicht verlangen, dass dessen Formulierungen wortwörtlich im Schlusszeugnis übernommen werden; dessen Inhalt hat jedoch eine starke Indizwirkung für das Schlusszeugnis: Der

Arbeitgeber muss in diesem Fall triftige Gründe nachweisen, die ihn zu einer abweichenden Formulierung (v.a. bei einer anderen Beurteilung der Leistung) veranlasst haben.

Der Zeugnisberichtigungsanspruch kann tariflichen oder arbeitsvertraglichen **Ausschlussfristen** unterliegen, wenn diese allgemein gehalten und nicht auf finanzielle Ansprüche beschränkt sind. Die Verjährungsfrist beträgt drei Jahre (§ 195 BGB). Außerdem kann der Arbeitnehmer den Anspruch **verwirken**. Das ist der Fall, wenn der Arbeitnehmer seinen Anspruch längere Zeit nicht geltend gemacht und beim Arbeitgeber die Überzeugung hervorgerufen hat, er werde sein Recht nicht mehr ausüben. Wann dies genau der Fall ist, beurteilt sich nach den Umständen im Einzelfall. Verwirkung ist in der Rechtsprechung bei Zeiträumen von zehn Monaten bis einem Jahr angenommen worden.

Schließlich muss sich der Arbeitgeber auch den Einfluss vor Augen führen, den die Zeugniserteilung im Kündigungsschutzprozess haben kann: So kann sich ein Arbeitgeber zu seinem früheren Verhalten in Widerspruch setzen, wenn er im Zwischenzeugnis die Leistung mit „gut" oder besser beurteilt und dann kurze Zeit später verhaltensbedingt kündigt.

Also Vorsicht: Verlangt ein Arbeitnehmer mit offensichtlichen Leistungsmängeln ein **Zwischenzeugnis**, dient dies möglicherweise nur der **Vorbereitung eines Kündigungsschutzprozesses**; der Arbeitgeber sollte in diesen Fällen nicht darauf vertrauen, dass sich das Problem von selbst löst, indem der Arbeitnehmer mit einer „guten" Bewertung im Zwischenzeugnis eine neue Arbeitsstelle findet. Ratsam ist es, dem Arbeitnehmer nur eine „durchschnittliche" oder gar schlechtere Leistung zu bescheinigen, um sich auf diese Weise die Möglichkeit zu erhalten, dem Arbeitnehmer leistungsbedingt kündigen zu können. Andernfalls könnte sich der Arbeitnehmer mit einer Kündigungsschutzklage erfolgreich gegen die Kündigung zur Wehr setzen.

IX. Nebenpflichten der Arbeitsvertragsparteien

1. Treuepflichten des Arbeitnehmers

Neben der Hauptpflicht des Arbeitnehmers, die vereinbarte Arbeitsleistung zu erbringen, treffen ihn auch verschiedene Nebenpflichten, die sog. „Treuepflichten".

So wird von dem Arbeitnehmer nach dem Grundsatz von Treu und Glauben (§ 242 BGB) erwartet, dass er sich mit Rücksicht auf einen ungestörten Betriebsablauf an die im Betrieb geltenden **Verhaltens- und Ordnungsregeln** hält sowie bei der Erfüllung seiner vertraglichen Pflichten und der Wahrnehmung seiner Rechte aus dem Arbeitsverhältnis die berechtigten Interessen seines Arbeitgebers berücksichtigt. Auf den privaten, d.h. außerdienstlichen Bereich des Arbeitnehmers wirken sich die Treuepflichten nur insoweit aus, als der Arbeitnehmer nicht den Interessen des Arbeitgebers entgegen arbeiten darf.

Zu den Treuepflichten des Arbeitnehmers zählen insbesondere Sorgfalts- und Schadensabwendungspflichten, die Verschwiegenheitspflicht und die Pflicht zur Unterlassung von Wettbewerb. Je höher die Stellung des Arbeitnehmers im Betrieb ist, umso höhere Anforderungen werden an seine Treuepflichten gestellt.

Eine Verletzung dieser Pflichten kann **Schadenersatz- oder Unterlassungsansprüche** des Arbeitgebers auslösen und je nach Intensität des Verstoßes den Arbeitgeber auch zu einer Kündigung des Arbeitsverhältnisses berechtigen.

a) Sorgfalts- und Schadensabwendungspflichten

Die Sorgfaltspflicht erfordert es, dass der Arbeitnehmer mit den ihm anvertrauten Betriebs- und Arbeitsmitteln mit der im Verkehr erforderlichen Sorgfalt umgeht.

Im Rahmen der Schadensabwendungspflicht ist der Arbeitnehmer gehalten, den Arbeitgeber rechtzeitig über voraussehbare Arbeitsverhinderungen i.S.v. § 616 BGB (Arztbesuche, Umzug, Ladung zu Behörden, Ablegung von Prüfungen etc.) zu informieren sowie sich bei Krankheit unverzüglich zu entschuldigen und ggf. die ärztliche Bescheinigung einzureichen. Auch hat der Arbeitnehmer dem Arbeitgeber drohende bzw. eingetretene Störungen oder Schäden in seinem Arbeitsbereich oder dem Betrieb anzuzeigen und soweit zumutbar drohende Schäden vom Betrieb oder anderen Arbeitnehmern abzuwenden.

b) Verschwiegenheitspflicht

Der Arbeitnehmer ist dem Arbeitgeber zur Verschwiegenheit verpflichtet. Er muss gegenüber jedermann Stillschweigen bewahren über Betriebs- und

Geschäftsgeheimnisse, d.h. über Tatsachen, die im Zusammenhang mit dem Geschäftsbetrieb stehen, nur einem begrenzten Personenkreis bekannt sind und auf Grund eines berechtigten wirtschaftlichen Interesses des Arbeitgebers nach seinem Willen nicht öffentlich gemacht werden sollen.

Die öffentliche Kundgabe von Verhaltensweisen des Arbeitgebers oder Vorkommnissen im Betrieb, deren Bekanntgabe in der Öffentlichkeit dem Arbeitgeber oder dem Betrieb schaden könnte, wie z.b. ruf- oder kreditschädigende Äußerungen, ist dem Arbeitnehmer untersagt.

An diese Verschwiegenheitspflicht ist der Arbeitnehmer **während der Dauer des Arbeitsverhältnisses**, also vom Zeitpunkt der Begründung bis zu seiner rechtlichen Beendigung, gebunden.

Ob er darüber hinaus, d.h. auch nach Beendigung des Arbeitsverhältnisses zur Verschwiegenheit verpflichtet sein soll, ist umstritten. So könnte ein Verbot der Verwertung oder Preisgabe von internen Informationen den Arbeitnehmer in seinem beruflichen Fortkommen und seiner freien Entfaltung im Berufsleben behindern. Jedenfalls ist es aber nach der Rechtsprechung zulässig, für Betriebs- und Geschäftsgeheimnisse eine Schweigepflicht über das Ende des Arbeitsverhältnisses hinaus zu vereinbaren (BAG, NJW 1988, 502).

Ausdrückliche Regelungen über die Pflicht zur Geheimhaltung von Betriebs- und Geschäftsgeheimnissen, auch über die Dauer der Betriebszugehörigkeit hinaus, enthalten §§ 79, 120 BetrVG für Betriebsratsmitglieder oder ähnliche Organe der Betriebsverfassung, wie z.B. Jugend- und Auszubildendenvertreter.

c) Pflicht zur Unterlassung von Wettbewerb

Bei Wettbewerbsbeschränkungen ist danach zu unterscheiden, ob es sich um eine Konkurrenztätigkeit während des Arbeitsverhältnisses oder nach dessen Beendigung handelt.

aa) Wettbewerbsverbot während des bestehenden Arbeitsverhältnisses

Ein ausdrückliches gesetzliches Verbot der Aufnahme einer Konkurrenztätigkeit findet sich lediglich in den §§ 60, 61 HGB für die Handlungsgehilfen.

Nach der Rechtsprechung des BAG ist es allen Arbeitnehmern untersagt, für die Dauer des Arbeitsverhältnisses im Marktbereich des Arbeitgebers in Wettbewerb zu ihm zu treten (BAG, NJW 1977, 646). Dem Arbeitnehmer ist also während dieser Zeit jegliche Tätigkeit verboten, die die Interessen des Arbeitgebers unmittelbar beeinträchtigen könnte.

bb) Wettbewerbsverbot nach Beendigung des Arbeitsverhältnisses

Eine **nachvertragliche Treuepflicht** in Form eines Wettbewerbsverbots trifft den Arbeitnehmer nicht. Er kann nach Beendigung des Arbeitsverhältnisses in Konkurrenz zu seinem ehemaligen Arbeitgeber treten. Er darf dabei nur nicht die Grenzen der §§ 823, 826 BGB (widerrechtliche oder vorsätzliche sittenwidrige Schädigung der Interessen des Arbeitgebers) überschreiten und hat § 1 UWG zu beachten. Der Arbeitnehmer kann dabei seine beruflichen Kenntnisse und sein beim ehemaligen Arbeitgeber redlich erworbenes Wissen frei verwerten, solange er damit nicht ausnahmsweise nachwirkende Verschwiegenheitspflichten verletzt (BAG, NZA 1999, 200), z.B. durch Weitergabe von geheimen Rezepturen (BAG, NZA 1988, 502).

Allerdings steht es den Arbeitsvertragsparteien frei, ein Wettbewerbsverbot für die Zeit nach Beendigung des Arbeitsverhältnisses individuell zu vereinbaren.

Allerdings ist ohne eine erhebliche finanzielle Ausgleichszahlung (Karenzentschädigung) eine spätere Konkurrenz des Arbeitnehmers nicht zu verhindern. Der Arbeitgeber sollte daher vor Abschluss einer Wettbewerbsabrede sorgfältig prüfen, ob sich der finanzielle Aufwand lohnt. In den meisten Fällen dürfte dies nicht der Fall sein. Dies gilt insbesondere dann, wenn Wettbewerbsabreden bereits zu Beginn des Arbeitsverhältnisses getroffen werden, ohne dass der Arbeitgeber den Wert der Arbeitsleistung für das Unternehmen prüfen konnte.

Nach § 74 HGB ist die Vereinbarung eines nachvertraglichen Wettbewerbsverbots nur verbindlich, wenn der Arbeitgeber sich verpflichtet, dem Arbeitnehmer für die Dauer des Verbots eine **Karenzentschädigung** zu zahlen, die für jedes Jahr des Verbots die Hälfte der zuletzt bezogenen vertraglichen Leistungen nicht unterschreiten darf (§ 74 II HGB). Liegt die Karenzentschädigung unterhalb dieses Mindestbetrags, so kann der Arbeitnehmer wegen Unverbindlichkeit der Vereinbarung wählen, ob er sich bei Zahlung der vereinbarten Entschädigung an das Verbot hält oder nicht (LAG Hamm, DB 1980, 1125). Wurde dagegen gar keine Karenzentschädigung vereinbart, so ist die Vereinbarung nicht lediglich unverbindlich, sondern nichtig und entfaltet überhaupt keine Rechtswirkung (BAG, NJW 1995, 151).

Die Vereinbarung bedarf der Schriftform (von beiden Vertragsparteien unterzeichnet) und der Aushändigung einer vom Arbeitgeber unterzeichneten Urkunde an den Arbeitnehmer, die die vereinbarten Bestimmungen, insbesondere auch den Umfang der Entschädigungspflicht, enthält (§ 74 I HGB).

Da das Wettbewerbsverbot erst mit der Aushändigung an den Arbeitnehmer wirksam wird, sollte sich der Arbeitgeber zweckmäßigerweise die Aushändigung vom Arbeitnehmer bestätigen lassen. Allerdings ist die Aushändigung der unterschriebenen Urkunde keine Wirksamkeitsvoraussetzung i.S. v. § 74 Abs. 1 HGB. Sie unterfällt auch nicht der Formvorschrift des § 125 S. 1 BGB (BAG,

NZA 2005, 411). Die unterbliebene bzw. nicht nachgewiesene Aushändigung der Wettbewerbsabrede führt daher nur dazu, dass sich der Arbeitgeber hierauf nicht berufen kann. Der Arbeitnehmer kann sich demgegenüber auf die Urkunde beziehen und die vereinbarte Entschädigung verlangen, wenn er sich an das Wettbewerbsverbot hält.

Zudem muss die Vereinbarung so eindeutig formuliert sein, dass für den Arbeitnehmer kein Zweifel daran besteht, dass ihm ein Anspruch auf Karenzentschädigung zusteht (BAG, BB 1996, 962) und wann er bei der Wahl eines neuen Arbeitgebers dem Wettbewerbsverbot zuwider handelt. Da Wettbewerbsabreden regelmäßig formularmäßig vereinbart werden, unterliegen sie der AGB-Kontrolle nach § 305 ff. BGB. Wie bei jeder AGB-Kontrolle sind daher insbesondere das Verbot überraschender Klauseln (§ 305 c Abs. 1 BGB), das Transparenzgebot (§ 307 Abs. 1 S. 2 BGB) sowie die Unklarheitenregel (§ 305 c Abs. 2 BGB) zu beachten.

Besonders problematisch ist für den Arbeitgeber, dass das Gesetz zwischen **nichtigen und unverbindlichen Wettbewerbsvereinbarungen** unterscheidet. Lediglich nichtige Wettbewerbsvereinbarungen führen zur Rechtsunwirksamkeit der Abrede insgesamt. Weder Arbeitgeber noch Arbeitnehmer sind hieran gebunden. Regelmäßig sind rechtsunwirksame Wettbewerbsvereinbarungen aber nur unverbindlich. D.h. der Arbeitgeber kann sich hierauf nicht berufen (§ 75 d HGB). Der Arbeitnehmer hat demgegenüber ein Wahlrecht, ob er sich gegen Zahlung der Karenzentschädigung an das Wettbewerbsverbot hält (trotz Unwirksamkeit) oder entschädigungslos Konkurrenz betreibt.

Schließlich ist ein vereinbartes Wettbewerbsverbot für den Arbeitnehmer nicht verbindlich, soweit es unbillig ist (§ 74a I HGB). **Unbilligkeit** liegt gem. § 74a I 1 HGB dann vor, wenn das Verbot nicht dem Schutz eines berechtigten geschäftlichen Interesses des Arbeitgebers dient. Auch darf das Verbot unter Berücksichtigung der vereinbarten Entschädigung nach Ort, Zeit oder Gegenstand zu keiner unbilligen Erschwerung des beruflichen Fortkommens des Arbeitnehmers führen (§ 74a I 2 HGB) und nicht auf einen Zeitraum von mehr als zwei Jahren nach der Beendigung des Arbeitsverhältnisses erstreckt werden (§ 74a I 3 HGB). So läge z.B. eine unbillige Erschwerung des beruflichen Fortkommens des Arbeitnehmers vor, wenn der Arbeitgeber ihm untersagen würde, in einem sehr weit gesteckten Umkreis oder sogar in ganz Deutschland in einem Konkurrenzunternehmen tätig zu werden, obwohl weiter entfernte Unternehmen wegen seines räumlich eng umgrenzten Tätigkeitsfeldes oder Kundenkreises gar keine Konkurrenz darstellen würden.

Mit einem minderjährigen Arbeitnehmer darf der Arbeitgeber keine Wettbewerbsbeschränkung vereinbaren. Eine dennoch getroffene Vereinbarung eines Wettbewerbsverbots mit einem Minderjährigen ist nach § 74a II HGB nichtig.

Das Wettbewerbsverbot kann sich darauf beschränken, dass es dem Arbeitnehmer untersagt wird, auf seinem bisherigen Arbeitsgebiet in einem Konkurrenzunternehmen tätig zu werden, aber auch das Verbot beinhalten, überhaupt eine Tätigkeit in einem Konkurrenzunternehmen aufzunehmen.

Für den Fall eines **Verstoßes** des Arbeitnehmers gegen das vereinbarte Wettbewerbsverbot kann der Arbeitgeber auf Unterlassung klagen und die Einrede des nichterfüllten Vertrags erheben. Für die Dauer der Vertragsuntreue kann der Arbeitnehmer dann keine Karenzentschädigung verlangen. Hat der Arbeitgeber in Unkenntnis der Wettbewerbstätigkeit des Arbeitnehmers bereits gezahlt, kann er die gezahlte Entschädigung zurückfordern. Es steht dem Arbeitgeber aber auch frei, Schadenersatz zu verlangen oder vom Vertrag zurückzutreten.

Die Vertragsparteien können auch eine **Vertragsstrafe** vereinbaren, die fällig wird, wenn der Arbeitnehmer sich nicht an die vereinbarte Wettbewerbsbeschränkung hält. Erscheint dem Arbeitnehmer die vereinbarte Vertragsstrafe unverhältnismäßig hoch, so kann er beim Gericht die Herabsetzung der Strafe auf einen angemessenen Betrag beantragen. Das Gericht entscheidet dann unter Abwägung der beiderseitigen berechtigten Interessen über die Herabsetzung.

Verlangt der Arbeitgeber die vereinbarte Vertragsstrafe vom Arbeitnehmer, so kann er gem. § 75c I HGB i.V.m. § 340 BGB für die Vergangenheit keinen Anspruch mehr auf Erfüllung der vertraglichen Verpflichtung erheben, wohl aber für die Zukunft (BAG, NJW 1977, 1717). Bis zur rechtlichen Beendigung des Arbeitsverhältnisses kann der Arbeitgeber durch schriftliche Erklärung auf die Karenz verzichten. Er wird dann auch mit Ablauf eines Jahres ab Zugang der Erklärung von der Verpflichtung zur Zahlung der vereinbarten Karenzentschädigung befreit (§ 75 a HBG). Sowohl vor Ausspruch einer in Erwägung gezogenen Kündigung wie auch jedenfalls im Zusammenhang mit der Kündigung, sollte jeweils genau geprüft werden, ob ein solcher Verzicht ratsam ist.

Schließen die Parteien einen Aufhebungsvertrag, lässt dieser grundsätzlich die für die nachvertragliche Zeit bestimmte Wettbewerbsabrede unberührt. Soll das Wettbewerbsverbot und die Karenzentschädigung aufgehoben werden, sollte dies unmissverständlich geregelt werden. Allerdings umfasst eine umfassend formulierte Erledigungsklausel im Rahmen eines Aufhebungsvertrags nach umstrittener Rechtsprechung auch das Wettbewerbsverbot (BAG, NZA 2005, 100).

2. Allgemeine Fürsorgepflichten des Arbeitgebers

Die allgemeinen Fürsorgepflichten des Arbeitgebers resultieren wie die Treuepflichten des Arbeitnehmers aus dem Gebot zur Rücksicht auf die Rechte,

Rechtsgüter und Interessen des anderen Vertragsteils (§ 241 Abs. 2 BGB). Der Arbeitgeber ist danach sowohl zum Schutz der Person (Leben und Gesundheit, Allgemeines Persönlichkeitsrecht) als auch zum Schutz der Vermögens und der eingebrachten Sachen des Arbeitnehmers verpflichtet.

Bei einer Verletzung der Fürsorgepflichten setzt sich der Arbeitgeber Schadenersatzansprüchen des Arbeitnehmers aus. Der Umfang des **Schadenersatzes** richtet sich nach den §§ 249 ff. BGB und kann unter Umständen, z.b. bei einer schwerwiegenden Verletzung des Persönlichkeitsrechts des Arbeitnehmers sogar Schmerzensgeldansprüche des Arbeitnehmers auslösen (BAG, NZA 1985, 811).

a)   Pflicht zum Schutz von Leben und Gesundheit der Arbeitnehmer

Bei der Pflicht des Arbeitgebers zum Schutz von Leben und Gesundheit seiner Arbeitnehmer handelt es sich um eine gesetzlich normierte Pflicht (§§ 617 ff. BGB, § 62 HGB), die zum Teil durch Arbeitsschutzgesetze (ArbSchG, MuSchG, ArbZG etc.) näher ausgestaltet wird.

So ist der Arbeitgeber nach § 618 BGB (§ 62 HGB) verpflichtet, Räume, Vorrichtungen und Gerätschaften, die von den Arbeitnehmern in Verrichtung ihrer Arbeit üblicherweise genutzt werden, so einzurichten und zu unterhalten sowie Dienstleistungen so zu regeln, dass die Arbeitnehmer unter Berücksichtigung der Natur der Dienstleistung den größtmöglichen Schutz erhalten.

Hierher gehört die ausreichende Beleuchtung, Belüftung und Beheizung der genutzten Räume, die Anbringung von **Schutzvorrichtungen** an Maschinen und Gerätschaften und die Einhaltung von **Unfallverhütungsvorschriften** einschließlich der hinreichenden Einweisung der Arbeitnehmer in den Umgang mit den Maschinen und den Sicherungsmitteln.

Unter den Begriff der „Regelung der Dienstleistungen" fällt die Festlegung von erforderlichen Regeln zur Ordnung im Betrieb (Anordnung zum Tragen von Schutzkleidung, Pausenregelungen, Rauchverbote etc.). Auch darf der Arbeitgeber die Arbeitskraft seiner Arbeitnehmer nicht über Gebühr strapazieren, d.h. er hat sie vor Überbeanspruchung zu bewahren und darf von deren Arbeitsleistung keinen unangemessen hohen, i.d.R. keinen über die normale Leistungsfähigkeit hinausgehenden Gebrauch machen (BAG, NJW 1967, 1631).

Der Arbeitgeber ist verpflichtet, seinen Arbeitnehmern notwendige Schutzkleidung auf seine Kosten zur Verfügung zu stellen.

Tut er dies nicht oder entsprechen die Arbeitsbedingungen ansonsten nicht den gesetzlichen Anforderungen, so kann der Arbeitnehmer Erfüllung verlangen und ggf. bis zur Abstellung des gesetzeswidrigen Zustands unter Fortzahlung der Vergütung die Arbeitsleistung verweigern.

b) Pflicht zum Schutz von Persönlichkeitsbelangen der Arbeitnehmer

Der Arbeitgeber ist i.R. seiner Fürsorgepflichten gehalten, die Persönlichkeitsbelange der bei ihm beschäftigten Arbeitnehmer, d.h. deren Recht auf Achtung der Menschenwürde und Entfaltung der Persönlichkeit, zu wahren. So hat er den einzelnen Arbeitnehmer vor Diskriminierungen zu schützen und darauf zu achten, dass dieser nicht von seinen Vorgesetzten oder Arbeitskollegen ungerecht behandelt oder schikaniert wird („Mobbing").

D. Leistungsstörungen und Haftung

Erbringt der Arbeitnehmer seine arbeitsvertragliche Hauptpflicht, d.h. die Arbeitsleistung, nicht oder nicht ordnungsgemäß, so spricht man von sog. Leistungsstörungen des Arbeitsverhältnisses. Man unterscheidet hierbei drei Gruppen von Leistungsstörungen:

- **Nichtleistung**, d.h. der Arbeitnehmer leistet überhaupt nicht
- **Verzug**, d.h. der Arbeitnehmer leistet nicht zum vereinbarten Zeitpunkt, sondern verspätet
- **Schlechtleistung**, d.h. der Arbeitnehmer erbringt seine Arbeitsleistung nicht ordnungsgemäß

Für den Arbeitgeber stellt sich im Falle einer Leistungsstörung die Frage, ob und in welchem Umfang er dem Arbeitnehmer trotzdem das Arbeitsentgelt zahlen muss und ob er von dem Arbeitnehmer einen Ersatz für ihm durch die Leistungsstörung entstandene Schäden verlangen kann. Zum Schutz des Arbeitnehmers weist das arbeitsrechtliche Leistungsstörungsrecht wichtige Besonderheiten im Vergleich zum Leistungsstörungsrecht anderer Schuldverhältnisse auf, die der Arbeitgeber zu beachten hat.

I. Entgeltfortzahlung im Krankheitsfall

Den in der Praxis wichtigsten Fall der Nichtleistung bildet das krankheitsbedingte Fernbleiben des Arbeitnehmers von der Arbeit. Nach allgemeinem Zivilrecht gilt der Grundsatz „Keine Arbeit – kein Lohn". Erkrankt der Arbeitnehmer und führt seine Krankheit zur Arbeitsunfähigkeit, so wird er gem. § 275 I BGB von der Verpflichtung zur Arbeitsleistung frei und verliert gleichzeitig gem. § 326 I 1 BGB seinen Anspruch auf Arbeitsentgelt. Dieses als unbillig empfundene Ergebnis wird durch das spezialgesetzliche Entgeltfortzahlungsgesetz zu Gunsten des Arbeitnehmers korrigiert; der Arbeitnehmer hat anstelle eines Anspruchs auf Arbeitsentgelt einen eigenständigen **Entgeltfortzahlungsanspruch** aus § 3 I EFZG.

Nach der früheren Rechtslage richtete sich die Entgeltfortzahlung im Krankheitsfall für Arbeiter nach dem Lohnfortzahlungsgesetz, für technische Angestellte nach § 133c GewO, für kaufmännische Angestellte nach § 63 HGB, für seemännische Angestellte und Schiffsmänner nach § 48 SeemG, für sonstige Angestellte nach § 616 II BGB, für Auszubildende, Volontäre und Praktikanten nach § 12 BBiG. Alle genannten Regelungen sahen zwar vor, dass der Arbeitgeber im Krankheitsfall zur Entgeltfortzahlung für die Dauer von bis zu sechs Wochen verpflichtet war. In den Einzelheiten wichen die Regelungen jedoch erheblich voneinander ab, so z.B. bei der Frage der Höhe des Arbeitsentgelts oder bei der Beurteilung der Fortsetzungserkrankungen. Diese Rechtszersplitterung wurde durch das ab dem 1. Januar 1995 geltende Entgeltfortzahlungsgesetz beendet. Nunmehr sind die Voraussetzungen und Rechtsfolgen einer Lohnfortzahlung im Krankheitsfall (sowie an Feiertagen) einheitlich für Arbeiter, Angestellte und Auszubildende (§ 1 II EFZG) in einem Gesetz geregelt.

1. Anspruchsvoraussetzungen der Entgeltfortzahlung nach § 3 EFZG

a) Krankheitsbedingte Arbeitsunfähigkeit

Die nach § 3 I EFZG zentrale Voraussetzung für die Entgeltfortzahlung ist, dass der Arbeitnehmer infolge Krankheit an seiner Arbeitsleistung gehindert, d.h. arbeitsunfähig ist.

Als Krankheit kommt jeder regelwidrige Körper- oder Geisteszustand in Betracht. **Die Ursache der Krankheit ist ohne Bedeutung.** Sie muss insbesondere nicht mit der Arbeitsleistung zusammenhängen. Es ist sogar unerheblich, wenn der Arbeitnehmer in Ausübung einer verbotenen Nebentätigkeit erkrankt (BAG, AP Nr. 38 und 49 zu § 1 LFZG). Der Entgeltzahlungsanspruch kann aber wegen Verschuldens des Arbeitnehmers oder unter dem Gesichtspunkt des Rechtsmissbrauchs entfallen. Auch Trunk- oder Drogensucht kommt als

Krankheit in Betracht. Keine Krankheit ist hingegen das altersbedingte Nachlassen der Leistungsfähigkeit.

Erforderlich ist desweiteren, dass die Krankheit zu einer Arbeitsunfähigkeit führt. Arbeitsunfähig ist, wer wegen der Schwere der Erkrankung seiner bisher ausgeübten Tätigkeit objektiv nicht oder nur auf die Gefahr hin nachgehen kann, dass sich sein Gesundheitszustand verschlechtert (BAG, DB 1981, 2628). Sie besteht auch dann, wenn der Arbeitnehmer wegen der Ansteckungsgefahr für Dritte nicht weiterarbeiten darf (BAG AP Nr. 6 zu § 6 LFZG – §17 BSeuchG, jetzt geregelt in § 17 IfSG – ordnete ein Beschäftigungsverbot an).

Wenn ein Arzt dem Arbeitnehmer aufgrund einer Fehldiagnose irrtümlich Arbeitsunfähigkeit bescheinigt, so besteht kein Anspruch auf Entgeltfortzahlung nach § 3 EFZG. Denn die Arbeitsunfähigkeit muss tatsächlich vorliegen.

Ob Arbeitsunfähigkeit vorliegt, ist stets nach der zu verrichtenden Tätigkeit und dem konkreten Arbeitnehmer zu beurteilen. So führt z.b. eine Handverletzung bei einem LKW-Fahrer i.d.R. zur Arbeitsunfähigkeit, während ein Telefonist weiterhin arbeitsfähig bleiben kann.

Kann ein erkrankter Arbeitnehmer nicht im bisherigen, aber in einem verminderten Umfang tätig sein, so spricht man von Teilarbeitsunfähigkeit. Diese ist zum einen gegeben, wenn der Arbeitnehmer seine Tätigkeit krankheitsbedingt nur zeitlich verringert ausüben (sog. **quantitative Teilarbeitsunfähigkeit**) oder nur eine andere als die unmittelbar vor der Erkrankung ausgeübte Tätigkeit verrichten kann (sog. **qualitative Teilarbeitsunfähigkeit**).

Das BAG wendet in diesen Fällen das „**Alles oder Nichts-Prinzip**" an: Danach ist auch der noch vermindert arbeitsfähige Arbeitnehmer im Sinne des EFZG arbeitsunfähig krank, eben weil er seine vertraglich geschuldete Arbeitsleistung nicht mehr voll erfüllen kann (BAG AP Nr.1 zu § 74 SGB V). Das BAG stellt damit den Fall der **teilweisen Arbeitsunfähigkeit** demjenigen der **vollständigen Arbeitsunfähigkeit** gleich.

Umstritten ist, ob ein Arbeitnehmer, der laut Arbeitsvertrag grundsätzlich auf eine andere Tätigkeit verwiesen werden kann (z.B. ein LKW-Fahrer, der teilweise als Disponent eingesetzt werden kann), auch im Krankheitsfalle auf diese Tätigkeit verwiesen werden kann, wenn er diese im Gegensatz zur anderen trotz seiner Erkrankung noch verrichten kann. Nach Ansicht das LAG Rheinland-Pfalz (LAG Rheinland-Pfalz, NZA 1992, 169) kommt eine Verweisung auf eine andere Tätigkeit in diesen Fällen nicht in Betracht. Maßstab für die Beurteilung der Arbeitsunfähigkeit sei ausschließlich die Tätigkeit, die der Arbeitnehmer unmittelbar vor der Erkrankung tatsächlich ausgeübt habe. Der überwiegende Teil der Literatur lässt dagegen eine Verweisung des Arbeitnehmers auf die – zuvor nicht ausgeübte, aber arbeitsvertraglich vorgesehene – Tätigkeit zu und kommt so zur Annahme der Arbeitsfähigkeit (MünchArbR/Boecken, § 83 Rn. 42; ErfK/Dörner EFZG § 3 Rn. 25 m.w.N.).

Erhält der Arbeitnehmer eine Rente wegen Erwerbsunfähigkeit, so bedeutet dies nicht zwangsläufig, dass er auch arbeitsunfähig i.S.d. EFZG ist. Die Arbeitsunfähigkeit ist in jedem Falle gesondert zu prüfen.

b) Ursächlichkeit

Weiteres Erfordernis des Entgeltfortzahlungsanspruches ist, dass die krankheitsbedingte Arbeitsunfähigkeit die alleinige **Ursache der Arbeitsverhinderung** ist. Kein Entgeltfortzahlungsanspruch besteht danach, wenn der Arbeitnehmer im Falle der Nichterkrankung aus anderen Gründen ohnehin nicht gearbeitet und kein Entgelt erhalten hätte.

Tritt die Erkrankung z.b. während eines Arbeitskampfes auf, ist die Entgeltfortzahlungspflicht des Arbeitgebers davon abhängig, ob der Erkrankte ohne seine Erkrankung trotz des Arbeitskampfes Arbeitsentgelt erhalten hätte. Streiken sämtliche Arbeitnehmer eines Betriebs oder kommt es zu einer Aussperrung aller Arbeitnehmer, so entfällt der Anspruch auf Arbeitsentgelt und damit zugleich der Anspruch auf Entgeltfortzahlung im Krankheitsfall (BAG, AP Nr. 39 zu § 1 ArbKrankhG; AP Nr. 29 zu § 1 LFZG). Denn in diesem Falle hätte der Arbeitnehmer auch im Falle der Nichterkrankung nicht gearbeitet.

Kommt es hingegen nicht zu einer Betriebsunterbrechung, sondern beschäftigt der Arbeitgeber die Arbeitswilligen weiter, so hat der erkrankte Arbeitnehmer dann Anspruch auf Entgeltfortzahlung, wenn er zuvor zu den arbeitswilligen Arbeitnehmern gehörte. Erkrankt der Arbeitnehmer vor Beginn des Streiks und führt dieser nicht zu einer Betriebsunterbrechung, so besteht ein Anspruch auf Entgeltfortzahlung auch für die Dauer des Arbeitskampfes.

Wenn das **Arbeitsverhältnis ruht**, d.h. wenn die beiderseitigen Hauptpflichten (die Pflicht zur Arbeitsleistung und die Pflicht zur Entgeltzahlung) ausgesetzt sind, besteht mangels Ursächlichkeit der krankheitsbedingten Arbeitsunfähigkeit für die Nichtleistung kein Anspruch auf Entgeltfortzahlung. Der Anspruch auf Entgeltfortzahlung entfällt jedoch nicht, sondern wird lediglich verschoben: Erkrankt der Arbeitnehmer während der Zeit, in der das Arbeitsverhältnis ruht, und ist der Arbeitnehmer mit Ende des Ruhens immer noch krank, so beginnt die 6-Wochen-Frist an dem Tag zu laufen, an dem der Arbeitnehmer wieder zur Arbeitsleistung verpflichtet wäre.

Das Arbeitsverhältnis ruht z.B. für die Zeit des Wehr- oder Zivildienstes, für die Zeit der Schutzfristen nach § 3 II und § 6 I MuSchG, für die Zeit eines unbezahlten, nicht der Erholung dienenden Sonderurlaubs und für die Elternzeit. Eine Entgeltfortzahlungspflicht besteht erst ab dem Zeitpunkt des Wiederauflebens der arbeitsvertraglichen Hauptleistungspflichten.

Kein Ruhen des Arbeitsverhältnisses ist für die Zeit anzunehmen, in der die Arbeit infolge schlechten Wetters oder infolge von Kurzarbeit ausfällt. Die 6-Wochen-Frist beginnt hier also schon mit dem ersten Tag der Arbeitsunfähigkeit zu laufen.

Erkrankt der Arbeitnehmer **innerhalb seines Erholungsurlaubs**, so wird der Urlaub nach § 9 BUrlG abgebrochen. Ein Anspruch auf Entgeltfortzahlung besteht (BAG, DB 1983, 2526).

c) Kein Verschulden des Arbeitnehmers

Der Arbeitnehmer hat nur dann einen Anspruch auf Entgeltfortzahlung, wenn ihn an der Arbeitsverhinderung **kein Verschulden** trifft. Einigkeit besteht darüber, dass der strenge Verschuldensmaßstab des § 276 BGB, wonach der Schuldner schon leichteste Fahrlässigkeit zu vertreten hat, nicht heranzuziehen ist. Denn sonst käme praktisch in keinem Fall eine Entgeltfortzahlung in Betracht. Ein Arbeitnehmer, der an einer Grippe erkrankt, hätte z.b. keinen Anspruch auf Entgeltfortzahlung, wenn er sich entgegen entsprechender Empfehlungen nicht gegen Grippeviren hat impfen lassen.

Verschulden i.S.d. Entgeltfortzahlungsgesetzes ist im Sinne eines „Verschuldens gegen sich selbst" zu verstehen. Es besteht nur bei einem groben Verstoß des Arbeitnehmers gegen das von einem verständigen Menschen im eigenen Interesse zu erwartende Verhalten, dessen Folgen auf den Arbeitgeber abzuwälzen objektiv unbillig wäre (BAG, AP Nr. 28 zu § 63 HGB; AP Nr. 8, 25, 26 zu § 1 LFZG). Danach muss es sich um ein besonders leichtfertiges, grob fahrlässiges oder vorsätzliches Verhalten handeln. Dies ist unter Abwägung aller Umstände des Einzelfalls festzustellen (BAG, NJW 1979, 2326). Dabei hat der Arbeitgeber darzulegen und zu beweisen, dass den Arbeitnehmer ein entsprechendes Verschulden trifft (BAG, AP Nr. 9 zu § 1 LFZG).

Trägt z.B. ein Bauarbeiter entgegen der Vorschrift keinen Schutzhelm und fällt ihm ein Gegenstand auf den Kopf, so wird ein grober Verstoß anzunehmen sein (LAG Frankfurt, DB 1966, 884). Allerdings trifft den Arbeitnehmer in der Regel kein (grobes) Verschulden, wenn der Arbeitgeber dem Arbeitnehmer nicht die erforderliche Sicherheitsbekleidung oder -ausrüstung kostenlos zur Verfügung stellt (vgl. LAG Berlin, DB 1982, 707).

Beteiligt sich der Arbeitnehmer z.B. an einer Schlägerei und verletzt sich hierbei so stark, dass er arbeitsunfähig wird, so hat er keinen Anspruch auf Entgeltfortzahlung, wenn die Schlägerei durch sein provozierendes Verhalten entstanden ist (BAG, AP Nr. 45 zu § 616 BGB).

Problematisch sind die Fälle, in denen sich der Arbeitnehmer in Ausübung einer Sportart verletzt. Dabei ist nach der Rechtsprechung zunächst zu prüfen, ob die Sportart generell als so gefährlich anzusehen ist, dass den Arbeitnehmer allein durch die Teilnahme an dieser Sportart ein grobes Verschulden trifft. Dass diese Möglichkeit jedoch rein theoretischer Natur ist, zeigt die Auflistung folgender Sportarten, deren Ausübung nach der Rechtsprechung nicht als generell schuldhaft gilt:

Autorennen, Boxen, Drachenfliegen, Fallschirmspringen, Fußball, Karate, Motorradrennen, Skifahren (vgl. die Nachweise aus der Rechtsprechung bei ErfK/Dörner § 3 EFZG Rn. 51 f.).

Bei Sportverletzungen trifft den Arbeitnehmer ein Verschulden gem. § 3 EFZG, wenn er entweder in grober und leichtsinniger Weise gegen anerkannte Regeln der jeweiligen Sportart verstößt oder wenn er sich in einer Weise betätigt, die seine Kräfte und Fähigkeiten deutlich übersteigt, z.B. als nicht geübter Schwimmer in einem unbekannten Gewässer weit hinausschwimmt. Die Entscheidung, ob dem Arbeitnehmer eine Entgeltfortzahlung zusteht, ist dabei von Fall zu Fall zu treffen.

Nach dem Eintritt einer krankheitsbedingten Arbeitsunfähigkeit ist der Arbeitnehmer gehalten, alles zu unterlassen, was den Genesungsprozess verzögern oder Verschlimmerungen des Krankheitszustands herbeiführen könnte (BAG, AP Nr. 112 zu § 626 BGB). So entfällt der Anspruch auf Entgeltfortzahlung, wenn der Arbeitnehmer gegen ärztliche Anordnungen verstößt und die Genesung sich hierdurch verzögert.

2. Beginn und Dauer der Entgeltfortzahlung

Der Anspruch auf Entgeltfortzahlung bei krankheitsbedingter Arbeitsunfähigkeit ist nach § 3 I 1 EFZG grundsätzlich **begrenzt auf einen Zeitraum von sechs Wochen**.

Mitberücksichtigt werden hierbei auch jene Tage, an denen nicht gearbeitet wird, ohne dass das Arbeitsverhältnis ruht. Somit zählen auch Sonn- und Feiertage mit. Nach der Rechtsprechung fällt hierunter auch die Zeit des Arbeitskampfes (BAG, AP Nr. 29 zu § 1 LFZG) oder des schlechten Wetters (BAG, AP Nr. 5 zu § 1 LFZG).

Der Anspruch auf Entgeltfortzahlung beginnt mit dem ersten Tag der krankheitsbedingten Arbeitsunfähigkeit. Eine Karenzzeit ist im Gesetz nicht vorgesehen. Unerheblich ist, zu welchem Zeitpunkt ein Arzt die Arbeitsunfähigkeit feststellt. Dem Arbeitgeber steht bis zur Vorlage einer ärztlichen Arbeitsunfähigkeitsbescheinigung ein Leistungsverweigerungsrecht zu.

Tritt die Erkrankung während der Arbeitszeit auf, wird der angebrochene Arbeitstag bei der Berechnung der 6-Wochen-Frist nicht mitgerechnet. Sie beginnt gem. § 187 I BGB erst am nächsten Tag. Für den Tag, an dem der Arbeitnehmer erkrankt, erhält er die volle Vergütung (BAG, AP Nr. 3 zu § 1 LFZG).

Somit hat der Arbeitnehmer für den gesamten Erkrankungstag einen Entgeltanspruch und für maximal weitere sechs Wochen einen Entgeltfortzahlungsanspruch.

Erkrankt der Arbeitnehmer hingegen vor Beginn der täglichen Arbeitszeit – z.b. weil er auf dem Weg zur Arbeit einen Unfall erleidet –, so zählt der erste Tag der Erkrankung bei der Berechnung der Dauer der Entgeltfortzahlung mit (BAG, AP Nr. 65 zu § 1 LFZG).

Ist der Arbeitnehmer nach Ablauf der sechs Wochen weiterhin krank, so endet der Entgeltfortzahlungsanspruch gegen den Arbeitgeber. Anschließend erhält der Arbeitnehmer einen **sozialversicherungsrechtlichen Anspruch auf Krankengeld gegenüber seiner Krankenkasse** (§44 SGB V). Liegen die Voraussetzungen des § 3 EFZG nicht vor, so kann der Arbeitnehmer Krankengeld schon ab dem ersten Tag der Arbeitsunfähigkeit beanspruchen. Leistet der Arbeitgeber entgegen § 3 EFZG keine Entgeltfortzahlung, so kann die Krankenkasse den auf sie kraft Gesetzes übergegangenen Entgeltfortzahlungsanspruch gegen ihn gerichtlich geltend machen (§ 115 I SGB X). Der Anspruch auf Krankengeld wird bei Arbeitsunfähigkeit wegen derselben Krankheit für höchstens 78 Wochen innerhalb von drei Jahren gewährt (§ 48 SGB V).

Der Zeitraum, für den der Arbeitgeber Entgeltfortzahlung schuldet, kann einzel- oder kollektivvertraglich verlängert werden.

3. Fortsetzungserkrankungen

Wird der Arbeitnehmer infolge derselben Krankheit erneut arbeitsunfähig, so verliert er nach § 3 I 2 EFZG wegen der erneuten Arbeitsunfähigkeit den Anspruch auf Entgeltfortzahlung für einen weiteren Zeitraum von höchstens sechs Wochen nicht, wenn

- er vor der erneuten Arbeitsunfähigkeit mindestens sechs Monate nicht infolge derselben Krankheit arbeitsunfähig war oder

- seit Beginn der ersten Arbeitsunfähigkeit infolge derselben Krankheit eine Frist von zwölf Monaten abgelaufen ist.

a) „Dieselbe Krankheit"

Um „dieselbe Krankheit" handelt es sich, wenn die wiederholte Erkrankung auf **demselben Grundleiden** beruht bzw. wenn sie auf dieselbe chronische Veranlagung des Patienten zurückzuführen ist (BAG, AP NR. 61 zu § 1 LFZG). Jede erneute Erkrankung an demselben, medizinisch nicht ausgeheilten Grundleiden ist unter diesen Voraussetzungen als dieselbe Krankheit zu bewerten. Die erneuten Erkrankungen sind dann nur Folgewirkungen, Rückfälle oder Schübe eines fortbestehenden Leidens (z.B. Rheumaleiden). Unerheblich ist demgegenüber, ob die Krankheitssymptome identisch sind. Diese müssen nur auf dasselbe Grundleiden zurückzuführen sein. Der Begriff „dieselbe Krankheit" darf deshalb nicht verstanden werden im Sinne der „gleichen" Krankheit. Erkrankt ein Arbeitnehmer z.b. im Laufe des Jahres zwei Mal an einer Grippe, so beruht diese zumeist nicht auf einem Grundleiden und ist damit keine fortgesetzte Krankheit.

Der Arbeitgeber hat darzulegen und zu beweisen, dass eine fortgesetzte Erkrankung vorliegt. Da die Arbeitsunfähigkeitsbescheinigung keine Angaben über die Art der Erkrankung enthält, ist dieser Beweis in der Praxis äußerst schwierig zu führen. Nach der Rechtsprechung ist der Arbeitnehmer verpflichtet, dem Arbeitgeber davon Mitteilung zu machen, dass die Arbeitsunfähigkeit auf einer Fortsetzungserkrankung beruht, wenn dies für den Arbeitnehmer eindeutig erkennbar ist (BAG, EzA zu § 4 TVG Nr. 68 Ausschlussfristen).

Auch dies hilft jedoch in der Regel nicht weiter, da der Arbeitnehmer entweder nicht kooperativ ist oder nicht über die Kenntnis der medizinischen Zusammenhänge verfügt. Der Arbeitgeber kann deshalb zumeist nicht mehr tun, als sich beim Arbeitnehmer zu erkundigen, ob **Anhaltspunkte für eine Fortsetzungserkrankung** bestehen. Verweigert dieser die Auskunft oder seine Mithilfe, kann der Arbeitgeber von dem Arbeitnehmer verlangen, dass er seinen behandelnden Arzt von der Schweigepflicht entbindet. Der Arzt darf, nachdem er von seiner Schweigepflicht entbunden worden ist, jedoch nur zu der Frage Stellung beziehen, ob eine Fortsetzungserkrankung vorliegt oder nicht. Den Krankheitsbefund darf er nicht mitteilen. Weigert sich der Arbeitnehmer, seinen Arzt von der Schweigepflicht zu entbinden, so kann der Arbeitgeber die Entgeltfortzahlung nach §§ 7, 5 EFZG so lange verweigern, bis der Arbeitnehmer dies nachholt.

Nach § 69 IV SGB X besteht für den Arbeitgeber auch die Möglichkeit, sich **bei der Krankenkasse zu erkundigen**, ob eine Fortdauer der Arbeitsunfähigkeit oder eine neue Arbeitsunfähigkeit des Arbeitnehmers auf denselben Ursachen beruht.

b) 6-Monats-Frist

Grundsätzlich kann der Arbeitnehmer, der an einer fortgesetzten Erkrankung leidet, für alle Erkrankungen zusammen insgesamt nur einen Anspruch auf Entgeltfortzahlung für den Zeitraum von sechs Wochen (bzw. 42 Kalendertagen) geltend machen (BAG, AP Nr. 29 zu § 1 LFZG). Sind die sechs Wochen ausgeschöpft, besteht somit grundsätzlich keine Entgeltfortzahlungspflicht für die auf der fortgesetzten Erkrankung beruhenden Arbeitsunfähigkeit. Das Gesetz macht hiervon in den oben genannten Fällen Ausnahmen. Erleidet der Arbeitnehmer im Januar und Februar für acht Wochen und ab dem folgenden November für neun Wochen dieselbe Krankheit, so kann er wegen des dazwischen liegenden Zeitraums von mehr als sechs Monaten ohne Folgeerkrankung jeweils für die ersten sechs Wochen der Krankheit Entgeltfortzahlung beanspruchen. Zu beachten ist, dass die 6-Monats- Frist sich nur darauf bezieht, dass der Arbeitnehmer innerhalb dieser Zeitspanne nicht wegen „derselben" Krankheit arbeitsunfähig wird. Wird er in dieser Zeit wegen eines anderen Leidens arbeitsunfähig, so läuft die Frist weiter.

c) 12-Monats-Frist

Unabhängig von der 6-monatigen Frist entsteht der Anspruch auf (wiederum maximal 6-wöchige) Entgeltfortzahlung wegen derselben Krankheit von neuem, wenn ab Eintritt der ersten krankheitsbedingten Arbeitsunfähigkeit zwölf Monate abgelaufen sind. Es kommt nicht darauf an, wie oft der Arbeitnehmer innerhalb des 12-Monats-Zeitraums wegen derselben Krankheit arbeitsunfähig war. Nur die wiederholte Arbeitsunfähigkeit begründet jedoch einen neuen Anspruch. Wenn die ursprüngliche Arbeitsunfähigkeit mehr als zwölf Monate ununterbrochen andauert, entsteht deshalb kein neuer Entgeltfortzahlungsanspruch.

Beispiel:

Erkrankt der Arbeitnehmer am 1.8.2004 und bleibt er wegen dieser Krankheit über den 1.8.2005 hinaus krankheitsbedingt arbeitsunfähig, so entsteht am 1.8.2005 kein neuer Entgeltfortzahlungsanspruch. Anders wäre es, wenn er in der Zwischenzeit wieder gesundet ist. Wird er am 2.8.2005 wegen derselben Krankheit erneut arbeitsunfähig, so entstünde der Anspruch erneut. Während einer laufenden Erkrankung entsteht jedoch kein neuer Entgeltfortzahlungsanspruch. Wird der Arbeitnehmer im Beispielsfall am 20.7.2005 wegen derselben Krankheit erneut arbeitsunfähig, so besteht kein Anspruch auf Entgeltfortzahlung. Gesundet der Arbeitnehmer am 10.8.2005 und wird am 10.9.2005 wegen derselben Krankheit erneut arbeitsunfähig, so hat er für den Zeitraum von sechs Wochen, gerechnet ab dem 10.9.2005, Anspruch auf Entgeltfortzahlung.

4. Wartezeit

Der Anspruch auf Entgeltfortzahlung entsteht nach § 3 III EFZG erstmals nach **4-wöchiger ununterbrochener Dauer des Arbeitsverhältnisses.** Diese Wartezeit soll die Kostenbelastung für die Arbeitgeber reduzieren. Dies bedeutet jedoch nicht, dass der Arbeitnehmer, der innerhalb der ersten vier Wochen erkrankt, überhaupt keinen Anspruch auf Entgeltfortzahlung hat. Vielmehr erwirbt der Arbeitnehmer erst mit Beginn der fünften Woche des Arbeitsverhältnisses einen Anspruch auf Entgeltfortzahlung.

Beispiel:

Ist in einem am 20.3. geschlossenen Arbeitsvertrag als erster Arbeitstag der 1.4. vorgesehen und erkrankt der Arbeitnehmer am 28.3., so hat der Arbeitnehmer im

Falle einer fortdauernden Erkrankung erst ab dem 29.4. Anspruch auf Entgeltfortzahlung (Zeitpunkt des Ablaufs der vierten Woche gem. §§ 187 II, 188 II BGB). Die
Wartezeit gem. § 3 III EFZG führt nicht zu einer Verkürzung, sondern nur zu einer
Verschiebung des Entgeltfortzahlungszeitraumes. Der Arbeitnehmer kann in dem
obigen Beispiel für die Dauer von maximal sechs Wochen – beginnend ab dem
29.4. – Entgeltfortzahlung beanspruchen.

5. Höhe der Entgeltfortzahlung

Nach § 4 I EFZG muss der Arbeitgeber dem Arbeitnehmer für den Zeitraum
der unverschuldeten krankheitsbedingten Arbeitsunfähigkeit das Arbeitsentgelt bezahlen, das ihm bei der für ihn maßgebenden regelmäßigen Arbeitszeit zusteht (sog. **Entgeltausfallprinzip**). Maßgeblich ist nicht die im Betrieb
übliche Arbeitszeit, sondern die regelmäßige **individuelle Arbeitszeit des
Arbeitnehmers**. Die Arbeitszeit ist zwar nicht erst dann als regelmäßig zu bewerten, wenn sie ständig gleich bleibt; allerdings ist eine gewisse Stetigkeit
und Dauer erforderlich. Nicht erfasst wird eine nur vorübergehende Änderung
der Arbeitszeit. Wird in Schichten gearbeitet, so ergibt sich die regelmäßige
Arbeitszeit aus dem Schichtplan und der Einteilung des Arbeitnehmers in diesem Schichtplan.

Lässt sich eine regelmäßige Arbeitszeit nicht ausmachen und lässt sich nicht
ermitteln, in welchem Umfang der erkrankte Arbeitnehmer ohne die Erkrankung gearbeitet hätte, so ist der durchschnittliche Verdienst der letzten drei
Monate vor der Erkrankung zu Grunde zu legen (Schmitt, EFZG, § 4 Rn. 42). Der
Durchschnittsverdienst ist nach § 4 Ia 2 EFZG auch dann Bemessungsgrundlage
der Entgeltfortzahlung, wenn der Arbeitnehmer eine auf das Arbeitsergebnis
abgestellte Vergütung erhält (vor allem Akkordarbeit). Der Zeitraum ist so zu
bemessen, dass Zufallsergebnisse ausgeschlossen sind. Es empfiehlt sich auch
hierbei, einen Dreimonatszeitraum vor der Erkrankung zu Grunde zu legen.

Nicht hinzuzurechnen sind nach § 4 Ia EFZG das Arbeitsentgelt für Überstunden und Leistungen des Arbeitgebers, durch die Aufwendungen abgegolten
werden sollen, die während der Arbeitsunfähigkeit nicht entstehen. Letztere
sind von der Berechnung der Entgeltfortzahlung ausgenommen, da der arbeitsunfähige Arbeitnehmer nicht besser stehen soll als derjenige, der tatsächlich arbeitet. Reisekostenvergütungen sind z.B. in der Regel bei der Bemessung
der Entgeltfortzahlung nicht zu berücksichtigen, es sei denn, sie haben den
Charakter eines echten Arbeitsentgelts. Dies ist der Fall, wenn sie ohne den
Nachweis tatsächlicher Aufwendungen vom Arbeitgeber gezahlt werden und
der Arbeitnehmer die Möglichkeit der freien Verwendung hat. Trennungs- und
Wegegeldentschädigungen haben in der Regel Aufwendungsersatzcharakter,
da tatsächlich entstandene Unkosten abgegolten werden.

Eine Spezialregelung enthält § 4 III EFZG für Kurzarbeit. Grundlage der Bemessung des Arbeitsentgelts ist die verkürzte Arbeitszeit für die Dauer der Kurzarbeit.

Die vom Arbeitgeber gezahlten Leistungen im Krankheitsfall stellen Arbeitslohn dar und unterliegen somit der Lohnsteuer.

Die Höhe des nach Ablauf der Entgeltfortzahlungspflicht von der Krankenkasse zu zahlenden Krankengeldes beträgt 70% des erzielten regelmäßigen Arbeitsentgelts und Arbeitseinkommens (des sog. Regelentgelts). Dies entspricht in der Regel etwa 90% des Nettoarbeitsentgelts.

6. Anzeige- und Nachweispflicht des Arbeitnehmers

Nach § 5 EFZG ist der Arbeitnehmer verpflichtet, die Arbeitsunfähigkeit und deren voraussichtliche Dauer unverzüglich mitzuteilen. Dauert die Arbeitsunfähigkeit länger als drei Kalendertage, hat der Arbeitnehmer eine ärztliche Bescheinigung über das Bestehen der Arbeitsunfähigkeit sowie deren voraussichtliche Dauer spätestens an dem darauf folgenden Arbeitstag vorzulegen.

Daneben sieht § 5 II EFZG weitere Mitteilungs- und Mitwirkungspflichten des Arbeitnehmers für den Fall vor, dass dieser sich bei Beginn der Arbeitsunfähigkeit im Ausland aufhält.

a)   Anzeige der Arbeitsunfähigkeit

Auch Arbeitnehmer, die wegen Ablaufs der 6-Wochen-Frist oder mangels Vorliegens der Voraussetzungen des § 3 EFZG keinen Anspruch auf Entgeltfortzahlung haben, sind **zur Mitteilung der Arbeitsunfähigkeit verpflichtet**, damit der Arbeitgeber entsprechende Vorkehrungen wie z.B. die Bereitstellung von Ersatzpersonal treffen kann.

Die Mitteilung hat unverzüglich, also ohne schuldhaftes Zögern (§ 121 BGB) zu erfolgen. Der Arbeitnehmer hat den Arbeitgeber bereits am ersten Tag der Arbeitsunfähigkeit zu Arbeitsbeginn bzw. während der ersten Betriebsstunden zu informieren. Da es nicht auf den Zeitpunkt der Absendung, sondern auf den rechtzeitigen Zugang der Mitteilung beim Arbeitgeber ankommt, reicht eine Benachrichtigung per Post angesichts der üblichen Postlaufzeiten nicht aus. Der Arbeitnehmer hat den Arbeitgeber deshalb telefonisch oder per Telefax zu informieren.

Es reicht in der Regel aber aus, wenn sich der arbeitsunfähige Arbeitnehmer bei seinem direkten Vorgesetzten meldet. Vorgesetzte, deren Funktion sich auf die Erfüllung arbeitstechnischer Zwecke beschränkt, wie z.B. Vorarbeiter, sind im Allgemeinen nicht zur Entgegennahme von Mitteilungen nach § 5 EFZG befugt (BAG, DB 1965, 295). Diese Personen kann der Arbeitnehmer allerdings als Boten einsetzen (ebenso wie Pförtner, Telefonisten, Arbeitskollegen). Dabei trägt aber der Arbeitnehmer das Risiko, dass die Mitteilung von den Boten nicht weitergegeben wird.

Sollte der Arbeitnehmer krankheitsbedingt nicht persönlich in der Lage sein, seinen Arbeitgeber zu informieren, so ist er verpflichtet, einen Dritten hiermit zu beauftragen.

Hat der Arbeitgeber bereits Kenntnis von der Arbeitsunfähigkeit (z.B. weil der Arbeitnehmer einen Arbeitsunfall hatte), entfällt die Mitteilungspflicht.

Verletzt ein Arbeitnehmer trotz vorheriger Abmahnung wiederholt seine Anzeigepflicht, kann dies eine ordentliche Kündigung rechtfertigen (BAG, BB 1992, 2076). Nicht erforderlich ist es hierfür, dass es zu einer Störung der Arbeitsorganisation oder des Betriebsfriedens kommt (BAG, NZA 1993, 17). Dies ist lediglich für die nach § 1 KSchG vorzunehmende Interessenabwägung von Belang und wirkt sich dort zu Lasten des Arbeitnehmers aus. Bei besonders hartnäckigen Verstößen eines Arbeitnehmers gegen die Mitteilungspflicht kommt im Einzelfall auch eine außerordentliche Kündigung in Betracht (BAG, AP Nr. 1 zu § 7 LFZG).

Darüber hinaus besteht die Möglichkeit, vom Arbeitnehmer Schadenersatz zu verlangen, wenn der Arbeitgeber z.B. wegen einer nicht erfolgten oder verspäteten Mitteilung der Arbeitsunfähigkeit nicht mehr für Personalersatz sorgen kann.

Der Anspruch auf Entgeltfortzahlung wird durch eine Verletzung der Mitteilungspflicht hingegen nicht beeinträchtigt.

b)   Vorlage der Arbeitsunfähigkeitsbescheinigung

Des Weiteren hat der Arbeitnehmer unter der Voraussetzung, dass die Arbeitsunfähigkeit **länger als drei Kalendertage** (und nicht Werktage!) andauert, eine ärztliche Bescheinigung seiner Arbeitsunfähigkeit vorzulegen (sog. Arbeitsunfähigkeitsbescheinigung). Die Vorlage hat am „darauf folgenden Arbeitstag" zu erfolgen. Bei der Berechnung dieser Frist zählt der Tag der Erkrankung mit. Der Arbeitnehmer muss also **spätestens am vierten Tag der Arbeitsunfähigkeit** ein Attest vorlegen.

Beispiel:

Ein Arbeitnehmer, der regelmäßig montags bis freitags arbeitet, erkrankt am Freitag vor Beginn der Arbeit. Ist er am Montag noch arbeitsunfähig, hat er an diesem Tag eine Arbeitsunfähigkeitsbescheinigung vorzulegen (der Samstag und der Sonntag zählen mit). Ist dieser Montag kein Arbeitstag, sondern z.B. gesetzlicher Feiertag, braucht er die Bescheinigung erst am Dienstag, dem „darauf folgenden Arbeitstag", vorzulegen.

Ist der vierte Kalendertag ein Samstag, so hängt die Frage, ob der Arbeitnehmer eine Arbeitsunfähigkeitsbescheinigung noch an diesem Tag oder erst am Montag vorzulegen hat, davon ab, ob der Betrieb normalerweise samstags arbeitet. Unerheblich ist, ob der betroffene Arbeitnehmer überhaupt samstags hätte arbeiten müssen.

Nach § 5 I 3 EFZG hat der Arbeitgeber das Recht, die Vorlage einer Arbeitsunfähigkeitsbescheinigung schon früher zu verlangen. Es steht im Belieben des Arbeitgebers, ob er von dieser Möglichkeit (z.b. durch eine entsprechende Klausel im Arbeitsvertrag) Gebrauch macht; einen besonderen Anlass muss er hierfür nicht vorweisen. Der Arbeitgeber hat hierbei allerdings gegenüber seinen Arbeitnehmern den Gleichbehandlungsgrundsatz zu beachten (BAG, NZA 1998, 370 f.).

Dauert die Arbeitsunfähigkeit länger als in der Bescheinigung angegeben, so ist der Arbeitnehmer nach § 5 I 4 EFZG verpflichtet, eine **neue ärztliche Bescheinigung** vorzulegen. Der Arbeitnehmer ist verpflichtet, dem Arbeitgeber unverzüglich Mitteilung zu machen, wenn ihm bekannt wird, dass die Arbeitsunfähigkeit länger als in der ärztlichen Bescheinigung angegeben dauert. Fraglich ist, wann der Arbeitnehmer eine neue ärztliche Bescheinigung vorzulegen hat: spätestens am vierten Tag nach dem ursprünglich bescheinigten Endtermin, spätestens zu dem Zeitpunkt, zu dem der Arbeitnehmer den Dienst wieder hätte antreten müssen oder bereits vor Ablauf der ersten bzw. vorherigen Bescheinigung, sobald der Arbeitnehmer eine über den ursprünglichen Zeitpunkt hinausgehende Arbeitsunfähigkeit absehen kann (so MünchArbR/ Boecken, § 85 Rn. 46, vgl. insgesamt EfK/Dörner EFZG § 5 Rn. 45 f.).

Diese Streitfrage kann der Arbeitgeber in der Praxis dadurch umgehen, dass er von seinem Arbeitnehmer entsprechend der Vorschrift des § 5 I 3 EFZG verlangt, die Folgebescheinigung zu einem früheren Zeitpunkt vorzulegen, also z.B. noch vor oder mit Ablauf der vorangehenden Arbeitsunfähigkeitsbescheinigung.

Verletzt ein Arbeitnehmer seine **Nachweispflicht** dadurch, dass er es versäumt, eine ärztliche Bescheinigung über seine Arbeitsunfähigkeit vorzulegen, so kann der Arbeitgeber für diesen Zeitraum die **Entgeltfortzahlung verweigern** (§ 7 I Ziff. 1 EFZG). Reicht der Arbeitnehmer das Attest nach, ist der Arbeitgeber zur Nachzahlung verpflichtet. Verstößt der Arbeitnehmer wiederholt gegen die Vorlagepflicht und ignoriert er eine vorausgegangene Abmahnung, kann dies eine außerordentliche Kündigung rechtfertigen.

Erschleicht sich der Arbeitnehmer eine Arbeitsunfähigkeitsbescheinigung, kann der Arbeitgeber die bereits geleisteten Entgeltfortzahlungen nach § 812 ff. BGB zurückverlangen. Entstehen dem Arbeitgeber Detektivkosten (um dem Arbeitnehmer nachweisen zu können, dass er tatsächlich nicht arbeitsunfähig ist), so kann er diese unter dem Gesichtspunkt des Schadenersatzes ebenfalls geltend machen (BAG, DB 1998, 2473; LAG Berlin, BB 1978, 812). Auch kann der Arbeitgeber das Arbeitsverhältnis ordentlich oder aus wichtigem Grund kündigen. Eine Abmahnung ist bei einer derart schwerwiegenden Pflichtverletzung entbehrlich (so BAG DB 1993, 2534).

c) Beweiswert der Arbeitsunfähigkeitsbescheinigung

Grundsätzlich muss der Arbeitnehmer beweisen, dass er arbeitsunfähig ist. Legt er eine ärztliche Bescheinigung vor, die ihm dies attestiert, so reicht dies in aller Regel aus; eine ordnungsgemäß ausgestellte Arbeitsunfähigkeitsbescheinigung ist nach ständiger Rechtsprechung der gewichtigste Beweis einer krankheitsbedingten Arbeitsunfähigkeit (vgl. BAGE 28, 144, 146; 48, 115, 119).

Hat der Arbeitgeber nach wie vor Zweifel, etwa weil er den Arbeitnehmer auf einer öffentlichen Veranstaltung sieht, so muss er die **Beweiskraft der ärztlichen Bescheinigung der Arbeitsunfähigkeit erschüttern**. Dies ist in der Praxis außerordentlich schwierig. So darf Arbeitsunfähigkeit z.b. nicht mit „Bettlägerigkeit" gleichgestellt werden, so dass ein Antreffen des Arbeitnehmers in der Öffentlichkeit die ärztliche Bescheinigung nicht unbedingt erschüttern kann. Etwas anderes gilt dann, wenn der Arbeitnehmer bei körperlich anstrengenden Tätigkeiten (Sport, Bauarbeiten o.ä.) angetroffen wird. Ein weiteres Indiz, das die Beweiskraft des Attestes erschüttern kann, besteht für den Fall, dass der Arzt den Beginn der Arbeitsunfähigkeit rückwirkend festsetzt, soweit die Rückwirkung zwei Tage übersteigt oder wenn die Folgebescheinigung dasselbe Ausstellungsdatum aufweist wie die Erstbescheinigung.

Äußert der Arbeitnehmer kurz vor der Arbeitsunfähigkeit seine **Arbeitsunwilligkeit** und kann der Arbeitgeber dies auch nachweisen, so ist der Beweiswert eines ärztlichen Attests ebenfalls erschüttert. Dann ist es Sache des Arbeitnehmers, seine Arbeitsunfähigkeit auf andere Weise als durch ärztliches Attest zu beweisen (z.b. durch Aussage des behandelnden Arztes, Zeugen, Sachverständigengutachten).

Hat der Arbeitgeber **Zweifel an der Arbeitsunfähigkeit**, z.B. weil der Arbeitnehmer auffällig oft nur für kurze Dauer erkrankt ist oder der Beginn der Arbeitsunfähigkeit häufig auf einen Arbeitstag am Beginn oder am Ende einer Woche fällt, so kann er nach § 275 I Ziff. 3b, Ia SGB V verlangen, dass die **Krankenkasse eine gutachterliche Stellungnahme des Medizinischen Diensts** zur Überprüfung der Arbeitsunfähigkeit einholt.

Weigert sich der Arbeitnehmer, diese Untersuchung durchzuführen, so kann auch dies die Richtigkeitsvermutung eines ärztlichen Attests erschüttern (BAG, AP Nr. 2 zu § 3 LFZG). Kommt es zur Untersuchung, teilt der Medizinische Dienst dessen Ergebnis dem Arbeitgeber nur dann mit, wenn das Gutachten mit der ärztlichen Bescheinigung, die der Arbeitnehmer vorgelegt hat, nicht übereinstimmt (§ 277 II SGBV). Erhält der Arbeitgeber daher keine Mitteilung des Medizinischen Dienstes, so hat die Untersuchung des Medizinischen Dienstes die Arbeitsunfähigkeit bestätigt.

7. Forderungsübergang bei Haftung Dritter

Kann der Arbeitnehmer auf Grund gesetzlicher Vorschriften von einem Dritten Schadensersatz wegen des Verdienstausfalls beanspruchen, der ihm durch die Arbeitsunfähigkeit entstanden ist, so geht dieser Anspruch nach § 6 EFZG insoweit auf den Arbeitgeber über, als dieser dem Arbeitnehmer Arbeitsentgelt fortzahlt und darauf entfallende Arbeitgeberanteile (an die BfA und an die Sozialversicherung) abgeführt hat.

Erleidet der Arbeitnehmer z.b. durch Verschulden eines Dritten einen Autounfall und wird dadurch arbeitsunfähig, so kann sich der Arbeitgeber, der seinem Arbeitnehmer das Entgelt nach § 3 EFZG zahlt, direkt an die gegnerische Kfz-Haftpflichtversicherung wenden, die ihm die Zahlungen zu erstatten hat. Der Arbeitnehmer hat dem Arbeitgeber zu diesem Zweck die erforderlichen Angaben zur Geltendmachung des Ersatzanspruchs zu machen (§ 6 II EFZG).

Die Höhe des Erstattungsanspruchs bemisst sich nach dem Arbeitsentgelt, also dem Bruttoverdienst des Arbeitnehmers, soweit er ihn auf Grund des Arbeitsverhältnisses als Gegenleistung für seine Arbeit erhält. Wird die Arbeitsunfähigkeit durch einen Arbeitskollegen verursacht, gilt eine wichtige Einschränkung. Personen, die durch eine betriebliche Tätigkeit einen Arbeitsunfall von Versicherten desselben Betriebs verursachen, sind diesen zum Ersatz des Personenschadens nur dann verpflichtet, wenn sie den Arbeitsunfall vorsätzlich herbeigeführt haben oder wenn es sich um einen Unfall auf dem Arbeitsweg handelt (vgl. § 105 SGB VII). Dieses Haftungsprivileg von Arbeitskollegen wirkt sich unmittelbar auf den Ersatzanspruch des Arbeitgebers aus, der dem verletzten Arbeitnehmer das Entgelt nach § 3 EFZG zahlt. Soweit einem Arbeitskollegen das Haftungsprivileg des § 105 SGB VII zukommt, ist dieser zwar Dritter i.S.d. § 6 EFZG, es existiert jedoch kein Anspruch, der auf den Arbeitgeber übergehen könnte.

Der Arbeitgeber ist nach § 7 I Ziff. 2 EFZG berechtigt, die Fortzahlung des Arbeitsentgelts zu verweigern, wenn der Arbeitnehmer den Übergang eines Schadenersatzanspruches gegen einen Dritten auf den Arbeitgeber verhindert.

8. Entgeltfortzahlung im Kündigungs- und Beendigungsfall

Grundsätzlich schuldet der Arbeitgeber eine **Entgeltfortzahlung nur bis zum Zeitpunkt der Beendigung des Arbeitsverhältnisses**, auch wenn die 6-Wochen-Frist noch nicht ausgeschöpft worden ist. Der Arbeitnehmer, der eine Kündigung erhalten hat, hat also nur bis zum Zeitpunkt des Ablaufs der Kündigungsfrist einen Anspruch auf Entgeltfortzahlung, wenn er nach Ausspruch der Kündigung, aber vor Ablauf der Kündigungsfrist erkrankt. Denn eine Entgeltfortzahlungspflicht des Arbeitgebers setzt ein (noch) bestehendes Arbeitsverhältnis voraus.

Eine Ausnahme von diesem Grundsatz sieht § 8 I 1 EFZG für den Fall vor, dass der Arbeitgeber seine **Kündigung** gerade auf die krankheitsbedingte Arbeitsunfähigkeit des Arbeitnehmers stützt. Der Arbeitnehmer hat in diesen Fällen auch über den Ablauf der Kündigungsfrist hinaus, also unbeschadet der Beendigung des Arbeitsverhältnisses den Entgeltfortzahlungsanspruch für den Zeitraum von maximal sechs Wochen. Kündigt der Arbeitgeber im zeitlichen Zusammenhang mit der Krankmeldung des Arbeitnehmers, spricht der Beweis des ersten Anscheins dafür, dass der Arbeitgeber aus **Anlass der Arbeitsunfähigkeit** gekündigt hat.

Gleiches gilt nach § 8 I 2 EFZG, wenn der Arbeitnehmer das Arbeitsverhältnis fristgerecht aus Gründen kündigt, die der Arbeitgeber zu vertreten hat, und der Arbeitnehmer zum Ausspruch einer fristlosen Kündigung ohne Einhaltung einer Kündigungsfrist berechtigt wäre.

9. Unabdingbarkeitsregelung

Nach § 12 EFZG darf der Arbeitgeber von den Vorschriften des EFZG nicht zu Ungunsten des Arbeitnehmers abweichen, d.h. weder durch Individual- noch durch Kollektivvereinbarung. Er darf z.B. nicht die Dauer der Entgeltfortzahlung verkürzen. Verstößt der Arbeitgeber gleichwohl gegen die gesetzlichen Regelungen zur Entgeltfortzahlung und ist die abweichende Vereinbarung für den Arbeitnehmer nachteilig, so ist diese Vereinbarung gem. § 134 BGB unwirksam. An deren Stelle treten die skizzierten gesetzlichen Regelungen.

10. Gesetz über den Ausgleich von Arbeitgeberaufwendungen

Seit dem 1.1.2006 ist in dem Gesetz über den Ausgleich von Arbeitgeberaufwendungen (Aufwendungsausgleichsgesetz – AAG) das Umlage- und Erstattungsverfahren für die Zeiten der Krankheit und Mutterschaft geregelt. Das Gesetz hat das Umlage- und Erstattungsverfahren auf Betriebe bis zu 30 Arbeitnehmern erweitert und die Angestellten in das Verfahren einbezogen (vgl. zur Errechnung der Gesamtzahl der beschäftigten Arbeitnehmer und Arbeitnehmerinnen § 3 I AAG).

II. Arbeitsverhinderung aus persönlichen Gründen

Ist der Arbeitnehmer aus persönlichen Gründen verhindert, seine Arbeitsleistung zu erbringen, ohne jedoch krank zu sein, so behält der Arbeitnehmer unter bestimmten Voraussetzungen für die Zeit der Arbeitsverhinderung seinen Lohnanspruch, ohne zur Nachleistung verpflichtet zu sein (§ 616 S. 1 BGB).

Es muss sich um ein **Leistungshindernis** handeln, welches **in der Person des Arbeitnehmers** liegt. Nicht hierunter fallen deshalb allgemeine oder objektive Leistungshindernisse wie Streik, Demonstrationen, witterungsbedingte Störungen (Straßenglätte!), allgemeine Verkehrsstörungen wie Staus etc. Hier verliert der Arbeitnehmer – auch bei nur kurzzeitiger Verhinderung – seinen Vergütungsanspruch.

Voraussetzung des Entgeltfortzahlungsanspruchs nach § 616 S. 1 BGB ist, dass das – persönliche – Leistungshindernis unvermeidbar zu einer Arbeitsverhinderung führt, weil es in die Arbeitszeit fällt und entweder überhaupt nicht oder nur mit einer unzumutbaren Belastung für den Arbeitnehmer in die Freizeit verschoben werden kann. Die Voraussetzung der Unzumutbarkeit ist nach Ansicht des BAG nur dann erfüllt, wenn dem Arbeitnehmer wegen höherrangiger Pflichten die Arbeitsleistung nach Treu und Glauben unter Abwägung der wechselseitigen Interessen nicht mehr abverlangt werden darf (BAG, AP Nr. 23 zu § 616 BGB). In Betracht kommen z.B. Familienereignisse wie Hochzeit oder Tod naher Angehöriger, Niederkunft der Ehefrau, Arztbesuche, Betreuung oder Pflege des erkrankten noch nicht zwölf Jahre alten Kindes, wenn keine andere Person im Haushalt lebt, die das Kind beaufsichtigen, betreuen oder pflegen kann, Heilbehandlungen, Ausübung staatsbürgerlicher Ehrenämter, Vorladung als Zeuge vor Gericht, unmittelbar die Person betreffende Vorgänge wie eine Autopanne oder ein Verkehrsunfall.

Der Entgeltfortzahlungsanspruch nach § 616 S. 1 BGB besteht nur „eine verhältnismäßig nicht erhebliche Zeit". Fraglich ist insbesondere bei der Arbeitsverhinderung wegen betreuter erkrankter Kinder, welcher Zeitraum hiervon umfasst ist. Dabei dürfte pro Pflegefall von einem Zeitraum von bis zu fünf Tagen auszugehen sein, wobei je nach den Umständen des Einzelfalls auch Abweichungen nach oben denkbar sind (EfK/Dörner § 616 Rn. 10).

Die Bestimmungen des § 616 BGB sind abdingbar. Es ist daher aus Arbeitgebersicht zu empfehlen, im Arbeitsvertrag eine entsprechende Regelung aufzunehmen („§ 616 BGB wird abbedungen").

Einen Sonderfall bildet die Vorschrift des § 629 BGB, wonach der Arbeitnehmer nach Ausspruch einer (arbeitgeber- oder arbeitnehmerseitigen) Kündigung einen Anspruch darauf hat, dass er für angemessene Zeit von der Arbeitsleistung freigestellt wird, um sich eine neue Stelle zu suchen. Welcher Zeitraum angemessen ist, hängt von den Umständen des Einzelfalls ab. Der Arbeitgeber kann dabei unter Berücksichtigung der beiderseitigen Interessen festlegen, ab wann der Arbeitnehmer **Freizeit zur Stellensuche** erhält.

Gewährt der Arbeitgeber dem Arbeitnehmer Freizeit zur Stellensuche, entsteht nicht automatisch ein Anspruch auf Entgeltfortzahlung. Ob dem Arbeitnehmer für die ausgefallene Arbeitszeit Lohn zusteht, richtet sich danach, ob die soeben aufgezeigten Anspruchsvoraussetzungen des § 616 S. 1 BGB vorliegen.

Lehnt der Arbeitgeber es ab, dem Arbeitnehmer Freizeit für die Stellensuche zu gewähren, obwohl er hierzu verpflichtet ist, kann er sich schadenersatzpflichtig machen. Dabei muss der Arbeitnehmer allerdings beweisen, dass die Nichtgewährung der Freizeit ursächlich für den Misserfolg bei der Arbeitssuche und den dadurch eingetretenen Schaden war. Diesen Beweis wird der Arbeitnehmer praktisch nicht führen können.

III. Entgeltfortzahlung an Feiertagen

Ebenfalls im EFZG geregelt ist die Entgeltzahlung an Feiertagen. Nach § 2 I EFZG hat der Arbeitgeber dem Arbeitnehmer für Arbeitszeit, die infolge eines gesetzlichen Feiertags ausfällt, das Arbeitsentgelt zu zahlen, das er ohne den Arbeitsausfall erhalten hätte. Kein Anspruch auf Bezahlung dieser Feiertage besteht, wenn der Arbeitnehmer am letzten Arbeitstag vor oder am ersten Arbeitstag nach Feiertagen unentschuldigt fehlt, § 2 III EFZG.

1. Anspruchshöhe

Die Höhe der Entgeltzahlung an Feiertagen bemisst sich ebenso wie die Entgeltfortzahlung im Krankheitsfall nach dem sog. **Entgeltausfallprinzip.** Danach ist zunächst maßgeblich, ob überhaupt und in welchem Umfang an dem Feiertag gearbeitet worden wäre. Anschließend ist zu fragen, was der Arbeitnehmer während der ausgefallenen Arbeitszeit verdient hätte. Einzuschließen sind dabei Zulagen aller Art (wie z.B. Erschwerniszulagen, Nachtarbeitszuschläge, Sozialzulagen), nicht jedoch Leistungen mit Aufwendungscharakter. Wären ohne den Feiertag z.b. Überstunden geleistet worden, so sind diese bei der Bemessung der Feiertagsentlohnung zu berücksichtigen (BAG, AP Nr. 47 zu § 1 FeiertagsLG). Teilzeitkräfte haben nur dann einen Anspruch auf Feiertagsvergütung, wenn sie an dem betreffenden Tag tatsächlich hätten arbeiten müssen.

Fällt ein gesetzlicher Feiertag in eine Zeit, in der Kurzarbeit geleistet wird, so ordnet § 2 II EFZG zu Lasten des Arbeitgebers einen Vorrang des Feiertags an. Dies hat zur Folge, dass für die ausgefallene Arbeitszeit nicht die BfA Kurzarbeitergeld zu gewähren hat (nach den §§ 169 ff. SGB III), sondern der Arbeitgeber zur Entgeltzahlung verpflichtet ist. Das **Entgeltrisiko** verlagert sich somit auf den Arbeitgeber. Allerdings richtet sich die Höhe des Feiertagsentgelts getreu dem Entgeltausfallprinzip nach der Höhe des Kurzarbeitergeldes.

2. Zusammentreffen von Feiertagen mit Arbeitsunfähigkeit und Erholungsurlaub

Ist der Arbeitnehmer arbeitsunfähig erkrankt und fällt in diesen Zeitraum ein gesetzlicher Feiertag, so richtet sich die Höhe des fort zu zahlenden Arbeitsentgelts nach § 4 II EFZG nach den Grundsätzen der Entgeltzahlung an Feiertagen. Der Unterschied zur Entgeltfortzahlung im Krankheitsfall besteht darin, dass Zulagen aller Art – v.a. Überstunden – mitberücksichtigt werden.

Der Feiertag zählt bei der Berechnung des 6-wöchigen Entgeltfortzahlungszeitraums mit, da das Arbeitsverhältnis an Feiertagen nicht ruht.

Fällt ein Feiertag in den Zeitraum, in dem der Arbeitnehmer Erholungsurlaub hat, so darf der Feiertag nach § 3 II BUrlG nicht auf den Urlaub angerechnet werden. Es besteht ein Anspruch auf Feiertagsentlohnung. Hat der Arbeitneh-mer hingegen unbezahlten Sonderurlaub, so erhält er für diese Zeit weder Ur-laubs- noch Feiertagsvergütung (BAG, AP Nr. 14 zu § 1 FeiertagsLG).

IV. Verzug und Unmöglichkeit

1. Der Grundsatz „Keine Arbeit – kein Lohn"

Nach § 611 BGB ist der Arbeitnehmer verpflichtet, die „versprochenen Dienste" zu leisten. Art und Umfang der Dienste ergibt sich aus dem Arbeitsvertrag. Demgegenüber ist der Arbeitgeber zur Beschäftigung und Vergütung des Arbeitnehmers verpflichtet. Erbringt der Arbeitnehmer seine Arbeitsleistung nicht, so verliert der Arbeitnehmer nach dem Grundsatz „Keine Arbeit – kein Lohn" seinen Anspruch auf den der ausgefallenen Arbeitszeit entsprechenden Lohn. Voraussetzung hierfür ist aber, dass der Arbeitnehmer seine Nichtleistung zu vertreten hat.

Vom Arbeitnehmer nicht zu vertreten ist jede unverschuldete (§ 276 BGB) und in seiner Person begründete Untätigkeit bzw. Verspätung. So kann der Arbeitnehmer trotz Nichterfüllung seiner Arbeitspflicht eine Vergütung beanspruchen, wenn er auf Grund einer Vereinbarung oder auf Grund von Gesetzesvorschriften von der Arbeitspflicht befreit ist. Zu denken ist hierbei in erster Linie an krankheits- oder urlaubsbedingtes Fernbleiben von der Arbeit. Aber auch dann, wenn der Arbeitgeber den Arbeitnehmer von der Arbeitsleistung freistellt (z.B. nach Ausspruch einer ordentlichen Kündigung bis zum Ablauf der Kündigungsfrist) behält der Arbeitnehmer seinen Vergütungsanspruch.

Erscheint der Arbeitnehmer jedoch aus Gründen, die er selbst zu vertreten hat, nicht bei der Arbeit, kann der Arbeitgeber ihn auf Schadenersatz wegen Nichterfüllung in Anspruch nehmen. Gleiches gilt, wenn der Arbeitnehmer seine Arbeit verspätet aufnimmt. In diesem Fall befindet sich der Arbeitnehmer im Leistungsverzug. Der Arbeitnehmer hat dem Arbeitgeber den dadurch entstehenden Schaden zu ersetzen.

Darüber hinaus kann die pflichtwidrige Untätigkeit und die Unpünktlichkeit zum Anlass für eine Abmahnung und – im Wiederholungsfalle – ggf. für eine verhaltensbedingte Kündigung genommen werden.

2. Annahmeverzug des Arbeitgebers

Stellt der Arbeitnehmer dem Arbeitgeber seine Arbeitskraft zu Verfügung, lehnt es aber der Arbeitgeber ab, den Arbeitnehmer zu beschäftigen, so befindet sich der Arbeitgeber in Annahmeverzug. Die Folge ist, dass der Arbeitnehmer seine Vergütung verlangen kann, ohne dass er zur Nachleistung verpflichtet ist (§§ 615, 293 ff. BGB). Voraussetzung hierfür ist neben der Leistungsfähigkeit ein tatsächliches Angebot des Arbeitnehmers (§ 294 BGB): Der Arbeitnehmer muss seine Arbeitskraft zur rechten Zeit am rechten Ort, also an seiner Arbeitsstelle, anbieten.

Eine praktisch bedeutsame Ausnahme regelt die Vorschrift des § 295 BGB. Danach reicht das „wörtliche" Angebot des Arbeitnehmers zur Begründung des Annahmeverzugs aus, wenn der Arbeitgeber zuvor erklärt hat, er werde die Arbeitsleistung nicht annehmen. Der Arbeitnehmer hat in diesen Fällen Anspruch auf die volle Vergütung, wenn er seine Arbeitskraft in einem Schreiben anbietet.

Ein wörtliches Angebot des Arbeitnehmers ist in den Fällen entbehrlich, in denen der Arbeitgeber dem Arbeitnehmer unmissverständlich zu verstehen gibt, er werde den Arbeitnehmer auf keinen Fall mehr beschäftigen. Dies geschieht z.B. durch eine endgültige Freistellung von der Arbeit. Der Arbeitgeber schuldet gleichwohl die vereinbarte Vergütung. Dies lässt sich nur verhindern, wenn der Arbeitnehmer für die Zeit der Freistellung (schriftlich) auf Vergütungsansprüche verzichtet oder die Freistellung unter ausdrücklicher Anrechnung eines etwaigen Resturlaubs erfolgt.

Besondere Vorsicht ist geboten, wenn der **Arbeitgeber** eine (ordentliche oder außerordentliche) **Kündigung ausgesprochen** hat. Mit der Kündigung gibt der Arbeitgeber seinen Willen zu erkennen, dass er den Arbeitnehmer für die Zeit nach Ablauf der Kündigungsfrist nicht mehr weiterbeschäftigen möchte. In dieser Konstellation braucht der Arbeitnehmer nach Ablauf der Kündigungsfrist seine Arbeitskraft nicht wörtlich anzubieten, um den Arbeitgeber in Annahmeverzug zu setzen. Erweist sich die arbeitgeberseitig ausgesprochene Kündigung im Nachhinein als unwirksam, so schuldet der Arbeitgeber **ab dem Zeitpunkt des Ablaufs der Kündigungsfrist die volle Vergütung**, auch wenn der Arbeitnehmer seine Arbeitskraft weder tatsächlich noch wörtlich angeboten hat. Zu verzinsen ist in diesem Fall der Brutto-Arbeitslohn (BAG (GS), BB 2001, 2270).

Will der Arbeitgeber dies verhindern, so muss er den Arbeitnehmer von sich aus zur Wiederaufnahme der Arbeit auffordern. Der Annahmeverzug endet erst mit dem Zeitpunkt der Arbeitsaufforderung (BAG, NZA 1999, 925). Dies setzt voraus, dass aus der Kündigung keine Rechte mehr hergeleitet werden (vgl. zum befristeten Prozessarbeitsverhältnis ErfK/Preis § 615 BGB Rn. 67 f. m.w.N.).

Erhebt der Arbeitnehmer gegen die ausgesprochene Kündigung **Kündigungsschutzklage**, so sollte sich der Arbeitgeber um eine schnellstmögliche Klärung der Frage der Wirksamkeit der Kündigung bemühen. Ein langwieriger Prozess schafft einen „Schwebezustand", der dem Arbeitgeber teuer zu stehen kommen könnte. Wegen des beträchtlichen Risikos des Annahmeverzugs, das mit einem Kündigungsschutzprozess zwangsläufig verbunden ist, sollte deshalb bei nicht eindeutiger Sach- und Rechtslage die Zahlung einer Abfindung so früh wie möglich in Betracht gezogen werden. Die Verhandlungsposition des Arbeitnehmers verbessert sich mit zunehmender Prozessdauer in gleichem Maße, wie der „Einigungsdruck" auf den Arbeitgeber zunimmt.

Annahmeverzug scheidet aus, wenn der Arbeitnehmer nicht leistungsbereit ist. Die **fehlende Leistungsbereitschaft** des Arbeitnehmers hat jedoch der Arbeitgeber zu beweisen, was sich in der Praxis sehr schwierig gestaltet. Denn das tatsächliche Arbeitsangebot begründet eine Vermutung für die Leistungswilligkeit des Arbeitnehmers.

Als Rechtsfolge des Annahmeverzugs ist der Arbeitgeber verpflichtet, dem Arbeitnehmer die Vergütung einschließlich aller Sondervergütungen und Zulagen zu zahlen, soweit sie zum Arbeitsentgelt gehören (z.B. Nachtschichtzulagen, Gratifikationen). Nicht zu zahlen sind daher Leistungen, die dem Auslagenersatz dienen, wie Spesen, Tagesgelder oder Aufwandsentschädigungen.

Besteht nach der Entscheidung des Arbeitsgerichts im Kündigungsschutzprozess das Arbeitsverhältnis fort, muss sich der Arbeitnehmer nach § 11 Satz 1 Ziff. 2 KSchG auf das Arbeitsentgelt, das ihm der Arbeitgeber für die Zeit nach der Entlassung schuldet, das anrechnen lassen, was er hätte verdienen können, wenn er es nicht böswillig unterlassen hätte, eine ihm zumutbare Arbeit anzunehmen (inhaltsgleiche Vorschrift wie § 615 Satz 2 BGB). Zu prüfen ist jeweils, ob dem Arbeitnehmer nach Treu und Glauben und unter Beachtung des Grundrechts auf freie Arbeitsplatzwahl die Aufnahme einer anderweitigen Arbeit zumutbar ist. Dies kommt auch dann in Betracht, wenn eine Beschäftigungsmöglichkeit gerade bei dem Arbeitgeber besteht, der sich mit der Annahme der Dienste in Verzug befindet (BAG, NZA 2004, 1155 ff.). Dies ist eine Frage des Einzelfalls. Dabei ist die Fortsetzung derselben Arbeit zu einer verminderten Vergütung ebenso nicht von vornherein unzumutbar, wie die entsprechende Arbeit zu einer geringeren Vergütung bei einem anderen Arbeitgeber nicht ohne weiteres unzumutbar wäre.

Hat der bisherige Arbeitgeber eine **Weiterbeschäftigung angeboten,** kommt es für die Frage der Zumutbarkeit in erster Linie auf die Art der Kündigung, ihre Begründung und das Verhalten des Arbeitgebers im Kündigungsschutzprozess an. Bei einer betriebs- oder personenbedingten Kündigung ist eine vorläufige Weiterbeschäftigung in der Regel zumutbar. Bei einer verhaltensbedingten – insbesondere außerordentlichen – Kündigung ist hiervon dem gegenüber nur ausnahmsweise auszugehen (ErfK/Preis § 615 Rn. 99 m.w.N.). Deswegen geht der Arbeitnehmer ein großes Prozessrisiko ein, wenn er bei einer Änderungskündigung zur Entgeltflexibilisierung (d.h. im Ergebnis gleiche Tätigkeiten bei schlechterer Bezahlung) das Änderungsangebot unter Vorbehalt annimmt (§ 2 KSchG). Auch wenn er den Prozess gewinnt und festgestellt werden sollte, dass die Änderungskündigung unwirksam war, könnte ihm für den Zeitraum der Prozessdauer vorgehalten werden, es sei ihm zuzumuten gewesen, das Arbeitsverhältnis zu den geänderten Bedingungen während des Prozesses zu verschlechterten Bedingungen fortzusetzen (BAG, AP BGB § 615 Böswilligkeit Nr. 11). Grundsätzlich ist eine Interessenabwägung im Einzelfall vorzunehmen.

3. Beschäftigungsverbot und Arbeitsvergütung

Setzt eine Frau während der Schwangerschaft bzw. nach der Entbindung mit der Arbeit aus, handelt es sich nicht um einen Fall der Entgeltfortzahlung im Krankheitsfall. In Bezug auf die Vergütungspflicht ist zwischen Schutzfristen (sechs Wochen vor und acht bzw. zwölf Wochen nach der Entbindung) und Zeiten, in denen ein sonstiges individuelles oder allgemeines **Beschäftigungsverbot** besteht, zu differenzieren. Während der Schutzfristen muss der Arbeitgeber kein Arbeitsentgelt, aber u.U. einen Zuschuss zum Mutterschaftsgeld zahlen (s. ausführlich unter C VII 1 b).

Die Frau, die wegen eines Beschäftigungsverbots nach dem Mutterschutzgesetz, das außerhalb der Schutzfristen vor und nach der Entbindung besteht, ganz oder teilweise mit der Arbeit aussetzt, hat gegenüber dem Arbeitgeber einen Anspruch auf Vergütung in Höhe des Durchschnitts der letzten 13 Wochen oder der letzten drei Monate vor Beginn der Schwangerschaft, § 11 I MuSchG. Eine Beschäftigung der schwangeren Frau darf z.b. nicht erfolgen, soweit nach der ärztlichen Bestätigung Leben und Gesundheit von Mutter oder Kind bei Fortsetzung der Arbeit gefährdet wäre, sog. individuelles Beschäftigungsverbot gem. § 3 I MuSchG. Unabhängig von einer ärztlichen Feststellung dürfen schwangere Frauen und stillende Mütter nicht besonders schwere körperliche Arbeiten ausführen und nicht mit solchen Arbeiten beschäftigt werden, bei denen sie schädlichen Auswirkungen gefährlicher Stoffe ausgesetzt sind (zu den Beschäftigungsverboten s. ausführlich unter C VII 1 a).

Der Anspruch auf diesen sog. **Mutterschutzlohn** beginnt, sobald die schwangere Arbeitnehmerin wegen eines Beschäftigungsverbots ganz oder teilweise mit der Arbeit aussetzt. Er besteht auch in Höhe der Differenz zum o.g. Durchschnittsverdienst, sobald die Arbeitnehmerin die Beschäftigungs- oder Entlohnungsart wechselt, z.B. weil ihr Akkord- oder Fließbandarbeit als Schwangere verboten ist, und sie deswegen weniger verdient. Der Arbeitgeber ist solange zur Zahlung verpflichtet wie die Verdienstminderung infolge des Beschäftigungsverbots dauert, längstens bis zum Beginn der Schutzfrist aus § 3 II MuSchG. Der Anspruch auf Mutterschutzlohn entfällt, solange Mutterschaftsgeld bezogen werden kann, d.h. während der Schutzfristen der §§ 3 II, 6 I MuSchG (zu den Schutzfristen s. unter C VII 1 b). Nimmt die Mutter nach Ablauf der Schutzfrist nach der Entbindung die Arbeit wieder auf, kann ein neuer Zahlungsanspruch gegen den Arbeitgeber begründet sein, wenn und solange erneut ein Beschäftigungsverbot eingreift, z.B. Verbot der Nachtarbeit für stillende Mütter gem. § 8 I MuSchG. **Eine zeitliche Begrenzung des Anspruchs gegen den Arbeitgeber auf z.B. grundsätzlich sechs Wochen wie bei der Entgeltfortzahlung im Krankheitsfall ist nicht vorgesehen.**

Für Arbeitgeber mit nicht mehr als 30 Beschäftigten wird diese Belastung durch das Aufwendungsausgleichsgesetz abgemildert (§ 1 II AAG). Danach erstatten die Krankenkassen den Arbeitgebern in vollem Umfang das von ihnen nach § 11 MuSchG bei Beschäftigungsverboten gezahlte Arbeitsentgelt.

4. Betriebsrisikolehre und Wirtschaftsrisiko

Nach § 615 Satz 3 BGB gelten die Regelungen zum Annahmeverzug des Arbeitgebers gem. § 615 Satz 1, 2 BGB in den Fällen entsprechend, in denen der Arbeitgeber das **Risiko des Arbeitsausfalls** trägt.

Wichtigster Anwendungsbereich hierfür ist das Betriebsrisiko des Arbeitgebers: Der Arbeitgeber trägt das **Risiko der Vergütung**, wenn die Arbeitsleistung des arbeitsfähigen und arbeitswilligen Arbeitnehmers aus betrieblichen Gründen, die weder vom Arbeitgeber noch vom Arbeitnehmer zu vertreten sind, ausbleibt. Der Arbeitnehmer hat nach der Betriebsrisikolehre also auch dann einen Anspruch auf die vereinbarte Vergütung, wenn der Arbeitgeber aus betrieblichen Gründen nicht in der Lage ist, die Arbeitsleistung entgegenzunehmen. Dies ist insbesondere der Fall, wenn betriebstechnische Störungen wie Maschinenschäden oder Brände auftreten, bei Naturereignissen wie Überschwemmungen oder wenn wirtschaftliche Gründe wie Lieferausfall, gesetzliche oder behördliche Anordnungen oder Betriebsstilllegungen zur Unmöglichkeit der Arbeitsleistung führen.

Der Arbeitgeber trägt selbstverständlich auch das Risiko der Vergütung, wenn zwar die Durchführung der Arbeiten nicht gehemmt wird, sich aber die weitere Erfüllung der Arbeitsleistung auf die Rentabilität oder die Existenz des Betriebs negativ auswirkt (sog. Wirtschaftsrisiko). Dem Arbeitgeber bleibt die Möglichkeit, die Arbeitsverhältnisse oder einen Teil von ihnen aus betriebsbedingten Gründen zu kündigen (zur betriebsbedingten Kündigung s. unter E VII 2). Bis zum Ablauf der ordentlichen Kündigungsfrist hat er den Arbeitnehmern ihre Vergütung zu bezahlen.

Etwas anderes gilt, wenn die Störung auf einem Verhalten der Arbeitnehmer beruht. Beim **Arbeitskampfrisiko** tragen beide Seiten das Risiko des Arbeitsausfalls und die Arbeitnehmer verlieren den Vergütungsanspruch. Das gilt selbst dann, wenn die Fortsetzung des Betriebs auf Grund der Fernwirkung eines Streiks ganz oder teilweise unmöglich wird.

V. Rückzahlung von Fortbildungskosten

Ein Arbeitgeber zahlt regelmäßig nur für die berufliche Fortbildung seines Arbeitnehmers, wenn er die von ihm finanzierte Qualifikation später auch für einen bestimmten Zeitraum nutzen kann. Anderenfalls erwartet er, dass der Arbeitnehmer sich an den Kosten beteiligt oder sie vollständig trägt. Konkrete gesetzliche Rahmenbedingungen gibt es hierfür nicht. Der Arbeitgeber ist, sofern keine kollektivrechtlichen Regelungen bestehen, auf eine vertragliche Gestaltung angewiesen. In der Praxis hat sich durchgesetzt, mit dem Arbeitnehmer die **Übernahme der Fortbildungskosten** mit einer bestimmten **Bindungsdauer** zu vereinbaren, kombiniert mit einer ggf. zeitanteiligen Rückzahlungsverpflichtung für den Fall der vorzeitigen Beendigung des Arbeitsverhältnisses. Im Rahmen von Berufsausbildungsverhältnisses sind Rückzahlungsvereinbarungen unzulässig (§ 5 BBiG).

1. Rückzahlungsvereinbarung

Die getroffene Rückzahlungsvereinbarung unterliegt der richterlichen Kontrolle. Mit In-Kraft-Treten des Schuldrechtsmodernisierungsgesetzes zum 1.1.2002 ist die Kontrolle (für Altverträge ab 1.1.2003) grundsätzlich anhand des Rechts der Allgemeinen Geschäftsbedingungen, hier § 307 I BGB, vorzunehmen.

Bei der danach vorzunehmenden Angemessenheitskontrolle kann weitgehend auf die bisherige Rechtsprechung zurückgegriffen werden (vgl. Schmidt, NZA 2004, 1002, 1008 m.w.N.; BAG, NZA 2007, 875, BAG, NZA 2008, 40).

Nicht dem AGB-Recht unterliegende Individualvereinbarungen spielen bei der Rückzahlung von Ausbildungskosten kaum eine Rolle, da es regelmäßig an der individuellen Einflussnahme auf die Gestaltung durch den Arbeitnehmer fehlen dürfte. Allein die Wahlmöglichkeit zwischen mehreren Varianten genügt den Anforderungen an eine Individualvereinbarung nicht. Im Übrigen ist auch jede individuelle Vertragsabrede, sofern sie eine Partei außergewöhnlich benachteiligt, am Grundsatz von Treu und Glauben zu messen, um die Schutzfunktion der Grundrechte zu gewährleisten.

In Ausgleich gebracht werden muss das Interesse des Arbeitgebers, nur für solche Fortbildungen zu zahlen, die ihm später auch zur Verfügung stehen, mit dem Grundrecht des Arbeitnehmers auf freie Wahl des Arbeitsplatzes. Die Belastung durch die Vereinbarung muss dem Arbeitnehmer zumutbar sein. Dies wird in zwei Stufen geprüft:

1. Stufe: Zumutbare Kostenbeteiligung

Eine Kostenbeteiligung setzt zunächst voraus, dass

- der Arbeitnehmer durch die Fortbildung einen geldwerten Vorteil im Sinne einer Verbesserung seiner beruflichen Möglichkeiten erhält,

- die dafür vom Arbeitgeber geleisteten Aufwendungen über dessen arbeitsvertragliche Pflichten hinausgehen und

- die Erstattungspflicht nur durch ein Ereignis ausgelöst werden kann, das in die Sphäre des Arbeitnehmers und nicht in die des Arbeitgebers fällt.

Nicht erstattungsfähig sind also Kosten für die Einarbeitung am zugewiesenen Arbeitsplatz oder für eine betriebsinterne Bildungsmaßnahme, die lediglich vorhandene Kenntnisse aktualisiert oder vertieft. Typischerweise muss die eine Erstattung rechtfertigende Fortbildung die Chancen des Arbeitnehmers auf dem Arbeitsmarkt verbessern oder ihm innerbetrieblich den Einsatz auf einem höher gruppierten Arbeitsplatz eröffnen.

Ausgewogen und zumutbar im Sinne der Rechtsprechung ist eine Regelung zudem nur dann, wenn es der Arbeitnehmer in der Hand hat, durch eigene Betriebstreue der Erstattungspflicht zu entgehen. Eine Rückzahlungsverpflichtung darf daher nach der getroffenen Vereinbarung nicht entstehen, wenn die Gründe für die vorzeitige Beendigung des Arbeitsverhältnisses ausschließlich dem Verantwortungs- und Risikobereich des Arbeitgebers zuzurechnen sind. Das ist der Fall sobald betriebs- oder personenbedingte Gründe für die Beendigung des Arbeitsverhältnisses vor Ablauf der Bindungsfrist ausschlaggebend sind (vgl. BAG, NZA 2004, 1035; BAG, NZA 2004, 1295). Zulässig ist dagegen, die Erstattungspflicht für den Fall zu vereinbaren, dass der Arbeitnehmer

- selbst das Arbeitsverhältnis durch Kündigung vorzeitig beendet oder

- den Arbeitgeber, dem an dem Erhalt der Bildungsinvestition für seinen Betrieb gelegen ist, durch vertragswidriges Verhalten zu einer Beendigung der arbeitsvertraglichen Beziehungen veranlasst (BAG, NZA 2004, 1035).

Die Beendigungsgründe, die eine Erstattungspflicht des Arbeitnehmers zulässigerweise auslösen können, sollten im Vertrag konkret benannt werden.

2. Stufe: Zumutbare Bindungsintensität

Eine Bindungsdauer über fünf Jahre hinaus ist schon gesetzlich ausgeschlossen (§ 624 BGB). Diese Höchstdauer ist nur in Ausnahmefällen gerechtfertigt (BAG DB 80, 1704: Hochschulstudium für Sozialarbeiter). Denn auf der zweiten Stufe der Prüfung ist die vom Arbeitnehmer verlangte Bindung ins Verhältnis zu seinem durch die Fortbildung erlangten Geldwerten Vorteil zu setzen. Da letzterer nur schwer konkret fassbar ist, ordnet das BAG der Dauer der Ausbildung jeweils eine noch angemessene Bindungsdauer zu. Im Einzelnen gilt:

Dauer der Fortbildung	Zulässige Bindungsdauer
bis zu 1 Monat	max. 6 Monate (BAG, NZA 2003, 559)
bis zu 2 Monaten	max. 1 Jahr (BAG, NZA 1994, 835)
bis zu 4 Monaten	max. 2 Jahre (BAG, NZA 1996, 321)
bis zu 6 Monaten	max. 3 Jahre (BAG, NZA 1994, 835)

Vorausgesetzt wird jeweils, dass der Arbeitnehmer für die Dauer der vom Arbeitgeber finanzierten Ausbildung unter Fortzahlung des Gehalts freigestellt wird. Ausnahmsweise sind Abweichungen nach oben oder unten gestattet worden, wenn etwa eine besonders teure Ausbildung finanziert wird und/oder die Maßnahme dem Arbeitnehmer außergewöhnliche Vorteile eröffnet (BAG, NZA 2002, 551; BAG, BB 2004, 1860).

Zwingende Voraussetzung für die Wirksamkeit der Rückzahlungsklausel ist, dass die **Rückzahlung gestaffelt** wird (BAG, NZA 1986, 741). Die Rückzahlungsverpflichtung ist dabei monatlich um einen entsprechenden Anteil zu kürzen, so dass der Arbeitnehmer mit zunehmender Betriebstreue seine finanziellen Belastungen mindern kann. Bei einer Bindungsdauer von sechs Monaten würde sich vor Ablauf der sechs Monate für jeden Monat die Rückzahlung um 1/6 reduzieren (bei einem Jahr reduziert sich die Rückzahlung um 1/12 pro Monat, bei zwei Jahren um 1/24 usw.).

Berücksichtigungsfähig für die Rückzahlungsverpflichtung sind nur die dem Arbeitgeber tatsächlich entstandenen Kosten. Dazu zählen neben den Lehrgangs- und Prüfgebühren auch die Kosten für Unterkunft, An- und Abreise sowie ggf. Verpflegung. In der Vereinbarung sollten die Beträge möglichst konkret aufgeführt werden.

2. Rechtsfolgen unwirksamer Rückzahlungsklauseln

Zu lange Bindungsfristen führte das BAG bisher im Rahmen einer geltungserhaltenden Reduktion auf das zulässige Maß zurück (BAG, NZA 1996, 314; BAG, NZA 1994, 937).

Künftig bestimmen sich die Rechtsfolgen einer unwirksamen Rückzahlungsvereinbarung nach § 306 BGB. Danach wird vom BAG eine geltungserhaltende Reduktion sowie eine ergänzende Vertragsauslegung abgelehnt. Rechtsfolge einer zu langen Bindungsfrist ist danach die Unwirksamkeit der gesamten Rückzahlungsklausel (BAG, NZA 2006, 1042).

3. Muster eines Fortbildungsvertrags

Die Verwendung eines Mustervertrags ersetzt keinesfalls die Beratung im Einzelfall. Nur eine individuelle Beratung stellt sicher, dass die konkreten Umstände beim Arbeitgeber und ggf. aktuelle Rechtsprechung bei der Vertragsgestaltung berücksichtigt werden. Der folgende Fortbildungsvertragstext ist daher lediglich als Anhaltspunkt für die Gestaltung zu verstehen.

Fortbildungsvertrag

Zwischen

....

Arbeitgeber

und

....

Arbeitnehmer [Arbeitnehmerin]

wird folgender Fortbildungsvertrag geschlossen:

§ 1 Fortbildungsmaßnahme

Herr /Frau nimmt auf eigenen Wunsch vom .... bis .... an folgender Fortbildungsmaßnahme .... [alternativ: an einem Fortbildungskurs für ....] in .... teil.

Die Parteien sind sich darüber einig, dass die Teilnahme des Arbeitnehmers [der Arbeitnehmerin] im Interesse seiner [ihrer] beruflichen Fort- und Weiterbildung erfolgt.

§ 2 Freistellung

Der Arbeitgeber wird den Arbeitnehmer [die Arbeitnehmerin] unter Fortzahlung der Bezüge für die Dauer der Fortbildungsmaßnahme von der Arbeit freistellen.

Die Vergütung wird entsprechend dem durchschnittlichen Bruttomonatsverdienst der letzten drei Monate berechnet.

§ 3 Kostenübernahme

Der Arbeitgeber trägt die Kosten der Fortbildungsmaßnahme. Diese bestehen aus den Kosten der Schulung in Höhe von .... €, den Kosten der Abschlussprüfung in Höhe von .... €, den Kosten für die Unterkunft während der Fortbildung in Höhe von .... € sowie den An- und Abreisekosten. Die Erstattung der Kosten erfolgt nur gegen Beleg.

§ 4 Leistungen Dritter

Soweit das Arbeitsamt, ein sonstiger Sozialversicherungsträger oder eine andere Stelle Kosten übernimmt bzw. Förderungsmittel gewährt, sind diese in Anspruch zu nehmen und auf die Leistungen des Arbeitgebers anzurechnen mit der Folge, dass insoweit ein Kostenerstattungsanspruch des Arbeitnehmers [der Arbeitnehmerin] nicht besteht.

§ 5 Rückzahlungspflicht

Der Arbeitnehmer [Die Arbeitnehmerin] ist zur Rückzahlung der für die Dauer der Fortbildungsmaßnahme empfangenen Bezüge und der von dem Arbeitgeber übernommenen Kosten der Fortbildungsmaßnahme verpflichtet, wenn er [sie] das Arbeitsverhältnis selbst kündigt oder wenn das Arbeitsverhältnis vom Arbeitgeber aus einem Grund gekündigt wird, den der Arbeitnehmer [die Arbeitnehmerin] zu vertreten hat.

Eine Rückzahlungsverpflichtung des Arbeitnehmers [der Arbeitnehmerin] besteht nicht im Falle einer betriebsbedingten Kündigung durch den Arbeitgeber oder wenn die Beendigung des Arbeitsverhältnisses auf sonstige Umstände zurückzuführen ist, die der Sphäre des Arbeitgebers zuzuordnen sind.

Für jeden Monat der Beschäftigung nach Beendigung der Fortbildungsmaßnahme werden dem Arbeitnehmer [der Arbeitnehmerin] 1/.... [je nach Bindungsdauer alternativ 1/6, 1/12, 1/24 etc.] des gesamten Rückzahlungsbetrags erlassen.

§ 6 Vertragsaushändigung

Beide Vertragsparteien haben eine unterzeichnete Ausfertigung dieses Vertrags erhalten.

....

Ort, Datum   Ort, Datum

....

Arbeitgeber   Arbeitnehmer [Arbeitnehmerin]

Anmerkung zu § 3 **Kostenübernahme**: Bei Unterkunft und Reisekosten können weitere Vorgaben ergänzt werden, wenn z.B. statt eines Flugtickets nur eine Bahnfahrt 2. Klasse übernommen werden soll bzw. der Veranstalter der Fortbildung günstige Unterkunftsmöglichkeiten anbietet. Werden auch Verpflegungskosten übernommen, ist dies zu ergänzen. Die Angaben zu den übernommenen Kosten müssen im Hinblick auf die ggf. eintretende Rückzahlungspflicht des Arbeitnehmers vollständig und so konkret wie möglich benannt werden.

VI. Haftungsfragen

1. Vertragsverletzungen des Arbeitnehmers

a) Grundsatz der betrieblich veranlassten Tätigkeit und die Bedeutung der „gefahrgeneigten Tätigkeit"

Wenn der Arbeitnehmer seine Arbeitsleistung zwar erbringt, diese aber in irgendeiner Form mangelhaft ist, liegt ein Fall der Schlechtleistung vor. Der Arbeitnehmer haftet auf Ersatz des entstandenen Schadens, wenn er im Rahmen seiner betrieblichen Tätigkeit in schuldhafter Weise (vorsätzlich oder fahrlässig) gegen seine Vertragspflichten verstößt oder ein geschütztes Recht des Arbeitgebers oder Dritter verletzt.

Danach hätte der Arbeitnehmer grundsätzlich dafür einzustehen, wenn er z.B. infolge eines groben Bedienungsfehlers eine Produktionsmaschine zerstört – der Arbeitnehmer wäre allerdings möglicherweise ruiniert, wenn die Maschine einen beträchtlichen Wert hat!

Dieses Ergebnis wird als unbillig angesehen. Da der Arbeitsvertrag ein Dauerschuldverhältnis ist und der Arbeitnehmer somit in der Regel täglich beschäftigt wird, ist das Risiko für den Arbeitnehmer, Sachen des Arbeitgebers oder die Gesundheit der Arbeitskollegen oder Kunden zu verletzen, auch für den ansonsten sorgfältigen Arbeitnehmer besonders groß. Der Arbeitnehmer haftete nach dem zivilrechtlichen „Alles-oder-Nichts"-Prinzip bereits im Falle leichtester Fahrlässigkeit für den gesamten Schaden. Demgegenüber deckt das Arbeitsentgelt nur die Arbeitstätigkeit ab, nicht jedoch einen Arbeitserfolg. Die Überwälzung des betrieblichen Haftungsrisikos auf den Arbeitnehmer wäre für den Arbeitgeber somit „kostenlos". Der Arbeitnehmer hat auch keine Wahl, dem Risiko auszuweichen oder sich dagegen zu versichern. Denn er schuldet die arbeitsvertraglich vereinbarte Tätigkeit, auch wenn sie gefahrträchtig ist. Der Arbeitnehmer hat die Weisungen des Arbeitgebers zu befolgen, womit die Risikofaktoren für den Arbeitnehmer nicht steuerbar sind.

Die Rechtsprechung hat deshalb Haftungserleichterungen für den Arbeitnehmer geschaffen. Zunächst erstreckte das BAG die Haftungsmilderung nur auf die sog. gefahrgeneigten Tätigkeiten. Von gefahrgeneigter Arbeit spricht man, wenn die Eigenart der vom Arbeitnehmer zu leistenden Arbeit es mit großer Wahrscheinlichkeit mit sich bringt, dass auch dem sorgfältigen Arbeitnehmer gelegentlich Fehler unterlaufen, die für sich allein betrachtet zwar jedes Mal vermeidbar wären, mit denen aber angesichts der menschlichen Unzulänglichkeit als mit einem typischen Abirren der Dienstleistung erfahrungsgemäß zu rechen ist.

Der Begriff der gefahrgeneigten Arbeit brachte erhebliche Abgrenzungsprobleme mit sich. Die Folge war eine massive Rechtsunsicherheit.

Mittlerweile hat sich die Überzeugung durchgesetzt, dass jedem Arbeitnehmer, egal, ob er gefahrgeneigte oder „ungefährliche" Tätigkeiten verrichtet, eine Haftungserleichterung zukommen muss. Voraussetzung für die **Haftungsmilderung** ist danach lediglich, dass der Arbeitnehmer Arbeiten verrichtet, die **betrieblich veranlasst** sind und die **aufgrund eines Arbeitsverhältnisses** geleistet werden (vgl. die Entscheidungen des Gemeinsamen Senats der Obersten Gerichtshöfe, BB 1994, 431; BAG, DB 1994, 2237; BGH, NZA 1994, 270).

Mit dem einschränkenden Kriterium der „betrieblich veranlassten Tätigkeit" soll sichergestellt werden, dass der Arbeitnehmer nicht von dem allgemeinen Lebensrisiko freigestellt wird, welches von jedermann selbst zu tragen ist. Der Begriff wird in einem sehr weiten Sinne verstanden. Betrieblich veranlasst sind Tätigkeiten, die dem Arbeitnehmer für den Betrieb übertragen sind, und solche, die er im Interesse des Betriebs ausführt, wenn sie nahe mit dem Betrieb und seinem betrieblichen Wirkungskreis zusammenhängen. Der betriebliche Zusammenhang fehlt, wenn der Arbeitnehmer mit der schadensursächlichen Handlung eigene Interessen verfolgt. Hierunter fällt ein Verhalten, welches der Arbeitnehmer nur bei Gelegenheit seiner betrieblichen Tätigkeit verfolgt, ohne dass ein Bezug zur betrieblichen Tätigkeit ersichtlich ist. Der Arbeitnehmer haftet daher z.b. uneingeschränkt, wenn er eine Dienstfahrt mit einem Firmenwagen offensichtlich für private Zwecke unterbricht, um z.b. Freunde zu besuchen.

b)   Umfang der Haftungserleichterung

Der Umfang der Haftungserleichterung orientiert sich an dem Verschuldensgrad. Hierbei werden drei Stufen gebildet, an die unterschiedliche Haftungsfolgen geknüpft werden:

- **Keine Haftung** des Arbeitnehmers bei leichter Fahrlässigkeit. Leicht fahrlässig ist eine geringfügige und leicht entschuldbare Pflichtwidrigkeit, die jedem Arbeitnehmer unterlaufen kann.

- **Anteilige Haftung** des Arbeitnehmers bei mittlerer Fahrlässigkeit. Von mittlerer Fahrlässigkeit wird gesprochen, wenn weder grobe noch leichte Fahrlässigkeit festgestellt wird.

- **Grundsätzlich volle Haftung** des Arbeitnehmers bei **grober Fahrlässigkeit und Vorsatz**. Grobe Fahrlässigkeit ist anzunehmen, wenn die verkehrserforderliche Sorgfalt in besonders schwerem Maße verletzt wird, wenn das nicht beachtet wird, was im gegebenen Fall jedem einleuchten musste, und wenn schon einfachste, ganz nahe liegende Überlegungen nicht angestellt wurden.

Mit diesem dreistufigen Haftungsmodell verlagert sich das oben geschilderte Abgrenzungsproblem von der Prüfung der Gefahrgeneigtheit der Arbeit auf die Frage, welcher Fahrlässigkeitsgrad im konkreten Fall verwirklicht worden ist. Dabei trägt der Arbeitgeber die Darlegungs- und Beweislast für den Verschuldensgrad des Arbeitnehmers.

Liegt ein mittlerer Grad von Fahrlässigkeit vor, so bereitet die Feststellung der Haftungsquote zwischen Arbeitgeber und Arbeitnehmer die nächste Schwierigkeit. Die Rechtsprechung entscheidet von Einzelfall zu Einzelfall, wobei v.a. folgende Kriterien für die Haftungsverteilung maßgeblich sind:

- Grad des Verschuldens,
- Gefahrgeneigtheit der Tätigkeit,
- Schadenshöhe,
- innerbetriebliche Stellung des Arbeitnehmers,
- Höhe des Arbeitsentgelts und
- persönliche Verhältnisse des Arbeitnehmers.

Die **Gefahrgeneigtheit** ist somit ein wesentliches Abwägungskriterium bei der Frage der innerbetrieblichen Haftungsverteilung zwischen Arbeitgeber und Arbeitnehmer: Je höher die Schadensgeneigtheit der Tätigkeit des Arbeitnehmers, umso mehr wird der Arbeitnehmer von der Haftung freigestellt.

Auch bei grober Fahrlässigkeit ist eine Haftungserleichterung nicht ausgeschlossen. Sie kommt insbesondere bei einem deutlichen Missverhältnis zwischen Verdienst des Arbeitnehmers und Schadenersatz in Betracht (BAG, Az. 8 AZR, 9 NZA 98, 140; Krause NZA 03, 583).

Seit dem 01.01.2008 hat sich das Versicherungsrecht geändert. Nach dem jetzt geltenden Recht muss die Versicherung einen Teil des Schadens auch dann übernehmen, wenn der Versicherungsnehmer grob fahrlässig gehandelt hat. Diese Änderung im Versicherungsrecht könnte sich auch auf die Arbeitnehmerhaftung auswirken. Danach müsste der Arbeitnehmer auch bei grober Fahrlässigkeit nicht mehr voll haften, sondern die Haftung würde zwischen Arbeitgeber und Arbeitnehmer – wie bei mittlerer Fahrlässigkeit – geteilt. Ungeklärt ist auch, ob dies bedeutet, dass der Arbeitnehmer in Fällen mittlerer Fahrlässigkeit gar nicht mehr haftet. Jedenfalls in Fällen, die versichert sind, dürfte er vollständig freizustellen sein (vgl. hierzu im Einzelnen Gross und Wesch, Änderungen des Haftungsrechtes im Arbeitsverhältnis? NZA 2008, 849 f.).

Besteht eine entsprechende Versicherung, so hat der Arbeitgeber diese vorrangig in Anspruch zu nehmen. Dem Arbeitgeber entsteht kein Schaden, sofern eine Versicherung eintritt. Die Haftung des Arbeitnehmers beschränkt sich dann auf den von der Versicherung ggf. nicht erstatteten Rest.

Es ist dem Arbeitgeber anzuraten, die gesetzlich nicht vorgeschriebenen, aber weithin üblichen Versicherungen wie Feuer- und Gebäudeversicherung, Betriebshaftpflicht, Elektronik- und sonstige Sachversicherung, Kfz-Kasko und Betriebsunterbrechung abzuschließen. Tut er dies nicht, muss er damit rechnen, dass er seinen Schaden vom Arbeitnehmer nicht oder nicht vollständig ersetzt bekommt.

Die Grundsätze zur Haftungsbeschränkung des Arbeitnehmers können individualvertraglich ausgeschlossen werden, wenn die Vertragsparteien hierfür einen finanziellen Ausgleich vereinbaren (etwa in Gestalt einer „Risikoprämie"). Dem Arbeitgeber ist jedoch dringend davon abzuraten, derartige Vereinbarungen mit Arbeitnehmern zu treffen. Verursacht der Arbeitnehmer einen erheblichen Schaden, so besteht die Gefahr, dass die Rechtsprechung die vereinbarte Ausgleichszahlung als unangemessen niedrig ansieht. Die Folge dessen wäre, dass der vertragliche Ausschluss jeglicher Haftungsbeschränkung unwirksam ist und der Arbeitnehmer damit in den Genuss der Haftungsbeschränkung kommt. Die individualvertraglich vereinbarte Haftungserweiterung ist somit eine teure Investition, die sich im Endeffekt für den Arbeitgeber nicht auszahlen muss.

Die **Regeln der Haftungserleichterung** gelten für alle Arbeitnehmer, also z.B. auch für leitende Angestellte. Sie gelten aber nicht für den Geschäftsführer. Deshalb wird in den Geschäftsführer-Verträgen häufig eine Klausel aufgenommen, wonach für die Haftung eine entsprechende Anwendung der von der Rechtsprechung zur Beschränkung der Arbeitnehmerhaftung entwickelten Grundsätze vereinbart wird.

Fügt der Arbeitnehmer seinem Arbeitgeber einen Sach- oder Vermögensschaden zu, so kann der Arbeitgeber seinen Ersatzanspruch dadurch geltend machen, dass er ihn gegen den Vergütungsanspruch aufrechnet. Hat der Arbeitnehmer den Schaden nur fahrlässig verursacht, hat der Arbeitgeber allerdings die Pfändungsfreigrenzen zu beachten: Er darf nur auf den pfändbaren Teil des Einkommens zurückgreifen.

c) Haftung gegenüber betriebsfremden Personen

Schädigt der Arbeitnehmer bei seiner Arbeit einen betriebsfremden Dritten – z.B. einen Kunden – an der Gesundheit, am Eigentum oder an dessen Vermögen, so haftet der Arbeitnehmer diesem Dritten nach außen hin vollständig ohne jegliche Haftungsbeschränkung. Da der Arbeitnehmer als Erfüllungs- oder Verrichtungsgehilfe des Arbeitgebers tätig wird, haftet auch der Arbeitgeber nach allgemeinen zivilrechtlichen Grundsätzen.

Allerdings kann der Arbeitnehmer nach den oben aufgezeigten Grundsätzen der Haftungserleichterung von seinem Arbeitgeber verlangen, dass dieser ihn von den Schadensersatzansprüchen des Dritten freistellt. Nur wenn der Arbeitnehmer den Schaden auf Grund leichter Fahrlässigkeit herbeigeführt hat, kommt eine vollständige Haftungsfreistellung in Betracht; im Falle mittlerer

Fahrlässigkeit haftet der Arbeitnehmer nach außen hin anteilig, bei grober Fahrlässigkeit vollständig.

d) Haftung bei Arbeitsunfällen

Verletzt der Arbeitnehmer im Rahmen seiner Berufsausübung das Eigentum eines Arbeitskollegen, so haftet der Arbeitnehmer dem Geschädigten nach außen hin voll. Er kann aber von seinem Arbeitgeber nach den Grundsätzen der Haftungsbeschränkung Freistellung von diesen Ersatzansprüchen verlangen.

Anders ist die Rechtslage, wenn es zu einem Arbeitsunfall kommt. Verletzt der Arbeitnehmer bei Verrichtung seiner Tätigkeit einen Arbeitskollegen, so steht hierfür anstelle des Arbeitnehmers oder des Arbeitgebers die gesetzliche Unfallversicherung ein. Der Grundgedanke dieser Haftungsprivilegierung ist es, Streitigkeiten zwischen Betriebsangehörigen zu verhindern. Die Beiträge zur gesetzlichen Unfallversicherung finanziert allein der Arbeitgeber (§ 150 SGB III).

Voraussetzung für den Haftungsausschluss des Arbeitnehmers ist nach den §§ 104, 105 SGB VII, dass es sich um einen Arbeitsunfall handelt, der nicht vorsätzlich begangen worden ist. Der Unfallverursacher und der Geschädigte müssen zudem in demselben Betrieb tätig geworden sein. Hat der Arbeitnehmer grob fahrlässig gehandelt, so kann die Berufsgenossenschaft den Arbeitnehmer allerdings in Regress nehmen.

Der Haftungsausschluss erfasst alle Ansprüche des Verletzten, seiner Angehörigen und Hinterbliebenen aus Personenschäden, und zwar auch solche auf Schmerzensgeld. Der Arbeitnehmer, der von einem Arbeitskollegen verletzt wird, kann von seinem Arbeitskollegen eine Schmerzensgeldzahlung nur dann verlangen, wenn er diesem Vorsatz nachweisen kann. Im Falle einer vorsätzlichen Herbeiführung des „Unfalls" kann sich der Arbeitnehmer nämlich nicht auf die sozialversicherungsrechtliche Haftungsfreistellung berufen.

2. Mankohaftung

Werden dem Arbeitnehmer Warenbestände, Geräte oder die Verwaltung einer Kasse anvertraut, oder sind dem Arbeitnehmer Gegenstände zum Transport überlassen worden, so stellt sich die Frage, ob und unter welchen Umständen der Arbeitgeber vom Arbeitnehmer Ersatz verlangen kann, wenn eine Differenz zwischen Soll- und Ist-Bestand, das sog. Manko, festgestellt wird. Die Mankohaftung kann z.B. in folgenden Fällen von Bedeutung sein:

● Fehlbeträge in einer vom Arbeitnehmer geführten Kasse,

● Fehlbestände an den dem Arbeitnehmer anvertrauten Warenbeständen oder zur Ausführung der Arbeit überlassenen Gegenständen,

- Nichtauslieferung von Gegenständen, die dem Arbeitnehmer zum Transport übergeben worden sind.

a) Mankohaftung ohne Vereinbarung

Den Arbeitnehmer trifft die arbeitsvertragliche Nebenpflicht, die Vermögensinteressen des Arbeitgebers zu wahren. Deshalb haftet er seinem Arbeitgeber auf Grund einer positiven Vertragsverletzung für einen Fehlbestand an Waren, die ihm anvertraut worden sind, oder für einen Fehlbetrag in einer Kasse, die er zu verwalten hat, wenn das **Manko** von ihm **pflichtwidrig und schuldhaft verursacht** worden ist. So handelt z.B. ein Busfahrer schuldhaft, wenn er während einer Pause das eingenommene Geld ungesichert und offen im Bus zurücklässt.

Die **Beweislast** für das Manko und das Verschulden trägt grundsätzlich der Arbeitgeber. Dem Arbeitnehmer kommt dabei eine Haftungsbeschränkung nach allgemeinen Grundsätzen zugute, da die Mankohaftung eine Haftung aus betrieblich veranlasster Tätigkeit ist. Im Beispielsfall des Busfahrers wäre von grober Fahrlässigkeit auszugehen, so dass eine Haftungserleichterung nicht in Betracht käme.

Denkbar ist eine Mankohaftung darüber hinaus, wenn zwischen Arbeitnehmer und Arbeitgeber ein Auftrags- oder Verwahrungsverhältnis besteht. Dies ist ausnahmsweise dann gegeben, wenn der Arbeitnehmer unmittelbarer Besitzer der Gegenstände ist, und nicht bloßer Besitzdiener. Voraussetzung dafür ist, dass der Arbeitnehmer alleinigen Zugang zu den Gegenständen hat und sie auch selbstständig verwalten darf. Hinzukommen muss eine wirtschaftliche Entscheidungsfreiheit darüber, auf welche Weise die Sachen zu verwenden sind, sowie die Preiskalkulation. Kann der Arbeitnehmer, der selbst Besitzer von Waren oder von Kassengeldern ist, diese nicht mehr herausgeben, so haftet er dem Arbeitgeber hierfür. Der Arbeitgeber muss nur den Anfangsbestand nachweisen. Der Arbeitnehmer muss sein fehlendes Verschulden nachweisen.

Zu ersetzen ist bei einem Kassenmanko der fehlende Geldbetrag. Liegt ein Warenmanko vor, kann der Arbeitgeber unter dem Gesichtspunkt des entgangenen Gewinns den Verkaufswert verlangen.

b) Mankovereinbarungen

Insbesondere wenn dem Arbeitnehmer Bargeld überlassen wird, ist das Bedürfnis nach sog. Mankovereinbarungen groß. Zu denken ist vor allem an den Bankangestellten oder den Kassierer im Supermarkt.

Durch die Mankovereinbarung verpflichtet sich der Arbeitnehmer, dem Arbeitgeber für das Manko unabhängig von seinem Verschulden oder schon bei leichtester Fahrlässigkeit zu haften. Möglich ist auch, dass dem Arbeitnehmer nur die Beweislast für sein fehlendes Verschulden auferlegt wird.

Die Rechtsprechung stellt aus Gründen des Arbeitnehmerschutzes hohe Anforderungen an eine rechtswirksame Mankoabrede. Folgende drei Voraussetzungen müssen für eine zulässige Mankoabrede zwingend erfüllt sein:

- Dem Arbeitnehmer muss eine **angemessene Entschädigung** (das Mankogeld) versprochen werden. Angemessen ist die Ausgleichszahlung nur dann, wenn die Höhe dem Durchschnitt der erfahrungsgemäß zu erwartenden Fehlbeträge entspricht.

- Der Arbeitgeber muss ein **berechtigtes Interesse** an einer Mankovereinbarung vorweisen können. Diese zweite Voraussetzung ist nur dann gegeben, wenn der Arbeitnehmer unbeobachtet alleinigen Zugriff auf die von ihm verwahrten Gegenstände hat. Es muss also eine besondere Risikolage des Arbeitgebers bestehen. Anderenfalls würde der Arbeitgeber unzulässigerweise seine Organisations- und Überwachungspflicht auf den Arbeitnehmer überwälzen. Ein berechtigtes Interesse liegt daher nicht vor, wenn noch andere Mitarbeiter Zugang zu einer Kasse haben, ohne dass diese unter ständiger Beobachtung des Arbeitnehmers steht.

- Nicht zulässig ist eine Mankoabrede, die dem Arbeitnehmer die Beweislast dafür auferlegt, dass kein Schaden eingetreten ist, dass der Arbeitnehmer nicht die alleinige unbeobachtete Kontrolle hatte und dass er den Schaden nicht verursacht hat. Insoweit trägt der Arbeitgeber zwingend die **Nachweispflicht**. Ebenso wenig darf dem Arbeitnehmer der Nachweis des Mitverschuldens des Arbeitgebers abgeschnitten werden.

Ist die Mankoabrede unzulässig, gelten die allgemeinen Grundsätze über die Mankohaftung.

Ein Beispiel für eine ausgewogene Mankoabrede, die in einen Arbeitsvertrag aufgenommen werden könnte:

§ 8: Mankohaftung

„Der Arbeitnehmer [Die Arbeitnehmerin] ist in seiner [ihrer] Abteilung für die Kassenführung verantwortlich. Der Kassenbestand wird betriebsüblich regelmäßig in Anwesenheit des Arbeitnehmers [der Arbeitnehmerin] festgestellt. Ergibt sich hierbei ein Fehlbetrag, so hat der Arbeitnehmer [die Arbeitnehmerin] hierfür einzustehen. Die Haftung ist begrenzt auf das Bruttomonatsgehalt, das der Arbeitnehmer [die Arbeitnehmerin] zum Zeitpunkt des Eintritts des Mankos erhält; ausgenommen ist vorsätzliches Verhalten. Zum Ausgleich für die Haftung zahlt der Arbeitgeber dem Arbeitnehmer [der Arbeitnehmerin] zusätzlich eine Vergütung in Höhe von .... € monatlich."

3. Vertragsstrafen

Die von der Rechtsprechung des BAG entwickelten Grundsätze zur eingeschränkten Arbeitnehmerhaftung haben für den Arbeitgeber zur Folge, dass er vom Arbeitnehmer **in der Regel keinen Schadenersatz** verlangen kann. Hinzu kommt, dass der Arbeitgeber nach der zivilrechtlichen Verteilung der Beweislast den Vertragsbruch, das Verschulden, den Schadenseintritt, die Ursächlichkeit der Pflichtverletzung für den Schaden sowie nicht zuletzt die Höhe des Schadens nachweisen muss.

In der Praxis sind deshalb vertragliche Regelungen üblich, mittels derer der Arbeitgeber seine Schadensersatzansprüche gegen den Arbeitgeber leichter durchsetzen kann, z.b. ohne den Einzelnachweis eines Schadens führen zu müssen. Diese sog. Vertragsstrafen-Vereinbarungen dienen zugleich als Druckmittel für den Arbeitnehmer, damit dieser seine Arbeitsleistung ordnungsgemäß erbringt. Die Vertragsstrafen-Vereinbarungen sind für den Arbeitgeber ein geeignetes Instrument, um Pflichtverstöße des Arbeitnehmers tatsächlich sanktionieren zu können. Häufig werden Vertragsstrafen für folgende Fälle vereinbart:

- Der Arbeitnehmer tritt seine Arbeit bei Arbeitsvertragsbeginn nicht an.

- Der Arbeitnehmer scheidet ohne Einhaltung der Kündigungsfrist aus dem Arbeitsverhältnis aus.

- Der Arbeitgeber kündigt dem Arbeitnehmer wegen schuldhafter Verletzung der Arbeitspflicht außerordentlich.

- Der Arbeitgeber will Betriebsgeheimnisse schützen.

Vertragsstrafen können im Arbeitsvertrag oder auch in Betriebsvereinbarungen geregelt werden (Betriebsvereinbarungen können Vertragsstrafen aber auch grundsätzlich untersagen). Mitbestimmungsrechte des Betriebsrats bestehen nicht. Vertragsstrafenabreden sind in der Regel nicht formgebunden. Eine Ausnahme gilt nur für das nachvertragliche Wettbewerbsverbot des Handelsvertreters (§§ 74 ff. HGB). Es empfiehlt sich, in jedem Falle eine schriftliche Vereinbarung, um über einen entsprechenden Nachweis zu verfügen.

a) Wirksamkeitsanforderungen

Das BAG erachtet Vertragsstrafen im Arbeitsverhältnis für grundsätzlich zulässig (BAG, NZA 2004, 727). Obwohl nach § 309 Nr. 6 BGB Vertragsstrafenabreden in Formularverträgen generell unzulässig sind, geht das Bundesarbeitsgericht auf Grund der im Arbeitsrecht geltenden Besonderheiten von einer **grundsätzlichen Zulässigkeit** derartiger Klauseln aus. Allerdings kann sich die Unwirksamkeit im Einzelfall auf Grund einer unangemessenen Benachteiligung ergeben (§ 307 I BGB). Letzteres ist deswegen problematisch, weil eine sogenannte geltungserhaltende Reduktion nicht in Betracht kommt (BAG, NZA 2004, 727 ff.). Hält ein Gericht danach ein Vertragsstrafeversprechen im konkreten Fall für unangemessen, wird es nicht auf das angemessene Maß reduziert; die Bestimmung ist insgesamt unwirksam (Bayreuther, NZA 2004, 953 ff.).

Vertragsstrafen müssen in erster Linie klar und bestimmt formuliert sein. Die sanktionierte Pflichtverletzung ist so genau wie möglich zu bezeichnen, ebenso die zu leistende Strafe. Unklarheiten gehen zu Lasten desjenigen, der sie formuliert hat.

Unwirksam ist z.b. eine Klausel, die pauschal eine Vertragsstrafe ganz allgemein für „Vertragsverletzungen" vorsieht. Wer z.b. eine Sanktion für den Fall vorsehen möchte, dass der Arbeitnehmer das Arbeitsverhältnis schuldhaft vorzeitig beendet, muss dies ausdrücklich vereinbaren (BAG, DB 1992, 383). Hierfür reicht es nicht aus, dass eine Vertragsstrafe „für den Fall des Vertragsbruchs" vereinbart wird. Von der Formulierung wird nur die Nichtaufnahme der Arbeit oder das Einstellen der Arbeit vor Ablauf der Kündigungsfrist erfasst (BAG, AP Nr. 14 zu § 339 BGB).

Vertragsstrafenregelungen sind unwirksam, wenn durch ihre Anwendung der allgemeine Kündigungsschutz unterlaufen wird. So sind Vereinbarungen zu vermeiden, die den Arbeitnehmer zur Zahlung einer Abfindung verpflichten, wenn dieser das Arbeitsverhältnis fristgerecht und wirksam kündigt. Dies gilt auch dann, wenn der Arbeitgeber sich in gleicher Weise zur Zahlung einer Abfindung verpflichtet (BAG, DB 1990, 434).

b) Bestimmung der Höhe der Vertragsstrafe

Die Vertragsstrafe muss der Höhe nach festgelegt, zumindest aber der Höhe nach bestimmbar sein. Es ist ratsam, Höchstgrenzen zu vereinbaren, innerhalb derer der Arbeitgeber (oder ein unabhängiger Dritter) die Vertragsstrafe im Einzelfall festlegen kann. Als besonders praktikabel – weil einfach handhabbar – erweist sich eine Regelung, die für einen Vertragsbruch einen Wochen- oder Monatslohn als Strafe vorsieht. Die Höhe der Strafe muss dabei stets in einem angemessenen Verhältnis zum Verdienst stehen. Bei ihrer Bemessung sollte vor allem das Schadenspotenzial berücksichtigt werden. Allerdings gibt es keine generelle Höchstgrenze für eine arbeitsvertraglich vereinbarte Vertragsstrafe (BAG NZA 2009, 370).

c) Formulierungsbeispiel für eine Vertragsstrafe bei Vertragsbruch

„Im Falle der schuldhaften Nichtaufnahme oder vertragswidrigen Beendigung der Tätigkeit verpflichtet sich der Arbeitnehmer dem Arbeitgeber eine Vertragsstrafe in Höhe eines Bruttomonatseinkommens zu zahlen. Das Bruttoeinkommen wird nach dem Durchschnitt der Bezüge der letzten zwölf Monate oder, im Falle einer kürzeren Beschäftigungsdauer, nach dem Durchschnittsverdienst während der Beschäftigungszeit oder, sofern die Tätigkeit nicht aufgenommen wurde, der vereinbarten Vergütung errechnet. Der Arbeitgeber ist berechtigt, einen weitergehenden Schaden geltend zu machen.

Haben die Parteien eine Probezeit vereinbart und erfolgt die vertragswidrige Beendigung während der Probezeit, beträgt die Vertragsstrafe im Falle der schuldhaften Nichtaufnahme und der vertragswidrigen Beendigung ein halbes Bruttomonatseinkommen."

E. Beendigung des Arbeitsverhältnisses

I. Schriftformklausel für Kündigung, Aufhebung und Befristung

Nach § 623 BGB bedarf jede Kündigung zu ihrer Wirksamkeit der Schriftform. Alle nur mündlich ausgesprochenen Kündigungen sind nach § 125 I BGB unwirksam. Das Schriftformerfordernis gilt sowohl für die arbeitgeberseitige als auch für die Eigenkündigung durch den Arbeitnehmer. Auf das Schriftformerfordernis kann weder durch Vertrag noch durch Betriebsvereinbarung oder Tarifvertrag verzichtet werden. Arbeitgeber und Arbeitnehmer können sich daher auch nicht darauf einigen, dass eine mündlich ausgesprochene Kündigung wirksam sein soll.

Problematisch ist es, wie sich ein Geschäftsführer im Hinblick auf die Formvorschrift verhält, wenn der Arbeitnehmer lediglich mündlich kündigt. Eine schriftliche „Kündigungsbestätigung" dürfte nicht ausreichend sein, weil in ihr keine schriftliche Kündigung enthalten ist. Es ist in derartigen Fällen zu empfehlen, zum einen eine mündlich ausgesprochene Arbeitnehmerkündigung schriftlich zu bestätigen und vorsorglich das Arbeitsverhältnis zusätzlich durch den Geschäftsführer schriftlich zu kündigen, z.B. mit folgender Formulierung:

> „Hiermit bestätigen wir Ihre mündlich ausgesprochene Kündigung vom .... Gleichzeitig kündigen wir das bestehende Arbeitsverhältnis hiermit vorsorglich zum .... Sie sind verpflichtet, sich unverzüglich persönlich bei der Agentur für Arbeit arbeitssuchend zu melden (§37 b SGB III)."

Die Formvorschrift gilt auch für Verträge, mit denen das Arbeitsverhältnis aufgelöst werden soll.

Der Aufhebungsvertrag muss von beiden Vertragsparteien auf einer Urkunde unterzeichnet werden. Bei gleichlautenden Urkunden genügt es, wenn jede Partei die für die andere Seite bestimmte Urkunde unterzeichnet. Besteht der Aufhebungsvertrag aus mehreren Seiten, müssen diese zusammengefasst sein. Die Einheit der Urkunde muss sich zweifelsfrei feststellen lassen (beispielsweise durch fortlaufende Nummerierung). Es empfiehlt sich, dass jede Seite von beiden Parteien abgezeichnet wird.

Schließlich bedarf auch die **Befristung eines Arbeitsvertrags** zu ihrer Wirksamkeit der Schriftform (§ 14 IV TzBfG). Eine nur mündlich vereinbarte Befristung ist daher unwirksam, so dass ein unbefristeter Arbeitsvertrag bestehen würde.

II. Aufhebungsvertrag / Abwicklungsvertrag

1. Allgemeines

Unter einem Aufhebungsvertrag wird die einverständliche Aufhebung des Arbeitsvertrags durch die Vertragsparteien verstanden.

Das Vertragsverhältnis kann einvernehmlich sogar ohne Einhaltung von Kündigungsfristen beendet werden. Der Betriebsrat muss nicht beteiligt werden. Ein Aufhebungsvertrag kann auch mit Betriebsratsmitgliedern, Schwangeren, Schwerbehinderten oder unkündbaren Arbeitnehmern abgeschlossen werden.

Ein solcher Aufhebungsvertrag hat für Arbeitnehmer, die nach Beendigung des Vertrags auf Leistungen durch die Bundesagentur für Arbeit angewiesen sind, unter Umständen ganz erhebliche sozialversicherungsrechtliche Konsequenzen. Zum einen muss der Arbeitnehmer den Eintritt einer 12-wöchigen Sperrfrist befürchten (§ 144 SGB III), weil er letztendlich einvernehmlich und damit freiwillig ausscheidet und sozialversicherungsrechtlich so behandelt wird, als wenn er selbst gekündigt hätte. Zum anderen muss er zusätzlich mit dem Ruhen seines Arbeitslosengeldanspruchs nach § 143a SGB III rechnen.

Vor dem Hintergrund dieser Problematik hatte sich in der Praxis immer mehr der sogenannte **Abwicklungsvertrag** durchgesetzt. Dieser setzt im Gegensatz zum Aufhebungsvertrag voraus, dass das Arbeitsverhältnis zunächst gekündigt wurde. Das durch die Kündigung beendete Arbeitsverhältnis wurde durch eine Vereinbarung der Arbeitsvertragsparteien „abgewickelt". Das BSG hat nunmehr klargestellt, dass die nachteiligen sozialversicherungsrechtlichen Konsequenzen auch bei einem Abwicklungsvertrag eintreten können, wenn dieser sich faktisch als Aufhebungsvertrag erweist (BSG, NZA 2004, 661).

Demgegenüber werden Vereinbarungen, die vor dem Arbeitsgericht protokolliert werden (also auch Abwicklungsverträge), von den Arbeitsämtern in der Praxis nur einer eingeschränkten Prüfung unterzogen (BSG, Urteil v. 17.10.2007, Az. B 11a AL 51/06 R, Juris).

Durch die Rechtsprechung des BSG und der hierauf beruhenden Dienstanweisung der Bundesagentur für Arbeit ist danach die außergerichtliche Beilegung von Kündigungsstreitigkeiten erheblich erschwert worden (Bauer/Krieger, NZA 2004, 640 ff.). Allerdings hat das BSG nach dem Inkrafttreten von § 1 a KSchG eine Modifizierung der Rechtsprechung angekündigt. Danach soll bei der Vereinbarung einer Abfindung bis zu der nach § 1 a KSchG berechneten Höhe (Regelsatz = 0,5 Monatsverdienste für jedes Jahr des Bestehens des Arbeitsverhältnisses) regelmäßig von dem Vorliegen eines wichtigen Grundes auszugehen sein (BSG, NZA 2006, 1359). Auch die Bundesagentur für Arbeit hat dieser Änderung der Rechtsprechung Rechnung getragen und die Durchführungsanweisung für Sperrzeiten entsprechend angepasst (Gaul, Niklas NZA 2008, 137).

Geklärt ist zwischenzeitlich, dass § 312 I Ziff. 1 BGB auf Aufhebungsverträge/ Abwicklungsverträge keine Anwendung findet. Dem Arbeitnehmer steht daher auch **kein Widerrufsrecht** gemäß § 355 BGB zu (BAG, NZA 2004, 597).

2. Muster eines Aufhebungs-/Abwicklungsvertrags:

1. Das Arbeitsverhältnis der Parteien endet durch fristgemäße arbeitgeberseitige Kündigung aus betriebsbedingten Gründen am ....

2. Der Arbeitgeber wird das Arbeitsverhältnis bis zum Beendigungszeitpunkt ordnungsgemäß abrechnen und abwickeln.

3. Der Arbeitgeber zahlt an den Arbeitnehmer für den Verlust des Arbeitsplatzes in entsprechender Anwendung der §§ 9, 10 KSchG; 3 Ziffer 9 EStG eine Abfindung in Höhe von ...... €. Der Anspruch auf die Abfindung entsteht mit Abschluss dieses Vertrags und ist vererblich. Die Abfindung ist am ... (Datum des Beendigungszeitpunktes) fällig.

4. Der Arbeitgeber stellt den Arbeitnehmer ab dem ... von seiner Verpflichtung zur Arbeitsleistung unter Anrechnung bereits entstandener und noch entstehender Urlaubsansprüche und unter Fortzahlung der vereinbarten Vergütung frei.

5. Der Arbeitgeber erteilt dem Arbeitnehmer auf Verlangen ein qualifiziertes Zeugnis, dass seinem beruflichen Fortkommen förderlich ist.

6. Mit Erfüllung von Ziffern .... bis .... dieser Vereinbarung sind alle gegenseitigen Ansprüche aus dem Arbeitsverhältnis und seiner Beendigung – auf welchem Rechtsgrund sie auch immer beruhen mögen – erledigt.

7. a) Der Arbeitnehmer nimmt zur Kenntnis, dass er sich gemäß § 37 b SGB III unverzüglich (oder: drei Monate vor Beendigung des Arbeitsverhältnisses) persönlich bei der Agentur für Arbeit arbeitssuchend zu melden hat.
b) Der Arbeitnehmer bestätigt, auf mögliche sozialrechtliche Nachteile in Verbindung mit diesem Vertrag, insbesondere hinsichtlich des Bezugs von Entgeltersatzleistungen, hingewiesen worden zu sein. Verbindliche Auskünfte insoweit erteilt die Agentur für Arbeit.

Mit welchem Ergebnis ein Aufhebungs-/Abwicklungsvertrag abgeschlossen werden kann, hängt entscheidend von der Verhandlungsposition der Vertragsbeteiligten ab. Es ist daher nicht möglich, generell Hinweise dafür zu geben, welche Regelung günstig ist und welche nicht. Dies ist vielmehr eine Frage des Einzelfalls, der gerade vor Abschluss eines Aufhebungs-/Abwicklungsvertrags mit dem Rechtsberater ausführlich erörtert werden sollte.

Für den Arbeitgeber steht das Risiko des Annahmeverzugs im Vordergrund. Je länger ein Prozess dauert, desto teurer wird es für den Arbeitgeber, wenn er verliert. Für die gesamte Dauer des Annahmeverzugs muss der Arbeitgeber „nachzahlen"!

Demgegenüber ist die Verhandlungsposition des Arbeitgebers zu Beginn eines Prozesses günstiger. Der Arbeitnehmer verliert durch die Kündigung zunächst seinen Arbeitsplatz und sein Einkommen. Bei einer fristlosen Kündigung gemäß § 626 BGB erhält er zudem auch kein Arbeitslosengeld für die Dauer von zwölf Wochen. Auch eine unberechtigte Kündigung kann daher für den Arbeitnehmer ganz erhebliche finanzielle Probleme mit sich bringen. Denn die Agenturen für Arbeit stellen sich auf den Standpunkt, dass sie unabhängig vom Ausgang eines Kündigungsschutzprozesses nicht zahlen müssen. Gewinnt der Arbeitgeber, war die fristlose Kündigung berechtigt und es greift die Sperrfrist. Gewinnt der Arbeitnehmer, war die fristlose Kündigung unberechtigt. Der Arbeitgeber muss Annahmeverzugslohn leisten.

Seit der Aufhebung des § 3 Nr. 9 EStG gibt es keine Steuerfreibeträge mehr für Abfindungen. Abfindungen sind daher grundsätzlich zu versteuern. Es kommt aber eine Steuerermäßigung in Betracht. Denn Abfindungen sind außerordentliche Einkünfte i.S.v. §§ 34 EStG i.V.m.§ 24 I Nr. 1 EStG sofern die Entschädigung für den Verlust des Arbeitsplatzes gezahlt worden ist. Diese unterliegen einem ermäßigten Steuersatz (sogenannte Fünftelungsregelung, die den steuerpflichtigen Teil der Abfindung rechnerisch auf fünf Jahre verteilt, um die Progression abzuschwächen; vgl. Wisskirchen, NZA 1999, 406 ff.; Schaub, BB 1999, 1059 ff., 1060).

III. Anfechtung

In der Praxis kommt es nicht selten vor, dass Arbeitnehmer eine von ihnen selbst ausgesprochene Eigenkündigung oder das von ihnen angenommene Angebot des Arbeitgebers, einen Aufhebungsvertrag abzuschließen, anfechten. Die Arbeitnehmer behaupten in diesem Zusammenhang in der Regel, sie seien zur Abgabe ihrer Willenserklärung durch massiven Druck der Arbeitgeberseite **genötigt** worden. Von einer Drohung im Sinne des § 123 I BGB geht die Rechtsprechung bereits dann aus, wenn der Arbeitgeber bei den Aufhebungsvertragsverhandlungen mit einer Kündigung (fristlos oder fristgerecht), mit Schadenersatzansprüchen und/oder Anzeige bei der Staatsanwaltschaft gedroht hat.

Die Anfechtung greift in derartigen Fällen durch, wenn die Drohung auch widerrechtlich war. Dies ist nach Auffassung des BAG dann der Fall, wenn ein **verständiger Arbeitgeber** eine solche Maßnahme (Kündigung, Strafanzeige etc.) nicht ernsthaft in Erwägung gezogen hätte (ständige Rechtsprechung, zuletzt BAG, NZA 2008, 348). Zwar hat der Arbeitnehmer die widerrechtliche Drohung darzulegen und zu beweisen. Dennoch muss sich der Arbeitgeber auf diese Rechtsprechung einstellen. Es ist daher nicht ungefährlich, bei Verhandlungen über einen Aufhebungsvertrag oder Verhandlungen, die den Arbeitnehmer zu einer Eigenkündigung bewegen sollen, darauf hinzuweisen, dass der Arbeitgeber kündigen wird, wenn der Arbeitnehmer nicht die von ihm gewünschte Erklärung abgeben sollte.

Eine **widerrechtliche Drohung** kann auch vorliegen, wenn das in Aussicht stellen einer Kündigung durch einen ersichtlich nicht kündigungsberechtigten Vorgesetzten erfolgt (BAG, NZA 2006, 841).

Die Widerrechtlichkeit der Drohung entfällt auch nicht dadurch, dass der Arbeitgeber dem Arbeitnehmer eine Bedenkzeit einräumt.

Der Arbeitnehmer muss sein Anfechtungsrecht innerhalb eines Jahres ausüben. Die kurze Frist von drei Wochen, innerhalb derer die Kündigungsschutzklage eingelegt werden muss, findet keine Anwendung auf das Anfechtungsrecht.

Es ist daher zu empfehlen, zunächst zu kündigen und anschließend einen Abwicklungsvertrag abzuschließen. Wird letzterer angefochten, bleibt es bei der Kündigung gegen die regelmäßig innerhalb der 3-Wochenfrist nichts unternommen wurde.

IV. Befristung

1. Befristung nach TzBfG

Mit Wirkung zum 1.1.2001 ist das neue Gesetz über Teilzeitarbeit und befristete Arbeitsverträge (TzBfG) in Kraft getreten.

Schon seit dem 1.5.2000 bedarf die Befristungsabrede – ebenso wie die Kündigung (!) – der Schriftform (§ 623 BGB). Dies ist nochmals ausdrücklich in §14 IV TzBfG klargestellt worden. Das Schriftformerfordernis betrifft nur die Befristung selbst und nicht den Arbeitsvertrag im Übrigen. Diese Bestimmung ist für den Arbeitgeber deswegen besonders zu beachten, weil in der Praxis die befristeten Arbeitsverträge erst nach Arbeitsaufnahme schriftlich abgeschlossen werden. Die spätere schriftliche Niederlegung der zunächst nur mündlich vereinbarten Befristung führt jedoch nicht dazu, dass die zunächst formnichtige Befristung rückwirkend wirksam wird. Es ist dann ein unbefristetes Arbeitsverhältnis entstanden (BAG, NZA 2008, 1184)!

Ohne Vorliegen eines sachlichen Grundes bleibt die kalendermäßige Befristung eines Arbeitsvertrags bis zur Höchstdauer von zwei Jahren zulässig. Bis zu dieser Gesamtdauer kann ein Vertrag dreimal hintereinander befristet abgeschlossen werden (§ 14 II TzBfG). Allerdings ist eine Befristung ohne Vorliegen eines sachlichen Grundes nicht zulässig, wenn mit demselben Arbeitgeber bereits zuvor ein befristetes oder unbefristetes Arbeitsverhältnis bestanden hat.

Diese Regelung führt in der Praxis zu erheblichen Schwierigkeiten. Denn bei lang zurückliegenden Arbeitsverhältnissen, also z.b. wenn eine Arbeitnehmerin oder ein Arbeitnehmer vor 20 Jahren bei demselben Arbeitgeber beschäftigt war, ist eine befristete Beschäftigung ohne Sachgrund ausgeschlossen. Deshalb ist es jedenfalls Arbeitgebern größerer Unternehmen anzuraten, vor Abschluss eines ohne Sachgrund befristeten Arbeitsvertrags, den Bewerber ausdrücklich nach früheren Beschäftigungen im Unternehmen zu befragen.

Ein Ausbildungsverhältnis gilt insoweit nicht als Arbeitsverhältnis. Nach Beendigung des Ausbildungsverhältnisses kann daher gem. § 14 II TzBfG ohne Sachgrund befristet werden.

Auch wenn eine Tätigkeit im Rahmen eines Leiharbeitsverhältnisses zuvor bestand, kann anschließend ein befristetes Arbeitsverhältnis ohne Sachgrund abgeschlossen werden, da das Leiharbeitsverhältnis nicht als Arbeitsverhältnis i.S.v. § 14 Abs. 2 TzBfG bewertet wird (BAG, NZA 2007, 443).

Eine besondere **Befristungsregel** besteht für ältere Arbeitnehmer. Bis 1.5.2007 gab es die Regelung, dass mit Arbeitnehmern, die das 52. Lebensjahr vollendet haben, beliebig oft befristete Arbeitsverhältnisse abgeschlossen werden konnten. Der EuGH hat diese Regelung für unwirksam erklärt, da sie altersdiskriminierend ist. Die neue Regelung sieht nunmehr vor, dass mit Arbeitnehmer, die 52 Jahre und älter sind, ohne Vorliegen eines sachlichen Grundes ein befristeter Arbeitsvertrag bis zu einer Dauer von fünf Jahren geschlossen werden kann. Weitere Voraussetzung für die Zulässigkeit des befristeten Arbeitsvertrages ist, dass der Arbeitnehmer vor Beginn des befristeten Arbeitsverhältnisses mindestens vier Monate beschäftigungslos i.S.d. § 119 Abs. 1 Nr. 1 SGB III gewesen ist, Transferkurzarbeitergeld oder an einer öffentlich geförderten Beschäftigungsmaßnahme nach dem II. oder III. Sozialgesetzbuch teilgenommen hat. Bis zu dieser Gesamtdauer von fünf Jahren ist auch eine mehrfache Verlängerung des Arbeitsvertrags zulässig.

Eine weitere Ausnahme gibt es für neu gegründete Unternehmen. In den ersten vier Jahren nach der Gründung des Unternehmens ist die Befristung eines Arbeitsvertrages ohne Vorliegen eines sachlichen Grundes bis zur Dauer von vier Jahren zulässig. Innerhalb dieser vier Jahre kann das befristete Arbeitsverhältnis mehrfach verlängert werden. Allerdings findet diese Regelung keine Anwendung auf Neugründungen im Zusammenhang mit Umstrukturierung von Unternehmen und Konzernen.

Ist eine Befristung nicht wirksam, gilt der befristete Vertrag als auf unbestimmte Zeit geschlossen. Dies muss ein Arbeitnehmer innerhalb von drei Wochen nach dem vereinbarten Ende des befristeten Arbeitsvertrags im Wege der Klage beim Arbeitsgericht auch geltend machen; ansonsten ist er mit diesem Einwand ausgeschlossen (§ 17 TzBfG).

Für die Praxis empfiehlt es sich ausnahmslos, während der Höchstdauer von zwei Jahren nach § 14 II TzBfG zu befristen und erst darüber hinaus die Befristung auf einen sachlichen Grund zu stützen.

Von der Verlängerungsmöglichkeit (nach Abschluss der ersten Befristung weitere drei Mal bis zur Höchstdauer von insgesamt zwei Jahren) kann immer nur bis zum Ablauf der jeweils letzten Befristung Gebrauch gemacht werden! Eine **rückwirkende Befristung ist nicht zulässig** und führt i.d.R. zu einem unbefristeten Arbeitsverhältnis. Die Verlängerung einer Befristung nach § 14 II TzBfG ist nur zu im Wesentlichen gleichen Bedingungen zulässig. Der erste Befristungsvertrag sollte daher möglichst umfassende Regelungen enthalten.

2. Befristungen, die durch einen sachlichen Grund gerechtfertigt sind

In § 14 I TzBfG ist unter Angabe von Beispielsfällen geregelt, wann die Befristung eines Arbeitsvertrags durch einen sachlichen Grund gerechtfertigt ist. Die Aufzählung ist nicht abschließend (*„insbesondere"*).

Werden mehrere befristete Verträge hintereinander geschaltet, so ist nach der Rechtsprechung nur der letzte Vertrag einer Befristungskontrolle zu unterziehen. Dies ergibt sich jetzt mittelbar schon aus § 17 Satz 1 TzBfG.

Ein befristeter Arbeitsvertrag liegt nur dann vor, wenn seine Dauer entweder kalendermäßig bestimmt ist (**kalendermäßige Befristung**) oder sich aus Art, Zweck oder Beschaffenheit der Arbeitsleistung ergibt (**zweckbefristeter Arbeitsvertrag**; § 3 I TzBfG). Eine wirksame Befristung setzt nicht voraus, dass dem Arbeitnehmer bei Vertragsabschluss der Befristungsgrund mitgeteilt wird (kein Zitiergebot).

Nach § 14 I 2 TzBfG liegt ein sachlicher Grund für die Befristung eines Arbeitsvertrags insbesondere dann vor, wenn

- der betriebliche Bedarf an der Arbeitsleistung nur vorübergehend besteht,
- die Befristung im Anschluss an eine Ausbildung oder ein Studium erfolgt, um den Übergang des Arbeitnehmers in eine Anschlussbeschäftigung zu erleichtern,
- der Arbeitnehmer zur Vertretung eines anderen Arbeitnehmers beschäftigt wird,
- die Eigenart der Arbeitsleistung die Befristung rechtfertigt,
- die Befristung zur Erprobung erfolgt,
- in der Person des Arbeitnehmers liegende Gründe die Befristung rechtfertigen,
- der Arbeitnehmer aus Haushaltsmitteln vergütet wird, die haushaltsrechtlich für eine befristete Beschäftigung bestimmt sind, und er entsprechend beschäftigt wird oder
- die Befristung auf einem gerichtlichen Vergleich beruht.

Die Anforderungen, die die Rechtsprechung an den sachlichen Grund einer Befristung stellen, steigen mit zunehmender Dauer der Beschäftigung des Arbeitnehmers. Hieraus folgt entgegen weit verbreiteter Auffassung aber nicht, dass eine Befristung wegen Umgehung des Bestandschutzes nach dem Kündigungsschutzgesetz dann unzulässig ist, wenn sich ein befristetes Arbeitsverhältnis an mehrere jeweils mit sachlichem Grund befristete Arbeitsverhältnisse anschließt. Kettenarbeitsverträge mögen zwar sozialpolitisch unerwünscht sein. Rechtlich sind sie aber zulässig, sofern ein sachlicher Grund vorliegt.

Ein kalendermäßig befristetes Arbeitsverhältnis endet automatisch mit Zeitablauf, ohne dass es einer Kündigung bedarf. Es kann aber auch nicht vorzeitig durch ordentliche Kündigung beendet werden, wenn dies nicht vereinbart wurde (§ 15 III TzBfG). Es ist daher dringend anzuraten, auch bei einem befristeten Vertrag zu vereinbaren, dass dieser vorzeitig durch ordentliche Kündigung beendet werden kann.

Ist ein zweckbefristeter Arbeitsvertrag (z.B. Vertretung für Krankheit, Schwangerschaft etc.) gem. § 15 II TzBfG abgeschlossen worden, endet der Vertrag, wenn dessen Zweck erreicht ist (der vertretene Arbeitnehmer also zurückkehrt), frühestens jedoch zwei Wochen nach Zugang der schriftlichen Unterrichtung des Arbeitnehmers durch den Arbeitgeber.

Zweckbefristungen sollten vorsorglich mit einer kalendermäßigen Befristung kombiniert werden, etwa mit folgender Formulierung:

„Frau A wird für die Dauer der Erkrankung von Frau B beschäftigt, längstens jedoch bis zum ....".

Andernfalls hätte der Arbeitgeber ein Problem, wenn die zu vertretende Person nicht zurückkommt. Die Rechtsprechung könnte im Wege ergänzender Vertragsauslegung zum Ergebnis gelangen, dass ein unbefristeter Vertrag vereinbart wurde, weil die Parteien einen solchen unbefristeten Vertrag vereinbart hätten, wenn sie gewusst hätten, dass die zu vertretende Person nicht zurückkommt.

Jeder Arbeitgeber sollte sich alle vereinbarten Endtermine von befristet abgeschlossenen Arbeitsverhältnissen notieren. Beschäftigt er einen Arbeitnehmer wissentlich nach Ablauf der vereinbarten Frist weiter, so gilt das Arbeitsverhältnis als auf unbestimmte Zeit verlängert (§ 625 BGB).

3. Teilzeitanspruch nach dem TzBfG

Während sich das Recht der befristet beschäftigten Arbeitnehmer durch die gesetzliche Neuregelung nicht wesentlich geändert hat, sieht dies bei den Bestimmungen, die die Förderung der Teilzeitarbeit betreffen, ganz anders aus. Arbeitnehmer, die länger als sechs Monate beschäftigt sind, haben nunmehr grundsätzlich einen Anspruch darauf, dass ihre vertraglich vereinbarte Arbeitszeit verringert wird. Dies gilt auch für leitende Mitarbeiter. Der Arbeitgeber muss sowohl dem Wunsch des Arbeitnehmers auf Verringerung der Arbeitszeit wie auch der Verteilung der Arbeitszeit zustimmen, soweit nicht – ausnahmsweise – betriebliche Gründe entgegenstehen. Den entsprechenden Anspruch muss ein Arbeitnehmer spätestens drei Monate vor Beginn geltend machen. Hierdurch soll dem Arbeitgeber die erforderliche Zeit gegeben werden, die Anspruchsvoraussetzungen zu prüfen und arbeitsorganisatorische oder personelle Auffangmaßnahmen vorzubereiten.

Voraussetzung für den Anspruch ist, dass der Arbeitgeber unabhängig von der Anzahl der Auszubildenden in der Regel mehr als 15 Arbeitnehmer beschäftigt (§ 8 VII TzBfG). Die Entscheidung über den Verringerungswunsch muss der Arbeitgeber dem Arbeitnehmer spätestens einen Monat vor dem gewünschten Beginn der Verringerung schriftlich mitteilen. Begründen muss er seine Entscheidung nicht. Der Arbeitgeber sollte in derartigen Fällen in jedem einzelnen Fall daher taktische Überlegungen darüber anstellen, ob und inwieweit es zweckmäßig ist, schon bei der Ablehnung die Gründe schriftlich offen zu legen. Dies gilt um so mehr, als der Arbeitnehmer nur durch ein Gerichtsurteil erreichen kann, dass die fehlende Zustimmung des Arbeitgebers ersetzt wird. Da die gerichtlichen Mühlen bekanntlich langsam mahlen, liegt hierin ein ganz erhebliches Druckmittel des Arbeitgebers. Solange ein Gericht die fehlende Zustimmung nicht ersetzt hat, muss der Arbeitnehmer weiterhin – wie im Arbeitsvertrag vorgesehen – arbeiten!

Hat allerdings der Arbeitgeber versäumt, dem Arbeitnehmer rechtzeitig die Ablehnung seines Gesuchs schriftlich mitzuteilen, gilt die Verteilung der Arbeitszeit entsprechend den Wünschen des Arbeitnehmers automatisch als festgelegt.

Arbeitnehmer haben aber nicht nur einen gesetzlichen Anspruch auf Verringerung der Arbeitszeit. Der Arbeitgeber hat darüber hinaus einen teilzeitbeschäftigten Arbeitnehmer, der den Wunsch nach einer Verlängerung seiner vertraglich vereinbarten Arbeitszeit geäußert hat, bei der Besetzung eines entsprechenden freien Arbeitsplatzes bei gleicher Eignung bevorzugt zu berücksichtigen, wenn keine dringenden betrieblichen Gründe oder Arbeitszeitwünsche anderer teilzeitbeschäftigter Arbeitnehmer entgegenstehen. Da § 9 TzBfG für jeden teilzeitbeschäftigten Arbeitnehmer gilt, können sich auch geringfügig Beschäftigte hierauf berufen. Dies kann in Zukunft zu riskanten Prozessen für den Arbeitgeber führen. Wenn sich beispielsweise eine „400-€-Kraft" auf eine freie Vollzeitstelle bewirbt, für die der Arbeitgeber 2.600 € pro Monat zahlt, und nicht genommen wird, können erhebliche Schadenersatzansprüche drohen. Fraglich wird in diesem Zusammenhang immer die Feststellung der „gleichen Eignung" sein.

Das BAG hat nunmehr konkretisiert, dass es darauf ankommt, dass der zu besetzende Arbeitsplatz mit dem von dem teilzeitbeschäftigten Arbeitnehmer bisher besetzten Arbeitsplatz nach Ort, Arbeitsinhalt und Funktion gleich oder zumindest vergleichbar ist. Ein zu besetzender Arbeitsplatz ist auch dann als entsprechend zu werten, wenn der Arbeitgeber die gleiche Tätigkeit lediglich anders vergüten will (BAG, NZA 2007, 1349).

V Das Probearbeitsverhältnis

Durch das Probearbeitsverhältnis sollen beide Vertragsparteien innerhalb einer angemessenen Zeitspanne überprüfen können, ob eine längerfristige Zusammenarbeit möglich ist. Eine Probezeit kann für die Dauer von bis zu sechs Monaten zwischen den Vertragsparteien vereinbart werden. Da der Kündigungsschutz nach dem KSchG erst nach Ablauf von sechs Monaten eintritt, wird die praktische Bedeutung eines Probearbeitsverhältnisses häufig überschätzt. Gesetzlich vorgeschrieben ist eine Probezeit in § 13 BBiG. Danach muss bei Auszubildenden eine Probezeit von mindestens einem Monat und höchstens drei Monaten vereinbart werden. Dies ist konsequent, weil ein Berufsausbildungsverhältnis nach Ablauf der Probezeit grundsätzlich nur noch aus wichtigem Grund gekündigt werden kann (darüber hinaus vom Auszubildenden mit einer Kündigungsfrist von vier Wochen auch dann, wenn er die Berufsausbildung aufgeben oder sich für eine andere Berufstätigkeit ausbilden lassen will, § 15 II BBiG).

Während der Probezeit und insoweit längstens für die Dauer von sechs Monaten beträgt die gesetzliche Kündigungsfrist zwei Wochen (§ 622 III BGB).

Außerhalb des BBiG ist nicht festgelegt, bis zu welcher Dauer eine Probezeit vereinbart werden kann. Der Arbeitgeber muss sich darauf einstellen, dass nur ganz ausnahmsweise eine längere Probezeit als sechs Monate gerechtfertigt ist und wirksam vereinbart werden kann. Da nach Ablauf der 6-Monats-Frist ohnehin bei Vorliegen der üblichen Voraussetzungen für den Arbeitnehmer Kündigungsschutz besteht, sollten bestehende Zweifel nicht zu einer Verlängerung des Probearbeitsverhältnisses, sondern zur Kündigung des Vertrags führen. Eine solche Kündigung ist auch noch am letzten Tag der vereinbarten Probezeit und der damit verbundenen kürzeren Kündigungsfrist möglich, wenn sie dem Arbeitnehmer an diesem Tag auch tatsächlich zugeht.

Durch eine vereinbarte Probezeit werden die Kündigungsbeschränkungen der §§ 9 MuSchG, 85 ff. SGB IX nicht aufgehoben! Dies kann der Arbeitgeber nur dadurch umgehen, dass er das Arbeitsverhältnis von vornherein befristet. Es ist daher zu empfehlen, im Arbeitsvertrag ein befristetes Probearbeitsverhältnis mit Kündigungsmöglichkeit z.B. wie folgt vorzusehen:

„Der Arbeitnehmer wird für die Dauer vom ..... bis ..... zur Probe eingestellt. Das Arbeitsverhältnis endet mit Ablauf des ....., sofern es nicht ausdrücklich verlängert wird. Während der Probezeit kann das Arbeitsverhältnis von beiden Vertragsparteien mit einer Frist von zwei Wochen gekündigt werden."

Wird das Arbeitsverhältnis nach Ablauf der Probezeit fortgesetzt, entsteht regelmäßig ein unbefristeter Vertrag (§ 625 BGB).

VI. Kündigung des Arbeitsverhältnisses

1 Allgemeines

Die Kündigung ist eine einseitige, empfangsbedürftige Willenserklärung, durch die das Arbeitsverhältnis für die Zukunft aufgelöst werden soll.

Nach § 623 BGB bedarf die Kündigung seit dem 1.5.2000 der Schriftform. **Die Schriftform ist nicht gewahrt bei einer Kündigung durch Telefaxschreiben, telegrafische Übermittlung oder per E-Mail.**

Durch eine wirksame Kündigungserklärung wird das Arbeitsverhältnis entweder sofort (bei einer fristlosen Kündigung) oder mit Ablauf der Kündigungsfrist (bei einer ordentlichen Kündigung) beendet.

Als rechtsgestaltende Erklärung kann die Kündigung an sich nicht mehr einseitig zurückgenommen oder die Kündigungsfrist hinausgeschoben werden. Vielmehr muss in derartigen Fällen das Arbeitsverhältnis einvernehmlich – also durch Abschluss eines Vertrags – fortgesetzt werden. Da eine rechtsunwirksame Kündigung aber das Arbeitsverhältnis nicht beendet, muss der Arbeitgeber die Möglichkeit haben, eine Kündigung zurückzunehmen bzw. er muss die Möglichkeit haben, der anderen Seite mitzuteilen, **dass er aus der Kündigung keine Rechte mehr herleitet.** Die entsprechende Zustimmung des Arbeitnehmers wird man in aller Regel unterstellen können. Dies gilt insbesondere dann, wenn bereits Kündigungsschutzklage erhoben wurde. Von einer derartigen (vorweggenommenen) Zustimmung des Arbeitnehmers wird man allerdings dann nicht ausgehen können, wenn er einen Auflösungsantrag gemäß § 9 KSchG gestellt hat.

a) Ausspruch der Kündigung

aa) Beendigungswille und Eindeutigkeit der Kündigungserklärung

Mit der Kündigungserklärung muss der Kündigende zweifelsfrei zum Ausdruck bringen, dass er das Arbeitsverhältnis beenden will. Dabei kommt es – wie bei allen empfangsbedürftigen Willenserklärungen – darauf an, wie der Kündigungsadressat die Erklärung nach Treu und Glauben unter Berücksichtigung der Verkehrssitte verstehen musste.

Zwar muss der Begriff „Kündigung" nicht ausdrücklich fallen. In der Praxis verwundert es aber immer wieder, dass es überhaupt zu Auslegungsschwierigkeiten kommen kann. Aus der Kündigungserklärung muss sich auch ergeben, zu welchem Zeitpunkt das Arbeitsverhältnis beendet werden soll. Es werden folgende Kündigungserklärungen vorgeschlagen:

„Hiermit kündigen wir das mit Ihnen bestehende Arbeitsverhältnis mit sofortiger Wirkung". (im Fall einer fristlosen Kündigung)

oder

> „Hiermit kündigen wir das mit Ihnen bestehende Arbeitsverhältnis zum…..
> (Angabe des genauen Beendigungstermins), hilfsweise zum nächstmögli-
> chen Zeitpunkt". (im Fall einer ordentlichen Kündigung)

Die Kündigungserklärung selbst muss keine Begründung enthalten, es sei denn, dies ist im Arbeitsvertrag, in einer Betriebsvereinbarung oder im einschlägigen Tarifvertrag ausdrücklich vorgesehen. Nur bei einer fristlosen Kündigung muss der Kündigungsgrund dem anderen Teil auf Verlangen unverzüglich schriftlich mitgeteilt werden (§ 626 II 2 BGB). Soweit – wie in den meisten Fällen – die Kündigungserklärung nicht schriftlich begründet werden muss, sollte dies – schon zur Vermeidung unnötiger Fehler – auch nicht geschehen.

Ausnahmeregelungen enthalten § 9 III MuSchG und § 15 III BBiG. Kündigungen gegenüber Schwangeren und Auszubildenden müssen danach schriftlich begründet werden. Die schriftliche Mitteilung der Kündigungsgründe ist somit Wirksamkeitsvoraussetzung für die Kündigung. Die Kündigungsgründe müssen im Einzelnen dargelegt werden, so dass der Empfänger der Kündigung erkennen kann, um welche Vorwürfe es sich handelt. Stichwortartige subjektive Urteile reichen nicht aus.

bb) Person des Kündigenden und Kündigungsadressat

Die Kündigung ist grundsätzlich von der einen Partei des Arbeitsverhältnisses gegenüber der anderen zu erklären. Bei einer juristischen Person wie z.b. der GmbH erfolgt die Kündigung durch das vertretungsberechtigte Organ. Das sind gemäß §35 GmbHG der oder die Geschäftsführer.

Allerdings kann der Arbeitgeber bzw. bei einer GmbH die Geschäftsführung die entsprechende Befugnis auch einem Bevollmächtigten übertragen. Geschieht dies, sollte der schriftlichen Kündigungserklärung grundsätzlich im Original eine Vollmachtsurkunde beigefügt werden, da der Kündigende ansonsten Gefahr läuft, dass die Kündigung auf Grund der fehlenden Vollmachtsurkunde unverzüglich zurückgewiesen wird (§ 174 BGB). Die Kündigung wäre dann unwirksam. Eine solche Zurückweisung kann nur unverzüglich erfolgen. Hierfür gibt es keine starre Fristenregelung. Eine Zurückweisung innerhalb von drei Tagen bis zu einer Woche darf in der Regel nicht zu viel sein. Hingegen ist eine Zurückweisung nach drei Wochen nicht mehr möglich (BAG, NZA 1999, 818).

Ein derartiges Zurückweisungsrecht ist gemäß § 242 BGB ausgeschlossen, wenn der Vertreter innerhalb einer ständigen Geschäftsverbindung bereits wiederholt entsprechende Handlungen vorgenommen hat oder ihm die Abwicklung des gesamten Vertragsverhältnisses übertragen war (er also insbesondere bereits den Arbeitsvertrag selbst für die Firma unterzeichnet hatte).

Ein Zurückweisungsrecht gemäß dieser in der Praxis sehr wichtigen Vorschrift besteht insbesondere dann nicht, wenn der Vertrag vom Leiter der Personalabteilung oder vom Prokuristen gekündigt wird.

b) Zugang der Kündigung

aa) Zugang der Willenserklärung

Damit eine Kündigung wirksam wird, muss sie dem Kündigungsempfänger zugehen. Ob und wann dies der Fall ist, spielt in der Praxis eine erhebliche Rolle, insbesondere für die Frage der Kündigungsfrist.

Im Prozess ist der Arbeitgeber sowohl dafür **beweispflichtig, dass die Kündigung zugegangen ist als auch dafür, wann sie zugegangen ist!** Er sollte dies – soweit möglich – dokumentieren (z. B. durch die Quittung des Kündigungsgegners oder durch die Übergabebestätigung eines Zeugen etc.).

Wird die schriftliche Kündigungserklärung dem Kündigungsempfänger übergeben, so ist sie mit der Übergabe auch zugegangen und zwar unabhängig davon, ob der Kündigungsempfänger das Kündigungsschreiben liest oder nicht.

Ist der Kündigungsempfänger nicht anwesend, kommt es darauf an, wann er bei Annahme gewöhnlicher Verhältnisse von der Kündigungserklärung Kenntnis nehmen konnte (nicht, wann der Empfänger von ihr Kenntnis genommen hat!). Der Einwurf eines Kündigungsschreibens in den Briefkasten des Empfängers bewirkt daher zu dem Zeitpunkt den Zugang, sobald üblicherweise mit der Leerung zu rechnen ist. Wird beispielsweise am Nachmittag gegen 15.00 Uhr ein Kündigungsschreiben in den Briefkasten des Empfängers geworfen, geht dies zu der üblichen Postzustellzeit am nächsten Morgen (z.B. gegen 11.00 Uhr) zu. Entnimmt der Empfänger das Schreiben vorher seinem Briefkasten, geht es selbstverständlich zu diesem früheren Zeitpunkt zu. Auch ein an einen Familienangehörigen abgegebener Brief geht dem Empfänger zu. Dann kommt es nicht darauf an, wann der Empfänger persönlich das Schreiben tatsächlich erhalten hat.

bb) Zugangsvereitelung

Der Kündigungsempfänger muss – insbesondere wenn er mit einer Kündigung rechnen muss – Vorkehrungen dafür treffen, dass ihn Kündigungserklärungen auch erreichen können. So muss er insbesondere dem Arbeitgeber mitteilen, wenn er umzieht. Er muss seinen Briefkasten lesbar beschriften. Der Arbeitnehmer kann sich auch nicht auf den verspäteten Zugang des Kündigungsschreibens berufen, wenn er in Kenntnis von einer vorstehenden Kündigung dem Arbeitgeber eine unrichtige Wohnanschrift angibt (BAG, NZA 2006, 204). Verhindert allerdings ein nur als Empfangsbote in Betracht kommender Dritter (z.B. die Mutter des Kündigungsempfängers) durch Annahmeverweigerung den Zugang der Kündigung, so kann dies dem Kündigungsadressaten nicht zugerechnet werden, wenn er hierauf keinen Einfluss hat.

cc) Zugang bei Urlaub

Ein in den Briefkasten eingeworfenes Kündigungsschreiben geht selbst dann dem Kündigungsempfänger zu der üblichen Postzustellzeit zu, wenn er z.B. wegen Urlaub oder eines Krankenhausaufenthalts ortsabwesend ist. Dies gilt selbst dann, wenn der Arbeitgeber weiß, dass der Arbeitnehmer beispielsweise verreist ist und sogar die Urlaubsanschrift kennt.

Auch bei der Inhaftierung kann die Kündigung an den gewöhnlichen Wohnsitz zugestellt werden, selbst wenn der Arbeitgeber die Haftadresse kennt. Allerdings dürfte der Arbeitnehmer in all diesen Fällen die Möglichkeit haben, wegen Versäumung der 3-wöchigen Klagefrist des § 4 KSchG die nachträglich Zulassung der Klage zu erreichen (§ 5 KSchG).

dd) Zugang beim Einschreibebrief, Einwurfeinschreiben

In der Praxis werden die meisten Kündigungen **per Einschreiben** versandt. Dies ist riskant, weil der Zugang der Kündigung in vielen Fällen nicht nachgewiesen werden kann. Wird das Einschreiben dem Kündigungsempfänger oder einem bevollmächtigten Empfangsboten nicht persönlich übergeben und stattdessen ein Benachrichtigungsschein im Briefkasten hinterlassen, geht das Einschreiben erst zu, wenn es abgeholt wird.

Zwar handelt der Kündigungsempfänger rechtsmissbräuchlich, wenn er weiß oder damit rechnen muss, dass ein Kündigungsschreiben an ihn unterwegs ist und er das Einschreiben trotz Kenntnis vom Benachrichtigungsschein nicht abholt; der Arbeitgeber muss diese Tatsachen aber beweisen. Er muss also insbesondere beweisen, dass der Kündigungsempfänger Kenntnis vom Benachrichtigungsschein hatte. Dies wird ihm in der Praxis kaum gelingen.

Auch mit dem sogenannten Einwurfeinschreiben kann der Kündigungszugang nicht sicher bewiesen werden, weil der Zusteller sich an den konkreten Zustellvorgang in aller Regel nicht wird erinnern können.

Durch das Einwurfeinschreiben lässt sich der Zugang aber besser als durch Einschreibebrief beweisen (Reichert, NJW 2001, 2523 f.).

Der sicherste Weg, derartigen Beweisschwierigkeiten zu entgehen, ist die Zustellung durch den Gerichtsvollzieher (§ 132 BGB).

Da dieser Weg etwas umständlich ist, sollte die schriftliche Kündigungserklärung entweder dem Empfänger **persönlich gegen Quittung** oder unter Zeugen übergeben oder durch einen Zeugen in den Briefkasten des Empfängers geworfen werden. Der Zeuge sollte hierüber zu Beweiszwecken einen Aktenvermerk fertigen.

c) Kündigungsfristen

aa) Allgemeines

In § 622 I BGB sind die Grundkündigungsfristen für Arbeiter und Angestellte einheitlich wie folgt geregelt:

Vier Wochen zum 15. oder zum Ende eines Kalendermonats.

Die **verlängerten**, von der Dauer des Arbeitsverhältnisses abhängigen Kündigungsfristen **gelten nur bei einer Kündigung durch den Arbeitgeber.** Ohne ausdrückliche anderweitige vertragliche Regelung kann daher ein Arbeitnehmer auch ein z.B. 20 Jahre andauerndes Beschäftigungsverhältnis mit einer Frist von vier Wochen zum 15. oder zum Ende eines Kalendermonats kündigen! Will der Arbeitgeber dies vermeiden, bedarf es im Arbeitsvertrag einer entsprechenden Regelung.

Formulierungsvorschlag:

> „Die Anwendung der verlängerten Kündigungsfristen gemäß § 622 II BGB wird für beide Vertragsteile vereinbart".

Längere Kündigungsfristen als die in § 622 I u. II BGB vorgesehenen können von den Vertragsparteien ohne weiteres vereinbart werden. Allerdings darf für die Kündigung durch den Arbeitnehmer keine längere Frist als für die Kündigung durch den Arbeitgeber gelten (§ 622 VI BGB).

Eine kürzere Kündigungsfrist gilt während der **vereinbarten Probezeit** (zwei Wochen).

Durch Tarifvertrag kann die Grundkündigungsfrist des § 622 I, die verlängerte Frist des § 622 II und die Frist während der Probezeit (§ 622 III) abgekürzt werden. Diese durch Tarifvertrag abgekürzten Kündigungsfristen gelten auch zwischen nicht tarifgebundenen Vertragsparteien, wenn ihre Anwendung vereinbart ist (§ 622 IV BGB). Darüber hinaus kann einzelvertraglich in den in § 622 V BGB genannten Ausnahmefällen eine kürzere als die Grundkündigungsfrist vereinbart werden.

In verschiedenen Gesetzen sind besondere Kündigungsfristen geregelt. Für die Praxis bedeutsam ist § 86 SGB IX. Danach gilt die Kündigungsfrist von vier Wochen für Schwerbehinderte auch während der vereinbarten Probezeit.

Nach § 113 I 1 InsO können Insolvenzverwalter und Arbeitnehmer das Arbeitsverhältnis ohne Rücksicht auf eine vereinbarte Vertragsdauer kündigen. Nach § 113 I 2 InsO beträgt die Kündigungsfrist maximal drei Monate zum Monatsende. Ergibt sich aus den oben dargestellten Grundsätzen eine kürzere Frist, gilt diese.

Die 3-monatige Kündigungsfrist gilt in der Insolvenz auch, wenn das Arbeitsverhältnis ohne ordentliche Kündigungsmöglichkeit befristet ist (BAG, SAE 2001, 185 ff.) und die Befristung noch mindestens drei Monate andauert.

Bei der Berechnung der Kündigungsfrist wurde bisher laut Gesetz die Beschäftigungszeiten vor der Vollendung des 25. Lebensjahres nicht mitgerechnet (§ 622 II 2 BGB). Ob es bei dieser Regelung bleibt, ist abzuwarten. Das Landesarbeitsgericht Berlin hat die Regelung für unanwendbar erklärt, da sie gegen europäisches Recht verstoße, nämlich gegen den Gleichbehandlungsgrundsatz (LAG Berlin, DB 2007, 2542). Das LAG hat Düsseldorf hat die Frage nunmehr dem EuGH vorgelegt. Eine Entscheidung des EuGH oder des BAG gibt es bisher nicht. Vorsorglich sollten die Zeiten vor Vollendung des 25. Lebensjahres bei der Berechnung der Beschäftigungsdauer mit berechnet werden.

Schwierigkeiten bereitet in der Praxis immer wieder die Fristberechnung. Dabei wird insbesondere übersehen, dass der Tag, an dem die Kündigung zugeht, in die Fristberechnung nicht mit einbezogen werden darf (§ 187 I BGB). Ist der letzte Tag vor Beginn der Kündigungsfrist ein Samstag, Sonntag oder Feiertag, so muss an diesem Tag die Zustellung einer Kündigung bewirkt werden, wenn die vorgesehene Frist eingehalten werden soll. § 193 BGB gilt nicht.

Andererseits kann der Arbeitnehmer eine Kündigung, die noch am letzten Tag vor Beginn der Kündigungsfrist zugegangen ist, nicht mit der Begründung zurückweisen, am Sonn- oder Feiertag dürfe nicht zugestellt werden.

Wird die Kündigung einem Geschäftsunfähigen oder einem beschränkt Geschäftsfähigen gegenüber erklärt, so ist sie erst dann wirksam, wenn sie dem gesetzlichen Vertreter zugegangen ist (§ 131 BGB). Dies bedeutet für die Praxis, dass Ausbildungsverhältnisse mit Minderjährigen wirksam nur gegenüber den Eltern gekündigt werden können.

bb) Tabellarische Übersichten zu den Kündigungsfristen

Tabelle 1: Zeitpunkt des Zugangs einer Kündigung (§ 622 I BGB)

Kündigungstermin	Spätester Zugang der Kündigung beim Arbeitnehmer
15. Januar 31. Januar	17.12. 02.01.
15. Februar 28./29. Februar (29. Febr.)	17.01. 30.01 (31.01. im Schaltjahr)
15. März 31. März	15.02. (15.02. im Schaltjahr) 02.03.
15. April 30. April	17.03. 01.04.
15. Mai 31. Mai	16.04. 02.05.
15. Juni 30. Juni	17.05. 01.06.
15. Juli 31. Juli	16.06. 02.07.
15. August 31. August	17.07. 02.08.
15. September 30. September	17.08. 01.09.
15. Oktober 31. Oktober	16.09. 02.10.
15. November 30. November	17.10. 01.11.
15. Dezember 31. Dezember	16.11. 02.12

Tabelle 2: Kündigungsfristen und Bestand des Arbeitsverhältnisses

Bestand des Arbeitsverhältnisses nach Vollendung des 25. Lebensjahrs	Kündigungsfrist zum Ende des Kalendermonats
2 Jahre	1 Monat
5 Jahre	2 Monate
8 Jahre	3 Monate
10 Jahre	4 Monate
12 Jahre	5 Monate
15 Jahre	6 Monate
20 Jahre	7 Monate

Tabelle 3: Kündigungsfristen

Kündigung zum	Spätester Zugang der Kündigung beim Arbeitnehmer bei einer Frist von						
	1 Monat	2 Monaten	3 Monaten	4 Monaten	5 Monaten	6 Monaten	7 Monaten
Ende Januar	31.12.	30.11.	31.10.	30.09.	31.08.	31.07.	30.06.
Ende Februar	31.01.	31.12.	30.11.	31.10.	30.09.	31.08.	31.07.
Ende März	28./29.02.	31.01.	31.12.	30.11.	31.10.	30.09.	31.08.
Ende April	31.03.	28./29.02.	31.01.	31.12.	30.11.	31.10.	30.09.
Ende Mai	30.04.	31.03.	28./29.02.	31.01.	31.12.	30.11.	31.10.
Ende Juni	31.05.	30.04.	31.03.	28./29.02.	31.01.	31.12.	30.11.
Ende Juli	30.06.	31.05.	30.04.	31.03.	28./29.02.	31.01.	31.12.
Ende August	31.07.	30.06.	31.05.	30.04.	31.03.	28./29.02.	31.01.
Ende Sept.	31.08.	31.07.	30.06.	31.05.	30.04.	31.03.	28./29.02.
Ende Oktober	30.09.	31.08.	31.07.	30.06.	31.05.	30.04.	31.03.
Ende Nov.	31.10.	30.09.	31.08.	31.07.	30.06.	31.05.	30.04.
Ende Dez.	30.11.	31.10.	30.09.	31.08.	31.07.	30.06.	31.05.

d) Anspruch des Arbeitnehmers auf Beurlaubung

Nach Ausspruch einer Kündigung kann der Arbeitnehmer verlangen, dass ihm der Arbeitgeber einen Anspruch auf Freizeitgewährung gibt, um sich eine andere Stelle suchen zu können. Der Umfang des Anspruches auf Freizeitgewährung muss angemessen sein und hängt von den Umständen des Einzelfalls ab. Wird ein derartiges Verlangen zu Recht gestellt, besteht die Vergütungspflicht für den Arbeitgeber fort (§ 616 BGB). Dies kann aber im Arbeitsvertrag ausgeschlossen werden. Formulierungsvorschlag:

„Gewährt der Arbeitgeber dem Arbeitnehmer auf dessen Verlangen hin Freizeit zum Zwecke der Stellensuche, hat der Arbeitgeber hierfür keine Vergütung zu zahlen. § 616 BGB wird abbedungen."

e) Umdeutung von Kündigungserklärungen

Ordentliche und außerordentliche Kündigungen stehen zueinander in einem Stufenverhältnis. In vielen Fällen ist es zweifelhaft, ob ein Vertragsverstoß bereits eine außerordentliche oder nur eine ordentliche Kündigung rechtfertigt. Spricht der Arbeitgeber in diesen Fällen eine außerordentliche Kündigung aus, die von den Arbeitsgerichten später für unwirksam gehalten wird, stellt sich die Frage, ob die unwirksame außerordentliche Kündigung in eine ordentliche Kündigung umgedeutet werden kann (§ 140 BGB). Eine derartige Umdeutung erfolgt nicht von Amts wegen. Vielmehr muss der Kündigende durch sein Verhalten deutlich zu erkennen gegeben haben, dass er das Vertragsverhältnis unter allen Umständen beenden wollte. Um insoweit Auslegungsschwierigkeiten von vornherein zu vermeiden, empfiehlt es sich, ausnahmslos auch im Falle einer außerordentlichen Kündigung hilfsweise eine fristgerechte Kündigung zum nächstzulässigen Zeitpunkt auszusprechen (und hierzu ggf. auch den Betriebsrat anzuhören!).

f) „Nachschieben" von Kündigungsgründen

Maßgeblich für die Beurteilung, ob eine Kündigung wirksam ist oder nicht, ist der Zeitpunkt des Zugangs der Kündigung. Fraglich ist allein, ob zu diesem Zeitpunkt objektiv Kündigungsgründe vorlagen. Dem gegenüber kommt es nicht darauf an, ob der Kündigungsberechtigte hiervon Kenntnis hatte. Hieraus folgt gleichzeitig, dass grundsätzlich Kündigungsgründe auch noch im Laufe eines Prozesses nachgeschoben werden können, wenn sie zum Zeitpunkt des Zugangs der Kündigungserklärung vorlagen.

Eine Beschränkung ergibt sich aus der Ausschlussfrist des § 626 II BGB. Danach kann eine fristlose Kündigung nur innerhalb von zwei Wochen beginnend mit dem Zeitpunkt erfolgen, in dem der Kündigungsberechtigte von den für die Kündigung maßgebenden Tatsachen Kenntnis erlangt. Auf Gründe, die vor Ablauf der 2-Wochen-Frist liegen, kann eine außerordentlich Kündigung daher nicht mehr gestützt werden.

Entstehen erst nach Zugang einer Kündigung weitere Kündigungsgründe i.S.v. § 626 BGB, können diese grundsätzlich nicht zur Rechtfertigung der bereits ausgesprochenen Kündigung dienen. Es empfiehlt sich in all diesen Fällen, vorsorglich eine weitere (hilfsweise) Kündigung auszusprechen.

Anders ist die Rechtslage zu beurteilen, wenn im Betrieb ein Betriebsrat existiert. Gemäß § 102 I BetrVG ist der Betriebsrat vor jeder Kündigung anzuhören. Eine ohne Anhörung des Betriebsrats ausgesprochene Kündigung ist unwirksam. Nach der Rechtsprechung des BAG sind Kündigungsgründe, die dem Arbeitgeber schon vor Zustellung der Kündigung bekannt waren, aber dem Betriebsrat nicht mitgeteilt wurden, im anschließenden Kündigungsschutzprozess nicht zu verwerten. Auch eine nachträgliche Anhörung des Betriebsrats ist in diesen Fällen nicht mehr möglich. Es kann daher nicht oft genug empfohlen werden, dass der Betriebsrat über die Kündigungsgründe umfassend vorsorglich quasi im Rahmen einer „vorweggenommenen Klageerwiderung" schriftlich informiert wird.

g) Kündigung vor Dienstantritt

Ein Arbeitsverhältnis kann auch bereits vor dem vertraglich vereinbarten Dienstbeginn außerordentlich wie auch ordentlich gekündigt werden. Eine derartige Kündigung unterliegt denselben Beschränkungen wie jede andere Kündigung auch (insbesondere sind also Sonderkündigungsschutzvorschriften wie z.B. § 9 MuSchG zu beachten).

Auch der Betriebsrat ist nach § 102 BetrVG anzuhören („vor jeder Kündigung").

Bei einer außerordentlichen Kündigung muss ein wichtiger Grund im Sinne des § 626 BGB vorliegen. Bei einer ordentliche Kündigung sind selbstverständlich die Kündigungsfristen zu beachten (vgl. dazu die tabellarische Übersicht unter E VI 1 c bb). Fraglich ist, wann die Kündigungsfrist zu laufen beginnt. Jedenfalls wenn eine Probezeit vereinbart worden ist, soll auch nach der Auffassung des BAG die Kündigungsfrist mit dem Zugang der Kündigungserklärung beginnen (also vor Dienstantritt). Es ist deswegen durchaus denkbar, dass die Kündigungsfrist bereits vor Dienstbeginn endet und das Arbeitsverhältnis deswegen überhaupt nicht in Vollzug gesetzt wird.

h) Erstattungspflicht des Arbeitgebers beim Ausscheiden älterer Arbeitnehmer

Mit dem Gesetz zu Reformen am Arbeitsmarkt vom 24.12.2003 wurde der Arbeitslosengeldanspruch älterer Arbeitnehmer von bis zu 32 Monaten auf längstens 18 Monate zurückgeführt. Inzwischen beträgt der Arbeitslosengeld-anspruch von **Arbeitnehmern die das 58. Lebensjahr erreicht** haben längstens 24 Monate. Wegen der Vertrauensschutzregelung des § 434 l SGB III betrifft die Erstattungspflicht des Arbeitgebers nur solche Arbeitnehmer, deren Anspruch auf Arbeitslosengeld vor dem 01.02.2006 entstanden ist. Für Ansprüche nach diesem Zeitpunkt ist die Erstattungspflicht des Arbeitgebers aus § 147 a SGB III vollständig entfallen. Denn der Anreiz zur sog. Frühverrentung vor Eintritt des Rentenalters auf Kosten der Arbeitslosenversicherung ist weggefallen. Die Erstattungsregeln bleiben für die noch laufenden Erstattungsverfahren weiter bestehen. Sofern ein Arbeitgeber ein solches hat, sollte er sich Rechtsrat ein-holen, da der § 147 a SGB III komplizierte Regelausnahmetatbestände enthält. Beachtet der Arbeitgeber diese Regelung nicht, besteht die Gefahr, dass er für längstens 32 Monate dem Arbeitsamt das Arbeitslosengeld für den gekündig-ten Mitarbeiter erstatten muss.

2. Nichtigkeit der Kündigung

a) Gesetzliche Kündigungsverbote

In verschiedenen Gesetzen sind generelle Kündigungsverbote bzw. Kündi-gungseinschränkungen enthalten. Im Folgenden sollen die in der Praxis wich-tigsten Fälle dargestellt werden.

aa) Mutterschutz (hierzu ausf. unter C VII 1)

§ 9 I 1 MuSchG enthält ein generelles Kündigungsverbot (mit Erlaubnisvorbe-halt). Danach ist **jede** Kündigung gegenüber einer Schwangeren und bis zum Ablauf von vier Monaten nach der Niederkunft unzulässig, wenn dem Arbeitge-ber zur Zeit der Kündigung die Schwangerschaft oder die Entbindung bekannt ist oder innerhalb zwei Wochen nach Zugang der Kündigung mitgeteilt wird. Überschreitet die Frau die Zweiwochenfrist, ist dies unschädlich, wenn es von ihr nicht zu vertreten ist und die Mitteilung unverzüglich nachgeholt wird (§ 9 I 1, II MuSchG). Nur in Ausnahmefällen kann gemäß § 9 III MuSchG die für den Arbeitsschutz zuständige oberste Landesbehörde oder die von ihr bestimmte Stelle die Kündigung für zulässig erklären. Erst die Zulässigkeitserklärung durch die zuständige Verwaltungsbehörde bewirkt die Aufhebung der Kündigungs-sperre; der Arbeitgeber kann nunmehr das Arbeitsverhältnis kündigen.

Ein „besonderer Fall" im Sinne dieser Vorschrift wird insbesondere bei einer Be-triebstilllegung, schweren Pflichtverstößen der Arbeitnehmerin oder etwa bei einer Gefährdung der wirtschaftlichen Existenz des Arbeitgebers anzunehmen sein.

Beabsichtigt der Arbeitgeber, eine außerordentliche Kündigung gemäß § 626 BGB auszusprechen, so muss er die 2-wöchige Ausschlussfrist des § 626 II BGB beachten. Er muss deshalb innerhalb der 2-Wochenfrist die Zulässigkeitserklärung beantragen und nach erfolgter Zulässigkeitserklärung unverzüglich außerordentlich kündigen.

bb) Elternzeit

Eine entsprechende Regelung enthält § 18 BErzGG. Danach darf das Arbeitsverhältnis ab dem Zeitpunkt, von dem an Elternzeit verlangt worden ist (höchstens jedoch acht Wochen vor Beginn der Elternzeit und während der Elternzeit), nicht gekündigt werden. In besonderen Fällen kann die Zulassung der Kündigung bei der nach Landesrecht für den Arbeitsschutz zuständigen obersten Behörde oder der von ihr bestimmten Stelle beantragt werden (vgl. o. unter C VII 2 c).

cc) Schwerbehinderte

Soll das Arbeitsverhältnis eines Schwerbehinderten gekündigt werden, bedarf dies der vorherigen Zustimmung des Integrationsamts (frühere Bezeichnung „Hauptfürsorgestelle"). Eine ohne vorherige Zustimmung des Integrationsamts ausgesprochene Kündigung ist unwirksam (vgl. § 85 SGB IX i.V.m. § 134 BGB für den Fall der ordentlichen Kündigung und §§ 91, 85 SGB IX i.V.m. § 134 BGB im Falle der außerordentlichen Kündigung).

Schwerbehinderte im Sinne dieses Gesetzes sind Personen mit einem Grad der Behinderung von wenigstens 50% oder solche, die eine Behinderung von wenigstens 30% aufweisen und den Schwerbehinderten im Übrigen gleichgestellt sind.

Den Sonderkündigungsschutz nach diesem Gesetz genießen Schwerbehinderte selbst dann, wenn der Arbeitgeber von der Schwerbehinderteneigenschaft oder der Antragstellung keine Kenntnis hat. Allerdings verwirken Schwerbehinderte den Sonderkündigungsschutz nach diesem Gesetz, wenn sie nicht innerhalb einer Frist von einem Monat nach Zugang der Kündigung die festgestellte oder beantragte Schwerbehinderteneigenschaft oder die Einlegung des Widerspruchs gegen einen die Schwerbehinderteneigenschaft ablehnenden Bescheid des Versorgungsamts dem Arbeitgeber mitteilen. Ausnahmsweise bedarf der Arbeitgeber nicht der vorherigen Zustimmung des Integrationsamts, wenn zum Zeitpunkt der beabsichtigten Kündigung die Eigenschaft als schwerbehinderter Mensch nicht nachgewiesen ist bzw. die Feststellung wegen fehlender Mitwirkung des Antragstellers über eine bestimmte Frist hinaus verzögert wurde (§§ 90 IIa SGB IX). Die mit Wirkung zum 1.5.2004 neu eingefügte Bestimmung schließt damit nur aus, dass ein besonderer Kündigungsschutz auch für den Zeitraum gilt, in dem ein in der Regel aussichtsloses Anerkennungsverfahren betrieben wird (ErfK/Rolfs SGB IX § 90 Rn. 4a).

Die Besonderheiten gelten nur für Kündigungen von Schwerbehinderten, die länger als sechs Monate beschäftigt sind (§ 90 Abs. 1 Ziff. 1 SGB IX).

Wenn das Integrationsamt die Zustimmung zur Kündigung erteilt, kann der Arbeitgeber eine ordentliche Kündigung nur innerhalb einer Ausschlussfrist von einem Monat nach Zustellung der Zustimmung erklären. Die außerordentliche Kündigung muss unverzüglich nach Erteilung der Zustimmung erklärt werden (§ 91 V SGB IX).

dd) Betriebsratsmitglieder

§ 15 KSchG verbietet die ordentliche Kündigung von Mitgliedern des Betriebsrats und gleichgestellten Vertretungen. Allerdings ist der Arbeitgeber zur Kündigung aus wichtigem Grund berechtigt, wenn die nach § 103 BetrVG erforderliche Zustimmung des Betriebsrats vorliegt oder diese durch eine arbeitsgerichtliche Entscheidung ersetzt ist. Dieses Kündigungsverbot gilt auch während eines Nachwirkungszeitraums von einem Jahr nach Beendigung des Betriebsratsmandats. Eine Ausnahme des generellen Kündigungsverbots ist nur für den Fall der Betriebstilllegung vorgesehen (§ 15 IV KSchG).

Erwägt der Arbeitgeber die außerordentliche Kündigung eines Betriebsratmitglieds, ist neben vielem anderen auch zu berücksichtigen, dass er in aller Regel kein Annahmeverzugslohnrisiko trägt. Denn der Betriebsrat verweigert in der Praxis üblicherweise die Zustimmung zur geplanten außerordentlichen Kündigung. Der Arbeitgeber muss daher beim Arbeitsgericht beantragen, dass die verweigerte Zustimmung ersetzt wird (§ 103 II BetrVG). In diesem Zustimmungsersetzungsverfahren (dazu ausf. unter F IX 4) wird bereits darüber entschieden, ob die außerordentliche Kündigung unter Berücksichtigung aller Umstände gerechtfertigt ist. Wird die fehlende Zustimmung also vom Arbeitsgericht ersetzt, wird auch die anschließend unverzüglich auszusprechende fristlose Kündigung begründet sein. Im umgekehrten Fall kann zwar nicht aus wichtigem Grund gekündigt werden, das Betriebsratmitglied musste aber während der Dauer des Zustimmungsersetzungsverfahrens seinen Pflichten aus dem Arbeitsvertrag weiter nachkommen und insbesondere arbeiten.

ee) Auszubildende

Im Berufsausbildungsverhältnis kann nach Ablauf der Probezeit durch den Arbeitgeber nur aus wichtigem Grund gekündigt werden (§ 15 II BBiG). Die Kündigung muss schriftlich und insbesondere unter Angabe der Kündigungsgründe erfolgen

b) Zivilrechtliche Generalklauseln als Prüfungsmaßstab

Kündigungen können ausnahmsweise auch aus Gründen unwirksam sein, die außerhalb der Bestimmungen zum besonderen Kündigungsschutz liegen.

Das BVerfG hat hierzu festgestellt, dass dort, wo die Bestimmungen des Kündigungsschutzgesetzes nicht greifen, Arbeitnehmer durch die zivilrechtlichen Generalklauseln (insbesondere §§ 138, 242 BGB) vor einer sittenoder treuwidrigen Ausübung des Kündigungsrechts geschützt werden (BVerfG, NJW 1998, 1475 ff. m.w.N.). Das bedeutet jedoch nicht, dass über die Generalklauseln der Kündigungsschutz nach dem KSchG auch für solche Mitarbeiter eingeführt wird, die dem Gesetz nicht unterfallen (z.B. in Kleinbetrieben). Arbeitnehmer sollen vielmehr vor willkürlicher oder auf sachfremden Motiven beruhenden Kündigung geschützt werden. Gemeint ist damit ein **Mindestmaß an sozialer Rücksichtnahme.**

Eine Prüfung von Kündigungen am Maßstab der §§ 138, 242 BGB kommt somit nur ganz ausnahmsweise in Betracht. Das Kündigungsschutzgesetz hat die Voraussetzungen und Wirkungen der Grundsätze von Treu und Glauben konkretisiert und abschließend geregelt, soweit es um den Bestandsschutz und das Interesse des Arbeitnehmers an der Erhaltung seines Arbeitsplatzes geht. Über § 242 BGB kann auch nicht der Kraft KSchG ausgeschlossene Kündigungsschutz wegen Nichterfüllung der 6-monatigen Wartezeit eingeführt werden (BAG, EzA zu §242 BGB Kündigung Nr. 3). Zwar ist es in derartigen Fällen denkbar, dass eine Kündigung zur Unzeit ausgesprochen wird. Dies setzt aber voraus, dass besondere Umstände vorliegen, die dem Anstandsgefühl aller billig und gerecht Denkenden in einem Maße widersprechen, dass die Kündigung als sittenwidrig anzusehen ist. Hiervon kann nur in besonders krassen Fällen ausgegangen werden.

c) AGG und Kündigungsrecht

Nach § 2 Abs. 4 AGG sollen für Kündigungen ausschließlich die Bestimmungen zum allgemeinen und besonderen Kündigungsschutz gelten. Damit wollte der Gesetzgeber das Kündigungsrecht aus dem Geltungsbereich des AGG heraus halten.

Die Regelung wird größtenteils als europarechtswidrig angesehen. Welche Konsequenzen daraus zu ziehen sind, ist umstritten (Diller/Krieger/Arnold NZA 2006, 887). Zum Teil wird vertreten, dass die Vorschrift unanwendbar sei (Arbeitsgericht Osnabrück, BB 2007, 1504). Das BAG hat dazu bisher folgendes ausgeführt: Zweck des § 2 Abs. 4 AGG ist es, sicher zu stellen, dass durch das AGG nicht neben das bisherige ein „zweites Kündigungrecht", also eine besondere „Diskriminierungsklage" neben die Kündigungsschutzklage, treten soll (BAG 6.11.2008 NZA 2009, 361). Auch bei einer Kündigung sind Benachteiligungen aus Gründen der Rasse, der ethnischen Herkunft, des Geschlechts, der Religion oder Weltanschauung, einer Behinderung, des Alters oder der sexuellen Identität zu vermeiden (siehe oben unter B I 1). Sie sind bei der Auslegung der unbestimmten Rechtsbegriffe des KschG zu beachten.

d) Unterbliebene Anhörung des Betriebsrats

Existiert im Betrieb ein Betriebsrat, ist dieser vor jeder Kündigung anzuhören. Eine ohne Anhörung des Betriebsrats ausgesprochene – ordentliche oder außerordentliche – Kündigung des Arbeitgebers ist unwirksam (§ 102 I 3 BetrVG, hierzu ausf. unter F IX 4). Der Betriebsrat muss lediglich angehört werden; er muss der Kündigung nicht zustimmen!

Keine Anhörungspflicht besteht, wenn ein befristeter Arbeitsvertrag abgeschlossen wurde und der Arbeitgeber dem Arbeitnehmer lediglich mitteilt, dass der Vertrag nicht verlängert werde. Denn diese Erklärung kann nicht in eine Kündigung umgedeutet werden. Eine Kündigung muss eindeutig erklärt werden (vgl. o. unter E VI 1 a aa). Soll vorsorglich (hilfsweise) gekündigt werden, weil Zweifel an der Wirksamkeit der Befristungsabrede bestehen, muss dies unmissverständlich zum Ausdruck gebracht werden.

Es besteht auch keine Anhörungspflicht des Betriebsrats, wenn das Arbeitsverhältnis durch Aufhebungsvertrag aufgelöst wird.

3. Erfordernis der Abmahnung

Bevor ein Arbeitgeber eine verhaltensbedingte Kündigung aussprechen kann, muss er in der Regel den Arbeitnehmer zuvor abmahnen (§ 314 II BGB). Eine ohne vorherige Abmahnung ausgesprochene Kündigung ist grundsätzlich unwirksam (fehlende Abmahnung als Kündigungssperre, vgl. Berkowsky, § 9 Rn. 28).

Die Abmahnung, die gesetzlich nicht ausdrücklich geregelt ist, hat die Funktion, den Vertragspartner zu warnen (**„gelbe Karte"**). Er soll hierdurch die Chance erhalten, sein Arbeitsverhalten umzustellen, um den Bestand seines Arbeitsverhältnisses nicht zu gefährden.

a) Wirksamkeitserfordernis

Zwar kann eine Abmahnung auch mündlich ausgesprochen werden. Aus Beweisgründen sollte sie aber immer schriftlich erteilt werden. In der Abmahnung muss das beanstandete Verhalten des Arbeitnehmers genau beschrieben werden. Ohne eine hinreichende Konkretisierung der Leistungsmängel ist die Abmahnung unwirksam. Abmahnungsberechtigt ist jeder Dienstvorgesetzte, also derjenige, der dem Betroffenen gegenüber weisungsbefugt ist. Eine Abmahnung muss verhältnismäßig sein. Nicht jeder Bagatellverstoß kann daher wirksam abgemahnt werden (z.B. Verspätung von 30 Sekunden).

Der Betriebsrat muss vor Ausspruch einer Abmahnung nicht beteiligt werden. Dieses empfiehlt sich aber. Denn vor Ausspruch einer Kündigung muss der Betriebsrat im Rahmen des Anhörungsverfahrens gemäß § 102 BetrVG beteiligt werden. Hierzu gehört auch, dass ihm die vorausgegangene(n) Abmahnung(en) und die Reaktion des Arbeitnehmers hierauf mitgeteilt wird.

Fraglich ist, ob ein Arbeitnehmer angehört werden muss, bevor der Arbeitgeber eine Abmahnung zur Personalakte nehmen kann (vgl. § 13 II 1 BAT, § 82 I BetrVG). Sowohl aus rechtlichen wie aus taktischen Gründen ist es ratsam, den Arbeitnehmer zum Sachverhalt der beabsichtigten Abmahnung anzuhören und auch dies zu dokumentieren. Möglicherweise räumt der Arbeitnehmer ja sogleich die Vertragspflichtverletzung ein.

aa) Abgrenzung Leistungsbereich / Vertrauensbereich

In der Rechtsprechung des BAG wird zwischen Pflichtverletzungen im Leistungsbereich und solchen im Vertrauensbereich unterschieden. Im ersteren Fall soll eine vergebliche Abmahnung vor Ausspruch einer Kündigung grundsätzlich erforderlich sein, im zweiten Fall sei sie grundsätzlich entbehrlich. Zum Leistungsbereich gehören insbesondere die Hauptpflichten aus dem Arbeitsvertrag (also Arbeits und Vergütungspflicht), aber auch die Nebenpflichten, die den Leistungsbereich berühren (verspätete Arbeitsaufnahme, Überziehung von Pausen, verspätete Krankmeldungen, Verstoß gegen Rauch- und Alkoholverbote, aber auch Tätlichkeiten gegen Kollegen etc.).

Zu den Pflichtverletzungen im Vertrauensbereich gehören insbesondere unerlaubte Handlungen (Diebstahl, Unterschlagung, Betrug etc.). Allerdings ist die Abgrenzung zwischen Leistungs- und Vertrauensbereich zum Teil schwammig und kaum praktikabel. Deshalb ist im Ergebnis zu prüfen, **ob es dem Arbeitgeber nach Art und Schwere der Vertragsverletzung zugemutet werden kann, das Arbeitsverhältnis fortzusetzen** (dann Abmahnung erforderlich) oder nicht (dann Kündigung ohne vorhergehende Abmahnung).

Nur bei außergewöhnlich schweren Vertragsverletzungen (z.B. im strafrechtlich relevanten Bereich) kann ohne eine vorausgegangene Abmahnung gekündigt werden.

Das BAG hat hierzu festgehalten, dass eine Abmahnung auch unter Berücksichtigung des Verhältnismäßigkeitsgrundsatzes ausnahmsweise entbehrlich ist, wenn eine Verhaltensänderung in Zukunft trotz Abmahnung nicht erwartet werden kann oder es sich um ein solch schwere Pflichtverletzung handelt, deren Rechtswidrigkeit dem Arbeitnehmer ohne weiteres erkennbar ist und bei der eine Hinnahme des Verhaltens durch den Arbeitgeber offensichtlich ausgeschlossen werden kann (BAG, NZA 2006, 917).

bb) Verhältnismäßigkeitsgrundsatz

Das gesamte Kündigungsrecht unterliegt dem Verhältnismäßigkeitsgrundsatz. Dann ist es nur folgerichtig, auch die Abmahnung selbst diesem Grundsatz zu unterwerfen. Eine Abmahnung ist deswegen unwirksam, wenn sie wegen einer Bagatelle ausgesprochen wird (s.o.: Verspätung von 30 Sekunden).

b) Funktionen

Die Abmahnung hat drei Funktionen. Sie soll

- die beanstandete Pflichtverletzung festhalten (**Dokumentationsfunktion**),

- den Arbeitnehmer darauf hinweisen, dass er sich hierdurch vertragswidrig verhalten hat (**Rügefunktion**)

- und ihn davor warnen, dass er im Wiederholungsfalle mit arbeitsrechtlichen Konsequenzen zu rechnen hat (**Warnfunktion**).

Nur eine Abmahnung, die die genannten Funktionen erfüllt, ist geeignet, eine verhaltensbedingte Kündigung vorzubereiten.

aa) Rüge- und Dokumentationsfunktion

Schon im eigenen Interesse sollte ein Arbeitgeber das beanstandete vertragswidrige Verhalten des Arbeitnehmers in der Abmahnung so genau wie möglich darstellen. Der Betroffene (und später auch das Gericht!) sollte der Abmahnung zweifelsfrei entnehmen können, was ihm vorgeworfen wird.

Schlagwortartige Bewertungen wie „Unzuverlässigkeit", „schlechte Arbeitsleistungen" helfen nicht weiter und erfüllen weder die Dokumentations- noch die Rügefunktion. Wichtig ist die präzise Darstellung der Pflichtverletzung nach Art, Ort, Zeit und Dauer. Der Arbeitgeber sollte sich vor Augen halten, dass er mit der Formulierung einer jeden Abmahnung bereits die Stellungnahme auf eine mögliche Kündigungsschutzklage vorbereitet. **Beweismittel** sollten daher bereits zu diesem Zeitpunkt – z.B. durch Aktenvermerke von Mitarbeitern – gesichert werden!

bb) Warnfunktion

Jede Abmahnung muss den Hinweis enthalten, dass der Arbeitgeber den Bestand des Arbeitsverhältnisses für gefährdet hält, wenn der Arbeitnehmer sein konkret gerügtes vertragswidriges Verhalten fortsetzen sollte. Es empfiehlt sich deswegen, dem Arbeitnehmer **für den Wiederholungsfall die Kündigung des Arbeitsverhältnisses ausdrücklich anzudrohen**. Allerdings reicht auch die Formulierung, dass im Wiederholungsfall der Bestand des Arbeitsverhältnisses gefährdet ist.

Eine Abmahnung kann nur dann die Warnfunktion erfüllen, wenn der Arbeitnehmer die Drohung ernst nehmen muss. Dies kann unter Umständen dann nicht mehr der Fall sein, wenn eine Kündigung jahrelang stets nur angedroht wird und es sich daher um eine „leere" Drohung handelt. Hat ein Arbeitgeber zwei bis dreimal gleichartige Pflichtverletzungen des Arbeitnehmers abgemahnt, sollte beim nächsten Pflichtenverstoß der Ausspruch einer Kündigung ernsthaft geprüft werden. Ansonsten besteht die Gefahr, dass das Arbeitsgericht von einem Verlust der Warnfunktion der Abmahnungen ausgehen und die dann später ausgesprochene Kündigung unwirksam ist (BAG, EzA § 1 KSchG, Verhaltensbedingte Kündigung, Nr. 64).

cc) Voraussetzung der Gleichartigkeit der Sachverhalte

Ohne einschlägige Abmahnung darf grundsätzlich nicht verhaltensbedingt gekündigt werden. Dies setzt voraus, dass dem kündigungsbegründenden Pflichtenverstoß eine gleichartige und gleichwertige Abmahnung vorausgegangen ist. Dies bedeutet keinesfalls, dass identische Pflichtverstöße vorliegen müssen. Vielmehr ist anhand einer wertenden Betrachtung festzustellen, dass der Arbeitnehmer zwar die Warnfunktion der Abmahnung erkennen musste, aber dennoch eine erneute Pflichtverletzung begangen hat (er die „gelbe Karte" zu Unrecht also nicht ernst genommen hat).

c) Anspruch des Arbeitnehmers auf Entfernung der Abmahnung aus der Personalakte

Der Arbeitnehmer kann verlangen und gerichtlich auch durchsetzen, dass eine rechtswidrige Abmahnung aus seiner Personalakte entfernt wird. Eine solche rechtswidrige Abmahnung hat auch kündigungsrechtlich keine Wirkung. Allerdings ist ein Arbeitnehmer nicht verpflichtet, bereits gegen eine Abmahnung gerichtlich vorzugehen. Aus der Tatsache, dass der Arbeitnehmer insoweit nichts unternimmt, kann also nicht geschlossen werden, dass er sie akzeptiert.

Der Arbeitgeber muss in einem Kündigungsschutzprozess nicht nur die Kündigungsgründe im Einzelnen darlegen und beweisen. Er muss darüber hinaus auch die in der Abmahnung gerügten Vertragsverletzungen darlegen und beweisen. Ein gut beratener Arbeitnehmer wird daher die an sich mögliche Klage auf Entfernung der Abmahnung aus der Personalakte grundsätzlich nicht erheben, weil der Arbeitgeber durch Zeitablauf in Beweisschwierigkeiten geraten kann (Zeugen erinnern sich nicht mehr genau). Umso wichtiger ist es für den Arbeitgeber, hier für eine rechtzeitige Dokumentation zu sorgen.

Auch eine wirksame Abmahnung kann durch Zeitablauf wirkungslos werden. Da gesetzliche Bestimmungen fehlen, stellen die Gerichte auf die Umstände des Einzelfalls ab. Es kommt daher insbesondere auf die Schwere der abgemahnten Vertragsverletzung an. Jedenfalls nach zwei Jahren ist in der Regel davon auszugehen, dass eine Abmahnung ihre Wirkung verloren hat. Das BAG hat im Einzelfall hier allerdings auch für möglich gehalten, dass eine Abmahnung auch nach Zeitablauf von 3 ½ Jahren noch nicht zwingend ihre Wirkung verlieren muss. Im Rahmen der Interessenabwägung kann sie verwertbar bleiben (BAG, DB 2003, 1797).

Soweit der Arbeitnehmer zur Abmahnung eine Gegendarstellung abgibt, ist diese auch bei einer berechtigten Abmahnung zu den Personalakten zu nehmen. Auch die Gegendarstellung darf erst mit der Abmahnung aus der Personalakte entfernt werden!

In vielen Abmahnungen werden verschiedene Vertragsverstöße auf einmal gerügt. Hält nur eine der gerügten Pflichtverletzungen der gerichtlichen Prüfung nicht stand, ist die Abmahnung insgesamt aus der Personalakte zu entfernen. Es ist daher den Arbeitgebern **dringend anzuraten, in einer Abmahnung jeweils nur einen einzigen Vertragsverstoß zu rügen.**

d)   Zum Abmahnerfordernis vor Ausspruch einer Kündigung eines
      GmbH-Geschäftsführervertrags

Kündigungen, die gegenüber GmbH-Geschäftsführern oder anderen Organen juristischer Personen ausgesprochen werden, werden nicht von den Arbeitsgerichten, sondern von den Amts- bzw. Landgerichten überprüft. Geschäftsführer haben grundsätzlich keinen Kündigungsschutz nach dem KSchG (§ 14 I Ziff. 1 KSchG). Sie sind keine Arbeitnehmer im Sinne des ArbGG (§ 5 I ArbGG).

Vor Ausspruch der Kündigung eines Geschäftsführervertrags hält die Rechtsprechung **eine Abmahnung grundsätzlich nicht für erforderlich.** Dies wird damit begründet, dass das Institut der Abmahnung im Arbeitsrecht wegen der sozialen Schutzbedürftigkeit abhängig Beschäftigter entwickelt worden sei. Dieser Schutzgesichtspunkt könne bei Leitungsorganen von Kapitalgesellschaften nicht herangezogen werden. Sie würden die ihnen obliegenden Pflichten kennen und seien sich über die Tragweite etwaiger Pflichtverletzungen auch ohne besondere Hinweise und Ermahnungen im Klaren (BGH, NJW 2000, 1864; BGH, NJW RR 2007, 1520).

4. Kündigung und Kündigungsschutz in der Insolvenz des Arbeitgebers

Besonderheiten ergeben sich bei der Kündigung, wenn über das Vermögen des Arbeitgebers ein Insolvenzverfahren beantragt oder eröffnet worden ist. Dabei ist zwischen dem Insolvenzantragsverfahren und dem eröffneten Insolvenzverfahren zu unterscheiden.

a)   Das Insolvenzantragsverfahren

Dem eigentlichen Insolvenzverfahren geht immer ein Vorverfahren, das **Insolvenzantragsverfahren** voraus. Dies beginnt mit der Stellung eines Insolvenzantrags – sei es durch den Eigenantrag des Schuldners, sei es durch den Fremdantrag eines Gläubigers.

Ziel dieses Vorverfahrens ist es zu prüfen,

- ob ein Insolvenzgrund tatsächlich besteht und

- ob das Vermögen des Schuldners (die **Insolvenzmasse**) ausreicht, um die Kosten des Verfahrens zu decken (die sog. **Massekosten**).

Das Gericht beauftragt hiermit in der Regel einen **vorläufigen Insolvenzverwalter**. Das Insolvenzgericht kann einen „schwachen" oder einen „starken" vorläufigen Insolvenzverwalter bestellen:

- Auf den **vorläufigen „starken"** Verwalter ist die Verwaltungs- und Verfügungsbefugnis über das Vermögen des Arbeitgebers übergegangen.

- Der **vorläufige „schwache"** Verwalter hat lediglich einen Zustimmungsvorbehalt.

Tipp für die Praxis:

Um den Status des vorläufigen Insolvenzverwalters zu klären, sollte man sich den Wortlaut des Beschlusses, mit dem das Insolvenzgericht den vorläufigen Insolvenzverwalter bestellt hat, sorgfältig durchlesen. Wird danach ein vorläufiger Insolvenzverwalter bestellt, ohne dass dem Unternehmen ein „allgemeines Verfügungsverbot" auferlegt wird, handelt es sich um einen „schwachen" vorläufigen Verwalter.

aa) Der vorläufige „starke" Verwalter

Ist dem Schuldner ein allgemeines Verfügungsverbot auferlegt, so handelt es sich um einen vorläufigen „starken" Verwalter. Auf diesen geht die Arbeitgeberstellung mit allen Rechten und Pflichten über. Nur der vorläufige „starke" Verwalter ist befugt, Kündigungen auszusprechen. Kündigt der Arbeitgeber, obwohl ein vorläufiger „starker" Verwalter bestellt ist, so ist diese Kündigung unwirksam.

Ist absehbar, dass der Betrieb nicht fortgeführt werden kann, sondern stillgelegt werden muss, wird der vorläufige Verwalter zeitnah der noch vorhandenen Belegschaft kündigen.

bb) Der vorläufige „schwache" Verwalter

Bei Anordnung eines bloßen Zustimmungsvorbehalts ist der vorläufige Verwalter ein „schwacher". Er ist nicht Vertreter des Schuldners, sondern hat nur die Aufgabe, das Vermögen des Schuldners zu sichern und zu erhalten. Die Arbeitgeberstellung geht nicht auf ihn über. Nur der Arbeitgeber und nicht der vorläufige „schwache" Verwalter ist befugt, Kündigungen auszusprechen.

Allerdings muss der Arbeitgeber bei der Ausübung seiner arbeitgeberseitigen Rechte und Pflichten die Zustimmung des vorläufigen Verwalters einholen. Deshalb sollte eine Kündigung im Namen des Arbeitgebers abgefasst und von diesem unterschrieben werden, aber gleichzeitig der vorläufige Insolvenzverwalter auf dem Kündigungsschreiben schriftlich seine Zustimmung erklären. Sicherheitshalber sollte dem Kündigungsschreiben eine Ausfertigung des Bestellungsbeschlusses des Verwalters beigefügt werden. Sonst könnte der Arbeitnehmer die Kündigung wegen fehlenden Nachweises der Vollmacht des – zustimmungspflichtigen – Verwalters zurückweisen (§§ 174, 182, 111 BGB; s. hierzu Palandt, § 182 BGB Rn. 6).

b) Das eröffnete Insolvenzverfahren

Wenn ein Insolvenzgrund vorliegt und eine die Kosten des Verfahrens deckende Masse vorhanden ist, eröffnet das Insolvenzgericht das Insolvenzverfahren und bestellt einen Insolvenzverwalter. Dadurch verliert der Geschäftsführer gemäß § 80 I InsO die Befugnis, das Vermögen des Unternehmens zu verwalten und darüber zu verfügen.

Der Insolvenzverwalter übernimmt im vollen Umfang die **Führungs- und Arbeitgeberfunktion** und rückt damit in den gesamten Pflichtenkreis der Geschäftsführung ein. Der Insolvenzverwalter hat nunmehr – anstelle des Geschäftsführers – insbesondere die Löhne und Gehälter sowie die Sozialversicherungsbeiträge abzuführen.

Kündigt der Verwalter dem Geschäftsführer einer GmbH als Insolvenzschuldnerin, so ist folgendes zu beachten: Zu unterscheiden ist der **arbeitsvertragliche Status** als leitender Angestellter von der **organschaftlichen Stellung** als Geschäftsführer (= gesetzlicher Vertreter einer GmbH). Kündigt der Insolvenzverwalter den mit dem Geschäftsführer und der GmbH geschlossenen Anstellungsvertrag oder kündigt der Geschäftsführer selbst, so endet damit nicht das **Amt des Geschäftsführers**: Die Pflichten als Geschäftsführer bleiben bestehen.

Der Insolvenzverwalter genießt arbeitsrechtlich jedoch keine Sonderstellung. Er hat wie jeder andere Arbeitgeber auch alle arbeitsrechtlichen Vorschriften zu befolgen. Kündigt er, hat er z.B. den Betriebsrat gem. § 102 BetrVG anzuhören. Auch der Sonderkündigungsschutz (z.B. nach § 15 KSchG oder § 18 BErzGG) besteht im Insolvenzverfahren unverändert fort.

Besser gestellt ist er allerdings im Hinblick auf die Kündigungsfristen: Der Insolvenzverwalter kann das Arbeitsverhältnis ohne Rücksicht auf eine vereinbarte oder tarifvertragliche Kündigungsfrist oder auf eine Befristung mit einer Frist von drei Monaten zum Monatsende ordentlich kündigen (§ 113 Satz 2 InsO). Ist die Kündigungsfrist kürzer, ist diese kürzere Frist maßgeblich. Die verkürzte Kündigungsfrist gilt nicht bei einer Kündigung durch den „starken" vorläufigen Insolvenzverwalter. Sie kann vom Insolvenzverwalter erst nach Eröffnung des Insolvenzverfahrens in Anspruch genommen werden (BAG vom 20.1.2005, Az. 2 AZR 134/05).

Der Arbeitnehmer hat gem. § 113 II InsO innerhalb von drei Wochen nach Zugang der Kündigung die Kündigungsschutzklage beim Arbeitsgericht zu erheben; anderenfalls wird die Kündigung wirksam.

Der Insolvenzverwalter wird in der Regel **betriebsbedingte Gründe** für die Kündigung angeben. Die Insolvenzeröffnung ist für sich genommen kein betriebsbedingter Kündigungsgrund. Erst wenn der Insolvenzverwalter sich z.B. entschließt, den Betrieb ganz oder teilweise stillzulegen, Personal abzubauen oder die Produktion zu verringern, kann er betriebsbedingt kündigen.

Im Kündigungsschutzverfahren hat der Insolvenzverwalter konkrete Angaben dazu zu machen, durch welche organisatorischen Maßnahmen welche Arbeitsplätze weggefallen sind.

Bei **Massenentlassungen** hat er gem. § 17 II KSchG neben der Anzeige an die Agentur für Arbeit auch den Betriebsrat zu unterrichten.

Auch hat der Insolvenzverwalter bei Entlassungen die **Grundsätze der Sozialauswahl** zu beachten. Hierbei kommen ihm jedoch Erleichterungen zugute, die sich aus § 125 I InsO ergeben: Der Verwalter kann mit dem Betriebsrat einen Interessenausgleich mit Namensliste vereinbaren (§ 125 InsO). In dem Falle beschränkt sich die Prüfung der sozialen Auswahl durch die Arbeitsgerichte auf grobe Fehler, und zwar beschränkt auf die Kriterien Dauer der Betriebszugehörigkeit, Lebensalter und Unterhaltspflichten.

Im Vergleich zu § 1 III KSchG lässt § 125 I Ziff. 2 InsO **nicht nur die Erhaltung, sondern die Schaffung einer ausgewogenen Personalstruktur** zu, ohne dass eine auf dieser Zielsetzung basierende Sozialauswahl als grob fehlerhaft anzusehen ist. Der Insolvenzverwalter hat hierdurch – im Gegensatz zu anderen Arbeitgebern – die Möglichkeit, mittels eines an Leistungskriterien orientierten unternehmerischen Konzepts von der konventionellen Sozialauswahl gem. § 1 III KSchG abzuweichen und zur Steigerung der Leistungsfähigkeit des Betriebs aktiv in die bestehenden Betriebsstrukturen einzugreifen (BAG, ZIP 2004, 1271, 1274). Dies ist von großer praktischer Bedeutung, weil dadurch im Insolvenzverfahren die Versäumnisse der bisherigen Personalpolitik im Hinblick auf die Schaffung einer leistungsfähigen Personalstruktur nachgeholt werden können (ErfK/Ascheid § 125 InsO Rn. 9).

Wird die Personalstruktur auf diesem Wege optimiert, kann dies für eine geplante **Betriebsveräußerung** den Ausschlag geben.

c) Betriebsübergang in der Insolvenz

Veräußert der Verwalter den Betrieb, haben er und der Betriebserwerber die Problematik des Betriebsübergangs gem. § 613a BGB zu beachten (siehe zum Betriebsübergang ausführlich unter B IV). Insbesondere ist das sich aus § 613a IV BGB ergebende Verbot, wegen des Übergangs eines Betriebs oder Betriebsteils zu kündigen, zu beachten: Begründet der Insolvenzverwalter die Kündigung nur damit, dass der Erwerber, weil bestimmte Arbeitnehmer zu teuer seien, den Betrieb ohne den Ausspruch entsprechender Kündigungen nicht übernehmen werde, so wäre die Kündigung unwirksam (BAG, NJW 1984, 627). Die Kündigung des Insolvenzverwalters verstößt hingegen nicht gegen das Kündigungsverbot, wenn sie auf der Grundlage eines verbindlichen Konzepts oder Sanierungsplans des Erwerbers erfolgt, dessen Durchführung im Zeitpunkt der Kündigungserklärung bereits greifbare Formen angenommen hat (BAG, ZIP 2003, 1671 = BB 2003, 2180).

In der Praxis schließt der Insolvenzverwalter mit dem Erwerber einen **verbindlichen Sanierungsplan**, in dem der Betriebsübergang selbst sowie die Anzahl der zu übernehmenden Arbeitnehmer festgehalten wird.

d) Insolvenzgeld

Den Arbeitnehmern wird Insolvenzgeld für die dem sog. **Insolvenzereignis** vorausgehenden drei Monate des Arbeitsverhältnisses gezahlt (§183 Abs. 1 Satz 1 SGB III). Insolvenzereignisse sind:

1. die Eröffnung des **Insolvenzverfahrens** über das Vermögen des Arbeitgebers,

2. die **Abweisung des Insolvenzantrags mangels Masse** oder

3. **die vollständige Beendigung der Betriebstätigkeit**, ohne dass ein Antrag auf Eröffnung des Insolvenzverfahrens gestellt worden ist und ein Insolvenzverfahren offensichtlich mangels Masse nicht in Betracht kommt.

Der **Zeitraum**, für den das Insolvenzgeld gezahlt wird, ist folgendermaßen zu ermitteln: Der Anspruch auf Insolvenzgeld besteht für das ausgefallene Arbeitsentgelt in den letzten drei Monaten des Arbeitsverhältnisses, die dem Insolvenzereignis vorausgehen. Der Tag des Insolvenzereignisses wird dabei nicht mitgerechnet. Nicht erforderlich ist, dass das Arbeitsverhältnis zum Zeitpunkt des Insolvenzereignisses noch besteht. Maßgeblich sind die letzten drei Monate des Arbeitsverhältnisses auch dann, wenn es bereits vor dem Insolvenzereignis beendet war. Dabei zählt die tatsächliche, nicht die rechtliche Beendigung des Arbeitsverhältnisses.

Beispiel:

Das Arbeitsverhältnis endet am 15.5. Am 15.6. wird das Insolvenzverfahren eröffnet. Insolvenzgeld erhält der Arbeitnehmer für die Zeit vom 16.2. bis zum 15.5.

Arbeitnehmer, die wegen ausbleibenden Lohns selbst kündigen, verlieren ihren Anspruch auf Insolvenzgeld auch dann nicht, wenn das Insolvenzereignis erst wesentlich später eintritt. Arbeitnehmern ist deshalb zu empfehlen, bei ausbleibendem Lohn beizeiten selbst das Arbeitsverhältnis fristlos gem. § 626 II BGB zu kündigen. Dies sollte spätestens dann geschehen, wenn der Lohn für drei Monate ausgeblieben ist: Ab dem vierten Monat ohne Bezahlung würde der Arbeitnehmer seinen Vergütungsanspruch für den ersten unbezahlten Monat opfern.

Wer nicht selbst kündigt, sollte als Arbeitnehmer in Betracht ziehen, einen Insolvenzantrag gegen den Arbeitgeber zu stellen: Anderenfalls schmilzt der Anspruch auf Insolvenzgeld um jeden weiteren Monat ab.

Das Insolvenzgeld ist eine wesentliche Voraussetzung, um ein Unternehmen im Wege der Insolvenz zu sanieren:

Wird ein Insolvenzantrag gestellt und sind bis zu diesem Zeitpunkt die Löhne vollständig gezahlt, so ist die Beschäftigung und Bezahlung der Arbeitnehmer für die Dauer von zumindest drei Monaten sichergestellt. Der Betrieb kann dadurch zunächst weitergeführt werden, ohne dass die Arbeitnehmer befürchten müssen, keinen Lohn zu bekommen. Dies verhindert eine „Massenflucht" der Arbeitskräfte aus dem Betrieb.

Dauert das Insolvenzantragsverfahren hingegen länger als drei Monate, läuft der Anspruch auf Insolvenzgeld aus. Beschäftigt der Insolvenzverwalter weiterhin Arbeitskräfte, so muss er diese aus der vorhandenen Masse bezahlen. Reicht die Masse nicht aus, haftet der Insolvenzverwalter hierfür u.U. persönlich.

VII. Kündigungsschutzgesetz

Zu den grundlegenden Prinzipien unserer Rechtsordnung gehört die Freiheit des einzelnen, seine Lebensverhältnisse durch Vertrag eigenverantwortlich regeln zu können. Dies ergibt sich schon aus Art. 2 I GG, wonach jeder das Recht auf freie Entfaltung seiner Persönlichkeit hat, „soweit er nicht die Rechte anderer verletzt und nicht gegen die verfassungsmäßige Ordnung oder das Sittengesetz verstößt". Auch die Privatautonomie unterliegt somit den Schranken der verfassungsmäßigen Ordnung.

Insbesondere durch das Sozialstaatsprinzip (Art. 20 I, 28 I GG) sind der Gesetzgeber und auch die Gerichte verpflichtet, Missbräuchen der Vertragsfreiheit entgegenzuwirken. Hat ein Vertragspartner ein so starkes Übergewicht, dass er den Vertragsinhalt faktisch einseitig bestimmen kann, wird der andere Vertragspartner fremdbestimmt. Allerdings muss die Zivilrechtsordnung hierauf nur dann reagieren, wenn es sich um typisierbare Fallgestaltungen handelt, die eine strukturelle Unterlegenheit des einen Vertragsteils erkennen lassen (BVerfG, NJW 1994, 36, 38 m.w.N.).

Vertragsfreiheit und freie Kündbarkeit der Verträge stehen im unmittelbaren Zusammenhang. Letztere wird vom Gesetzgeber aus sozialen Erwägungen eingeschränkt. Im Arbeitsrecht geschieht dies in erster Linie durch das auf Bestandsschutz zielende Kündigungsschutzgesetz. Ein Arbeitnehmer soll sich des einmal erworbenen Arbeitsplatzes, der für ihn Lebensgrundlage und Lebensmittelpunkt darstellt, grundsätzlich sicher sein. Auf der anderen Seite soll der Arbeitgeber das Arbeitsverhältnis lösen können, wenn er daran ein berechtigtes Interesse hat.

1. Geltungsbereich des Kündigungsschutzgesetzes

a) Persönlicher Geltungsbereich

Das Kündigungsschutzgesetz gilt für alle Arbeitnehmer (zur Begriffsbestimmung s. o. unter A I 1 a) unabhängig von der Dauer der regelmäßigen Arbeitszeit. Es gilt daher **auch für geringfügig Beschäftigte.**

Geschäftsführer (soweit sie nicht Organ der Gesellschaft sind! Dann ist das Kündigungsschutzgesetz von vornherein nicht anwendbar), Betriebsleiter und andere leitende Angestellte haben denselben Kündigungsschutz wie jeder andere Arbeitnehmer. Allerdings braucht der Arbeitgeber bei ihnen einen Auflösungsantrag nach § 9 I 2 KSchG nicht zu begründen. Für diese Mitarbeiter gilt daher der Grundsatz: „Dulde (die sozial ungerechtfertigte Kündigung) und liquidiere (die Abfindung)."

Die Vorschriften der §§ 1-3 KSchG gelten in Betrieben von juristischen Personen nicht für Mitglieder der Organe, die zur gesetzlichen Vertretung der juristischen Personen berufen sind. Gleiches gilt für Personen in Betrieben einer Personengesamtheit (GbR, OHG, KG), soweit sie durch Gesetz, Satzung oder Gesellschaftsvertrag zur Vertretung der Personengesamtheit berufen sind.

Probleme ergeben sich immer dann, wenn mit diesen Personen zusätzlich ein Arbeitsvertrag abgeschlossen wird. Wird der Organvertreter abberufen und gleichzeitig das Arbeitsverhältnis gekündigt, findet das KSchG keine Anwendung. Wird der Organvertreter demgegenüber erst nach seiner Abberufung entlassen, ist das KSchG im Zweifel anzuwenden.

b) Betrieblicher Geltungsbereich

Nach § 23 I 3 KSchG haben Arbeitnehmer von Betrieben keinen Kündigungsschutz, in denen in der Regel zehn oder weniger Arbeitnehmer mit Ausnahme der zu ihrer Berufsbildung Beschäftigten beschäftigt werden. Der sogenannte „Schwellenwert" ist somit ab dem 1.1.2004 von fünf auf zehn Arbeitnehmer erhöht worden. Dies betrifft jedoch nur die Arbeitnehmer, deren Arbeitsverhältnis ab dem 1.1.2004 begonnen hat. Arbeitnehmer, die am 31.12.2003 bereits Kündigungsschutz nach dem alten Rechtszustand erworben hatten, behalten diesen nach Maßgabe des bisherigen Rechts ohne zeitliche Einschränkung. Allerdings werden bei Anwendung des abgesenkten Schwellenwertes nur diejenigen noch beim Arbeitgeber beschäftigten Arbeitnehmer berücksichtigt, die bereits vor dem 1.1.2004 beschäftigt waren (BAG, NZA 2008, 944).

Bei der Ermittlung des Schwellenwerts ist nicht allein auf die Beschäftigtenzahl zum Zeitpunkt des Zugangs der Kündigungserklärung abzustellen. Es kommt vielmehr auf die Zahl der **regelmäßig** im Betrieb beschäftigten Arbeitnehmer an. Um dies festzustellen, ist sowohl die personelle **Situation in der Vergangenheit als auch der zukünftig zu erwartende Personalbedarf** zu berücksichtigen. Ist eine Ersatzkraft nur vorübergehend, beispielsweise wegen Erkrankung oder Mutterschaft, angestellt worden, ist diese bei der Zahl der „in der Regel" beschäftigten Arbeitnehmer nicht zu berücksichtigen.

Bei der Berechnung des sog. Schwellenwerts sind Auszubildende nicht zu berücksichtigen. Teilzeitbeschäftigte mit einer regelmäßigen wöchentlichen Arbeitszeit von nicht mehr als 20 Stunden werden mit 0,5, solche mit nicht mehr als 30 Stunden mit 0,75 angerechnet (§ 23 I 4 KSchG).

Das Bundesarbeitsgericht hat in einer neueren Entscheidung noch einmal bekräftigt, dass hinsichtlich der Frage, ob in einem Betrieb mehr als zehn Arbeitnehmer beschäftigt werden, grundsätzlich der Arbeitnehmer darlegungs- und beweisbelastet ist. Da der Arbeitnehmer aber nicht über alle Informationen Kenntnisse hat, gilt hier eine abgestufte Darlegungs- und Beweislast. Der Arbeitnehmer muss danach zunächst darlegen, dass der Arbeitgeber mehr als zehn Arbeitnehmer beschäftigt. Anschließend ist der Arbeitgeber verpflichtet, sich vollständig über die Anzahl der bei ihm beschäftigten Arbeitnehmer zu erklären. Hierauf muss der Arbeitnehmer dann wiederum Stellung nehmen und Beweis antreten (BAG, Urteil vom 26.6.2008, Az.: 2 AZR 264/07, Juris)

c) Wartezeit

Nach § 1 I KSchG setzt der Kündigungsschutz erst ein, wenn das Arbeitsverhältnis im Zeitpunkt des Zugangs der Kündigung länger als sechs Monate in demselben Betrieb oder Unternehmen bestanden hat. Der Arbeitgeber soll sich in der Wartezeit entscheiden, ob er den Arbeitnehmer auf unbestimmte Zeit behalten will. Er kann deswegen das Arbeitsverhältnis auch noch am letzten Tag der Wartezeit kündigen, selbst wenn die Kündigungsfrist erst später abläuft. Allerdings kommt es auch hier auf den Zugang der Kündigung an.

2. Ordentliche betriebsbedingte Kündigung

Nach § 1 II KSchG ist eine Kündigung sozial ungerechtfertigt, wenn sie nicht durch dringende betriebliche Erfordernisse bedingt ist, die einer Weiterbeschäftigung des Arbeitnehmers in diesem Betrieb entgegenstehen.

a) Dringende betriebliche Erfordernisse

Der Zweck der betriebsbedingten Kündigung liegt darin, den **Personalbestand** dem **Personalbedarf** anzupassen. Anlass hierfür können innerbetriebliche (z.B. Organisationsänderungen) oder außerbetriebliche (z.B. Auftragsrückgang) Gründe sein. Voraussetzung ist der konkrete Bezug zum Betrieb. Es ist daher nicht ausreichend, wenn lediglich in einer Betriebsabteilung keine Beschäftigungsmöglichkeit mehr besteht (oder diese sogar geschlossen wird); abzustellen ist vielmehr auf den gesamten Betrieb.

Hieraus folgt im Umkehrschluss, dass die veränderten betrieblichen Verhältnisse nicht zum Wegfall eines „bestimmten" Arbeitsplatzes und insbesondere nicht zum Wegfall des Arbeitsplatzes des gekündigten Arbeitnehmers führen müssen. Es reicht vielmehr aus, dass durch außer- oder innerbetriebliche Gründe ein betrieblicher Überhang an Arbeitskräften entstanden ist. Welchem von vergleichbaren Arbeitnehmern in diesem Fall gekündigt werden muss, ist nach den Grundsätzen der Sozialauswahl zu entscheiden. Dies kann dazu führen, dass der Arbeitgeber verpflichtet ist, einen Arbeitsplatz „frei zu kündigen".

b) Unternehmerische Entscheidung

Die Anpassung des Personalbestands an den (veränderten) Personalbedarf erfolgt nicht von selbst. Ihr geht vielmehr eine sog. unternehmerische Entscheidung voraus. Damit ist das **unternehmerische Gesamtkonzept** gemeint, das zum Wegfall von Arbeitsplätzen führt – und nicht etwa die Kündigung selbst.

Zwar beruht auch die Kündigung auf einer Unternehmerentscheidung. Aber nur beim Gesamtkonzept unterstellt die Rechtsprechung den Grundsatz der freien Unternehmerentscheidung. Gerichtlich kann nur geprüft werden, ob diese Unternehmerentscheidung offenbar unsachlich, unvernünftig oder willkürlich ist (BAG, NZA 1999, 1095). Allerdings muss der Arbeitgeber das unternehmerische Konzept selbst im Einzelnen nachvollziehbar darlegen. Denn nur hierdurch werden die Gerichte in die Lage versetzt, nachzuprüfen, ob die vorgetragenen inner- oder außerbetrieblichen Gründe, die zum Umsatzrückgang oder zur Änderung der Betriebsorganisation geführt haben, tatsächlich vorliegen. Diese Gründe sind vom Gericht in vollem Umfang nachzuprüfen.

Verringert sich z.b. die Produktionsmenge, muss der Arbeitgeber konkret angeben, wie sich die Verringerung der Produktion auf die Absatzmenge auswirkt und in welchem Umfang hierdurch ein Überhang an Arbeitskräften entsteht.

Wenn eine Kündigung auf die künftige Entwicklung der betrieblichen Verhältnisse (wie z.b. bei der (Teil-)Stilllegung des Betriebs) gestützt wird, müssen die betrieblichen Umstände zum maßgeblichen Zeitpunkt – Zugang der Kündigungserklärung – bereits greifbare Formen angenommen haben. Dies setzt bei einer Gesellschaft grundsätzlich voraus, dass zu diesem Zeitpunkt eine wirksame unternehmerische Entscheidung (zur (Teil-)Stilllegung) getroffen worden ist. Allerdings stellt das BAG ausschließlich darauf ab, ob auf Grund konkreter Anhaltspunkte im Kündigungszeitpunkt damit zu rechnen ist, dass die unternehmerische Entscheidung der (Teil-)Betriebsstilllegung bis zum Ablauf der Kündigungsfrist tatsächlich vollzogen sein wird. Auf die Frage, ob die unternehmerische Entscheidung an gesellschaftsrechtlichen Mängeln leidet, soll es demgegenüber nicht ankommen (BAG, EzA zu § 1 KSchG, Betriebsbedingte Kündigung, Nr. 110).

c)   Vorrang der Änderungskündigung

Da eine betriebsbedingte Kündigung nur dann sozial gerechtfertigt ist, wenn **dringende** betriebliche Erfordernisse vorliegen, die einer Weiterbeschäftigung des Arbeitnehmers in diesem Betrieb entgegenstehen, muss die ordentliche Kündigung wegen der betrieblichen Lage unvermeidbar sein. Hiermit wird letztlich der Grundsatz konkretisiert, dass jede Kündigung als das für den betroffenen Arbeitnehmer einschneidendste Instrument das zuletzt in Betracht kommende Mittel sein soll (**ultima-ratio-Prinzip**).

Zwar soll der Arbeitgeber seine unternehmerischen Ziele verfolgen, dabei aber immer das mildeste Mittel einsetzen, um eine möglichst sozialverträgliche Lösung zu erreichen. Steht ein anderer freier, vergleichbarer und gleichwertiger Arbeitsplatz im Unternehmen zur Verfügung, muss der Arbeitgeber den Arbeitnehmer dorthin versetzen. Ist kein derartiger Arbeitsplatz frei, stellt sich die Frage, ob ein solcher Arbeitsplatz im Rahmen der Sozialauswahl frei gekündigt werden muss. Die entsprechende Versetzungsmöglichkeit ist nicht nur inner-halb des Betriebs, sondern im ganzen Unternehmen auszuschließen (demge-genüber nicht im Konzern).

Das ultima-ratio-Prinzip schließt eine betriebsbedingte Kündigung selbst dann aus, wenn der Arbeitnehmer den freien Arbeitsplatz erst nach Fortbildungs-oder Umschulungsmaßnahmen ausfüllen kann. Dabei ist es eine Frage des Einzelfalls, welche Maßnahmen und welche Kosten dem Arbeitgeber hierbei zuzumuten sind.

Aus dem ultima-ratio-Prinzip folgt zugleich der Vorrang der Änderungskün-digung vor der Beendigungskündigung. Der Arbeitgeber muss danach vor Ausspruch einer geplanten Beendigungskündigung von sich aus dem Arbeit-nehmer eine zumutbare Weiterbeschäftigung auf einem freien Arbeitsplatz zu geänderten Bedingungen anbieten (BAG, NZA 2008, 1294). Dabei muss klargestellt werden, dass bei Ablehnung des Änderungsangebots eine Kün-digung beabsichtigt ist. Um hier sicher zu gehen, sollte der Arbeitgeber bei einer derartigen Konstellation grundsätzlich eine Änderungskündigung aus-sprechen (Berkowsky NZA 2008, 26). Der Arbeitnehmer hat in diesem Fall we-gen § 2 KSchG die Möglichkeit, das Änderungsangebot unter dem Vorbehalt anzunehmen, die soziale Rechtfertigung der Änderung gerichtlich überprüfen zu lassen. Nimmt der Arbeitnehmer das Angebot hingegen vorbehaltlos an, ist der Vertrag einverständlich abgeändert worden. Lehnt der Arbeitnehmer das Angebot endgültig ab, kann die Beendigungskündigung ausgesprochen werden. Diese unterliegt nach wie vor der umfassenden gerichtlichen Überprü-fung. Der Arbeitnehmer ist lediglich mit seinem Einwand ausgeschlossen, der Arbeitgeber hätte eine Änderungskündigung vornehmen können.

d) Interessenabwägung

Nach der Rechtsprechung des BAG muss bei allen Kündigungen des § 1 II 1 KSchG eine einzelfallbezogene Interessenabwägung vorgenommen werden. Bei einer betriebsbedingten Kündigung kann sich wegen der bindenden Un-ternehmerentscheidung die gebotene Abwägung der beiderseitigen Inte-ressen aber nur in seltenen Ausnahmefällen zu Gunsten des Arbeitnehmers auswirken, z.B. bei sozialen Härtefällen. In der Praxis dürfte bei der betriebsbe-dingten Kündigung für eine zusätzliche Interessenabwägung insgesamt kein Raum mehr bestehen.

e) Sozialauswahl

Liegen dringende betriebliche Erfordernisse für eine Kündigung vor, so ist die-se dennoch sozial ungerechtfertigt, wenn der Arbeitgeber bei der Auswahl des Arbeitnehmers soziale Gesichtspunkte nicht oder nicht ausreichend berück-sichtigt hat (§ 1 III 1 KSchG).

Dabei ist zunächst zu prüfen, welche Arbeitnehmer vergleichbar sind. Nach der Rechtsprechung ist nur diejenige Gruppe von Arbeitnehmern vergleichbar, die auf derselben Ebene der Betriebshierarchie angesiedelt ist (sog. **horizontale Vergleichbarkeit**).

Bei der sozialen Auswahl findet somit kein Vergleich zwischen Arbeitnehmern statt, die auf unterschiedlichen Hierarchieebenen arbeiten (keine sog. **vertikale Vergleichbarkeit**).

Vergleichbar sind Arbeitnehmer, die austauschbar sind. Dabei ist nicht zuletzt auf den abgeschlossenen Arbeitsvertrag abzustellen. Je weiter das dem Arbeitgeber zustehende Direktionsrecht dort ausgestaltet ist, desto größer ist die Austauschbarkeit.

Allerdings nehmen diejenigen Personen an dieser Auswahl nicht teil, die Sonderkündigungsschutz genießen (z.B. Schwerbehinderte, Schwangere und junge Mütter, Betriebsratsmitglieder etc.). Soweit ihre Kündigung – wie bei Schwerbehinderten – der vorherigen Zustimmung einer staatlichen Stelle bedürfen, sind auch sie nach erteilter Zustimmung in den Kreis der vergleichbaren Arbeitnehmer einzubeziehen. Arbeitnehmer, deren Kündigung wirksam durch Tarifvertrag ausgeschlossen worden ist, nehmen ebenfalls nicht an der Auswahlentscheidung teil.

Innerhalb des ermittelten Personenkreises ist die Auswahlentscheidung nach den in § 1 III 1 KSchG genannten sozialen Gesichtspunkten zu treffen. Danach sind

● die Dauer der Betriebszugehörigkeit,

● das Lebensalter,

● die Unterhaltspflichten

● die Schwerbehinderung des Arbeitnehmers ausreichend zu berücksichtigen.

Bei den Unterhaltspflichten sind nur die gesetzlichen nach den §§ 1360 ff., 1569 ff., 1601 BGB zu berücksichtigen. Der Arbeitgeber darf sich hierbei nicht allein auf die Angaben auf der Steuerkarte verlassen; er muss vor Durchführung der Sozialauswahl zumutbare Ermittlungen vornehmen.

Bei der Schwerbehinderung sind nicht nur solche im Sinne von § 2 II SGB IX zu berücksichtigen, sondern auch Gleichgestellte (§ 2 III SGB IX). Hat ein Arbeitnehmer allerdings seine Schwerbehinderung oder Gleichstellung nicht angezeigt, kann sie vom Arbeitgeber bei der Sozialauswahl nur berücksichtigt werden, wenn sie offensichtlich ist.

Auch nach der Neuregelung des § 1 III 1 KSchG ist der Arbeitnehmer nicht verpflichtet, vorab die Zustimmung des Integrationsamts einzuholen und schwerbehinderte oder gleichgestellte behinderte Menschen in die Sozialauswahl einzubeziehen. Personen, die Sonderkündigungsschutz genießen (z.B. Schwerbehinderte, Schwangere und junge Mütter, Betriebsratsmitglieder etc.) müssen in die Sozialauswahl nicht einbezogen werden.

Der Arbeitgeber ist berechtigt, aber nicht verpflichtet, weitere Sozialdaten zu berücksichtigen. Schon aus Gründen der Rechtssicherheit sollte er sich aber ausschließlich auf die gesetzlich genannten Sozialdaten stützen. Diesen kommt nach der Gesetzesbegründung grundsätzlich gleiches Gewicht zu. Bei der Gewichtung im Einzelfall steht dem Arbeitgeber allerdings ein Beurteilungsspielraum zu. Er hat soziale Gesichtspunkte ja nur „ausreichend" zu berücksichtigen.

Nur **ausnahmsweise** kann der Arbeitgeber von der danach zu treffenden sozialen Auswahl abweichen. In die Sozialauswahl sind nämlich solche Arbeitnehmer nicht einzubeziehen, „deren Weiterbeschäftigung, insbesondere wegen ihrer Kenntnisse, Fähigkeiten und Leistungen oder zur Sicherung einer ausgewogenen Personalstruktur des Betriebs, im berechtigten betrieblichen Interesse liegt" (§ 1 III 2 KSchG). Ein betriebliches Interesse ist dann anzunehmen, wenn es für den Betrieb nachvollziehbar vorteilhaft ist, einen oder mehrere bestimmte Arbeitnehmer auf jeden Fall unabhängig vom Ergebnis einer etwaigen Sozialauswahl weiter zu beschäftigen (Bader, NZA 2004, 63, 65 ff.). Da insoweit die Darlegungs- und Beweislast beim Arbeitgeber liegt, darf er sich zur Begründung dieser Ausnahmetatbestände nicht auf pauschalen, schlagwortartigen Vortrag zurückziehen. Er muss im Einzelnen z.b. darlegen, auf Grund welcher besonderen Qualifikation er einen Arbeitnehmer als **Leistungsträger** aus der Sozialauswahl herausnehmen möchte.

§ 1 III 2 KSchG ermöglicht es dem Arbeitgeber auch nur, die bisherige Personalstruktur zu sichern. Im Gegensatz zu § 125 I 1 Ziff. 2 InsO kann über diese Regelung keine ausgewogene Personalstruktur geschaffen werden. Es muss dem Arbeitgeber also darum gehen, die bestehende Personalstruktur zu erhalten und sie jedenfalls nicht zu verschlechtern. Obwohl die „**Personalstruktur**" nicht mit der Altersstruktur identisch ist, wird es hier im Wesentlichen um die altersmäßige Ausgewogenheit der Personalstruktur gehen. Dabei wird es wohl rechtmäßig sein, Altersgruppen zu bilden, in denen jeweils der vorgesehene Prozentsatz von Beschäftigten gekündigt wird (Däubler, NZA 2004, 177, 182).

Liegen die besonderen Voraussetzungen des § 1 IV, V KSchG vor (Auswahlrichtlinien sind zwischen Betriebsrat und Arbeitgeber vereinbart, in einem Tarifvertrag festgelegt oder die Arbeitnehmer wurden in einem Interessenausgleich namentlich bezeichnet), kann dies von den Arbeitsgerichten nur noch auf grobe Fehlerhaftigkeit überprüft werden.

f) Darlegungs- und Beweislast im Rechtsstreit

Gemäß § 1 II 4 KSchG hat der Arbeitgeber die Tatsachen zu beweisen, die die Kündigung bedingen. Er muss alle **Kündigungsgründe** detailliert vortragen und gegebenenfalls beweisen. Dies gilt insbesondere für die außer- oder innerbetrieblichen Faktoren, die zur Kündigung geführt haben. Wie immer helfen hier Schlagworte nicht weiter (z.B. „schlechte Konjunkturlage", „schlechte Auftragslage").

Der Arbeitgeber muss in diesem Zusammenhang die konkreten Arbeitsabläufe schildern und deutlich machen, wie und von wem die (verbleibende) Arbeit nach seinen Vorstellungen in Zukunft geleistet werden soll.

Zwar hat der Arbeitgeber auch die Umstände vorzutragen, die die Dringlichkeit der betriebsbedingten Entlassungen begründen. Es gelten hier aber die Grundsätze der sogenannten **abgestuften Darlegungs- und Beweislast:** Es genügt, wenn sich der Arbeitgeber zunächst auf die Behauptung beschränkt, er habe die Kündigung nicht durch andere Maßnahmen vermeiden können. Erwidert der Arbeitnehmer hierauf allerdings, dass seine Entlassung durch bestimmte innerbetriebliche Maßnahmen (z.B. Abbau von Überstunden) vermieden worden wäre, ist es Aufgabe des Arbeitgebers, im Einzelnen darzulegen und zu beweisen, aus welchen Gründen die Durchführung dieser Maßnahme nicht möglich bzw. ihm nicht zumutbar gewesen ist.

Die Grundsätze der abgestuften Darlegungs- und Beweislast gelten auch bei der Frage, ob eine anderweitige Beschäftigung im Betrieb oder in einem anderen Betrieb des Unternehmens möglich oder zumutbar ist. Zunächst reicht es aus, wenn der Arbeitgeber pauschal vorträgt, dass er keine anderweitige Beschäftigungsmöglichkeit für den Arbeitnehmer hat. Anschließend ist es Aufgabe des Arbeitnehmers, konkret darzulegen, wie er sich eine anderweitige Beschäftigungsmöglichkeit vorstellt. Erst auf der Grundlage dieses konkreten Sachvortrags des Arbeitnehmers hat wiederum der Arbeitgeber im Einzelnen darzulegen und zu beweisen, aus welchen Gründen eine solche anderweitige Beschäftigung nicht möglich ist.

g) Wiedereinstellungsanspruch

Maßgeblicher Zeitpunkt für die Wirksamkeit einer Kündigung ist deren Zugang beim Arbeitnehmer. Ändern sich die tatsächlichen Verhältnisse anschließend, wird hierdurch die Wirksamkeit der Kündigung grundsätzlich nicht berührt. Von diesem Grundsatz weicht das BAG im Ergebnis dann ausnahmsweise ab, wenn sich die **Prognose des Arbeitgebers**, den Arbeitnehmer nicht mehr weiter beschäftigen zu können, bereits während des Laufs der Kündigungsfrist als falsch herausstellt. In diesem Fall besteht ein **Wiedereinstellungsanspruch** und damit ein Anspruch auf Fortsetzung des Arbeitsverhältnisses. Entsteht die Weiterbeschäftigungsmöglichkeit erst nach Ablauf der Kündigungsfrist, kommt nur ausnahmsweise ein Wiedereinstellungsanspruch in Betracht (BAG, NZA 2009, 29).

Dieser Anspruch besteht grundsätzlich dann nicht (mehr), wenn die Beschäftigungsmöglichkeit erst nach Ablauf der Kündigungsfrist besteht, und zwar unabhängig davon, ob zu diesem Zeitpunkt noch das Kündigungsschutzverfahren beim Arbeitsgericht anhängig ist. Ein Wiedereinstellungsanspruch besteht regelmäßig auch dann nicht, wenn zwischen den Parteien während des Laufs der Kündigungsfrist im Kündigungsschutzprozess ein Abfindungsvergleich geschlossen wurde und sich anschließend die Prognose des Arbeitgebers als falsch erweist (vgl. zur betriebsbedingten Kündigung ausführlich Tschöpe, BB 2000, 2630 ff.).

h) Der Abfindungsanspruch gemäß § 1a KSchG

Seit dem 1.1.2004 gilt § 1a KSchG. Hierdurch wird erstmals ein gesetzlicher Abfindungsanspruch bei betriebsbedingter Kündigung begründet, wenn folgende drei Voraussetzungen erfüllt sind:

- das Arbeitsverhältnis wurde wegen dringender betrieblicher Erfordernisse (selbstverständlich schriftlich!) gekündigt;

- in der Kündigungserklärung wurde auf diesen Grund hingewiesen und der Arbeitnehmer davon in Kenntnis gesetzt, dass er bei Verstreichenlassen der dreiwöchigen Klagefrist eine Abfindung beanspruchen kann;

- der Arbeitnehmer erhebt während dieser Frist keine Kündigungsschutzklage.

Nach § 1a II 1 KSchG beträgt die (vom Arbeitgeber im Kündigungsschreiben anzubietende) Abfindung 0,5 Monatsverdienste für jedes Jahr des Bestehens des Arbeitsverhältnisses. Ein Zeitraum von mehr als sechs Monaten wird auf ein volles Jahr aufgerundet. Als Monatsverdienst gilt gemäß § 10 III KSchG, „was dem Arbeitnehmer bei der für ihn maßgebenden regelmäßigen Arbeitszeit in dem Monat, in dem das Arbeitsverhältnis endet, an Geld und Sachbezügen zusteht". § 1a KSchG soll nach Auffassung des Gesetzgebers eine „einfach zu handhabende, moderne und unbürokratische Alternative zum Kündigungsschutzprozess" eröffnen (Däubler, NZA 2004, 177 ff.; Bauer/Krieger, NZA 2004, 77 ff.). Tatsächlich spielt die Vorschrift in der Praxis bisher kaum eine Rolle. Denn für den Arbeitgeber besteht die Gefahr, dass er über den Weg des § 1a KSchG selbst zum „Abfindungspoker" durch Klageerhebung einlädt. Arbeitnehmeranwälte werden im Zweifel das Abfindungsangebot (zunächst) nicht annehmen und innerhalb der 3-Wochen-Frist Kündigungsschutzklage erheben. Es wird dann über eine Erhöhung der außergerichtlich nach § 1a KSchG angebotenen Abfindung verhandelt werden. Merkt der Arbeitnehmer in dem sich dann anschließenden Verfahren, dass er den Prozess voraussichtlich gewinnen wird, wird sein „Abfindungspoker" erfolgreich sein. Im umgekehrten Fall wird er rechtzeitig vor Antragstellung im Kammertermin die Klage zurücknehmen mit der Folge, dass die Kündigung nach § 7 KSchG von Anfang an rechtswirksam ist (sehr streitig: vgl. Däubler, NZA 2004, 177 ff.; Bauer/Krieger, NZA 2004, 77 ff.).

3. Ordentliche verhaltensbedingte Kündigung

a) Allgemeines

Eine Kündigung ist sozial gerechtfertigt, wenn sie durch Gründe, die im Verhalten des Arbeitnehmers liegen, bedingt ist (§ 1 II 1 KSchG). Dabei geht es in erster Linie um vertragswidriges Verhalten des Arbeitnehmers, d.h. um die Verletzung vertraglicher Haupt- oder Nebenpflichten. In aller Regel muss es sich um eine schuldhafte (also vorsätzliche oder fahrlässige) Vertragspflichtverletzung handeln.

Das dem Arbeitnehmer zur Last gelegte Verhalten muss sich auf das Arbeitsverhältnis auswirken (**Betriebs- bzw. Unternehmensbezogenheit der Pflichtverletzung**). **Außerdienstliches Verhalten** kann daher **nur ausnahmsweise** Anlass für eine verhaltensbedingte Kündigung sein. Wer z.B. bei einer Fahrt mit dem privaten Pkw den Sicherheitsgurt nicht anlegt und bei einem Unfall deswegen verletzt wird, hat zwar keinen Entgeltfortzahlungsanspruch (BAG, NJW 1982, 1013 ff.). Hieraus folgt aber nicht, dass das Arbeitsverhältnis verhaltensbedingt gekündigt werden könnte. Insbesondere ist der Arbeitnehmer nicht verpflichtet, einen „ordentlichen Lebenswandel" zu führen. Nicht einmal Straftaten, die der Arbeitnehmer außerdienstlich begeht, rechtfertigen in der Regel eine verhaltensbedingte Kündigung. Dies ist ausnahmsweise nur dann anders zu beurteilen, wenn das Arbeitsverhältnis durch das außerdienstliche Verhalten konkret beeinträchtigt wird (z.B. Inhaftierung). Gründe im außerdienstlichen Verhalten des Arbeitnehmers können eine Kündigung rechtfertigen, wenn sie z.B. Bezug zum Arbeitsverhältnis besitzen und der Betriebsfriede und das Vertrauen nachhaltig beeinträchtigt sind. Dieses kann z.B. der Fall sein, wenn eine Kassiererin ein Vermögensdelikt begeht.

Aus dem ultima-ratio-Prinzip folgt, dass einer verhaltensbedingten Kündigung grundsätzlich eine Abmahnung (bzw. mehrere Abmahnungen) vorausgegangen sein muss (vgl. hierzu unter E VI 3). Liegt eine ordnungsgemäße Abmahnung wegen einer vergleichbaren Pflichtverletzung vor und verletzt der Arbeitnehmer erneut seine vertraglichen Pflichten, kann regelmäßig davon ausgegangen werden, es werde auch künftig zu weiteren Vertragsverstößen kommen. Die für die verhaltensbedingte Kündigung erforderliche negative Prognose ist dann gegeben (vgl. BAG, NZA 2008, 589). Nach der umstrittenen Auffassung des BAG ist sogar zu prüfen, ob der Arbeitnehmer nicht an einem anderen Arbeitsplatz oder zu geänderten Arbeitsbedingungen weiter beschäftigt werden kann. Dies ist deshalb zweifelhaft, weil eine verhaltensbedingte Kündigung nur bei einer erheblichen Vertragsverletzung in Betracht kommt. In aller Regel ist es daher dem Arbeitgeber nicht zuzumuten, den Arbeitnehmer nach schwerwiegenden und vorher abgemahnten Vertragspflichtverletzungen anderweitig zu beschäftigen.

Wie bei jeder Kündigung erfordert auch die verhaltensbedingte Kündigung eine Interessenabwägung. Allerdings ist der Prüfungsmaßstab insoweit umso niedriger, je erheblicher der Schuldvorwurf ist, der den Arbeitnehmer trifft.

Bei der Abwägung geht es letztlich um die Intensität der Vertragspflichtverletzung und bei häufigen geringfügigen Pflichtverletzungen um die Wiederholungsgefahr. Auf der anderen Seite ist zu Gunsten des Arbeitnehmers insbesondere die Dauer der Betriebszugehörigkeit zu würdigen.

Allerdings lässt sich menschliches Verhalten nicht katalogisieren. Es können nur die grundlegenden Strukturen möglicher sozial gerechtfertigter verhaltensbedingter Kündigungen aufgezeigt werden. Letztlich werden hierüber dann gegebenenfalls die Arbeitsgerichte in jedem Einzelfall zu entscheiden haben (mit allen sich hieraus grundsätzlich ergebenden Unsicherheiten bei der Prognose gerichtlicher Entscheidungen).

b) Einzelfälle

aa) Alkohol

Alkoholmissbrauch im Betrieb kann eine verhaltensbedingte Kündigung rechtfertigen. Dies gilt insbesondere, wenn im Betrieb ein Alkoholverbot angeordnet worden ist. Allerdings können betriebliche absolute Alkoholverbote nicht einseitig durch den Arbeitgeber angeordnet werden (aber durch Betriebsvereinbarung). Dabei sind auch „branchenspezifische Gebräuche" zu beachten (einem Bauarbeiter kann danach wohl der Genuss einer Flasche Bier in der Mittagspause nicht untersagt werden, vgl. Berkowsy, § 8, Rn. 93). Bei gravierenden Verstößen kann unter Umständen bereits ein einmaliger Vorfall einen verhaltensbedingten Kündigungsgrund darstellen (so z.B. bei Berufskraftfahrern oder einem Kranführer, weil von ihnen im Falle der Trunkenheit besondere Gefahren für andere Personen ausgehen).

Wird einem Berufskraftfahrer wegen Trunkenheit auf einer Privatfahrt die Fahrerlaubnis entzogen, kann der Arbeitgeber jedenfalls personenbedingt kündigen. Denn der Arbeitnehmer ist nicht mehr dazu in der Lage, für den Zeitraum der Entziehung die arbeitsvertraglich geschuldete Leistung zu erbringen und wird nur ausnahmsweise anderweitig im Betrieb auf einer freien Stelle eingesetzt werden können. Unter Umständen kommt sogar eine außerordentliche Kündigung in Betracht (KR-Etzel § 1 KSchG Rn. 447).

In der Praxis stehen zwei Probleme im Vordergrund:

Zum einen hat der Arbeitgeber die Alkoholisierung und das damit verbundene alkoholbedingte Fehlverhalten darzulegen und zu beweisen. Der Arbeitnehmer ist nicht verpflichtet, eine Messung mit einem Alkomaten oder einer Blutprobe zuzustimmen (BAG, NZA 1995, 517). Der Arbeitgeber ist in diesem Fall auf Indizien angewiesen, die er ebenfalls nachzuweisen hat (Alkoholfahne, gerötete Augen, schwankender Gang, lallende Sprache etc.).

Zum anderen kann sich der Arbeitnehmer möglicherweise darauf berufen, dass er alkoholkrank ist. In derartigen Fällen ist eine verhaltensbedingte Kündigung mangels eines Verschuldens des Arbeitnehmers nicht gerechtfertigt. Es kommt aber eine personenbedingte Kündigung in Betracht. Bekennt sich der Arbeitnehmer zu seiner Alkoholabhängigkeit und erklärt seine konkrete Bereitschaft zu einer Therapie, wird der Arbeitgeber dem Arbeitnehmer im Zweifel zunächst die Durchführung einer Entziehungskur ermöglichen müssen. Bei einem Rückfall kommt es auf die Umstände des Einzelfalls und insbesondere darauf an, ob der Arbeitnehmer nach einer erfolgreichen Entziehungskur bereits über einen langen Zeitraum abstinent war (zu den arbeitsrechtlichen Gestaltungsmöglichkeiten im Zusammenhang mit Alkoholerkrankungen vgl. Graefe, BB 2001, 1251 ff.).

bb) Arbeitsverweigerung

Der Arbeitnehmer ist verpflichtet, die arbeitsvertraglich geschuldete Leistung zu erbringen. Verletzt er diese Verpflichtung, rechtfertigt dies – jedenfalls nach vorheriger Abmahnung – eine verhaltensbedingte Kündigung. In den Fällen beharrlicher Arbeitsverweigerung kann auch eine fristlose Kündigung gerechtfertigt sein. Hiervon ist z.B. bei der Verweigerung zulässiger Über- oder Mehrarbeit auszugehen (wenn der Arbeitnehmer durch Tarifvertrag, Betriebsvereinbarung oder Einzelvertrag hierzu verpflichtet ist).

Eine Arbeitsverweigerung kann aber nur vorliegen, wenn der Arbeitnehmer zu der verlangten Leistung überhaupt verpflichtet ist (so auch LAG Rheinland-Pfalz, BB 2008, 54 bei Mehrarbeit). Dies kann grundsätzlich nur durch einen Vergleich zwischen der vertraglich geschuldeten Arbeitsleistung und der vom Arbeitgeber verlangten und vom Arbeitnehmer verweigerten Leistung festgestellt werden. Ist die Arbeitsanweisung im konkreten Fall nicht mehr vom arbeitsvertraglichen Weisungsrecht gedeckt, braucht der Arbeitnehmer sie auch nicht auszuführen. Problematisch ist die Konkretisierung der vertraglich geschuldeten Arbeitsleistung bei den üblichen Pauschalklauseln in Arbeitsverträgen (z.B. als Lastkraftwagenfahrer; dieser ist nach seinem Berufsbild grundsätzlich verpflichtet, auch Ladetätigkeiten zu verrichten, selbst wenn der Arbeitgeber den Kraftfahrer mehrere Jahre lang nur mit Lenktätigkeiten beschäftigt hat (vgl. Berkowsky, § 8, Rn. 16). Eine Arbeitsverweigerung des Arbeitnehmers kann z.B. dann berechtigt sein, wenn

- bei Weiterarbeit die Höchstarbeitsgrenze des Arbeitszeitgesetzes überschritten würde,

- das Direktionsrecht überschritten ist,

- dem Arbeitnehmer ein Zurückbehaltungsrecht an der Arbeitsleistung zusteht, beispielsweise weil der Arbeitgeber die Gesundheit des Arbeitnehmers oder dessen Persönlichkeit in erheblicher Weise verletzt (BAG, Urteil vom 13.03.2008, Az.: 2 AZR 88/07, Juris)

Hat der Arbeitnehmer **Urlaub beantragt** und ist dieser nicht bewilligt worden, so kann in der Regel ohne Abmahnung fristgerecht und fristlos gekündigt werden, wenn der Arbeitnehmer dennoch unbefugt der Arbeit fern bleibt.

Problematisch sind in der Praxis immer wieder die Fälle, in denen der Arbeitnehmer unentschuldigt der Arbeit fern bleibt. Gelingt es dem Arbeitgeber nicht, den Arbeitnehmer zu erreichen, bleibt nur die Möglichkeit einer fristlosen Kündigung wegen beharrlicher Arbeitsverweigerung.

Fraglich ist, wie sich ein Arbeitgeber verhalten soll, wenn ihm dann anschließend eine ärztliche Bescheinigung vorgelegt wird, die die Arbeitsunfähigkeit des betreffenden Arbeitnehmers für den Zeitpunkt der vermeintlichen Arbeitsverweigerung belegen soll. Zwar hat der Arbeitnehmer in diesen Fällen seine Verpflichtung verletzt, dem Arbeitgeber die **Arbeitsunfähigkeit** und deren voraussichtliche Dauer unverzüglich (das heißt ohne schuldhaftes Zögern im Sinne des § 121 I BGB) anzuzeigen (§ 5 I EFZG) und darüber hinaus auch versäumt, eine **entsprechende ärztliche Bescheinigung** vorzulegen (§ 5 I 2 und 4 EFZG).

Diese Pflichtverletzungen sind aber erst nach vorheriger Abmahnung geeignet, eine verhaltensbedingte Kündigung wirksam auszusprechen. Da für die inhaltliche Richtigkeit der ärztlichen Arbeitsunfähigkeitsbescheinigung der Beweis des ersten Anscheins spricht und dieser Beweiswert nur ausnahmsweise erschüttert werden kann, sind trotz sich geradezu aufdrängender Zweifel nur wenige Ausnahmefälle geeignet, einen Prozess mit dem Ziel zu führen, den Beweiswert der ärztlichen Bescheinigung und die dort attestierte Arbeitsunfähigkeit zu erschüttern.

In aller Regel dürfte es sich empfehlen, dem Arbeitnehmer umgehend mitzuteilen, dass aus der Kündigung keine Rechte hergeleitet werden, ihn aufzufordern, die Arbeit wieder aufzunehmen und darüber hinaus wegen Verletzung der Anzeige- und Nachweispflicht abzumahnen.

Ein krankgeschriebener Arbeitnehmer ist verpflichtet, sich so zu verhalten, dass er möglichst bald wieder gesund wird. Er hat alles zu unterlassen, was seine Genesung verzögern könnte. Eine Verletzung dieser Verpflichtung kann im Einzelfall eine verhaltensbedingte Kündigung rechtfertigen, ohne dass die tatsächliche Verzögerung des Heilungsprozesses nachgewiesen werden muss (LAG Hamm, BB 1992, 279).

Auch das bloße Ankündigen des Krankfeierns kann im Einzelfall eine außerordentliche oder verhaltensbedingte ordentliche Kündigung rechtfertigen. Dies gilt insbesondere, wenn die Ankündigung für den Fall erfolgt, dass der Arbeitgeber den beantragten Urlaub nicht bewilligen sollte.

cc) Beleidigungen und Tätlichkeiten

Nicht jede gegenüber dem Arbeitgeber, Vorgesetzen oder Kollegen geäußerte kritische, provokante oder überzogene Äußerung ist eine Beleidigung und nicht jede Beleidigung rechtfertigt eine Kündigung. Bewusst ehrverletzende Äußerungen von erheblicher Schwere können aber gegen die vertragliche Nebenpflicht zur Rücksichtnahme verstoßen und eine verhaltensbedingte Kündigung rechtfertigen (BAG, NZA 2005, 158).

Tätlichkeiten gegen einen Vorgesetzten, so z.B. die Bedrohung mit einem Messer sind selbstverständlich geeignet für eine außerordentliche Kündigung. In solchen Fällen bedarf es grundsätzlich auch keiner Abmahnung (BAG, NZA 2006, 431)

dd) Neben- und Konkurrenztätigkeiten

Dem Arbeitnehmer ist während des bestehenden Arbeitsverhältnisses jede Form von Konkurrenztätigkeit verboten. Verletzt er diese Pflicht, rechtfertigt dies grundsätzlich eine außerordentliche oder ordentliche Kündigung, ohne dass es einer vorherigen Abmahnung bedarf. Zu einer unzulässigen Konkurrenztätigkeit gehört es, wenn ein Arbeitnehmer vor Beendigung des Vertragsverhältnisses bei potentiellen Kunden vorfühlt.

Ist kein nachvertragliches Wettbewerbsverbot (§ 74 HGB) vereinbart worden, kann der Arbeitnehmer nach Beendigung seines Arbeitsverhältnisses ohne jede Einschränkung mit seinem bisherigen Arbeitgeber in Konkurrenz treten. Er ist auch berechtigt, schon vor seinem Ausscheiden Vorbereitungshandlungen zu treffen. Diese dürfen allerdings nach außen nicht als Betätigung im Geschäftsbereich des bisherigen Arbeitgebers erscheinen. Erlaubt ist danach z.B. das Anmieten von Geschäftsräumen, der Materialeinkauf etc.

Demgegenüber ist der Arbeitnehmer grundsätzlich berechtigt, eine Nebentätigkeit aufzunehmen (wenn er hierdurch dem Arbeitgeber keine zulässige Konkurrenz macht). Im Arbeitsvertrag kann geregelt werden, dass eine Nebenbeschäftigung während des Bestands des Arbeitsverhältnisses nur mit vorheriger schriftlicher Zustimmung des Arbeitgebers übernommen werden darf.

Allerdings darf eine derartige Zustimmung nur aus berechtigtem Interesse verweigert werden. Von einem berechtigten Interesse ist insbesondere dann auszugehen, wenn durch die Ausübung der Nebentätigkeit die vertraglich geschuldete Leistung beeinträchtigt werden kann. Hieraus folgt, dass in aller Regel nur Nebentätigkeiten außerhalb des Beschäftigungsverhältnisses unzulässig sind, durch die die Höchstarbeitszeitgrenzen des ArbZG überschritten werden. Ein Verstoß hiergegen rechtfertigt nach vorheriger Abmahnung in aller Regel eine verhaltensbedingte Kündigung. Gleiches gilt für eine unerlaubte Nebentätigkeit während des Erholungsurlaubs.

ee) Strafbare Handlungen

Eine strafbare Handlung rechtfertigt grundsätzlich eine außerordentliche Kündigung, wenn durch die strafbare Handlung Rechte oder Rechtsgüter des Arbeitgebers oder von anderen Arbeitnehmern verletzt oder beeinträchtigt werden (so z.B. beim Spesenbetrug, bei der Stempelkartenmanipulation, bei Diebstahl oder Unterschlagung im Betrieb, bei Tätlichkeiten gegenüber Arbeitskollegen, bei groben Beleidigungen gegenüber dem Arbeitgeber aber auch gegenüber anderen Mitarbeitern, bei sexuellen Belästigungen am Arbeitsplatz).

Bei Kündigungen wegen Straftaten kommt es nicht auf den Wert des Betrags an, um den der Arbeitgeber betrogen wurde oder der ihm entwendet wurde. Das Bundesarbeitsgericht hat in ständiger Rechtsprechung festgestellt, dass ein wichtiger Grund für eine fristlose Kündigung auch dann vorliegt. wenn es um einen einmaligen Vorfall geht und um einen geringen Betrag (so zuletzt BAG, NJW 2008, 1097). Entscheidend ist, dass der Arbeitnehmer durch die Verletzung des Eigentums unabhängig vom Wert des Schadens in erheblicher Weise das Vertrauen des Arbeitgebers verletzt. Vor dem Hintergrund dieser Rechtsprechung hat das Landesarbeitsgericht Berlin-Brandenburg in einer neuen Entscheidung festgestellt, dass auch einer Kassiererin, die zwei ihr nicht gehörende Leergutbons im Wert von 0,48 € und 0,82 € unrechtmäßig aus dem Kassenbüro entnommen und für sich selbst eingelöst hatte, fristlos gekündigt werden konnte (Urteil vom 24.02.2009, Az.: 7 Sa 2017/08, ArbG Berlin, Urteil vom 21.08.2008, Az.: 2 Ca 3632/08, Juris).

ff) Sonstige Verstöße gegen die Arbeitspflicht

Häufige Unpünktlichkeit kann nach vorheriger Abmahnung eine Kündigung rechtfertigen (BAG, NZA 1989, 261).

Die eigenmächtige Selbstbeurlaubung des Arbeitnehmers stellt selbst dann einen kündigungsrelevanten Vertragsbruch dar, wenn der Arbeitnehmer dem Grunde nach einen entsprechenden Urlaubsanspruch hat (LAG Berlin, NZA 1995, 1043). Denn der Urlaubsanspruch wird erst dann fällig, wenn der Arbeitgeber ihn gewährt hat. Verweigert der Arbeitgeber dies zu Unrecht, kann der

Arbeitnehmer seinen Urlaubsanspruch gerichtlich durchsetzen (bei Dringlichkeit auch durch einstweilige Verfügung, vgl. LAG Hamm, NZA-RR 2001, 134).

Die Äußerung des Arbeitnehmers, sein Arbeitgeber sei pleite, stellt eine geschäftsschädigende Behauptung dar, die geeignet ist, das Ansehen bei dem Geschäftspartner zu beeinträchtigen und rechtfertigt im Einzelfall eine fristlose Kündigung (LAG Berlin vom 28.08.2002, Az.: 9 Sa 956/02, Juris)

Versucht ein Arbeitnehmer, der den Arbeitgeber wechseln will, Arbeitskollegen abzuwerben, kann dies eine Kündigung rechtfertigen. Dies setzt aber voraus, dass die Abwerbung sittenwidrig ist. Der Arbeitnehmer muss gezielt versuchen, Kollegen zu einem Wechsel zu veranlassen, der seinerseits mit einem Vertragsbruch verbunden ist (z.B. Nichteinhaltung der Kündigungsfrist, vgl. ErfK/Ascheid, § 1 KSchG, Rn. 340).

Außerbetriebliches Verhalten des Arbeitnehmers kann nur dann eine Kündigung rechtfertigen, wenn zwischen der privaten Lebensführung und den konkreten Pflichten aus dem Arbeitsvertrag eine Verbindung besteht (z.B. Prokurist einer Bank ist in private Betrügereien verwickelt).

gg) Internetnutzung

Das BAG hat in mehreren Entscheidungen festgestellt, dass die private Nutzung des Internets kündigungsrelevante Verletzungen sein können (BAG, NZA 2007, 923, BAG, NZA 2006, 98). Dies kommt insbesondere beim Herunterladen einer erheblichen Menge von Daten aus dem Internet auf betriebliche Datensysteme („unbefugter Download") in Betracht, vor allem dann, wenn damit einseitig die Gefahr möglicher Vireninfizierungen oder anderer Störungen des betrieblichen Systems verbunden sein können. Auch das Herunterladen von Daten bei deren Rückverfolgung es zu möglichen Rufschädigungen des Arbeitgebers kommen kann, beispielsweise weil strafbare oder pornografische Darstellungen herunter geladen werden, ist eine kündigungsrelevante Verletzung. Auch die private Nutzung des vom Arbeitgeber zur Verfügung gestellten Internetanschlusses als solcher kann zu einer verhaltensbedingten Kündigung führen, weil durch diese Nutzung möglicherweise zusätzliche Kosten entstehen können und der Arbeitnehmer jedenfalls die Betriebsmittel unberechtigterweise in Anspruch genommen hat. Das Surfen im Internet während der Arbeitszeit führt zudem dazu, dass er seine arbeitsvertraglich geschuldete Arbeitsleistung nicht erbringt und dadurch seinen Arbeitspflichten nicht nachkommt, sie somit verletzt (BAG, NZA 2007, 923).

hh) Anzeigen gegen Arbeitgeber

Zeigt der Arbeitnehmer seinen Arbeitgeber bzw. seine Repräsentanten bei den hierfür zuständigen Stellen wider besseren Wissens an, ist eine (außerordentliche) Kündigung in aller Regel gerechtfertigt (BverfG, NZA 2001, 888; LAG Düsseldorf, NZA-RR 2002, 585). Eine Kündigung kann selbst dann gerechtfertig sein, wenn die Anzeige dem Grunde nach berechtigt ist. Denn der Arbeitnehmer muss zunächst eine innerbetriebliche Abhilfe (gegebenenfalls über den Betriebsrat) versuchen, bevor er nach Außen geht und damit die dem Arbeitgeber gegenüber bestehende **Loyalitätspflicht** verletzt (Berkowsky, § 8, Rn. 99 ff). Allerdings wird die Einfügung eines neuen § 612 a BGB diskutiert, der den Arbeitnehmern ein Anzeigerecht gewähren soll (sog. Whistleblowing). Nimmt ein Arbeitnehmer sein staatsbürgerliches Recht wahr, das ihm unabhängig von seiner beruflichen Stellung zusteht, ist er berechtigt Strafanzeige gegen seinen Arbeitgeber zu erstatten (BAG, NZA 2007, 502; Sasse NZA 2008, 990).

ii)   Schlecht- oder Minderleistung

Die verhaltensbedingte Kündigung gegenüber einem leistungsschwachen Arbeitnehmer kann dann gerechtfertigt sein, wenn der Arbeitnehmer seine **arbeitsvertraglichen Pflichten dadurch vorwerfbar verletzt**, dass er fehlerhaft arbeitet. Ein Arbeitnehmer genügt allerdings seiner Arbeitsverpflichtung, wenn er unter angemessener Ausschöpfung seiner persönlichen Leistungsfähigkeit arbeitet. Wenn er dabei die durchschnittliche Fehlerhäufigkeit aller Arbeitnehmer überschreitet, bedeutet dies nicht automatisch, dass er gegen seine Arbeitspflicht verstößt. Allerdings kann die längerfristige deutliche Überschreitung der durchschnittlichen Fehlerquote je nach tatsächlicher Fehlerzahl, Art, Schwere und Folge der fehlerhaften Arbeitsleistung ein Anhaltspunkt dafür sein, dass der Arbeitnehmer vorwerfbar seine vertraglichen Pflichten verletzt. Legt der Arbeitgeber dieses im Prozess dar, so muss der Arbeitnehmer erläutern, warum er trotz erheblich unterdurchschnittlicher Leistung seine Leistungsfähigkeit ausgeschöpft hat (BAG, NJW 2008, 3019). Indiz dafür, dass der Arbeitnehmer seine Leistungsfähigkeit nicht ausschöpft ist, dass er das Leistungsniveau vergleichbarer Mitarbeiter um ein Drittel unterschreitet.

jj)   Mobbing

Mobbing am Arbeitsplatz ist rechtlich kaum zu fassen und in den meisten Fällen kündigungsrechtlich irrelevant (vgl. aber Thüringer LAG, AuR 2002, 226). Zwar kann intensives Mobbing-Verhalten eine Persönlichkeitsrechtsverletzung darstellen, die unter Umständen auch Schadenersatzansprüche wegen immaterieller Schäden (Schmerzensgeldanspruch) auslösen kann (§ 823 I BGB i.V.m. Art. 1, 2 GG). In der Praxis sind derartige Ansprüche wegen der Darlegungs- und Beweisproblematik kaum durchsetzbar (vgl. Hage-Heilmann, BB 1998, 742).

kk) Mithören von Telefongesprächen

Weder der Arbeitgeber noch der Arbeitnehmer sind berechtigt, Telefongespräche des anderen (verdeckt) mitzuhören. Lässt ein Arbeitnehmer ein Telefongespräch mit seinem Arbeitgeber von einem Dritten mithören, kann dies eine Kündigung rechtfertigen (BAG, NZA 1998, 307).

4. Ordentliche personenbedingte Kündigung

Nach § 1 II 1 KSchG ist eine Kündigung sozial ungerechtfertigt, wenn sie nicht durch Gründe bedingt ist, die in der Person des Arbeitnehmers liegen. Während eine verhaltensbedingte Kündigung eine schuldhafte Vertragspflichtverletzung des Arbeitnehmers und eine betriebsbedingte Kündigung eine unternehmerische Entscheidung des Arbeitgebers voraussetzt, ist die personenbedingte Kündigung dadurch gekennzeichnet, dass der Arbeitnehmer nicht nur vorübergehend nicht (mehr) dazu in der Lage ist, die arbeitsvertraglich geschuldete Leistung zu erbringen. Es kommen demnach nur Umstände aus der Sphäre des Arbeitnehmers in Betracht. Auf sein Verschulden kommt es nicht an. Eine personenbedingte Kündigung erfordert daher keine Abmahnung.

Hauptanwendungsfall ist die **krankheitsbedingte Kündigung**. Dabei kommt es auf die Ursachen der Beeinträchtigungen des Arbeitnehmers nicht an.

Ein personenbedingter Kündigungsgrund liegt auch dann vor, wenn der Arbeitnehmer rechtlich nicht dazu in der Lage ist, die geschilderte Arbeitsleistung zu erbringen (z.B. wenn einem Ausländer die erforderliche Arbeitserlaubnis fehlt oder diese widerrufen wird).

Wie bei jeder Kündigung ist auch bei der personenbedingten Kündigung das ultima-ratio-Prinzip zu beachten. Der Arbeitgeber muss prüfen, ob er den Arbeitnehmer auf einem anderen freien Arbeitsplatz des Betriebs oder Unternehmens beschäftigen kann.

a) Krankheitsbedingte Kündigung

Auch während der Erkrankung eines Arbeitnehmers kann das Arbeitsverhältnis gekündigt werden! Es ist sogar möglich, wegen der Krankheit zu kündigen. Hierbei handelt es sich um den Hauptanwendungsfall der personenbedingten Kündigung (Tschöpe, BB 2001, 2110 ff.).

Die Rechtsprechung prüft krankheitsbedingte Kündigungen in drei Stufen: (u.a. BAG, NZA 2006, 665):

- Zum Zeitpunkt des Zugangs der Kündigung müssen objektive Tatsachen vorliegen, die die Besorgnis weiterer Erkrankungen im bisherigen Umfang rechtfertigen. Diese negative Prognoseentscheidung ist naturgemäß mit erheblichen Unsicherheiten verbunden, zumal es nicht auf den Kenntnisstand des Arbeitgebers, sondern auf den **objektiven Zustand des Arbeitnehmers zum Zeitpunkt des Zugangs der Kündigungserklärung** ankommt. Bei häufigen Kurzerkrankungen besteht die Schwierigkeit, dass der Arbeitgeber in den seltensten Fällen weiß, welche Ursachen zur Erkrankung des Mitarbeiters geführt haben. Aus den Arbeitsunfähigkeitsbescheinigungen lässt sich der neue Befund nicht ersehen. Diesem Umstand hat die Rechtsprechung Rechnung getragen, in dem sie die Darlegungslast abgestuft hat. Der Arbeitgeber genügt seiner Darlegungslast wenn er die in der Vergangenheit aufgetretenen Fehlzeiten mitteilt. Diese dienen als Indiz für die künftige Entwicklung des Krankheitsbilds des Arbeitnehmers. Hier gibt es allerdings keine fest bezifferte Fehlquote. In der Regel kann man jedoch bei einer Fehlquote über mehrere Jahre von 15 bis 20% der jährlichen Arbeitstage von einer negativen Gesundheitsprognose ausgehen. Allerdings müssen die Fehltage steigend oder zumindest gleich bleibend sein. Nehmen die Fehlzeiten wieder ab, so kann der Prognose nicht entnommen werden, dass in Zukunft weiter steigende Fehlzeiten zu befürchten sind. Hat der Arbeitgeber die Fehlzeiten im Einzelnen dargelegt, ist es Sache des Arbeitnehmers, darzulegen, weshalb die in der Vergangenheit liegenden Fehlzeiten als Indiztatsachen ungeeignet sind. Allerdings genügt der Arbeitnehmer dieser Darlegungslast schon dann, wenn er die negative Gesundheitsprognose bestreitet und seine Ärzte von der Schweigepflicht entbindet, soweit darin zugleich die Darstellung liegt, die Ärzte hätten die künftige gesundheitliche Entwicklung ihm gegenüber bereits positiv beurteilt. Anschließend ist der Arbeitgeber in vollem Umfang beweispflichtig. In der Regel dürfte dies dem Arbeitgeber einige Schwierigkeiten bereiten.

- Die bereits aufgetretenen und nach der Zukunftsprognose noch zu erwartenden Auswirkungen des Gesundheitszustands des Arbeitnehmers müssen zu einer **erheblichen Beeinträchtigung der betrieblichen Interessen des Arbeitgebers** führen. Diese können durch Betriebsablaufstörungen oder wirtschaftliche Belastungen hervorgerufen werden. Ist der Arbeitnehmer **auf Dauer krankheitsbedingt** nicht dazu in der Lage, die vertraglich geschuldete Arbeitsleistung zu erbringen, berechtigt dies den Arbeitgeber zur ordentlichen Kündigung, ohne dass darüber hinausgehende Betriebsbeeinträchtigungen dargelegt werden müssen. Denn der Arbeitnehmer hat in diesen Fällen kein schützenswertes Interesse daran, dass der Arbeitgeber diesen Arbeitsplatz auf Dauer nicht anderweitig besetzt. Der Arbeitnehmer kann sich nur mit der Begründung gegen eine Kündigung wehren, dass ihm ein anderer freier zumutbarer Arbeitsplatz übertragen werden kann. Auch die bereits entstandenen und künftig zu erwartenden Entgeltfortzahlungskosten, die jedoch jeweils für einen Zeitraum von mehr als sechs Wochen pro Jahr aufzuwenden sein müssen, können eine erhebliche Beeinträchtigung betrieblicher Interessen bei der Beurteilung der sozialen Rechtfertigung der personenbedingten Kündigung darstellen (BAG, NZA 1994, 67).

- Gerade bei der personenbedingten Kündigung kommt der **Interessenabwägung** besondere Bedeutung zu. Es ist zu prüfen, ob die erheblichen Beeinträchtigungen dem Arbeitgeber noch zuzumuten sind und ob von ihm nicht ggf. Überbrückungsmaßnahmen verlangt werden können. Dabei sind u.a. folgende Umstände zu berücksichtigen: Sozialdaten (also Alter, Familienstand, Unterhaltspflichten, Schwerbehinderung etc.); besondere Anstrengungen werden von einem Arbeitgeber verlangt, wenn die Erkrankung betriebliche Ursachen hat; konkreter Verlauf des Arbeitsverhältnisses (d.h. in welchem Umfang bestand die Belastung mit krankheitsbedingten Fehlzeiten).

In der Praxis stellt sich das Problem, dass in vielen Fällen eine sichere Prognose nicht abgegeben werden kann, wie die Arbeitsgerichte eine krankheitsbedingte Kündigung im Einzelfall beurteilen werden. Der Arbeitgeber muss daher vor Ausspruch gerade auch einer krankheitsbedingten Kündigung das ihn treffende **Annahmeverzugslohnrisiko** im Blick haben, welches ihn trifft, falls er den Prozess verlieren sollte. Bei einer lang andauernden Krankheit des Arbeitnehmers wird dies oft gering sein, da der Entgeltfortzahlungszeitraum von sechs Wochen bereits erheblich überschritten ist und die Wiederherstellung der Arbeitsfähigkeit zum Zeitpunkt der Kündigung noch völlig ungewiss sein dürfte.

Gerade wegen der **erheblichen Entgeltfortzahlungskosten** sind häufige Kurzerkrankungen für den Betrieb sehr viel belastender. Leider hat es die Rechtsprechung bislang versäumt, hier klare für die Praxis auch handhabbare Regeln aufzustellen. Festgehalten werden kann nur, dass Fehlzeiten von bis zu sechs Wochen im Jahr unerheblich sind. Erst bei über mehrere Jahre festgestellten Fehlquoten ab 25% der Arbeitstage sollte über eine personenbedingte Kündigung wegen häufiger Kurzerkrankungen ernsthaft nachgedacht werden.

In Zukunft könnte sich allerdings die Praxis wieder dahingehend ändern, dass sich der Arbeitgeber bei dauerhafter Erkrankung möglichst frühzeitig von seinem Arbeitnehmer trennen sollte. Ursache dafür ist die Rechtsprechung des EuGH zum Erlöschen des Urlaubs bzw. Urlaubsabgeltungsanspruchs im Krankheitsfall (siehe dazu ausführlich oben unter C V 4 d). Nach dieser Rechtsprechung ist davon auszugehen, dass in Zukunft Arbeitnehmer auch über den 31. 3. des Folgejahres hinaus bei dauerhafter Erkrankung ihren Urlaubsanspruch behalten werden und dadurch ein erhebliches finanzielles Risiko für den Arbeitgeber entsteht.

b) Krankheitsbedingte Leistungsminderung

Theoretisch kommt auch eine Kündigung wegen krankheitsbedingter Leistungsminderung in Betracht. In der Praxis scheitern solche Kündigungen schon daran, dass der Arbeitgeber die „Normalleistung" nur in wenigen Ausnahmefällen wird nachweisen können. Davon einmal abgesehen liegen diese Fälle zumeist auf der Grenze zur verhaltensbedingten Kündigung. Arbeitet der Arbeitnehmer weniger als „normal", obwohl er zur besseren Leistung im Stande wäre, verletzt er schuldhaft den Arbeitsvertrag und kann nach Abmahnung gekündigt werden. Leistet er weniger als „normal", weil er z.b. altersbedingt nicht besser arbeiten kann, ist er unverschuldet zur „Normalleistung" außer Stande. Um eine solche Kündigung ausnahmsweise rechtfertigen zu können, muss der Arbeitgeber nachweisen, dass die Leistungsfähigkeit des Arbeitnehmers in quantitativer oder qualitativer Hinsicht erheblich beeinträchtigt ist.

c) Wiedereinstellungsanspruch

Ob bei einer krankheitsbedingten Kündigung überhaupt ein Wiedereinstellungsanspruch gegeben sein kann, ist vom BAG noch nicht abschließend geklärt. Keinesfalls kann Wiedereinstellung verlangt werden, wenn die insoweit erforderliche überraschende Besserung des Gesundheitszustands erst nach Ablauf der Kündigungsfrist eingetreten ist (BAG, EzA zu § 1 KSchG Wiedereinstellungsanspruch Nr. 6).

5. Druckkündigung

Eine Druckkündigung kommt sowohl als außerordentliche wie auch als ordentliche Kündigung in Betracht, wenn der Arbeitgeber hierzu durch Dritte unter Androhung wesentlicher Nachteile für den Betrieb gedrängt wird. Derartige Dritte können insbesondere Kunden, der Betriebsrat oder die übrigen Mitarbeiter sein. Die Androhung derartiger empfindlicher Nachteile kann z.B. darin liegen, dass alle Mitarbeiter sich weigern, mit einer bestimmten Person weiterzuarbeiten und für den Fall der Nichtkündigung durch den Arbeitgeber ihre Eigenkündigung androhen. Kunden können mit Entzug von Aufträgen drohen.

Auf Einzelheiten einer derartigen Druckkündigung kommt es solange nicht an, wie der betroffene Arbeitnehmer entweder keinen Kündigungsschutz hat oder der Arbeitnehmer zwar Kündigungsschutz beanspruchen kann, aber ein Kündigungsgrund im Sinne von § 626 I BGB oder nach § 1 KSchG vorliegt. Der Druck von dritter Seite ändert in all diesen Fällen nichts daran, dass eine Kündigung schon aus anderen Gründen gerechtfertigt ist.

Problematisch ist die Druckkündigung erst dann, wenn ein Arbeitnehmer Kündigungsschutz hat und die Kündigung ohne den Druck Dritter nicht gerechtfertigt wäre und deswegen auch vom Arbeitgeber nicht ausgesprochen werden würde. Fraglich ist, ob in diesen Ausnahmefällen dennoch eine Druckkündigung als außerordentliche oder ordentliche Kündigung in Betracht kommt. Die Rechtsprechung bejaht dies in Ausnahmefällen, wenn der Arbeitgeber alles ihm mögliche unternommen hat, den Dritten, von dem der Druck ausgeübt wird, von der Drohung abzubringen. Schon aus der Fürsorgeverpflichtung gegenüber seinem Arbeitnehmer ist der Arbeitgeber verpflichtet, sich zunächst schützend vor diesen zu stellen und mithin alles ihm mögliche zu unternehmen, eine derartige Kündigung zu verhindern.

Verbleibt dem Arbeitgeber nur noch die Wahl, entweder schwere wirtschaftliche Nachteile hinnehmen zu müssen oder den Arbeitnehmer zu entlassen, kann eine Druckkündigung gerechtfertigt sein. Dem Arbeitnehmer steht in diesen (Ausnahme-)Fällen regelmäßig gegen den Dritten ein Schadenersatzanspruch nach den §§ 823, 826 BGB zu (KR-Etzel § 104 BetrVG, Rn. 74 m.w.N.).

6. Verdachtskündigung

Ein Arbeitsverhältnis kann regelmäßig nur dann funktionieren, wenn der Arbeitgeber das notwendige Vertrauen in die Loyalität des Arbeitnehmers gegenüber dem Betrieb haben kann. Dieses Vertrauen kann schon dadurch zerstört werden, dass der begründete Verdacht besteht, dass ein Arbeitnehmer eine strafbare Handlung oder eine andere schwere Vertragsverletzung begangen hat.

Da durch eine Verdachtskündigung auch ein Unschuldiger seinen Arbeitsplatz verlieren kann, ist sie nur unter engen Voraussetzungen möglich (und zwar wiederum sowohl als fristlose als auch als fristgerechte):

Der Kündigungsverdacht muss sich aus objektiv belegbaren Tatsachen ergeben, die zum Zeitpunkt der Kündigung vorliegen. Auf Grund dieser feststehenden Tatsachen muss der **dringende Verdacht bestehen, dass der Gekündigte mit großer Wahrscheinlichkeit der Täter ist**. Dabei sind nur Vertragsverletzungen zu berücksichtigen, die von erheblichem Gewicht sind. Schließlich muss der Arbeitgeber alles ihm Zumutbare unternommen haben, den Sachverhalt aufzuklären (ständige Rechtsprechung, so zuletzt BAG, NZA 2008, 809). Er ist insbesondere verpflichtet, den Arbeitnehmer vor Ausspruch der Verdachtskündigung zu den vorliegenden Verdachtsmomenten anzuhören. Dem betroffenen Arbeitnehmer ist mit anderen Worten Gelegenheit zu geben, zu sämtlichen (!) Verdachtsmomenten Stellung zu nehmen, um diese gegebenenfalls entkräften zu können. Wird dies versäumt, ist die Verdachtskündigung schon deswegen unwirksam.

Nicht nur der Arbeitgeber muss alle zumutbaren Anstrengungen zur Aufklärung des Sachverhalts vor Ausspruch der Kündigung unternommen haben. Das BAG verlangt eine weitest mögliche Tataufklärung auch von den Gerichten, und zwar bis zur letzten mündlichen Verhandlung in der zweiten Instanz. Selbst wenn sich während des laufenden Kündigungsprozesses nachträglich belastende oder entlastende Gesichtspunkte ergeben, sind diese zu berücksichtigen, wenn sie bereits zum Zeitpunkt des Zugangs der Kündigung objektiv vorlagen (BAG, NZA 2000, 418).

Da die Verdachtskündigung einen eigenständigen Kündigungsgrund darstellt, muss sich der Arbeitgeber hierauf auch berufen. Spricht der Arbeitgeber eine Tatkündigung aus und lässt sich diese nicht mit letzter Sicherheit beweisen, ist die Kündigung unwirksam, wenn der Arbeitgeber nicht zumindest hilfsweise die Kündigung auch als Verdachtskündigung ausgesprochen hat (und selbstverständlich zusätzlich auch die entsprechenden Voraussetzungen, insbesondere also die vorherige Anhörung des Arbeitnehmers beachtet hat).

Gerade wenn es um strafbare Handlungen geht, empfiehlt es sich daher grundsätzlich, selbst dann eine Verdachtskündigung (und nur hilfsweise eine Tatkündigung) auszusprechen, wenn der Arbeitgeber meint, er könne den Straftatbestand in vollem Umfang beweisen. Schon der dringende Verdacht eines Diebstahls bzw. einer Unterschlagung auch geringwertiger Gegenstände des Arbeitgebers stellt an sich einen wichtigen Grund zur außerordentlichen Verdachtskündigung dar (BAG, SAE 2001, S. 211 ff.; so auch aktuell LAG Berlin-Brandenburg, Urteil vom 24.02.2009, Az.: 7 Sa 2017/08).

Stellt sich nach Ablauf eines Kündigungsschutzprozesses die Unschuld des Arbeitnehmers heraus, kann ihm ein Wiedereinstellungsanspruch zustehen.

7. Änderungskündigung

Innerhalb des durch den Arbeitsvertrag abgesteckten Rahmens kann der Arbeitgeber durch Weisungen die Leistungspflicht des Arbeitnehmers konkretisieren. Je weiter diese Grenzen im Arbeitsvertrag abgesteckt sind, desto größer ist das dem Arbeitgeber zustehende Direktionsrecht, das er nach billigem Ermessen ausüben darf. Will der Arbeitgeber demgegenüber diese Grenzen überschreiten, ohne dass er mit dem Arbeitnehmer eine einvernehmlich Abänderung erreichen kann, kann er eine Änderungskündigung aussprechen. Diese bedarf – wie jede Kündigung – der Schriftform (§ 623 BGB). Dies gilt sowohl für die Kündigung selbst als auch für das Änderungsangebot. Die Annahme des Änderungsangebots – auch unter Vorbehalt – durch den Arbeitnehmer unterliegt hingegen nicht dem Formerfordernis des § 623 BGB.

§ 2 I KSchG enthält die Legaldefinition der Änderungskündigung. Diese setzt die Kündigung des Arbeitsverhältnisses durch den Arbeitgeber verbunden mit dem Angebot an den Arbeitnehmer voraus, das Arbeitsverhältnis zu geänderten Arbeitsbedingungen fortzusetzen. Der Arbeitnehmer hat drei Möglichkeiten, hierauf zu reagieren:

- Er nimmt das Angebot an. In diesem Fall wird der Arbeitsvertrag zu den geänderten Bedingungen fortgesetzt.

- Er lehnt das Angebot ab und nimmt es auch nicht unter Vorbehalt an. In diesem Fall wird aus der Änderungskündigung eine Beendigungskündigung. Macht der Arbeitnehmer innerhalb der 3-Wochen-Frist des § 4 Satz 1 KSchG geltend, dass die Kündigung sozial ungerechtfertigt ist, ist die Beendigungskündigung entsprechend zu überprüfen. Der Arbeitgeber ist im Prozess darlegungs- und beweispflichtig.

- Der Arbeitnehmer nimmt das **Änderungsangebot unter dem Vorbehalt** an, dass die Änderung der Arbeitsbedingungen nicht sozial ungerechtfertigt ist. Diesen Vorbehalt muss er dem Arbeitgeber gegenüber innerhalb der Kündigungsfrist, spätestens jedoch innerhalb von drei Wochen nach Zugang der Kündigung erklären. Außerdem muss er innerhalb von drei Wochen ab Zugang der Änderungskündigung deren Sozialwidrigkeit gerichtlich geltend machen (§ 4 Satz 2 KSchG). Erklärt der Arbeitnehmer den Vorbehalt, ist er hieran auch nach Ablauf der Kündigungsfrist bis zur rechtskräftigen Entscheidung des Kündigungsschutzprozesses gebunden. Er muss also solange zu den geänderten Arbeitsbedingungen weiter arbeiten, bis das Arbeitsgericht nicht rechtskräftig etwas anderes festgestellt hat!

Änderungskündigungen können aus personenbedingten, verhaltensbedingten und betriebsbedingten Gründen erfolgen. In der Praxis steht die betriebsbedingte Änderungskündigung im Vordergrund. Auch hier gelten – wie bei der betriebsbedingten Beendigungskündigung – die Grundsätze der freien Unternehmerentscheidung und der Verhältnismäßigkeit.

Theoretisch ist auch eine Änderungskündigung mit dem Ziel möglich, die Lohnkosten wegen der schlechten Ertragslage des Betriebs zu senken. Da die Entscheidung zur Absenkung von Lohnbestandteilen für sich aber keine der Überprüfung durch die Gerichte entzogene freie Unternehmerentscheidung darstellt, ist im Zweifel die Änderung der Arbeitsverträge für den Arbeitgeber schwieriger durchzusetzen als eine betriebsbedingte Beendigung von Arbeitsverhältnissen (z.B. gestützt auf die Unternehmerentscheidung, einen Betriebsteil stillzulegen).

Sie ist nur dann begründet, wenn bei Aufrechterhaltung der bisherigen Personalkostenstruktur weitere, betrieblich nicht mehr auffangbare Verluste entstünden, die absehbar zu einer Reduzierung der Belegschaft oder sogar zu einer Schließung des Betriebs führen, und ein Sanierungsplan alle milderen Mittel ausschöpft und die von den Arbeitnehmern zu tragenden Lasten gleichmäßig verteilt (BAG, NZA 2008, 1182).

Geht der Arbeitgeber dennoch den Weg der Änderungskündigung, muss er im Prozess ganz erhebliche Hürden überwinden. Er hat darzulegen und zu beweisen, dass durch die Senkung der Personalkosten die Stilllegung des Betriebs oder die Reduzierung der Belegschaft verhindert werden kann und die Kosten durch andere Maßnahmen nicht ausreichend zu senken sind. Es muss sich insoweit um nicht nur vorübergehende wirtschaftliche Verluste des Betriebs handeln.

Bei der Prüfung, ob insoweit ein dringendes betriebliches Erfordernis zu einer Änderung der Arbeitsbedingungen von Arbeitnehmern besteht, ist auf die wirtschaftliche Situation des Gesamtbetriebs und nicht nur auf die eines unselbstständigen Betriebsteils abzustellen. Die Unrentabilität einer unselbstständigen Betriebsabteilung muss somit auf das wirtschaftliche Ergebnis des Gesamtbetriebs durchschlagen, wenn hierauf eine Änderungskündigung gestützt werden soll (BAG, NZA 1999, 471).

Der Arbeitgeber kann eine betriebsbedingte Änderungskündigung auch nicht allein damit begründen, dass er einzelne Arbeitnehmer einzelvertraglich höher bezahlt als dies dem betrieblichen Niveau entspricht. Der Gleichbehandlungsgrundsatz stellt insoweit kein dringendes betriebliches Erfordernis im Sinne von § 1 II 1 KSchG dar (BAG, NZA 1999, 1336).

8. Fristlose Kündigung

Gemäß § 626 I BGB kann ein Arbeitsvertrag von beiden Vertragsparteien aus wichtigem Grund ohne Einhaltung einer Kündigungsfrist gekündigt werden, „wenn Tatsachen vorliegen, auf Grund derer dem Kündigenden unter Berücksichtigung aller Umstände des Einzelfalls und unter Abwägung der Interessen beider Vertragsteile die Fortsetzung des Dienstverhältnisses bis zum Ablauf der Kündigungsfrist oder bis zu der vereinbarten Beendigung des Dienstverhältnisses nicht zugemutet werden kann".

Wie alle Kündigungen bedarf auch die außerordentliche Kündigung gemäß § 623 BGB zu ihrer Wirksamkeit der **Schriftform**. Maßgeblicher Zeitpunkt ist auch insoweit der Zugang der außerordentlichen Kündigung. Eine **rückwirkende Beendigung ist daher auch dann nicht möglich, wenn der Kündigungsgrund schon einige Zeit zurückliegt.**

Die ausgesprochene fristlose Kündigung muss zunächst nicht begründet werden. Allerdings kann der Kündigungsgegner gemäß § 626 II 3 BGB verlangen, dass ihm die Gründe für die Kündigung schriftlich mitgeteilt werden. Verletzt der Kündigende diese Verpflichtung, macht er sich (lediglich) schadenersatzpflichtig. Die Kündigung wird dadurch nicht unwirksam. Er muss den Gekündigten nur so stellen, als wenn dieser die Kündigungsgründe rechtzeitig erfahren hätte. Die Vorschrift spielt daher in der Praxis kaum eine Rolle.

Von großer praktischer Bedeutung ist demgegenüber die Ausschlussfrist des § 626 II 1 BGB. Danach kann die Kündigung **nur innerhalb von zwei Wochen** von dem Zeitpunkt an erfolgen, in dem der Kündigungsberechtigte von den für die Kündigung maßgebenden Tatsachen Kenntnis erlangt hat. Die Rechtsprechung gewährt dem Kündigungsberechtigten insoweit aber einen weiten Spielraum. Selbst grob fahrlässige Unkenntnis von den maßgeblichen Umständen reicht nicht aus, um die Frist in Gang zu setzen. Der Kündigungsberechtigte darf zunächst den Sachverhalt aufklären. Er kann Ermittlungen anstellen und z.B. den Betroffenen anhören (BAG, NZA 2007, 744). Bei (möglichen) strafbaren Handlungen darf er den Ausgang des Strafverfahrens abwarten, bevor die Ausschlussfrist zu laufen beginnt, es sei denn, dass er sich vorher durch eigene Ermittlungen die für eine Kündigung erforderlichen sicheren Erkenntnisse verschafft hat. Dies gilt selbstverständlich nur dann, wenn der Arbeitnehmer den ihm zur Last gelegten Vorfall bestreitet.

Entscheidend ist die **Kenntnis des Kündigungsberechtigten.** Dies ist bei natürlichen Personen der Inhaber, bei Personengesellschaften (OHG und KG) grundsätzlich jeder Gesellschafter und jeder Komplementär, bei der GmbH der Geschäftsführer. Ist nach der Satzung die Gesellschafterversammlung zuständig, beginnt die Ausschlussfrist erst mit der Kenntnis aller Gesellschafter. Allerdings ist eine Gesellschafterversammlung, in der der Ausspruch einer fristlosen Kündigung beschlossen werden soll, zeitnah einzuberufen. Wenn Kündigungsgründe, die bereits zum Zeitpunkt des Zugangs der Kündigung objektiv vorlagen, nachgeschoben werden, gilt § 626 BGB nicht (BAG, NJW 1998, 191f.). In vielen Fällen dürfte es daher sinnvoll sein, möglichst schnell zu kündigen.

Bei der Frage, ob ein wichtiger Grund zur fristlosen Kündigung vorliegt, ist zu prüfen, ob Tatsachen vorliegen, „auf Grund derer dem Kündigenden unter Berücksichtigung aller Umstände des Einzelfalls und unter Abwägung der Interessen beider Vertragsteile die Fortsetzung des Dienstverhältnisses bis zum Ablauf der Kündigungsfrist oder bis zu der vereinbarten Beendigung des Dienstverhältnisses nicht zugemutet werden kann" (§ 626 I BGB).

In der Praxis wird oft verkannt, dass es nach dem klaren Gesetzeswortlaut nicht darauf ankommt, ob dem Kündigenden eine Weiterbeschäftigung auf Dauer zuzumuten ist. Für die fristlose Kündigung kommt es lediglich darauf an, ob dem Kündigenden zugemutet werden kann, das Arbeitsverhältnis bis zum ansonsten frühest möglichen Beendigungszeitpunkt (im Regelfall also bis zum Ablauf der Kündigungsfrist) fortzusetzen.

Bei einer kurzen Kündigungsfrist ist dem Kündigenden daher eher zuzumuten, lediglich eine ordentliche Kündigung auszusprechen, als bei einer langen Kündigungsfrist.

Das BAG löst diese Problematik im Rahmen der einzelfallbezogenen Interessenabwägung, die – wie bei jeder Kündigung – auch bei derjenigen aus wichtigem Grund vorzunehmen ist. Dabei sind stets die Dauer der Betriebszugehörigkeit sowie die Art, die Schwere und die Folgen der dem Gekündigten vorgeworfenen Handlungen zu berücksichtigen. Schließlich sind die betrieblichen und wirtschaftlichen Auswirkungen zu berücksichtigen.

Vom Gericht getroffene Einzelfallentscheidungen führen in der Praxis zu erheblicher Rechtsunsicherheit. Entscheidungen können in vielen Fällen nicht mehr prognostiziert werden. Dennoch sollte bei den nachfolgenden typischen Fallgestaltungen eine Kündigung aus wichtigem Grund in Erwägung gezogen werden:

- Beharrliche Nichterfüllung von Vertragspflichten, insbesondere beharrliche **Arbeitsverweigerung**,

- **Tätlichkeiten** gegenüber dem Arbeitgeber oder Kollegen, aber auch schon grobe Beleidigungen gegenüber dem Arbeitgeber oder anderen Mitarbeitern,

- **Sexuelle Belästigungen** am Arbeitsplatz,

- Straftaten. Dabei ist schon der Diebstahl von geringwertigen Sachen geeignet, eine außerordentliche Kündigung zu rechtfertigen. Dies gilt auch für den einmaligen Spesenbetrug.

- **Vortäuschen einer Krankheit** bzw. Erschleichen einer Arbeitsunfähigkeitsbescheinigung,

- **Selbstbeurlaubung** (Arbeitnehmer tritt eigenmächtig gegen den Willen des Arbeitgebers seinen Urlaub an).

Da die Umdeutung einer außerordentlichen Kündigung in eine ordentliche Kündigung nur dann in Betracht kommt, wenn sich aus dem Kündigungsschreiben oder seiner Begründung entnehmen lässt, dass der Arbeitgeber das Arbeitsverhältnis in jedem Fall beenden will, sollte dies auch deutlich in der schriftlichen Kündigung zum Ausdruck gebracht werden. **Es empfiehlt sich, in dem Kündigungsschreiben vorsorglich (hilfsweise) auch fristgerecht zu kündigen.**

9. Frist zur Erhebung der Kündigungsschutzklage

Erhebt ein Arbeitnehmer nicht innerhalb von drei Wochen ab Zugang der Kündigung Klage beim Arbeitsgericht auf Feststellung, dass die Kündigung sozial ungerechtfertigt oder aus anderen Gründen rechtsunwirksam ist, gilt die Kündigung nach Ablauf dieser Klagefrist als von Anfang an wirksam (§ 7 KSchG).

Diese Klagefrist gilt seit dem 1.1.2004 nicht nur für die ordentliche Kündigung, die außerordentliche Kündigung und die Änderungskündigung (§§ 13 I 1 KSchG und 4 Satz 2 KSchG), sondern erstreckt sich auf alle Unwirksamkeitsgründe mit Ausnahme der Schriftform des § 623 BGB (Bader, NZA 2004, 65 ff.). Andere Unwirksamkeitsgründe sind z.b.:

- Nichtbeachtung des Sonderkündigungsschutzes (z.b. § 9 MuSchG, § 18 BEEG, §§ 85, 91 SGB IX), sofern dieser dem Arbeitgeber im Kündigungszeitpunkt bekannt war,

- Kündigung wegen Betriebsübergangs nach § 613 a IV BGB,

- fehlende bzw. nicht ordnungsgemäße Anhörung des Betriebsrats,

- Rüge eines Fehlers bei der Massenentlassungsanzeige nach §§ 17, 18 KSchG

Die **3-Wochen-Frist** muss dann nicht eingehalten werden, wenn der Arbeitnehmer nur geltend macht, die Kündigungsfrist sei nicht eingehalten (BAG, NZA 2006, 791). Hat ein Arbeitnehmer innerhalb dieser 3-Wochen-Frist im Klagewege geltend gemacht, dass eine rechtswirksame Kündigung nicht vorliegt, so kann er sich in diesem Verfahren bis zum Schluss der mündlichen Verhandlung erster Instanz zur Begründung der Unwirksamkeit der Kündigung auch auf andere, innerhalb der Klagefrist nicht geltend gemachte Gründe berufen (§ 6 KSchG).

Hat der Arbeitnehmer die 3-Wochen-Frist des § 4 KSchG versäumt, so kann er nur noch dann geltend machen, dass diese Kündigung sozial ungerechtfertigt oder aus anderen Gründen rechtsunwirksam ist, wenn seine verspätete Klage nachträglich zugelassen wird (§ 5 I 1 KSchG). Dies gilt auch dann, „wenn eine Frau von ihrer Schwangerschaft aus einem von ihr nicht zu vertretenden Grund erst nach Ablauf der Frist des § 4 Satz 1 KSchG Kenntnis erlangt hat" (§ 5 I 2 KSchG). Es handelt sich hierbei um einen Ausnahmetatbestand, der dann begründet ist, wenn der Arbeitnehmer im Einzelnen darlegt, aus welchen Gründen er an der rechtzeitigen Klageerhebung gehindert war und weshalb ihn hieran kein Verschulden trifft. Dieser Antrag kann nur innerhalb von zwei Wochen gestellt werden nachdem das Hindernis gemäß § 5 I KSchG behoben wurde. Nach Ablauf von sechs Monaten kann der Antrag unabhängig hiervon nicht mehr gestellt werden (§ 5 III KSchG).

10. Gerichtliche Auflösung des Arbeitsverhältnisses gegen Abfindungszahlungen, §§ 9, 10 KSchG

Erhebt ein Arbeitnehmer gegen eine Kündigung eine Kündigungsschutzklage, entscheidet das Gericht über die Wirksamkeit der Kündigung. Wird festgestellt, dass die Kündigung wirksam war, wurde das Arbeitsverhältnis beendet. Im umgekehrten Fall besteht das Arbeitsverhältnis fort.

Nur ausnahmsweise kann ein Arbeitnehmer eine gerichtliche Entscheidung dahingehend erreichen, dass das Arbeitsverhältnis gegen Zahlung einer Abfindung aufgelöst wird. Denn das KSchG ist ein „Bestandsschutzgesetz" und kein „Abfindungsgesetz".

Im Gegensatz zu dieser gesetzgeberischen Grundentscheidung enden jedoch die ganz überwiegende Anzahl von Kündigungsschutzverfahren nicht durch Urteil, sondern mit einem Abfindungsvergleich, der zum Verlust des Arbeitsplatzes führt.

Deswegen sind viele Arbeitgeber der Auffassung, sie seien in jedem Fall bei einer Kündigung zu einer Abfindungszahlung verpflichtet; umgekehrt meinen Arbeitnehmer, sie hätten in jedem Fall einen Abfindungsanspruch. Dies stimmt aber nur ganz ausnahmsweise und setzt voraus, dass das Gericht zunächst festgestellt hat, dass das Arbeitsverhältnis durch die Kündigung nicht aufgelöst ist, dem Arbeitnehmer jedoch die Fortsetzung des Arbeitsverhältnisses nicht zugemutet werden kann und der Arbeitnehmer einen Auflösungsantrag auch stellt (§ 9 I 1 KSchG).

Die gleiche Entscheidung hat das Gericht gemäß § 9 I 2 KSchG auf Antrag des Arbeitgebers zu treffen, „wenn Gründe vorliegen, die eine den Betriebszwecken dienliche weitere Zusammenarbeit zwischen Arbeitgeber und Arbeitnehmer nicht erwarten lassen".

Stellen Arbeitgeber und Arbeitnehmer im Prozess übereinstimmend einen Auflösungsantrag, muss das Gericht das Arbeitsverhältnis gegen Zahlung einer Abfindung auflösen, wenn es die ausgesprochene Kündigung für ungerechtfertigt hält. Denn die Parteien können nicht an einem Arbeitsverhältnis festgehalten werden, das sie beide nicht wollen.

Der Arbeitgeber kann den **Auflösungsantrag** nur stellen, wenn er eine ordentliche Kündigung ausgesprochen hat. Der Arbeitnehmer kann ihn auch dann stellen, wenn ihm außerordentlich gekündigt wurde (§ 13 I KSchG). Dies gilt auch bei leitenden Angestellten nach § 14 KSchG, deren Arbeitsverhältnis gemäß § 14 II 2 KSchG auf Antrag des Arbeitgebers ohne weitere Begründung aufgelöst werden muss. Auf Grund dieses Umstands ist dem Arbeitgeber bei jeder Kündigung dringend zu empfehlen, nicht nur außerordentlich, sondern vorsorglich gleichzeitig auch ordentlich zu kündigen.

Der Auflösungsantrag kann bis zur letzten mündlichen Verhandlung in der Berufungsinstanz gestellt werden. Der Auflösungsgrund muss zu diesem Zeitpunkt vorliegen. Maßgeblich ist also nicht der Zeitpunkt des Zugangs der Kündigungserklärung, sondern der Zeitpunkt der letzten Gerichtsverhandlung, auf den die Entscheidung folgt. Dabei sind alle wechselseitigen Interessen zu berücksichtigen, die im Rahmen der Beurteilung der Zumutbarkeit der Fortsetzung des Arbeitsverhältnisses eine Rolle spielen können. Es sind auch solche Gesichtspunkte zu berücksichtigen, die erst im Laufe des Kündigungsrechtsstreits entstanden sind (z.b. vom Arbeitnehmer veranlasstes unsachliches Verhalten seines Prozessbevollmächtigten im gerichtlichen Verfahren gegenüber dem Arbeitgeber).

Ist eine Kündigung nicht im Sinne von § 1 II KSchG sozial ungerechtfertigt, aber aus anderen Gründen (z.b. §§ 623 BGB, 9 MuSchG, 85 SGB IX) unwirksam, kann der Arbeitgeber keinen Auflösungsantrag nach § 9 KSchG stellen. Im Gegensatz zum Arbeitnehmer hat der Arbeitgeber in derartigen Fällen auch dann nicht die Möglichkeit, das Arbeitsverhältnis gem. § 9 KSchG zu lösen, wenn die Kündigung zusätzlich sozial ungerechtfertigt war. Denn nach der Rechtsprechung stellt sich § 9 KSchG für den Arbeitgeber als Vergünstigung dar (BAG, NZA 1994, 837).

Hat das Gericht gemäß § 9 KSchG das Arbeitsverhältnis aufgelöst, hat es gleichzeitig den Arbeitgeber zur Zahlung einer angemessenen Abfindung zu verurteilen. Die Höhe der Abfindung ist in § 10 KSchG geregelt. Diese beträgt maximal zwölf Monatsverdienste (§ 10 I KSchG). Unter den besonderen Voraussetzungen des § 10 II KSchG kann sich der Abfindungsbetrag auf maximal 15 bzw. 18 Monatsverdienste erhöhen (nämlich wenn der Arbeitnehmer das 50. Lebensjahr vollendet und das Arbeitsverhältnis mindestens 15 Jahre bestanden hat bzw. wenn der Arbeitnehmer das 55. Lebensjahr vollendet und das Arbeitsverhältnis mindestens 20 Jahre bestanden hat). Dies gilt nur dann nicht, wenn zum Auflösungszeitpunkt der Arbeitnehmer bereits die Regelaltersgrenze erreicht hat (derzeit vollendetes 65. Lebensjahr gemäß § 35 Ziff. 1 SGB VI).

11. Wahlrecht des Arbeitnehmers nach gewonnenem Kündigungsschutzprozess

Nach § 12 KSchG hat der Arbeitnehmer ein Wahlrecht, wenn rechtskräftig festgestellt worden ist, dass sein Vertragsverhältnis fortbesteht, er jedoch **inzwischen ein neues Arbeitsverhältnis eingegangen ist**. Er kann in diesem Fall nur innerhalb einer **Frist von einer Woche nach Rechtskraft des Urteils durch Erklärung gegenüber dem alten Arbeitgeber** die Fortsetzung des Arbeitsverhältnisses bei diesem verweigern (§ 12 I KSchG).

Will der Arbeitnehmer nach gewonnenem Kündigungsschutzprozess das alte Arbeitsverhältnis fortsetzen, muss er das Arbeitsverhältnis mit seinem neuen Arbeitgeber kündigen oder einvernehmlich beenden. Gibt der Arbeitnehmer, der in einem neuen Arbeitsverhältnis steht, gegenüber dem alten Arbeitgeber keine Erklärung innerhalb der Wochenfrist des § 12 KSchG ab, besteht das Vertragsverhältnis mit ihm fort. Erscheint der Arbeitnehmer dann nicht, sollte der alte Arbeitgeber – schon um Klarheit zu gewinnen – den Arbeitnehmer unter Fristsetzung auffordern, die Arbeit wieder aufzunehmen. Kommt der Arbeitnehmer dem grundlos nicht nach oder äußert sich überhaupt nicht, dürfte dem alten Arbeitgeber ein außerordentliches Kündigungsrecht gemäß § 626 BGB zustehen. Denn der Arbeitnehmer verletzt in diesem Fall beharrlich seine arbeitsvertragliche Arbeitsverpflichtung.

Zwar hat der Arbeitnehmer die Möglichkeit, während des laufenden Kündigungsschutzverfahrens ein zweites Arbeitsverhältnis zu beginnen. Er ist aber auch verpflichtet, die damit verbundene Doppelgleisigkeit so schnell wie möglich unter Berücksichtigung von § 12 KSchG zu beenden.

§ 12 KSchG spielt in der Praxis keine besondere Rolle, weil die überwiegende Anzahl der Kündigungsschutzverfahren durch Vergleich endet. Im Rahmen der Vergleichsverhandlungen ist es für den Arbeitgeber aber selbstverständlich von erheblicher Bedeutung, ob der Arbeitnehmer einen neuen Arbeitsplatz gefunden hat und in welcher Höhe das Annahmeverzugslohnrisiko des Arbeitgebers besteht (zu den taktischen Erwägungen und Möglichkeiten im Zusammenhang mit § 12 KSchG vgl. Bauer, BB 1993, 2444 ff.).

12. Weiterbeschäftigungsanspruch des Arbeitnehmers nach Ablauf der Kündigungsfrist

Nach Ausspruch einer fristgerechten Kündigung hat der Arbeitnehmer bis zum Ablauf der Kündigungsfrist einen Anspruch auf tatsächliche Beschäftigung, der im Wege der einstweiligen Verfügung durchgesetzt werden kann.

Liegt ausnahmsweise ein besonderes Interesse des Arbeitgebers an der Freistellung des Arbeitnehmers vor, besteht die Beschäftigungspflicht des Arbeitgebers nicht. In der Praxis wird es auch bei einer an sich rechtswidrigen Freistellung des Arbeitnehmers nur in seltenen Fällen zu einer gerichtlichen Auseinandersetzung kommen, solange der Arbeitgeber den bestehenden Anspruch auf Vergütungsfortzahlung erfüllt.

Allerdings sollte sich der Arbeitgeber überlegen, ob er mit seinen Arbeitnehmern – insbesondere mit Führungskräften – nicht schon im Anstellungsvertrag eine Vereinbarung aufnimmt, wonach er berechtigt ist, für die Zeit nach Ausspruch einer Kündigung bis zum Vertragsende den Arbeitnehmer einseitig von seiner Arbeitsverpflichtung freizustellen. Eine derartige Klausel ist wirksam (vgl. Bauer, Arbeitsrechtliche Aufhebungsverträge, Rn. 456 m.w.N.).

Fraglich ist, inwieweit der Arbeitnehmer nach Ablauf der Kündigungsfrist bis zur rechtskräftigen Entscheidung im gerichtlichen Verfahren einen Weiterbeschäftigungsanspruch hat.

Ein solcher Anspruch besteht gemäß § 102 V BetrVG, wenn der Betriebsrat einer ordentlichen Kündigungsfrist ordnungsgemäß widersprochen und der Arbeitnehmer Kündigungsschutzklage erhoben hat.

In vielen Fällen ist der Widerspruch des Betriebsrats nicht ordnungsgemäß erfolgt. Denn er kann sich hierbei nur auf einen oder mehrere der in § 102 III BetrVG aufgezählten Gründe beziehen. Er muss hierbei konkrete Tatsachen vortragen und darf nicht formelhaft lediglich den Gesetzestext wiederholen.

Liegen die Voraussetzungen des Weiterbeschäftigungsanspruchs nach § 102 V BetrVG vor, liegt es am Arbeitnehmer, ob er diesen geltend macht. Geschieht dies, empfiehlt es sich in aller Regel, den Weiterbeschäftigungsanspruch auch dann während des laufenden Kündigungsschutzverfahrens zu erfüllen, wenn der Weiterbeschäftigungsanspruch selbst nicht gerichtlich geltend gemacht wird.

Denn der Arbeitnehmer hat selbst dann einen Vergütungsanspruch, wenn er die Weiterbeschäftigung wirksam gemäß § 102 V BetrVG verlangt, aber nicht gerichtlich durchgesetzt hat und er demzufolge auch tatsächlich nicht beschäftigt worden ist. Der Vergütungsanspruch besteht bis zur Rechtskraft der Entscheidung und zwar selbst dann, wenn der Arbeitnehmer den Kündigungsschutzprozess verliert (Bauer, aaO, Rn. 461 a).

Widerspricht der Betriebsrat der ausgesprochenen ordentlichen Kündigung und macht der Arbeitnehmer den Weiterbeschäftigungsanspruch geltend, nachdem er die Kündigungsschutzklage erhoben hat, sollte der Arbeitgeber den Arbeitnehmer entweder weiter beschäftigen oder durch einstweilige Verfügung gerichtlich überprüfen lassen, ob er von der Verpflichtung zur Weiterbeschäftigung entbunden werden kann (§ 102 V 2 BetrVG).

Auch außerhalb der Regelung des § 102 V BetrVG hat der gekündigte Arbeitnehmer unter bestimmten Voraussetzungen einen Weiterbeschäftigungsanspruch während des Kündigungsschutzprozesses (vgl. Entscheidung des Großen Senats des BAG vom 27.02.1985, NJW 1985, 2968 ff.). Danach hängt es im Wesentlichen vom Verfahrensstand ab, ob ein allgemeiner Weiterbeschäftigungsanspruch besteht. Ist eine Kündigung offensichtlich unwirksam, besteht also kein ernsthafter Zweifel am Fortbestand des Arbeitsverhältnisses, hat der Arbeitgeber kein schützenswertes Interesse daran, den Arbeitnehmer für die Dauer des Verfahrens nicht weiter zu beschäftigen. Von einer offensichtlich unwirksamen Kündigung wird man nur dann ausgehen können, wenn schon nach dem eigenen Vortrag des Arbeitgebers kein Kündigungsgrund vorliegt.

Darüber hinaus besteht ein Weiterbeschäftigungsanspruch, wenn der Arbeitnehmer ein besonderes Beschäftigungsinteresse darlegen kann. Auch hierbei handelt es sich um seltene Ausnahmefälle.

Demgegenüber besteht in der Regel ein materieller Weiterbeschäftigungsanspruch, wenn der Kündigungsschutzklage des Arbeitnehmers stattgegeben wurde, das Urteil aber noch nicht rechtskräftig geworden ist. Nach einem obsiegenden Urteil des Arbeitnehmers im Kündigungsschutzprozess tritt das Interesse des Arbeitgebers hinter das Beschäftigungsinteresse des Arbeitnehmers zurück. Der Arbeitgeber hat den Arbeitnehmer weiter zu beschäftigen (wenn er dies geltend macht).

Erst wenn dieses Urteil wieder aufgehoben wird, überwiegt wiederum das Interesse des Arbeitgebers an der Nichtbeschäftigung des Arbeitnehmers. In der Praxis kann der gekündigte Arbeitnehmer seine Weiterbeschäftigung regelmäßig nach einem obsiegenden Urteil erster Instanz durchsetzen.

Der **Weiterbeschäftigungsanspruch** wird von den meisten Arbeitnehmern nur als **taktische Waffe** eingesetzt, um bei Vergleichsverhandlungen mit dem Arbeitgeber eine bessere Verhandlungsposition zu erreichen. Denn viele Arbeitgeber sind eher bereit, die Abfindungssummen zu erhöhen, als den Arbeitnehmer weiter zu beschäftigen.

Aber auch der Arbeitnehmer, der diese taktische Waffe einsetzt, geht ein erhebliches Risiko ein. Wird er wieder in den Betriebsablauf eingegliedert und verhält sich dort vertragswidrig, kann ihm – wenn die übrigen Voraussetzungen vorliegen – erneut vorsorglich gekündigt werden.

F. Betriebsverfassungsrechtliche Fragen

I. Aufgaben und Gliederung des BetrVG

Im BetrVG wird die Zusammenarbeit zwischen Arbeitgeber und Betriebsrat, dem Vertretungsorgan der Belegschaft geregelt. Hier finden sich Vorschriften über die Organisation (Wahl, Zusammensetzung) des Betriebsrats und der Auszubildendenvertretung (§§ 1 – 73 BetrVG) und die Mitwirkungs- und Mitbestimmungsrechte der Arbeitnehmer bzw. des Betriebsrats (§§ 74 – 113 BetrVG). Besondere Regelungen für spezielle Betriebsarten wie Seeschifffahrt, Luftfahrt oder Tendenzbetriebe finden sich in den §§ 114 – 132 BetrVG.

Entsprechende Regelungen enthalten das Sprecherausschussgesetz für die leitenden Angestellten und die Personalvertretungsgesetze des Bundes und der Länder für den öffentlichen Dienst.

II. Geltungsbereich des BetrVG

1. Räumlich

In räumlicher Hinsicht ist das Territorialprinzip zu beachten, d.h. unabhängig vom Sitz des Unternehmens entfaltet das BetrVG für alle Betriebe, die in der BRD tätig sind, Geltung.

In bestimmten Ausnahmefällen gilt das BetrVG aber auch für im Ausland beschäftigte Arbeitnehmer deutscher Betriebe. So z.B. bei Arbeitnehmern, die lediglich vorübergehend im Ausland außerhalb einer betrieblichen Organisation beschäftigt sind, wie Montagearbeiter, LKW-Fahrer oder Reiseleiter. Aber auch Arbeitnehmer, die in eine ausländische betriebliche Organisation eingegliedert sind, gelten als Arbeitnehmer eines inländischen Betriebs, wenn von vornherein eine zeitliche Befristung des Auslandseinsatzes vereinbart wurde und der Arbeitnehmer bereits zuvor bei dem inländischen Arbeitgeber beschäftigt war. Die zeitliche Grenze liegt hier bei ca. einem Jahr. Wird die Tätigkeit über einen längeren Zeitraum hinweg im Ausland ausgeübt, findet das BetrVG dennoch Anwendung, wenn ein „Inlandsbezug" gegeben ist. Ein solcher Inlandsbezug liegt etwa vor, wenn sich der Arbeitgeber das Recht des jederzeitigen Rückrufs des betreffenden Arbeitnehmers vorbehalten hat, so dass der Arbeitnehmer noch eng an den inländischen Betrieb gebunden ist.

2. Sachlich

a) Der Betrieb

Der sachliche Geltungsbereich des BetrVG erstreckt sich auf den „Betrieb" als Hauptbezugspunkt. Er ist von dem Unternehmen abzugrenzen, dessen wesentliche Bedeutung als Rechtssubjekt auf wirtschaftlichem Gebiet liegt.

Unter Betrieb ist eine organisatorische Einheit zu verstehen, innerhalb derer ein Arbeitgeber allein oder ggf. gemeinsam mit seinen Arbeitnehmern nicht nur zur Befriedigung des Eigenbedarfs unter Zuhilfenahme technischer und immaterieller Mittel bestimmte arbeitstechnische Zwecke fortgesetzt verfolgt. Dabei kommt es in erster Linie darauf an, ob eine organisatorische Einheit besteht. Hiervon ist insbesondere bei einem einheitlichen Leitungsapparat auszugehen, die die Personalleitung umfasst.

Zu den arbeitstechnischen Zwecken zählt unabhängig von einer Gewinnerzielungsabsicht des Arbeitgebers jede unternehmerische Tätigkeit (Verwaltung, Dienstleistung, Produktion, Vertrieb).

Sind in einem Betrieb regelmäßig mehr als fünf ständig wahlberechtigte Arbeitnehmer beschäftigt, von denen mindestens drei wählbar sind, so werden nach § 1 I 1 BetrVG Betriebsräte gewählt. Dies gilt auch, wenn mehrere Unternehmen einen einheitlichen Betrieb haben (§ 1 I 2 BetrVG). Ein gemeinsamer Betrieb mehrerer Unternehmen wird nach § 1 II BetrVG angenommen, wenn zur Verfolgung arbeitstechnischer Zwecke Betriebsmittel und Arbeitnehmer gemeinsam eingesetzt werden oder wenn sich nach einer Spaltung eines Unternehmens und einer Zuordnung des Betriebs oder Betriebsteils zu einem ebenfalls an der Spaltung beteiligten anderen Unternehmens die Organisation des betroffenen Betriebs nicht wesentlich ändert.

Gem. § 4 I BetrVG gelten Betriebsteile als selbstständige Betriebe, wenn sie die o.g. zahlenmäßigen Voraussetzungen des § 1 BetrVG erfüllen und räumlich weit vom Hauptbetrieb entfernt oder durch Aufgabenbereich und Organisation eigenständig sind. Soweit diese Betriebe eines Unternehmens die zahlenmäßigen Voraussetzungen nicht erfüllen, sind sie dem Hauptbetrieb zuzuordnen (§ 4 II BetrVG).

b) Nicht erfasste Betriebe

Nicht vom BetrVG erfasst werden Kleinstbetriebe, die die Voraussetzungen des § 1 BetrVG nicht erfüllen, weil sie z.B. weniger als fünf wahlberechtigte Arbeitnehmer beschäftigen. Betriebe und Verwaltungen des öffentlichen Dienstes fallen gem. § 130 BetrVG ebenfalls aus dem Anwendungsbereich des BetrVG heraus. Das gleiche gilt für Religionsgemeinschaften und ihre karitativen und erzieherischen Einrichtungen (§ 118 II BetrVG).

c) Eingeschränkt erfasste Betriebe

Bei Tendenzbetrieben ist § 118 I BetrVG zu beachten, diese Betriebe werden nur eingeschränkt erfasst. Das BetrVG findet keine Anwendung, wenn die Eigenart des Tendenzbetriebs der Anwendung des BetrVG entgegensteht. In einem solchen Fall werden die Beteiligungsrechte der Arbeitnehmer eingeschränkt.

Zu den Tendenzbetrieben gem. § 118 I BetrVG zählen Unternehmen und Betriebe, die unmittelbar und überwiegend politischen, konfessionellen, karitativen, erzieherischen, wissenschaftlichen oder künstlerischen Bestimmungen oder Zwecken der Berichterstattung oder Meinungsäußerung i.S.v. Art. 5 I 2 GG dienen. Hiervon ist dann auszugehen, wenn bei einer Beteiligung des Betriebsrats die Verwirklichung der geistig-ideellen Zielsetzung des Betriebs oder Unternehmens gefährdet wäre. Dies kann nur angenommen werden, wenn die zu beurteilende Maßnahme einen Arbeitnehmer betrifft, der die Möglichkeit hat, inhaltlich prägend auf die Tendenzwirkung Einfluss zu nehmen.

3. Persönlich

Nach § 5 I BetrVG entfaltet das BetrVG Wirkung für Arbeiter und Angestellte sowie zu ihrer Berufsbildung beschäftigte Personen.

Ausgenommen sind gem. § 5 II BetrVG u.a. Mitglieder der Vertretungsorgane juristischer Personen und Gesellschafter einer OHG oder anderen Personengesamtheiten, soweit sie durch Gesetz, Satzung oder Gesellschaftsvertrag zur Vertretung oder Geschäftsführung berufen sind.

Leitende Angestellte werden gem. § 5 III BetrVG ebenfalls nicht vom BetrVG erfasst. Welche Arbeitnehmer im Einzelnen als leitende Angestellte einzustufen sind, ist unter Zuhilfenahme der in § 5 III, IV BetrVG aufgestellten Kriterien zu beurteilen.

III. Grundsätze der Betriebsverfassung

In § 2 BetrVG ist der Grundsatz der vertrauensvollen Zusammenarbeit festgeschrieben, wonach Betriebsräte und Arbeitgeber unter Beachtung der geltenden Tarifverträge und im Zusammenwirken mit den im Betrieb vertretenen Gewerkschaften und Arbeitgebervereinigungen zum Wohl der Arbeitnehmer des Betriebs vertrauensvoll zusammenarbeiten.

Konkretisiert wird dieser Grundsatz in § 74 BetrVG, in dem weitere allgemeine Grundsätze der Zusammenarbeit aufgestellt werden. So sollen sich Betriebsrat und Arbeitgeber mindestens einmal monatlich zu einer gemeinsamen Besprechung zusammenfinden und über strittige Fragen mit dem ernsthaften Willen zur Einigung verhandeln (§ 74 I BetrVG).

§ 74 II BetrVG ordnet die Friedenspflicht zwischen Arbeitgeber und Betriebsrat an. Danach darf keine der beiden Parteien Kampfmaßnahmen (Streik, Arbeitsverlangsamung, Boykott etc.) initiieren, um die andere Partei zu einem betriebsverfassungsrechtlichen Verhalten oder zum Abschluss einer Betriebsvereinbarung zu zwingen. Auch haben sich Arbeitgeber und Betriebsrat parteipolitischer oder sonstiger Betätigung zu enthalten, die den Arbeitsablauf und den Frieden des Betriebs beeinträchtigen könnte. Dieses Verbot schließt allerdings die Erörterung tarifpolitischer, sozialpolitischer oder wirtschaftlicher Angelegenheiten, die den Betrieb und seine Arbeitnehmer unmittelbar betreffen, nicht aus.

Schließlich ist in § 75 BetrVG geregelt, dass sowohl Arbeitgeber als auch Betriebsrat darüber zu wachen haben, dass alle im Betrieb tätigen Personen nach den Grundsätzen von Recht und Billigkeit behandelt werden, insbesondere jegliche Art von Diskriminierung oder Benachteiligung unterbleibt.

IV. Der Betriebsrat

1. Stellung des Betriebsrats

Der Betriebsrat ist das Vertretungsorgan der Arbeitnehmer und Träger der Mitbestimmungs- und Mitwirkungsrechte. Er wird im eigenen Namen kraft seines Amtes tätig, ist nicht vermögensfähig und auch nicht rechtsfähig. Jedoch kann der Betriebsrat im eigenen Namen das Arbeitsgericht anrufen und ist im Beschlussverfahren vor dem Arbeitsgericht beteiligungsfähig (§§ 2a I, 10 ArbGG).

2. Betriebsratswahl

a) Zeitpunkt

§ 13 BetrVG regelt, dass alle vier Jahre in der Zeit zwischen dem 1. März und dem 31. Mai regelmäßige Betriebsratswahlen stattfinden, die parallel mit den regelmäßigen Wahlen der leitenden Angestellten zum Sprecherausschuss gem. § 5 I SprAuG durchzuführen sind. Die nächsten regelmäßigen Betriebsratswahlen finden im Frühjahr 2010 statt. Für die Wahl gilt ergänzend die Wahlordnung 2001.

Ist die Zahl der regelmäßig beschäftigten Arbeitnehmer innerhalb eines Zeitraums von 24 Monaten nach der letzten regelmäßigen Betriebsratswahl um die Hälfte, mindestens aber um 50 Arbeitnehmer gestiegen oder gesunken, die Gesamtzahl der gewählten Betriebsratsmitglieder einschließlich der Ersatzmitglieder unter die vorgeschriebene Zahl gefallen, die Betriebsratswahl erfolgreich angefochten oder der Betriebsrat durch gerichtliche Entscheidung aufgelöst worden, so ist der Betriebsrat auch außerhalb dieses regelmäßigen Termins zu wählen. Das Gleiche gilt, wenn der Betriebsrat mit der Mehrheit seiner Mitglieder den Rücktritt beschlossen hat oder im Betrieb noch kein Betriebsrat besteht (§ 13 II BetrVG).

Hat eine solche außerplanmäßige Betriebsratswahl stattgefunden, so ist der Betriebsrat in dem nächsten auf die Wahl folgenden Zeitraum der regelmäßigen Betriebsratswahlen neu zu wählen, soweit er bis dahin länger als ein Jahr im Amt war (§ 13 II 1 BetrVG). Liegen die nächsten regelmäßigen Betriebsratswahlen vor dem Ablauf eines Jahres ab der außerplanmäßigen Betriebsratswahl, dann ist der Betriebsrat erst in dem übernächsten Zeitraum der regelmäßigen Betriebsratswahl neu zu wählen (§ 13 III 2 BetrVG).

b) Bestellung eines Wahlvorstands und Einleitung der Wahl

Die Betriebsratswahl ist von einem Wahlvorstand durchzuführen. Existiert in einem Betrieb bereits ein Betriebsrat, dann bestellt dieser gem. § 16 I BetrVG spätestens zehn Wochen vor Ablauf seiner Amtszeit den Wahlvorstand, der i.d.R. aus drei Wahlberechtigten besteht. Wenn acht Wochen vor Ablauf der

Amtszeit von dem amtierenden Betriebsrat noch kein Wahlvorstand bestellt wurde, können mindestens drei Wahlberechtigte oder eine im Betrieb vertretene Gewerkschaft einen Antrag beim Arbeitsgericht stellen, das daraufhin den Wahlvorstand bestellt (§ 16 II BetrVG).

Soweit in einem Betrieb i.s.v. § 1 BetrVG noch kein Betriebsrat besteht, wählt die Betriebsversammlung, zu der drei wahlberechtigte Arbeitnehmer des Betriebs oder eine im Betrieb vertretene Gewerkschaft einladen können, mit der Mehrheit der anwesenden Arbeitnehmer einen Wahlvorstand (§§ 17, 42 ff. BetrVG).

Nach seiner Bestellung leitet der Wahlvorstand gem. § 18 BetrVG die Betriebsratswahl ein, führt diese durch und stellt das Wahlergebnis fest.

c)   Größe und Zusammensetzung des Betriebsrats

Die Zahl der Betriebsratsmitglieder ist abhängig von der Zahl der wahlberechtigten Arbeitnehmer im Betrieb. Wie viele Betriebsratsmitglieder jeweils zu wählen sind, ist in § 9 BetrVG geregelt:

Zahl der wahlbe-rechtigten Arbeit-nehmer	Zahl der zu wählen-den Betriebsratsmit-glieder	Zahl der wahlbe-rechtigten Arbeit-nehmer	Zahl der zu wäh-lenden Betriebs-ratsmitglieder
5 – 20	01	3001 – 3500	23
21 – 50	03	3501 – 4000	25
51 – 100	05	4001 – 4500	27
101 – 200	07	4501 – 5000	29
201 – 400	09	5001 – 6000	31
401 – 700	11	6001 – 7000	33
701 – 1000	13	7001 – 9000	35
1001 – 1500	15		
1501 – 2000	17	In Betrieben mit mehr als 9000 Arbeitnehmern erhöht sich die Zahl der Betriebsratsmitglieder je angefangene weitere 3000 Arbeitnehmer um 2.	
2001 – 2500	19		
2501 – 3000	21		

(Anzahl der Betriebsratsmitglieder im Verhältnis zur Arbeitnehmerzahl gem. § 9 BetrVG)

Bei der Zusammensetzung des Betriebsrats sollten möglichst Arbeitnehmer der einzelnen Organisationsbereiche und verschiedenen Beschäftigungsarten der im Betrieb tätigen Arbeitnehmer Berücksichtigung finden (§1 5 I BetrVG).

Besteht der Betriebsrat aus mindestens drei Mitgliedern, so ist zwingend der Minderheitenschutz zu beachten. § 15 II BetrVG bestimmt, dass das Geschlecht, welches unterrepräsentiert ist, mindestens entsprechend seines zahlenmäßigen Verhältnisses im Betriebsrat vertreten sein muss. Die Sitzverteilung im Betriebsrat auf die Geschlechter wird in der WahlO näher geregelt (§ 12 BetrVG).

Die bislang getrennt nach Arbeitern und Angestellten vorzunehmende Gruppenwahl (§§ 10, 12 BetrVG a.f.) ist mit der Neufassung des BetrVG vom 28. Juli 2001 aufgehoben worden.

d) Wahlberechtigung und Wählbarkeit, §§ 7, 8 BetrVG

Wahlberechtigt sind gem. § 7 BetrVG alle Arbeitnehmer des Betriebs, die das 18. Lebensjahr vollendet haben.

Zu den Arbeitnehmern des Betriebs zählen auch Heimarbeiter, wenn sie in der Hauptsache für diesen Betrieb tätig sind. Heimarbeiter, die für mehrere Arbeitgeber tätig sind, können nur in demjenigen Betrieb an den Betriebsratswahlen teilnehmen, in dem sie den größten Teil ihrer Arbeitsleistung erbringen.

§ 7 Satz 2 BetrVG stellt klar, dass auch Leiharbeitnehmer wahlberechtigt sein können. Voraussetzung dafür ist, dass sie länger als drei Monate in dem Betrieb eingesetzt werden. Diese Arbeitnehmer sind ab dem ersten Tag ihres Einsatzes wahlberechtigt. Denn es kommt nicht darauf an, dass sie zum Zeitpunkt der Wahl bereits drei Monate dort gearbeitet haben, sondern dass sie länger als drei Monate eingesetzt werden sollen.

Nach § 8 I BetrVG sind alle wahlberechtigten Arbeitnehmer zum Betriebsrat wählbar, die dem Betrieb sechs Monate angehören oder als in Heimarbeit Beschäftigte in der Hauptsache für den Betrieb gearbeitet haben.

e) Wahlverfahren und Wahlgrundsätze

Gem. § 14 BetrVG wird der Betriebsrat in geheimer und unmittelbarer Wahl gewählt, wobei die Wahl nach den Grundsätzen der Verhältniswahl erfolgt.

Lediglich wenn nur ein Wahlvorschlag eingereicht wird oder der Betriebsrat wegen der geringen Größe des Betriebs (bis zu fünfzig wahlberechtigte Arbeitnehmer) im vereinfachten Wahlverfahren nach § 14a BetrVG zu wählen ist, sind die Grundsätze der Mehrheitswahl anzuwenden.

Die nähere Ausgestaltung des Wahlverfahrens ist in der WahlO zum BetrVG geregelt. Wurde bei der Durchführung der Betriebsratswahl gegen wesentliche Vorschriften über das Wahlrecht, die Wählbarkeit oder das Wahlverfahren verstoßen und ist eine Berichtigung nicht erfolgt, kann die Wahl erfolgreich beim Arbeitsgericht angefochten werden, es sei denn, durch den Verstoß konnte das Wahlergebnis nicht geändert oder beeinflusst werden (§ 19 BetrVG).

3. Amtszeit des Betriebsrats

a)   Beginn, Dauer und Erlöschen der Mitgliedschaft

Der Betriebsrat wird auf vier Jahre gewählt. Die Amtszeit beginnt i.d.R. ab Bekanntgabe des Wahlergebnisses (§ 21 BetrVG).

Um den Arbeitnehmern im Anschluss an eine Umstrukturierung des Betriebs die Beteiligungsrechte des Betriebsrats zu sichern, sind mit der Neufassung des BetrVG die §§ 21a und b BetrVG eingefügt worden, die Übergangs- und Restmandate für den Fall eines Betriebsübergangs, einer Betriebsspaltung oder -zusammenlegung oder den Untergang des Betriebs infolge einer Stilllegung, Spaltung oder Zusammenlegung regeln.

Die Mitgliedschaft im Betriebsrat erlischt gem. § 24 BetrVG durch Ablauf der Amtszeit, Niederlegung des Mandats, Beendigung des Arbeitsverhältnisses, den Verlust der Wählbarkeit oder durch gerichtliche Entscheidung über den Ausschluss aus dem Betriebsrat bzw. die Auflösung des Betriebsrats.

b)   Ersatzmitglieder

Um die jederzeitige Beschlussfähigkeit des Betriebsrats zu gewährleisten, werden gem. § 25 BetrVG Ersatzmitglieder gewählt.

Scheidet ein Betriebsratmitglied endgültig aus oder ist dieses zeitweilig verhindert, so rückt der nicht gewählte Arbeitnehmer, auf den der nächste Sitz entfallen wäre, kraft Gesetzes (§ 25 I BetrVG) als Ersatzmitglied an dessen Stelle. Hierbei ist mit Blick auf die ausgewogene Repräsentanz des Minderheitengeschlechts § 15 II BetrVG zu berücksichtigen (§ 25 II BetrVG). Eine zeitweilige Verhinderung ist unabhängig von der Vorhersehbarkeit und Dauer der Verhinderung dann gegeben, wenn das Betriebsratmitglied aus rechtlichen oder tatsächlichen Gründen seine amtliche Funktion nicht oder bei Betriebsratssitzungen nur teilweise ausüben kann.

Das Ersatzmitglied hat für die Dauer der Vertretung die Stellung eines „ordentlichen" Betriebsratmitglieds. Zu beachten ist hier, dass § 15 KSchG zum Tragen kommt. Das zum Einsatz gekommene Ersatzmitglied genießt gem. §15 I 2 BetrVG ein Jahr lang ab Beendigung seiner (evtl. nur kurzen Amtszeit) den besonderen Kündigungsschutz des Betriebsratmitglieds.

4. Organisation und Geschäftsführung des Betriebsrats

a)   Vorsitzender und Stellvertreter

Die Betriebsratmitglieder wählen aus ihrer Mitte einen Vorsitzenden sowie dessen Stellvertreter, die den Betriebsrat im Rahmen der vom Betriebsrat gefassten Beschlüsse vertreten (§ 26 BetrVG).

b) Bildung von Ausschüssen

Besteht der Betriebsrat aus neun oder mehr Mitgliedern, so wird gem. § 27 BetrVG ein Betriebsausschuss zur Führung der laufenden Geschäfte des Betriebsrats gebildet. Bei Betriebsräten mit weniger Mitgliedern können die laufenden Geschäfte auf den Vorsitzenden oder andere Mitglieder übertragen werden (§ 27 III BetrVG).

Soweit es sich um einen Betrieb mit mehr als 100 Arbeitnehmern handelt, steht es dem Betriebsrat frei, über den Betriebsausschuss hinaus weitere Ausschüsse oder Arbeitsgruppen zu bilden und ihnen bestimmte Aufgaben zu übertragen (§§ 28, 28a BetrVG).

Den Ausschüssen können vom Betriebsrat die Aufgaben zur selbstständigen Erledigung übertragen werden (§ 28 I 3 BetrVG). Für die Einrichtung von Arbeitsgruppen bedarf es zuvor einer mit dem Arbeitgeber abzuschließenden Rahmenvereinbarung, in der der Umfang der Aufgaben und die Regelungsbefugnisse festzuhalten sind. Die Aufgaben der Arbeitsgruppen müssen mit den Tätigkeiten im Zusammenhang stehen, im Rahmen derer sie im Betrieb beschäftigt sind. Die Übertragung der Aufgaben hat schriftlich zu erfolgen (§ 28a I BetrVG).

c) Sitzungen und Beschlüsse

Sitzungen des Betriebsrats sind nicht öffentlich, sie finden regelmäßig während der Arbeitszeit statt. Bei der Festsetzung der Termine hat der Betriebsrat auf die betrieblichen Belange Rücksicht zu nehmen und den Arbeitgeber über den Zeitpunkt der geplanten Sitzungen zu informieren (§ 30 BetrVG). Die Leitung der Sitzungen obliegt dem Betriebsratsvorsitzenden. Er setzt die Tagesordnung fest, lädt die Betriebsratsmitglieder unter Mitteilung der Tagesordnung zur jeweiligen Sitzung ein. Beschlüsse werden gem. § 33 BetrVG mit der Mehrheit der Stimmen der anwesenden Betriebsratsmitglieder gefasst. Der Betriebsrat ist beschlussfähig, wenn mindestens die Hälfte seiner Mitglieder an der Beschlussfassung teilnimmt.

d) Sprechstunden des Betriebsrats

In § 39 BetrVG wird dem Betriebsrat des Recht zugebilligt, während der Arbeitszeit Sprechstunden einzurichten. Während es in das Ermessen des Betriebsrats gestellt ist, ob er überhaupt Sprechstunden abhalten will, sind Zeit und Ort der Sprechstunden mit dem Arbeitgeber abzustimmen (§ 39 I 2 BetrVG).

5. Rechtsstellung des Betriebsratsmitglieds

a) Arbeitsbefreiung und Entgeltfortzahlung

Das einzelne Betriebsratsmitglied leistet gem. § 37 I BetrVG seine Arbeit ehrenamtlich und unentgeltlich. Allerdings hat der Arbeitgeber die Mitglieder des Betriebsrats von ihrer beruflichen Tätigkeit ohne Minderung des Arbeitsentgelts zu befreien, wenn die Befreiung nach Art und Umfang zur ordnungsgemäßen Durchführung der Betriebsratstätigkeit erforderlich ist. Erforderlich ist die Arbeitsbefreiung immer dann, wenn sie aus Sicht eines vernünftigen Dritten bei Abwägung der beiderseitigen Interessen von Arbeitgeber und Betriebsrat notwendig erscheint. Art und Dauer der Tätigkeit hat das Betriebsratsmitglied zuvor beim Arbeitgeber anzuzeigen. Von der **Betriebsgröße** ist es **abhängig,** ob bzw. **wie viele Betriebsratsmitglieder von ihrer beruflichen Tätigkeit freizustellen sind**, um sich ausschließlich dem Betriebsratsamt zu widmen. Um die Unabhängigkeit der Betriebsratsmitglieder zu gewährleisten, ist ein besonderer Kündigungsschutz in den §§ 15, 16 KSchG verankert. Hinzu kommt ein besonderer Versetzungsschutz (§ 103 BetrVG).

b) Freizeitausgleich

Soweit ein Betriebsratsmitglied aus betriebsbedingten Gründen außerhalb der Arbeitszeit Betriebsratstätigkeit durchführen musste, hat er gem. § 37 III BetrVG vor dem Ablauf eines Monats Anspruch auf entsprechende Arbeitsbefreiung unter Fortzahlung der Bezüge. Sollte die Arbeitsbefreiung innerhalb dieses Zeitraums betriebsbedingt nicht möglich sein, so ist die aufgewendete Zeit wie Mehrarbeit zu vergüten.

Durch § 37 III 2 BetrVG wird klargestellt, dass diese Ausgleichsansprüche auch dann ausgelöst werden, wenn die Betriebsratsarbeit wegen unterschiedlicher Arbeitszeiten der Betriebsratsmitglieder nicht innerhalb der persönlichen Arbeitszeit einzelner Betriebsratsmitglieder durchgeführt werden kann.

c) Teilnahme an Schulungs- und Bildungsveranstaltungen

Soweit in Schulungs- und Bildungsveranstaltungen Kenntnisse vermittelt werden, die für die Arbeit des Betriebsrats erforderlich sind, hat das einzelne Betriebsratsmitglied hierfür ebenfalls einen Anspruch auf Arbeitsbefreiung unter Fortzahlung der Bezüge und ggf. Freizeitausgleich (§ 37 VI BetrVG). Hier sind die gleichen Maßstäbe anzusetzen wie nach § 37 I, II BetrVG bei der Arbeitsbefreiung zu Zwecken der Betriebsratstätigkeit bzw. dem Freizeitausgleich. Damit steht teilzeitbeschäftigten Betriebsratsmitgliedern, die über ihre tägliche Arbeitszeit hinaus an einer Schulungsveranstaltung teilnehmen, ein entsprechender Ausgleichsanspruch zu.

Ob eine solche Bildungsmaßnahme erforderlich ist, kann nur im Rahmen einer Einzelfallabwägung festgestellt werden. Hierbei zu berücksichtigende Kriterien können sein: die Dauer der Veranstaltung im Verhältnis zur Schwierigkeit des Stoffs, die Zahl der Teilnehmer (nicht alle Betriebsratsmitglieder müssen daran teilnehmen, sondern sie können sich evtl. gegenseitig bei der nächsten Sitzung unterrichten) oder das Maß der Vorbildung des jeweiligen Mitglieds.

Zudem steht gem. § 37 VII BetrVG jedem Betriebsratsmitglied während seiner Amtszeit ein Anspruch auf bezahlte Freistellung von insgesamt drei Wochen zur Teilnahme an Bildungsveranstaltungen zu, die von der zuständigen obersten Landesbehörde nach Beratung mit den Spitzenorganisationen der Gewerkschaften und Arbeitgeberverbände als geeignet anerkannt sind.

Soweit es sich um erforderliche Schulungs- und Bildungsveranstaltungen i.S.v. § 37 VI BetrVG handelt, hat der Arbeitgeber nicht nur für die Dauer der Freistellung die Bezüge weiter zu zahlen. Er trägt im Rahmen des § 40 BetrVG auch die Kosten für derartige Veranstaltungen. Bei den nicht unbedingt erforderlichen, aber dennoch geeigneten Bildungsveranstaltungen i.S.v. §37 VII BetrVG besteht allerdings neben der Pflicht zur bezahlten Freistellung keine Kostentragungspflicht des Arbeitgebers.

d) Freistellung

Seit Inkrafttreten des neuen BetrVG ist gem. § 38 BetrVG bereits bei Betrieben ab 200 Arbeitnehmern ein Betriebsratsmitglied ganz von seiner beruflichen Tätigkeit freizustellen. Mit steigender Arbeitnehmerzahl im Betrieb erhöht sich auch die Zahl der freizustellenden Betriebsratsmitglieder (§ 38 I BetrVG).

Die freizustellenden Betriebsratsmitglieder werden nach Beratung mit dem Arbeitgeber vom Betriebsrat aus seiner Mitte in geheimer Wahl gewählt (§ 38 II BetrVG).

Nach § 38 I 3 BetrVG sind auch Teilfreistellungen möglich. Die Freistellung kann also auf verschiedene Betriebsratsmitglieder verteilt werden. Dabei darf zusammengerechnet der Umfang der Mindestfreistellung nicht überschritten werden.

6. Allgemeine Schutzbestimmungen für Betriebsratsmitglieder

§ 78 BetrVG regelt, dass Betriebsratsmitglieder in der Ausübung ihrer Tätigkeit nicht gestört oder behindert werden und ihnen aus der Tätigkeit als Betriebsrat weder Nachteile noch Begünstigungen erwachsen dürfen.

Während ihrer Amtszeit und im darauf folgenden Jahr genießen (ehemalige) Betriebsratsmitglieder den besonderen Kündigungsschutz des § 15 KSchG. Ihnen kann nur bei Vorliegen eines wichtigen Grundes, der zu einer fristlosen

Kündigung berechtigt, gekündigt werden. Während der Amtszeit des Mitglieds ist eine Kündigung jedoch nur zulässig, wenn die nach § 103 BetrVG erforderliche Zustimmung des Betriebsrats vorliegt bzw. diese durch gerichtliche Entscheidung ersetzt wurde.

7. Kosten und Sachaufwand

Gem. § 40 I BetrVG hat der Arbeitgeber die durch die Tätigkeit des Betriebsrats entstehenden Kosten zu tragen. Dies jedoch nur, soweit diese Kosten verhältnismäßig bzw. erforderlich waren.

Auch durch Streitigkeiten mit dem Arbeitgeber entstandene Rechtsanwalts- und Gerichtskosten sind i.R. des § 40 I BetrVG vom Arbeitgeber zu ersetzen, soweit die Inanspruchnahme zur ordnungsgemäßen Ausübung der Betriebsratstätigkeit erforderlich war.

Zu den vom Arbeitgeber zu tragenden Kosten zählt auch der Sachaufwand gem. § 40 II BetrVG. Danach hat der Arbeitgeber dem Betriebsrat für die Sitzungen, Sprechstunden und laufende Geschäftsführung Räume, sachliche Mittel, Informations- und Kommunikationstechnik sowie Büropersonal bereitzustellen. Soweit im Betrieb Computer eingesetzt werden, hat der Betriebsrat einen Anspruch darauf, dass ihm auch Computer mit der im Betrieb üblichen Software und evtl. im Betrieb vorhandene moderne Kommunikationsmittel wie E-Mail oder Internet-Zugang zur Verfügung gestellt werden. Für den Standard der Ausstattung des Betriebsrats ist insofern jeweils der betriebliche Standard maßgebend.

V. Die Einigungsstelle

Nach § 74 I BetrVG sind Meinungsverschiedenheiten zwischen Arbeitgeber und Betriebsrat durch Einigung auszuräumen. Soweit zwischen den Parteien keine unmittelbare Einigung erzielt werden kann, ist gem. § 76 I BetrVG zur Beilegung der Meinungsverschiedenheiten eine Einigungsstelle zu bilden.

Bei dieser Einigungsstelle handelt es sich um ein von Arbeitgeber und Betriebsrat gemeinsam gebildetes Organ der Betriebsverfassung.

1. Errichtung der Einigungsstelle

Die Einigungsstelle muss gem. § 76 I BetrVG nicht dauernd eingerichtet werden. Es reicht aus, wenn sie jeweils bei Bedarf gebildet wird. Allerdings kann gem. § 76 I 2 BetrVG eine Betriebsvereinbarung über die Errichtung einer ständigen Einigungsstelle getroffen werden.

2. Besetzung der Einigungsstelle

Die Einigungsstelle setzt sich zusammen aus den vom Arbeitgeber und Betriebsrat jeweils in gleicher Anzahl bestellten Beisitzern und einem unparteiischen Vorsitzenden, über dessen Person sich die Betriebsparteien verständigen müssen (§ 76 II 1 BetrVG). Der Vorsitzende hat nach § 76 II 1 BetrVG unparteiisch zu sein. Im Regelfall wird eine außenstehende Person, wie z.B. ein Rechtsanwalt oder Arbeitsrichter eingesetzt. Die Anzahl der Beisitzer wird von Arbeitgeber und Betriebsrat einvernehmlich festgelegt. Regelmäßig dürfte die Anzahl der Beisitzer mit jeweils zwei, maximal drei Personen ausreichend sein.

Soweit hinsichtlich der Person des Vorsitzenden oder der Anzahl der Beisitzer keine Einigung zu Stande kommt, entscheidet über die Person des Vorsitzenden und die Zahl der Beisitzer das Arbeitsgericht (§§ 76 II 2, 3 BetrVG, 98 ArbGG).

3. Rechtsstellung der Mitglieder der Einigungsstelle

Die Mitgliedschaft in der Einigungsstelle ist freiwillig, d.h. es besteht keine Pflicht, das Amt des Beisitzers oder Vorsitzenden zu übernehmen.

Da lediglich über die Person des Vorsitzenden Einigkeit erzielt werden muss, ist die Ablehnung eines von einer Partei bestimmten Beisitzers durch die andere Partei nicht möglich.

Die Mitglieder der Einigungsstelle unterliegen wie die Betriebsratsmitglieder der Schweigepflicht. Sie haben ihre Entscheidung nach bestem Wissen und Gewissen zu treffen und sind hierbei weder an Weisungen noch an irgendwelche Anträge gebunden.

4. Kosten der Einigungsstelle, §76a BetrVG

Die Tätigkeit in der Einigungsstelle ist nicht rein ehrenamtlich. Beisitzer, die dem Betrieb angehören, erhalten für ihre Tätigkeit zwar keine Vergütung, es darf ihnen aber durch ihre Tätigkeit kein Lohnausfall entstehen. Entsprechend § 37 II, III BetrVG ist ihnen wie den Betriebsratsmitgliedern ein Lohnausgleich zu gewähren.

Beisitzer, die nicht dem Betrieb angehören und unabhängig von einer Betriebszugehörigkeit der Vorsitzende, haben gem. § 76a III BetrVG einen speziellen Vergütungsanspruch. Bei der Festsetzung der Vergütung sind nach § 76a IV 3 – 5 BetrVG Zeitaufwand, Schwierigkeitsgrad sowie ein evtl. Verdienstausfall mit zu berücksichtigen. In jedem Fall aber ist die Vergütung der Beisitzer niedriger zu bemessen als die des Vorsitzenden (§ 76a IV 4 BetrVG).

5. Verfahren vor der Einigungsstelle, § 76 III, IV BetrVG

Der Ablauf des Verfahrens vor der Einigungsstelle ist ähnlich wie bei einer Gerichtsverhandlung. Der Vorsitzende leitet die Verhandlung, es werden die Beteiligten angehört etc.

§ 76 III BetrVG regelt, dass die Beschlussfassung nach mündlicher Beratung erfolgt, wobei der Vorsitzende sich zunächst der Stimme zu enthalten hat. Erst wenn ohne seine Stimme keine Einigung erzielt werden kann (einfache Stimmenmehrheit genügt), nimmt er nach erneuter Beratung in einem zweiten Abstimmungsgang an der Beschlussfassung teil.

Die von der Einigungsstelle gefassten Beschlüsse sind sodann schriftlich niederzulegen, vom Vorsitzenden zu unterschreiben und Arbeitgeber und Betriebsrat zuzuleiten. Eine Begründung ist nicht zwingend vorgeschrieben, dennoch aber sinnvoll, um die Entscheidung nachvollziehbar zu machen.

Einzelheiten des Verfahrens können auch durch Betriebsvereinbarung festgelegt werden (§ 76 IV BetrVG).

6. Bindungswirkung der Entscheidung der Einigungsstelle

Damit der Spruch der Einigungsstelle für Arbeitgeber und Betriebsrat Bindungswirkung entfalten kann, muss die Einigungsstelle zunächst für die Beilegung der Meinungsverschiedenheit zuständig gewesen sein. Eine Zuständigkeit der Einigungsstelle ist immer dann gegeben, wenn dies im BetrVG ausdrücklich bestimmt ist. Trifft das BetrVG keine Aussage über die Zuständigkeit der Einigungsstelle oder weist es die Aufgabe ausdrücklich dem Arbeitsgericht zu, so ist für eine Entscheidung über die streitige Angelegenheit das Arbeitsgericht zuständig.

Des Weiteren ist danach zu unterscheiden, ob die Einigungsstelle i.R. eines erzwingbaren oder eines freiwilligen Einigungsstellenverfahrens tätig geworden ist.

a) Erzwingbares Einigungsstellenverfahren

Ist die Einigungsstelle i.R. eines erzwingbaren Einigungsstellenverfahrens eingeschritten, so sind Arbeitgeber und Betriebsrat an den Spruch der Einigungsstelle gebunden. Sie stellen sich so, als hätten sie eine Betriebsvereinbarung i.S.v. § 77 BetrVG abgeschlossen.

Ein erzwingbares Einigungsstellenverfahren liegt nur dann vor, wenn in einer Norm des BetrVG bestimmt ist, dass der Spruch der Einigungsstelle die Einigung ersetzt (siehe z.B. §§ 37 VI 6, 38 II 5, 87 II 2 oder 112 IV 2 BetrVG) und Arbeitgeber oder Betriebsrat einen Antrag auf Beilegung der Meinungsverschiedenheit an die Einigungsstelle gestellt haben. Die Einigungsstelle wird also nicht von sich aus tätig. Existiert keine ständige Einigungsstelle, so ist der entsprechende Antrag beim Arbeitsgericht zu stellen und wie oben (s.o. unter F V I) beschrieben im Einvernehmen eine Einigungsstelle zu errichten.

Obwohl Arbeitgeber und Betriebsrat in einem solchen Fall an den Spruch der Einigungsstelle gebunden sind, ist dennoch eine gerichtliche Überprüfung des Spruchs möglich. Der Umfang der gerichtlichen Überprüfung hängt davon ab, ob es sich um einen Streit über Rechtsfragen oder eine Regelungsstreitigkeit handelt.

Ein Streit über Rechtsfragen ist immer dann gegeben, wenn zur Entscheidung z.B. wegen der Auslegung unbestimmter Rechtsbegriffe („Erforderlichkeit", „betriebliche Notwendigkeit" etc.) besondere Rechtskenntnisse unerlässlich sind. In einem solchen Fall erfolgt eine umfassende gerichtliche Überprüfung, d.h. das ArbG entscheidet in der Sache selbst und ersetzt den Spruch der Einigungsstelle. Im Falle eines Streits über Rechtsfragen ist der Antrag auf Überprüfung an keine Frist gebunden.

Eine Regelungsstreitigkeit liegt dann vor, wenn z.B. über die Lage der regelmäßigen Arbeitszeit oder Pausen i.R. von Mitbestimmungsrechten des Betriebsrats gem. § 87 II BetrVG gestritten wird. Es steht also die Überprüfung einer Ermessensüberschreitung im Raum. Hier entscheidet das Arbeitsgericht nicht in der Sache selbst. Eine Zweckmäßigkeitskontrolle findet nicht statt. Das Arbeitsgericht überprüft jedoch, ob die Einigungsstelle bei ihrer Entscheidung ihr Ermessen (§ 76 V 3 BetrVG) überschritten hat und erklärt ggf. den Spruch der Einigungsstelle für unwirksam, so dass die Einigungsstelle erneut tätig werden muss. Beruft sich eine der Parteien auf eine Ermessensüberschreitung, so ist diese gem. § 76 V 4 BetrVG innerhalb einer Frist von zwei Wochen beim Arbeitsgericht geltend zu machen.

b) Freiwilliges Einigungsstellenverfahren

Im Gegensatz zum erzwingbaren Einigungsstellenverfahren reicht es beim freiwilligen Einigungsstellenverfahren nicht aus, dass lediglich Arbeitgeber oder Betriebsrat einen Antrag auf Beilegung der Meinungsverschiedenheiten stellen. In diesem Fall ist ein Antrag beider Seiten erforderlich.

Grundsätzlich entfaltet der im freiwilligen Einigungsstellenverfahren gefällte Spruch der Einigungsstelle keine Bindungswirkung, es sei denn, sowohl Arbeitgeber als auch Betriebsrat haben sich im Voraus dem Spruch der Einigungsstelle unterworfen oder ihn nachträglich angenommen (§ 76 VI 2 BetrVG).

Eine gerichtliche Überprüfung eines im freiwilligen Einigungsstellenverfahren zu Stande gekommenen Spruchs der Einigungsstelle findet nur dann statt, wenn der Spruch gem. § 76 VI 2 BetrVG nach dem Willen der Parteien bindend sein soll. Das Arbeitsgericht entscheidet in einem solchen Fall aber nicht in der Sache selbst, sondern erklärt die Entscheidung der Einigungsstelle ggf. für unwirksam.

VI. Allgemeine Beteiligungsrechte des Betriebsrats

1. Umfang und Art der Beteiligungsrechte

Dem Betriebsrat stehen Beteiligungsrechte in sozialen, personellen und wirtschaftlichen Fragen zu. Man unterscheidet zwei Arten von Beteiligungsrechten des Betriebsrats:

- die **Mitbestimmungsrechte** und

- die **Mitwirkungsrechte.**

Die Mitbestimmungsrechte sind für den Betriebsrat die wichtigste Form der Beteiligung. Ist dem Betriebsrat ein Mitbestimmungsrecht für eine betriebliche Maßnahme eingeräumt, so kann der Arbeitgeber die betreffende Maßnahme nur mit Zustimmung des Betriebsrats durchführen.

Mitbestimmungsrechte gewähren z.B. die §§ 87, 91, 94, 99, 102 III BetrVG. Im Übrigen steht dem Betriebsrat in solchen Fällen regelmäßig ein Initiativrecht zu, d.h. er kann verlangen, dass über bestimmte Angelegenheiten Regelungen getroffen werden.

Bei den Mitwirkungsrechten steht dem Betriebsrat ein Recht zur Mitsprache und Beratung bei der Entscheidung des Arbeitgebers zu. Maßnahmen, die lediglich einem Mitwirkungsrecht des Arbeitnehmers unterliegen, sind nicht von der Zustimmung des Betriebsrats abhängig. Es werden aber i.d.R. für den Arbeitgeber Unterrichtungs- bzw. Beteiligungsrechte ausgelöst (§§ 80 II, 92, 102 I BetrVG etc.).

2. Vereinbarungen zwischen Arbeitgeber und Betriebsrat

a) Durchführung gemeinsamer Beschlüsse

Für die Durchführung gemeinsamer Beschlüsse ist gem. § 77 I BetrVG der Arbeitgeber zuständig. Dies gilt sowohl für Betriebsvereinbarungen als auch für Regelungsabreden.

Bei der Regelungsabrede handelt es sich um einen **formlosen Vertrag** zwischen Arbeitgeber und Betriebsrat. Sie wird insbesondere dann getroffen, wenn eine Maßnahme der Mitbestimmung des Betriebsrats unterliegt, aber eine kurzfristige Entscheidung notwendig ist (z.B. Zustimmung zu Überstunden, um kurzzeitige und unvorhergesehene Engpässe zu bewältigen).

Die Betriebsvereinbarung wird schriftlich zwischen den Betriebsparteien festgehalten. Sie ist ein Vertrag zwischen Arbeitgeber und Betriebsrat über Inhalt, Abschluss und Beendigung von Arbeitsverhältnissen sowie über betriebliche und betriebsverfassungsrechtliche Fragen. Nur generelle, d.h. kollektive Regelungen können durch sie getroffen werden. Zu ihrer Wirksamkeit bedarf es eines Beschlusses des Betriebsrats.

Neben der soeben beschriebenen freiwilligen Betriebsvereinbarung, bei der Arbeitgeber und Betriebsrat eine vertragliche Abmachung treffen, gibt es im Betriebsverfassungsrecht noch die erzwungene Betriebsvereinbarung, die durch den die Einigung ersetzenden Spruch der Einigungsstelle zu Stande kommt.

Während die Betriebsvereinbarung gem. § 77 IV BetrVG für den Arbeitnehmer unmittelbare und zwingende Wirkung hat, der Arbeitnehmer also direkt aus der Betriebsvereinbarung Ansprüche geltend machen kann, entfaltet die Regelungsabrede für sich genommen noch keine Wirkung. Sie ist lediglich eine Vereinbarung zwischen Arbeitgeber und Betriebsrat. Damit sich der einzelne Arbeitnehmer auf eine solche Vereinbarung berufen kann, bedarf es daher noch eines Umsetzungsaktes. In Betracht zu ziehen ist hier etwa die Konkretisierung des Arbeitsvertrags durch Ausübung des Direktionsrechts, eine Einheitsregelung in allen Arbeitsverträgen oder eine Gesamtzusage des Arbeitgebers an alle Arbeitnehmer.

b) Grenzen der Regelungsbefugnis

Die Möglichkeit der Regelung der Arbeitsverhältnisse durch Betriebsvereinbarungen wird durch § 77 III BetrVG eingeschränkt. Danach können Arbeitsentgelte und sonstige Arbeitsbedingungen, d.h. Vereinbarungen, die den Inhalt von Arbeitsverträgen betreffen, nicht Gegenstand einer Betriebsvereinbarung sein, wenn sie durch Tarifvertrag geregelt sind oder üblicherweise durch Tarifvertrag geregelt werden. (BAG, NZA 2007, 523). Dies gilt unabhängig davon, ob der Arbeitgeber tarifgebunden ist oder nicht. Denn § 77 Abs. III BetrVG dient der Funktionsfähigkeit der Tarifautonomie. Die Sperrwirkung des § 77 III BetrVG greift nur dann nicht, wenn in einem Tarifvertrag der Abschluss entsprechender Betriebsvereinbarungen ausdrücklich zugelassen wird, der Tarifvertrag also eine sogenannte Öffnungsklausel enthält (§ 77 III 2 BetrVG). Eine weitere Ausnahme gilt in den Angelegenheiten, in denen dem Betriebsrat ein Mitbestimmungsrecht gemäß § 87 I BetrVG zusteht (BAG, NZA 94, 184).

Verstößt eine Betriebsvereinbarung gegen § 77 III BetrVG, so ist die Vereinbarung nichtig. In einem solchen Fall kommt auch keine Umdeutung in eine Regelungsabrede in Betracht, die von der Beschränkung nicht erfasst wird.

Im Verhältnis zum Arbeitsvertrag gilt das Günstigkeitsprinzip. Danach verdrängt eine Betriebsvereinbarung nur solche einzelvertraglichen Vereinbarungen, die für den Arbeitnehmer ungünstiger sind.

3. Allgemeine Grundsätze der Mitbestimmung

In § 80 I BetrVG sind die Aufgaben des Betriebsrats allgemein umschrieben. Er hat danach u.a. die Pflicht, darüber zu wachen, dass die zu Gunsten der Arbeitnehmer geltenden Gesetze, Tarifverträge, Betriebsvereinbarungen und Vorschriften eingehalten und durchgeführt werden. Außerdem hat er die Durchsetzung der Gleichbehandlung von Männer und Frauen, die Eingliederung Schwerbehinderter und schutzbedürftiger Personen und die Integration ausländischer Arbeitnehmer im Betrieb zu fördern und Maßnahmen zur Bekämpfung von Rassismus und Fremdenfeindlichkeit im Betrieb zu beantragen oder Maßnahmen des Arbeitsund betrieblichen Umweltschutzes zu fördern.

§ 80 II BetrVG regelt die Unterrichtungspflicht des Arbeitgebers, wonach der Arbeitgeber dem Betriebsrat auf Verlangen jederzeit die zur Erfüllung seiner Aufgaben erforderlichen Unterlagen zur Verfügung zu stellen hat.

Der Betriebsrat kann, soweit erforderlich, sachkundige Arbeitnehmer als Auskunftspersonen zu Rate ziehen, die ihm der Arbeitgeber zur Verfügung stellen muss (§ 80 II 3 BetrVG), oder nach Vereinbarung mit dem Arbeitgeber Sachverständige hinzuziehen (§ 80 III BetrVG).

Gem. § 79 BetrVG unterliegen die Betriebsratsmitglieder der Geheimhaltungspflicht. Sie dürfen Betriebs- oder Geschäftsgeheimnisse, die ihnen durch ihre Betriebsratszugehörigkeit bekannt geworden sind und die der Arbeitgeber ausdrücklich als geheimhaltungsbedürftig bezeichnet hat, nicht offenbaren oder verwerten. Die Geheimhaltungspflicht gilt aber z.B. nicht gegenüber anderen Betriebsratsmitgliedern sowie auch nicht im Verfahren vor der Einigungsstelle oder tariflichen Schlichtungsstelle (vgl. § 79 I 3, 4 BetrVG).

Verletzt ein Betriebsratsmitglied diese Pflicht, so kann dies den Ausschluss aus dem Betriebsrat zur Folge haben (§ 23 I BetrVG) und gem. § 120 I BetrVG eine Geldstrafe oder Freiheitsstrafe bis zu einem Jahr nach sich ziehen.

VII. Mitbestimmung in sozialen Angelegenheiten

Die zentrale Vorschrift zur Regelung der Mitbestimmung des Betriebsrats in sozialen Fragen ist § 87 BetrVG. Diese Regelung enthält einen abschließenden Katalog von Maßnahmen, bei denen der Betriebsrat ein obligatorisches und unabdingbares Mitbestimmungsrecht hat. Maßnahmen, die unter § 87 I BetrVG fallen, können demzufolge nicht einseitig vom Arbeitgeber ohne Beteiligung des Betriebsrats durchgesetzt werden. Bei Meinungsverschiedenheiten können sowohl Arbeitgeber als auch Betriebsrat in den im Katalog des § 87 BetrVG genannten sozialen Angelegenheiten die Einigungsstelle mit dem Ziel einer Vermittlung anrufen (§ 87 II BetrVG).

1. Kollektiver Tatbestand als Voraussetzung

§ 87 BetrVG findet nur dann Anwendung, wenn ein kollektiver Tatbestand vorliegt. Die Angelegenheit muss Auswirkung auf die gesamte Belegschaft bzw. eine bestimmte Gruppe (z.B. Abteilung) haben und nicht nur individuell einzelne Arbeitnehmer betreffen. Lediglich Ziff. 5 und 9 dieser Norm betreffen jeweils auch einzelne Arbeitnehmer, so dass in diesen Fällen kein kollektiver Tatbestand erforderlich ist.

2. Grenzen der notwendigen Mitbestimmung

a) Allgemeine Schranken

Die Befugnis zum Abschluss von Betriebsvereinbarungen oder Regelungsabreden reicht nur soweit, wie die Abrede mit höherrangigem Recht vereinbar ist.

b) Vorrang von Gesetz oder Tarifvertrag

Des Weiteren steht dem Betriebsrat das Mitbestimmungsrecht in den in § 87 I BetrVG aufgeführten sozialen Fragen nur zu, soweit keine zwingende gesetzliche oder tarifvertragliche Regelung besteht.

Eine bestehende tarifvertragliche Regelung hat nur dann Vorrang vor dem Mitbestimmungsrecht des Betriebsrats, wenn der Arbeitgeber tarifgebunden ist, da andernfalls der Tarifvertrag in dem Betrieb keine Anwendung findet. Ist der Arbeitgeber nicht tarifgebunden und handelt es sich um eine soziale Angelegenheit, greift die Schranke des § 87 I BetrVG nicht. Eine Betriebsvereinbarung kann trotz eines bestehenden Tarifvertrags abgeschlossen werden.

3. Initiativrecht des Betriebsrats

Der Betriebsrat kann bei sozialen Angelegenheiten von sich aus bestimmte Maßnahmen anregen und diese – soweit eine Einigung mit dem Arbeitgeber nicht möglich ist – ggf. im Wege des erzwingbaren Einigungsstellenverfahrens (§87 II BetrVG) durchsetzen.

4. Entbehrlichkeit der Mitbestimmung in Notfällen

Bei Notfällen ist das Mitbestimmungsrecht gem. § 87 I BetrVG ausnahmsweise entbehrlich. In jedem Fall aber ist der Betriebsrat im Nachhinein über die Maßnahme zu unterrichten, um ihm die Möglichkeit zu geben, festzustellen, ob tatsächlich ein Notfall vorlag. Zu einem solchen Notfall zählen z.b. Brand oder Überschwemmung, nicht aber ein kurzfristig hereingekommener wichtiger Auftrag. Bei letzterem handelt es sich lediglich um einen Eilfall. Auch in Eilfällen hat der Betriebsrat ein Mitbestimmungsrecht.

Das Mitbestimmungsrecht des Betriebsrats greift auch dann, wenn die Arbeitnehmer mit der fraglichen Maßnahme (z.B. kurzfristige Anordnung von Überstunden) einverstanden sind. Nur wenn es sich um eine einzelvertragliche Individualmaßnahme handelt, also kein kollektiver Tatbestand vorliegt, der die gesamte Belegschaft oder eine bestimmte Gruppe von Arbeitnehmern betrifft, kommt das Mitbestimmungsrecht des Betriebsrats nicht zum Tragen.

5. Folgen der fehlenden Beteiligung des Betriebsrats

a) Möglichkeiten des Betriebsrats

Im Verhältnis zum Betriebsrat ist eine einseitige Maßnahme des Arbeitgebers betriebsverfassungs- und rechtswidrig. Der Betriebsrat kann in einem solchen Fall sein Mitbestimmungsrecht vor dem Arbeitsgericht einklagen. Außerdem hat er gegen den Arbeitgeber einen Anspruch auf Unterlassung der einseitigen Maßnahme. Ein Verschulden des Arbeitgebers ist nicht erforderlich. Es muss lediglich eine Wiederholungsgefahr bestehen.

b) Möglichkeiten des Arbeitnehmers

Die Mitbestimmung des Betriebsrats ist nach der Rechtsprechung (BAG, BB 1988, 2249, 2251) zwingende Wirksamkeitsvoraussetzung für eine unter § 87 I BetrVG fallende Maßnahme (Theorie der notwendigen Mitbestimmung). Dies hat zur Folge, dass entsprechende Anordnungen des Arbeitgebers, die dieser ohne Mitwirkung des Betriebsrats einseitig erteilt, gegenüber den Arbeitnehmern unwirksam sind. Die betroffenen Arbeitnehmer müssen einer solchen Anordnung daher keine Folge leisten. Allerdings führt ein mitbestimmungswidriges Verhalten in diesem Bereich in der Regel nicht zu einem Verwertungsverbot (z.B. bei Kontrollmaßnahmen wie Videoüberwachung etc.). Denn es handelt sich nur um einen formalen Verstoß gegen die Betriebsverfassung, die den einzelnen Arbeitnehmer nicht direkt berührt. Es muss vielmehr unabhängig hiervon auf die allgemeinen Zulässigkeitsgrenzen für Kontrollmaßnahmen auf individualrechtlicher Ebene zurückgegriffen werden, wonach ein Eingriff geeignet, erforderlich und angemessen sein muss, um den angestrebten Zweck zu erreichen (BAG, NZA 2004, 1278).

6. Mitbestimmungspflichtige Tatbestände nach § 87 I BetrVG

§ 87 I BetrVG enthält einen abschließenden Katalog von mitbestimmungspflichtigen Tatbeständen:

- Ziff. 1 „Ordnung des Betriebs / Verhalten der AN"

Zu den Fragen der Ordnung des Betriebs oder des Verhaltens der Arbeitnehmer gehören Regelungen, die das Zusammenwirken der Arbeitnehmer beeinflussen und gestalten, wie z.B. Rauchverbote, Kleiderordnungen, Werksausweise, Torkontrollen oder Betriebsbußenkataloge.

Das Mitbestimmungsrecht bezieht sich bei Betriebsbußen auf einzelne Regelungen des Betriebsbußenkatalogs, wie die Festlegung einzelner Bußtatbestände (Alkoholkonsum, Unpünktlichkeit etc.), der Art der Buße (Verwarnung, Verweis) oder der Höhe von Geldbußen. Aber auch die Verhängung der Buße im Einzelfall wird vom Mitbestimmungsrecht nach Ziff. 1 umfasst, so dass der Betriebsrat auch darauf einwirken kann, dass z.B. die Anhörung der betroffenen Arbeitnehmer erfolgt und dass die verhängte Geldbuße im Verhältnis zur Tat angemessen ist.

Allgemeine Betriebsbußen sind zu unterscheiden von Abmahnungen, die der Arbeitgeber gegenüber einem Arbeitnehmer wegen eines Fehlverhaltens ausspricht, welches Ursache für eine spätere Kündigung sein kann. Solche Abmahnungen sind nicht mitbestimmungspflichtig.

- Ziff. 2 „Lage der Arbeitszeit"

Unter Ziff. 2 wird dem Betriebsrat ein Mitbestimmungsrecht eingeräumt in Bezug auf Beginn und Ende der Arbeitszeit, Einführung von Gleitzeit- oder Schichtarbeit, Lage und Dauer der Pausen oder die Verteilung der Arbeitszeit auf einzelne Wochentage etc.

- Ziff. 3 „Dauer der Arbeitszeit"

Ziff. 3 spricht von vorübergehender Verkürzung oder Verlängerung der betriebsüblichen Arbeitszeiten. Eine solche vorübergehende Änderung muss von vornherein überschaubar und auf einige wenige Wochen begrenzt sein. Hierher gehört z.B. die Festlegung von Rahmenbedingungen für Überstunden oder die Einführung von Kurzarbeit.

Stehen kurzfristige Änderungen im Raum, so werden diese der Einfachheit halber üblicherweise durch Regelungsabreden vereinbart.

- Ziff. 4 „Auszahlung der Arbeitsentgelte"

In Ziff. 4 wird dem Betriebsrat hinsichtlich der Art und Weise der Auszahlung von Arbeitsentgelten (bar oder bargeldlos, Zahlungszeitpunkt, Kostentragung für Überweisung und Kontoführung etc.) ein Mitbestimmungsrecht eingeräumt.

Unter den Begriff Arbeitsentgelt fällt hier die in Geld auszuzahlende Vergütung, aber auch die Gewährung von Sachleistungen.

- Ziff. 5 „Urlaubsfragen"

Ein Mitbestimmungsrecht des Betriebsrats in Urlaubsfragen wird in Ziff. 5 geregelt. Hiernach ist der Betriebsrat zu beteiligen bei der Aufstellung allgemeiner Urlaubsgrundsätze oder Urlaubspläne, aber auch bei der Festsetzung der zeitlichen Lage des Urlaubs einzelner Arbeitnehmer, soweit zwischen dem betroffenen Arbeitnehmer und dem Arbeitgeber keine Einigung erzielt werden kann.

Allgemeine Urlaubsgrundsätze betreffen z.B. Betriebsferien oder die Übertragbarkeit des Urlaubs auf das Folgejahr. Hierbei handelt es sich um Festlegungen, die alle Arbeitnehmer betreffen. Bei der allgemeinen Dauer des Urlaubs oder der Zahlung des Urlaubsgeldes besteht kein Mitbestimmungsrecht des Betriebsrats. Derartige Fragen sind im BUrlG und in Tarifverträgen geregelt. Betriebsvereinbarungen sind insoweit nicht zulässig (vgl. §§ 77 III, 87 I BetrVG).

- Ziff. 6 „Technische Überwachung"

Des Weiteren ist der Betriebsrat nach Ziff. 6 bei der Einführung und Anwendung technischer Einrichtungen zu beteiligen, die dazu bestimmt sind, das Verhalten oder die Leistung der Arbeitnehmer zu überwachen. Erfasst wird hiervon die Einführung von Stechuhren, Videoüberwachung, Telefonabhöranlagen etc.

Ob eine Einrichtung zur Überwachung der Arbeitnehmer bestimmt ist, beurteilt sich nicht nach der Vorstellung des Arbeitgebers, sondern nach der objektiven Sachlage. Entscheidend ist die tatsächliche Möglichkeit einer Überwachung durch die technische Einrichtung. Können die gewonnenen Daten einzelnen Arbeitnehmern zugeordnet werden (wobei die Zuordnung zu kleinen überschaubaren Teams ausreicht), so ist ein Mitbestimmungsrecht des Betriebsrats zu bejahen. Soweit keine Rückschlüsse auf das Verhalten einzelner Arbeitnehmer gezogen werden können, ist die Maßnahme indes mitbestimmungsfrei.

- Ziff. 7 „Ergänzende Arbeitsschutzbestimmungen"

In Ziff. 7 sind Regelungen über die Verhütung von Arbeitsunfällen und Berufskrankheiten sowie über den Gesundheitsschutz aufgeführt. Existiert eine gesetzliche Regelung, die abschließend und zwingend ist (z.B. TA-Luft oder TA-Lärm), so gilt insoweit bereits der Gesetzesvorrang. Durch die Beteiligungsrechte des Betriebsrats sollen die gesetzlichen Vorschriften nur ausgefüllt bzw. umgesetzt werden.

- Ziff. 8 „Sozialeinrichtungen"

Dem Betriebsrat wird in Ziff. 8 ein Mitbestimmungsrecht bei der Form, Ausgestaltung oder Verwaltung von betrieblichen Sozialeinrichtungen eingeräumt. Voraussetzung ist, dass bereits eine entsprechende Sozialeinrichtung existiert. Das Mitbestimmungsrecht betrifft nur das „Wie", also die Ausgestaltung. Die Frage, „ob" eine Sozialeinrichtung errichtet werden soll, fällt unter § 88 Ziff. 2 BetrVG. Es können insoweit freiwillige Betriebsvereinbarungen getroffen werden.

Zu den Sozialeinrichtungen zählen etwa Kantinen, Betriebssportangebote oder Betriebskindergärten. Es muss sich um eine für die Arbeitnehmer des Betriebs bestimmte Einrichtung handeln, die nicht einem unbestimmten Personenkreis zugänglich ist.

- Ziff. 9 „Werkmietwohnungen"

Ziff. 9 betrifft das Mitbestimmungsrecht des Betriebsrats bei Zuweisung und Kündigung von Wohnräumen, die dem Arbeitnehmer mit Rücksicht auf das Bestehen eines Arbeitsverhältnisses vermietet werden und der Festlegung von allgemeinen Nutzungsbedingungen.

Hier ist zu unterscheiden zwischen Werkmietwohnungen und Werkdienstwohnungen (§ 576b BGB). Da bei den Werkdienstwohnungen das Arbeitsverhältnis im Vordergrund steht und die Nutzung der Wohnung dem Arbeitnehmer im Rahmen des Arbeitsverhältnisses zugewiesen wird (Hausmeister, Pförtner o.ä.), ohne dass ein selbstständiger Mietvertrag geschlossen wird, findet Ziff. 9 auf die Werkdienstwohnungen keine Anwendung. Bei Werkmietwohnungen besteht neben dem Arbeitsvertrag ein gesonderter Mietvertrag zwischen Arbeitgeber und Arbeitnehmer; nur hier greift § 87 I Ziff. 9 BetrVG.

- Ziff. 10 „Betriebliche Lohngestaltung"

In Fragen der betrieblichen Lohngestaltung, der Einführung von besonderen Entlohnungsgrundsätzen und der Einführung, Änderung und Anwendung von neuen Entlohnungsmethoden steht dem Betriebsrat gem. Ziff. 10 ebenfalls ein Mitbestimmungsrecht zu.

Der Begriff des Lohns ist hier weit auszulegen und i.S.v. „Arbeitsentgelt" zu verstehen. Dazu gehören alle Geld- und geldwerten Leistungen, die dem Arbeitnehmer vom Arbeitgeber gewährt werden, also neben dem Arbeitslohn auch das 13. Monatsgehalt, Erschwernis- oder Schmutzzulagen und freiwillige Zuwendungen und Sachleistungen.

Mit der Lohngestaltung sind abstrakte betriebliche Regelungen gemeint, nach denen die Entlohnung vorgenommen wird. Gemeint sind damit Regelungen in Bezug auf die Grundlagen der Lohnfindung, um innerbetriebliche Lohngerechtigkeit zu gewährleisten (z.b. Lohnstrukturen, wie Fixgehalt plus Zulagen, Abstufungen zwischen einzelnen Berufsgruppen, gleichmäßige Verteilung von Gratifikationen).

Auch hier besteht das Mitbestimmungsrecht des Betriebsrats nur bei der konkreten Ausgestaltung und nicht bei der Frage, ob und in welchem Umfang Zahlungen erfolgen.

Zu beachten ist hier stets ein **Vorrang von Tarifvertrag oder Gesetz**.

- Ziff. 11 „Akkord- und Prämiensätze"

Ziff. 11 betrifft die Mitbestimmung bei der Festsetzung von Akkord- und Prämiensätzen oder vergleichbarer leistungsbezogener Entgelte.

- Ziff. 12 „Betriebliches Vorschlagswesen"

Unter das betriebliche Vorschlagswesen fallen alle Anregungen des Arbeitnehmers, die dieser außerhalb seines Pflichtenkreises zur Verbesserung oder Vereinfachung des Arbeitsprozesses macht. Nicht hierher gehören Arbeitnehmererfindungen, für die im ArbNErfG spezielle Regelungen enthalten sind.

- Ziff. 13 „Grundsätze über die Durchführung von Gruppenarbeit"

Die Ziff. 13 schließlich ist mit der Änderung des BetrVG zum 28.7.2001 in den Katalog aufgenommen worden.

Gruppenarbeit liegt vor, wenn im Rahmen des betrieblichen Ablaufs eine Gruppe von Arbeitnehmern eine ihr übertragene Gesamtaufgabe weitgehend eigenverantwortlich erledigt. Das Mitbestimmungsrecht ist dem Betriebsrat eingeräumt worden, um einer möglichen Ausgrenzung leistungsschwacher Arbeitnehmer sowie einer nicht auszuschließenden Selbstüberforderung der Gruppenmitglieder entgegenwirken zu können.

Das Mitbestimmungsrecht bezieht sich auf die Grundzüge für die Durchführung der Gruppenarbeit. Ein Initiativrecht hinsichtlich der Einführung von Gruppenarbeit wird dem Betriebsrat nicht eingeräumt; allein der Arbeitgeber entscheidet, ob Gruppenarbeit eingeführt oder beendet wird.

VIII. Mitbestimmung über Arbeitsplätze, §§ 90, 91 BetrVG

§ 90 BetrVG verpflichtet den Arbeitgeber, den Betriebsrat über die Planung von Neu-, Um- oder Erweiterungsbauten der betrieblichen Räume, von technischen Anlagen, von Arbeitsverfahren und -abläufen und der Arbeitsplätze rechtzeitig unter Vorlage der erforderlichen Unterlagen zu unterrichten und die vorgesehenen Maßnahmen und ihre Auswirkungen auf die Arbeitnehmer mit dem Betriebsrat so rechtzeitig zu beraten, dass mögliche Vorschläge und Bedenken bei der Planung noch berücksichtigt werden können.

Ist zu erwarten, dass die Arbeitnehmer durch geplante, den gesicherten arbeitsrechtlichen Erkenntnissen über die menschengerechte Gestaltung der Arbeit offensichtlich widersprechende Änderungen der Arbeitsplätze, des Arbeitsablaufs oder der Arbeitsumgebung in besonderer Weise belastet werden, so räumt § 91 BetrVG dem Betriebsrat das Recht ein, angemessene Maßnahmen zur Abwendung, Milderung oder zum Ausgleich der Belastung zu verlangen. Kann in dieser Frage keine Einigung mit dem Arbeitgeber erzielt werden, so entscheidet darüber die Einigungsstelle im zwingenden Einigungsstellenverfahren (§ 91 Satz 3 BetrVG).

IX. Mitbestimmung des Betriebsrats in personellen Angelegenheiten

1. Allgemeine personelle Maßnahmen

a) Personalplanung

§ 92 BetrVG gibt dem Betriebsrat Beteiligungsrechte in Fragen der Personalplanung. Nach § 92 I BetrVG hat der Arbeitgeber den Betriebsrat insbesondere über den gegenwärtigen und künftigen Personalbedarf und die sich daraus ergebenden personellen Maßnahmen rechtzeitig und umfassend durch Vorlage von Unterlagen zu unterrichten und mit ihm über Art und Umfang der erforderlichen Maßnahmen, einschließlich der Möglichkeit der Vermeidung unbilliger Härten zu beraten. Außerdem steht es dem Betriebsrat frei, Vorschläge für die Einführung von Personalplanungen und ihre Durchführung sowie für die Aufstellung und Durchführung von Maßnahmen zur Förderung der Gleichstellung von Frauen und Männern zu machen (§ 92 II, III BetrVG).

Unter Personalplanung gem. § 92 I BetrVG wird die im Betrieb tatsächlich durchgeführte Planung verstanden, die zur Deckung des gegenwärtigen oder zukünftigen Bedarfs an Personal in qualitativer und quantitativer Hinsicht angestellt wird. Hierunter fallen Planungen des Personalbedarfs, der Personalentwicklung, der Personalbeschaffung, des Personalabbaus aber auch des Personaleinsatzes und der Personalkosten.

Die Unterrichtung des Betriebsrats ist rechtzeitig, wenn sie erfolgt, solange das Planungsstadium erreicht, aber noch nicht abgeschlossen ist.

Eine umfassende Unterrichtung erfordert, dass dem Betriebsrat sämtliche Unterlagen zugänglich gemacht werden, die der konkreten Personalplanung zu Grunde liegen. In diesem Rahmen sind dem Betriebsrat z.B. Informationen über Stellenbeschreibungen, Personalstatistiken, Altersstruktur der Belegschaft, Rationalisierungsvorhaben, Investitionspläne, Personalkostenpläne etc. zur Verfügung zu stellen.

b) Beschäftigungssicherung

Nach § 92a BetrVG kann der Betriebsrat dem Arbeitgeber zur Sicherung und Förderung der Beschäftigung Vorschläge zur Einführung von flexiblen Arbeitszeiten, von Teilzeitprogrammen, neuen Formen von Arbeitsorganisation, Arbeitsverfahren und Arbeitsabläufen oder zu Qualifizierungsmaßnahmen der Arbeitnehmer unterbreiten.

Der Arbeitgeber ist sodann gem. § 92 II BetrVG verpflichtet, sich mit diesen Vorschlägen ernsthaft auseinander zu setzen und sie mit dem Betriebsrat zu beraten. Soweit der Arbeitgeber die Vorschläge für ungeeignet hält, hat er dies zu begründen. Bei Betrieben mit mehr als 100 Arbeitnehmern ist die Begründung schriftlich abzufassen.

c)   Stellenausschreibung

Sind Arbeitsplätze mit neuen Arbeitskräften zu besetzen, so kann der Betriebsrat gem. § 93 BetrVG vom Arbeitgeber verlangen, dass die **offene Stelle vor einer Besetzung innerhalb des Betriebs ausgeschrieben wird.**

Das Recht des Betriebsrats bezieht sich demnach lediglich auf das „ob" der Ausschreibung. Auf die konkrete Ausgestaltung, insbesondere die Dauer der Ausschreibung hat der Betriebsrat keinen Einfluss. So ist auch keine bestimmte zeitliche Reihenfolge (z.B. interne vor der externen Ausschreibung) vorgesehen. Erforderlich ist lediglich, dass die interne Ausschreibung erfolgt, bevor die Stelle besetzt wird. Um dieses Recht nicht leer laufen zu lassen, muss aber dem internen Bewerber mindestens noch genügend Zeit verbleiben, um sich auf die Stelle bewerben zu können. Ein Zeitraum von einer Woche dürfte hierfür ausreichend sein.

Schreibt der Arbeitgeber die Stelle trotz der Aufforderung durch den Betriebsrat nicht intern aus, so kann der Betriebsrat gem. § 99 II Ziff. 5 BetrVG seine Zustimmung zur Einstellung des vom Arbeitgeber ausgewählten Bewerbers verweigern. In einem solchen Fall wird der Arbeitgeber regelmäßig die dann notwendig werdende Ersetzung der Zustimmung durch das Arbeitsgericht (§ 99 IV BetrVG) nicht erhalten.

d)   Personalfragebogen

Personalfragebogen bedürfen gem. § 94 I BetrVG der Zustimmung des Betriebsrats. Hieraus folgt kein Initiativrecht des Betriebsrats. Soweit aber der Arbeitgeber Personalfragebogen einsetzen möchte, hat der Betriebsrat bei jeder einzelnen Frage ein Mitbestimmungsrecht, um die Persönlichkeitsrechte der Arbeitnehmer schützen zu können.

e)   Auswahlrichtlinien

Nach § 95 I BetrVG bedürfen **Richtlinien über die personelle Auswahl** bei Einstellungen, Versetzungen, Umgruppierungen und Kündigungen der Zustimmung des Betriebsrats.

Derartige Richtlinien können Regelungen über die bevorzugte Einstellung von Schwerbehinderten, von älteren Arbeitnehmern oder Frauen bei gleicher Eignung, die Schaffung eines „Punktesystems" für die Gewichtung sozialer Kriterien im Falle von Versetzungen oder Kündigungen und dergleichen beinhalten.

In § 95 II BetrVG ist geregelt, dass der Betriebsrat in Betrieben mit mehr als 500 Arbeitnehmern ein Initiativrecht hat, also auch selbst die Aufstellung bestimmter Auswahlrichtlinien vorschlagen kann. Daraus folgt im Umkehrschluss, dass der Betriebsrat bei Betrieben mit weniger als 500 Arbeitnehmern lediglich über das „wie", d.h. die Ausgestaltung und den Inhalt der Richtlinie mitbestimmen kann.

Soweit eine Einigung zwischen Arbeitgeber und Betriebsrat über den Inhalt oder die Aufstellung einer Auswahlrichtlinie nicht erzielt werden kann, ist im Wege des zwingenden Einigungsstellenverfahrens nach § 76 V BetrVG eine Einigung herbeizuführen (§ 95 I, II BetrVG).

2. Berufsbildung

a) Förderung der Berufsbildung, § 96 BetrVG

Um die Berufsbildung zu fördern, schreibt § 96 BetrVG vor, dass Arbeitgeber und Betriebsrat im Rahmen der betrieblichen Personalplanung in Zusammenarbeit mit den für die Berufsbildung und Förderung der Berufsbildung zuständigen Stellen die Berufsbildung der Arbeitnehmer zu unterstützen haben. Zuständige Stellen für die Berufsbildung und deren Förderung sind z.B. die Industrie- und Handelskammern, Handwerkskammern etc.

Im Rahmen des § 96 I 2 BetrVG hat der Arbeitgeber auf Verlangen des Betriebsrats den Berufsbildungsbedarf zu ermitteln und mit ihm Fragen der Berufsbildung der Arbeitnehmer des Betriebs zu beraten. Auch kann der Betriebsrat in diesen Angelegenheiten eigene Vorschläge unterbreiten (§ 96 I 3 BetrVG).

b) Einrichtungen und Maßnahmen der Berufsbildung

Nach § 97 I BetrVG muss der Arbeitgeber die Errichtung und Ausstattung betrieblicher Einrichtungen zur Berufsbildung, die Einführung betrieblicher Berufsbildungsmaßnahmen sowie die Teilnahme an außerbetrieblichen Berufsbildungsmaßnahmen mit dem Betriebsrat beraten.

Soweit der Arbeitgeber Maßnahmen geplant oder durchgeführt hat, die zur Folge haben, dass sich die Tätigkeit der betroffenen Arbeitnehmer ändert, und ihre Kenntnisse und Fähigkeiten zur Erfüllung dieser Aufgaben nicht mehr ausreichen, so steht dem Betriebsrat nach § 97 II BetrVG ein Mitbestimmungsrecht bei der Einführung von Maßnahmen zur betrieblichen Berufsbildung zu. Um die Beschäftigung der betroffenen Arbeitnehmer im Betrieb durch Qualifizierungsmaßnahmen zu sichern, wird dem Betriebsrat ein Initiativrecht eingeräumt. Durch die Regelung soll der Betriebsrat frühzeitig betriebliche Berufsbildungsmaßnahmen für die betroffenen Arbeitnehmer durchsetzen können, um deren Beschäftigung im Betrieb zu sichern.

Kann zwischen Arbeitgeber und Betriebsrat keine Einigung erzielt werden, so entscheidet darüber die Einigungsstelle im obligatorischen Einigungsverfahren (§ 97 II 2, 3 BetrVG).

c) Durchführung betrieblicher Bildungsmaßnahmen

In § 98 I BetrVG wird dem Betriebsrat ein Mitbestimmungsrecht bei der Durchführung betrieblicher Bildungsmaßnahmen eingeräumt. Er kann also mitbestimmen, wo und wie die Maßnahmen realisiert werden sollen.

Soweit eine mit der Durchführung der Bildungsmaßnahme beauftragte Person die persönliche oder fachliche, berufs- oder arbeitspädagogische Eignung im Sinne des Berufsbildungsgesetzes nicht besitzt oder ihre Aufgaben vernachlässigt, kann der Betriebsrat nach § 98 II BetrVG deren Abberufung verlangen bzw. dem geplanten Einsatz widersprechen.

Lässt der Arbeitgeber betriebliche Berufsbildungsmaßnahmen durchführen oder ermöglicht er es den Arbeitnehmern, an solchen Maßnahmen teilzunehmen, so kann der Betriebsrat nach § 98 III BetrVG Vorschläge unterbreiten, welche Arbeitnehmer an diesen Maßnahmen teilnehmen könnten.

Diese Beteiligungsrechte stehen dem Betriebsrats gem. § 98 VI BetrVG auch zu, wenn es sich um sonstige Bildungsmaßnahmen im Betrieb handelt. Mit sonstigen Bildungsmaßnahmen sind sämtliche Maßnahmen gemeint, die keinen Bezug zur tatsächlich ausgeübten Tätigkeit haben, dennoch aber systematische Kenntnisse und Fähigkeiten nach einem geordneten Ausbildungsplan mit Blick auf ein bestimmtes Lernziel hin vermitteln.

Sollte über die vom Betriebsrat vorgeschlagenen Teilnehmer keine Einigung zu Stande kommen, so entscheidet die Einigungsstelle im obligatorischen Einigungsstellenverfahren (§ 98 IV BetrVG). Falls über die Bestellung bzw. Abberufung einer mit der Schulung beauftragten Person eine Einigung nicht zu erzielen ist, kann der Betriebsrat gem. § 98 V BetrVG beim Arbeitsgericht beantragen, dem Arbeitgeber aufzugeben, die Bestellung zu unterlassen bzw. die Abberufung vorzunehmen.

3. Personelle Einzelmaßnahmen

a) Geltungsbereich

Das Mitbestimmungsrecht des Betriebsrats im Falle von personellen Einzelmaßnahmen greift in Unternehmen mit in der Regel mehr als zwanzig wahlberechtigten Arbeitnehmern, d.h. solchen, die länger als ein halbes Jahr dort beschäftigt sind.

b) Beteiligungsrechte des Betriebsrats aus § 99 BetrVG

Der Betriebsrat ist nach § 99 I BetrVG vor jeder Einstellung, Ein- oder Umgruppierung und Versetzung zu unterrichten. Der Arbeitgeber hat ihm die erforderlichen Bewerbungsunterlagen vorzulegen und Auskunft über die Person der Beteiligten zu erteilen. Des Weiteren muss der Arbeitgeber dem Betriebsrat die zur Beurteilung des Sachverhalts erforderlichen Unterlagen vorlegen, Auskunft über die geplante Maßnahme geben und die Zustimmung des Betriebsrats zu der Maßnahme einholen. Soweit es um eine Einstellung oder Versetzung geht, ist dem Betriebsrat der betreffende Arbeitsplatz und die vorgesehene Eingruppierung mitzuteilen.

Die Unterrichtungspflicht des Arbeitgebers ist an keine bestimmte Form gebunden. Zweckmäßigerweise sollte sie aus Beweisgründen schriftlich erfolgen und mit der Bitte um Erteilung der Zustimmung verbunden werden.

Zu den erforderlichen Bewerbungsunterlagen zählen sämtliche Unterlagen aller Bewerber. Lediglich bei offensichtlich ungeeigneten Bewerbern kann hiervon eine Ausnahme gemacht werden.

c) Arten der personellen Einzelmaßnahmen

In den Anwendungsbereich des § 99 I BetrVG fallen Einstellungen, Ein- oder Umgruppierungen und Versetzungen.

aa) Einstellung

Bei sämtlichen geplanten Einstellungen ist zuvor der Betriebsrat einzuschalten und seine Zustimmung einzuholen. Unerheblich ist, ob es sich um ein unbefristetes oder befristetes, ein Vollzeit- oder Teilzeitarbeitsverhältnis handelt. Maßgeblich ist lediglich die Eingliederung des Arbeitnehmers in den Betrieb.

Eine Einstellung i.S.d. § 99 BetrVG liegt auch bei einer Verlängerung von zunächst befristet abgeschlossenen Arbeitsverträgen vor. Sogar eine nach Dauer und Umfang nicht unerhebliche Erhöhung der Arbeitszeit unterliegt der Mitbestimmung nach § 99 BetrVG, wenn es sich um eine ausgeschriebene bzw. ausschreibungspflichtige Stelle handelt (BAG, NZA 2005, 945).

Der Betriebsrat des Entleiherbetriebs ist vor Übernahme eines Leiharbeitnehmers zur Arbeitsleistung nach § 99 BetrVG zu beteiligen (§ 14 Abs. 3 AÜG).

bb) Ein- und Umgruppierung

Unter Eingruppierung ist die erstmalige Einordnung in eine entsprechende Lohn- oder Gehaltsgruppe zu verstehen. Umgruppierung ist die Änderung der Zuordnung zu einer bestimmten Lohn- oder Gehaltsgruppe.

cc) Versetzung

Nach § 95 III BetrVG ist eine Versetzung die Zuweisung eines anderen Arbeitsbereichs, die voraussichtlich länger als einen Monat andauert oder mit einer erheblichen Veränderung der Arbeitsumstände verbunden ist.

Voraussetzung für eine zustimmungspflichtige Versetzung ist, dass einem Arbeitnehmer nicht auf eigenen Wunsch, sondern auf Initiative des Arbeitgebers ein anderer Arbeitsbereich zugewiesen wird.

Die Zuweisung eines anderen Arbeitsbereichs liegt vor bei einer Versetzung an einen anderen Ort, in einen anderen Betrieb des Unternehmens am gleichen Ort oder innerhalb des Betriebs in eine andere Abteilung, so dass sich die Arbeitsumstände verändern.

Wird die gleiche Arbeit wie bisher in der gleichen Abteilung nur in anderen Räumlichkeiten durchgeführt, so liegt keine zustimmungspflichtige Versetzung vor.

Der teilweise Entzug von bisher zu erledigenden Aufgaben kann zu einer Versetzung führen. Maßgeblich ist dabei im Einzelfall, dass die entzogene Aufgabe der Gesamttätigkeit ein solches Gepräge gegeben hat, dass nach ihrem Wegfall insgesamt von einer anderen Tätigkeit ausgegangen werden kann (BAG, NZA 1997, 112 f.).

d) Entscheidung des Betriebsrats

Stimmt der Betriebsrat einer Maßnahme zu, kann der Arbeitgeber die Maßnahme wie von ihm geplant durchführen.

Verweigert der Betriebsrat seine Zustimmung, ist die Zustimmung nicht fristgerecht innerhalb einer Woche erfolgt bzw. nicht schriftlich abgegeben und begründet worden oder äußert sich der Betriebsrat gar nicht, so kommt § 99 III BetrVG zum Tragen. Die Zustimmung gilt als verweigert.

Für die Begründung der Zustimmungsverweigerung reicht es aus, wenn der Betriebsrat einen Sachverhalt i.S.d. § 99 II BetrVG darlegt, nach dem das Vorliegen eines Zustimmungsverweigerungsrechts zumindest wahrscheinlich ist.

Verweigert der Betriebsrat seine Zustimmung frist- und formgerecht, so hängt das weitere Schicksal der Maßnahme zunächst davon ab, ob der Arbeitgeber gem. § 99 IV BetrVG beim Arbeitsgericht die Ersetzung der Zustimmung beantragt. Erklärt das Arbeitsgericht die Verweigerung des Betriebsrats für unzulässig, wird die Zustimmung des Betriebsrats durch Richterspruch ersetzt. Solange die Zustimmung des Betriebsrats nicht durch das Arbeitsgericht ersetzt wurde, ist es dem Arbeitgeber verwehrt, die geplante Maßnahme durchzuführen.

e) Durchführung der Maßnahme bei fehlender Zustimmung

Hat der Betriebsrat seine Zustimmung zu einer Einstellung verweigert und stellt der Arbeitgeber den betreffenden Arbeitnehmer dennoch ein, ohne die Ersetzung der Zustimmung durch das Arbeitsgerichts beantragt und erhalten zu haben, so ist der Arbeitsvertrag im Verhältnis zum Arbeitnehmer dennoch wirksam.

Allerdings darf der Arbeitnehmer nicht beschäftigt werden. Folge ist, dass sich der Arbeitgeber im Annahmeverzug befindet und dementsprechend dem Arbeitnehmer den vereinbarten Lohn zu zahlen hat. Etwas anderes gilt nur dann, wenn der Arbeitnehmer bei Abschluss des Arbeitsvertrags vom Arbeitgeber über eine noch ausstehende Zustimmung in Kenntnis gesetzt wurde, so dass der Arbeitsvertrag unter einer aufschiebenden Bedingung (vorbehaltlich der Zustimmung durch den Betriebsrat) geschlossen wurde.

f) Gründe für die Zustimmungsverweigerung

Bei den in § 99 II BetrVG aufgezählten Gründen handelt es sich um eine abschließende Auflistung.

- Ziff. 1:

Der Betriebsrat kann nach Ziff. 1 seine Zustimmung verweigern, wenn eine personelle Einzelmaßnahme gegen ein Gesetz, eine Verordnung, eine Unfallverhütungsvorschrift, eine Bestimmung aus einem Tarifvertrag oder eine Betriebsvereinbarung, eine gerichtliche Entscheidung oder behördliche Anordnung verstoßen würde. Zu denken ist etwa an einen Verstoß gegen das MuSchG oder gegen evtl. verhängte Fahrverbote oder Berufsverbote.

- Ziff. 2:

Nach Ziff. 2 besteht ein Zustimmungsverweigerungsrecht bei einem Verstoß der Maßnahme gegen eine Richtlinie nach § 95 BetrVG.

- Ziff. 3:

Ein weiterer Zustimmungsverweigerungsgrund liegt vor, wenn die durch Tatsachen begründete Besorgnis besteht, dass bei Durchführung der geplanten personellen Maßnahme im Betrieb beschäftigte Arbeitnehmer gekündigt werden oder sonstige Nachteile erleiden, ohne dass dies aus betrieblichen oder in der Person des beschäftigten Arbeitnehmers liegenden Gründen gerechtfertigt ist.

In der Neufassung der Ziff. 3 wird jetzt klargestellt, dass auch die Nichtberücksichtigung bereits im Betrieb befristet Beschäftigter bei einer beabsichtigten unbefristeten Einstellung als Nachteil gilt.

- Ziff. 4:

Wird der betroffene Arbeitnehmer durch die personelle Maßnahme benachteiligt, ohne dass dies aus betrieblichen oder in der Person des Arbeitnehmers liegenden Gründen gerechtfertigt ist, so hat der Betriebsrat ebenfalls ein Zustimmungsverweigerungsrecht.

Im Gegensatz zu Ziff. 3 ist in diesem Fall die von der Maßnahme betroffene Person identisch mit derjenigen Person, die den Nachteil hat. Eine solche Fallgestaltung ist nur bei Versetzungen bzw. Ein- oder Umgruppierungen möglich, etwa wenn der Arbeitnehmer, der versetzt wird, Nachteile erleidet, weil er schlechtere Arbeitsbedingungen (Lärm, Schmutz) durch die Versetzung hat.

- Ziff. 5:

Sofern eine vom Betriebsrat geforderte interne Ausschreibung der freien Stelle gem. §93 BetrVG unterblieben ist, hat der Betriebsrat nach Ziff. 5 das Recht, die Zustimmung zur Einstellung des vom Arbeitgeber ausgewählten Bewerbers zu verweigern.

Das Zustimmungsverweigerungsrecht nach Ziff. 5 steht dem Betriebsrat auch zu, wenn in der betriebsintern durchgeführten Stellenausschreibung weitaus höhere Anforderungen an die Bewerber festgelegt wurden als in der externen Ausschreibung (z.B. mehr Berufserfahrung oder besondere Kenntnisse und Fertigkeiten).

- Ziff. 6:

Schließlich wird ein Grund für eine Zustimmungsverweigerung anerkannt, wenn die durch Tatsachen begründete Besorgnis besteht, dass der in Aussicht genommene Bewerber oder Arbeitnehmer durch gesetzeswidriges Verhalten oder durch grobe Verletzung der in § 75 I BetrVG enthaltenen Grundsätze, insbesondere durch rassistische oder fremdenfeindliche Betätigung, den Betriebsfrieden stören werde.

g) Zustimmungsersetzungsverfahren

Wenn der Betriebsrat seine Zustimmung zu einer Einstellung, Versetzung bzw. Ein- oder Umgruppierung verweigert, kann der Arbeitgeber beim Arbeitsgericht beantragen, dass die Zustimmung ersetzt wird.

In diesem Verfahren wird überprüft, ob die vom Betriebsrat für die Zustimmungsverweigerung angeführten Gründe zutreffen, die Verweigerung also zu Recht erfolgte. Hat der Betriebsrat bei seiner Begründung nicht alle in Betracht zu ziehenden Gründe angeführt, so ist es ihm im Zustimmungsersetzungsverfahren verwehrt, diese Gründe noch nachzuschieben. Insofern soll der Arbeitgeber aus Gründen der Rechtssicherheit auf die Vollständigkeit der vom Betriebsrat zunächst vorgebrachten Tatsachen vertrauen dürfen.

Kommt das Arbeitsgericht zu der Auffassung, dass dem Betriebsrat keines der Zustimmungsverweigerungsrechte des § 99 II BetrVG zur Seite stand, so ersetzt es die Zustimmung. Gesteht das Arbeitsgericht dem Betriebsrat ein Zustimmungsverweigerungsrecht zu, so bleibt es bei der Verweigerung. Der Arbeitgeber ist endgültig gehindert, die beabsichtigte Maßnahme durchzuführen.

4. Mitbestimmung bei Kündigungen, § 102 BetrVG

a) Anhörung des Betriebsrats

Vor jeder Kündigung ist der Betriebsrat gem. § 102 Abs. 1 BetrVG vom Arbeitgeber anzuhören. Wird eine Kündigung ohne vorherige ordnungsgemäße Anhörung des Betriebsrats ausgesprochen, so ist diese unwirksam (§ 102 I 3 BetrVG). Sie kann nicht nachgeholt werden. Nach – nunmehr ordnungsgemäßer – Anhörung des Betriebsrats kann nur eine erneute Kündigung erfolgen.

Den Betriebsrat soll Gelegenheit gegeben werden, auf den Kündigungsentschluss des Arbeitgebers Einfluss zu nehmen.

Will der Arbeitgeber außerordentlich, hilfsweise ordentlich kündigen, muss er dies in der Betriebsratsanhörung klarstellen und den Betriebsrat zu beiden Kündigungen anhören.

Hierzu hat ihm der Arbeitgeber die Gründe für die Kündigung mitzuteilen. Es sind sämtliche Informationen zu geben, die für die Beurteilung der Kündigungsmaßnahmen notwendig sind. Dazu gehören z.B. genaue Angaben zur Person des zu Kündigenden (Name, Alter, Familienstand, Betriebszugehörigkeit) oder der von ihm ausgeübten Tätigkeit sowie bei betriebsbedingter Kündigung auch dazu, welche Vergleichspersonen ebenfalls für eine Kündigung in Betracht kommen, ob diese zum Vergleich herangezogen und weshalb schließlich der betroffene Arbeitnehmer ausgewählt wurde.

Da der Arbeitgeber im Prozess die ordnungsgemäße Betriebsratsanhörung darlegen und gegebenenfalls auch beweisen muss, sollte sie im Einzelnen dokumentiert werden. Hinsichtlich der Sozialdaten des betroffenen Arbeitnehmers kann auf die Personalakte verwiesen werden, die dem Anhörungsschreiben grundsätzlich beigefügt werden sollte. In ihr befinden sich ja auch gegebenenfalls Abmahnschreiben, die in der Regel einer verhaltensbedingten Kündigung vorausgehen müssen.

Der Arbeitgeber hat dem Betriebsrat die aus seiner Sicht tragenden Kündigungsgründe mitzuteilen (subjektive Determinierung der Unterrichtungspflicht, BAG, NZA 2000, 761). Der Arbeitgeber sollte alle kündigungsrechtlich in Betracht kommenden Tatsachen dem Betriebsrat mitteilen. Denn er kann im

Kündigungsschutzprozess keine Gründe nachschieben, über die der Betriebsrat vorher nicht angehört wurde.

Da Arbeitgeber eine Vielzahl von Kündigungsschutzprozessen allein deswegen verlieren, weil der Betriebsrat vorher nicht ordnungsgemäß angehört worden ist, sollte dieser Frage die nötige Sorgfalt gewidmet und der gesamte Ablauf umfassend bis hin zur abschließenden Stellungnahme des Betriebsrats dokumentiert werden.

b) Widerspruch des Betriebsrats gegen eine Kündigung

Soweit der Betriebsrat gegen eine ordentliche Kündigung Bedenken hat, muss er dieses dem Arbeitgeber unter Angabe der Gründe innerhalb einer Woche mitteilen. Andernfalls gilt seine Zustimmung als erteilt (§ 102 II 1, 2 BetrVG). Bei einer außerordentlichen Kündigung gilt gem. § 102 II 3 BetrVG eine Frist von drei Tagen.

Seinen **Widerspruch** gegen die Kündigung kann der Betriebsrat gem. § 102 III BetrVG darauf stützen, dass

- der Arbeitgeber soziale Gesichtspunkte bei der Auswahl des zu kündigenden Arbeitnehmers nicht oder nicht ausreichend berücksichtigt hat (Ziff. 1),

- die Kündigung gegen eine Auswahlrichtlinie nach § 95 BetrVG verstößt (Ziff. 2),

- der zu kündigende Arbeitnehmer an einem anderen Arbeitsplatz in demselben oder einem anderen Betrieb des Unternehmens eingesetzt werden kann (Ziff. 3),

- eine Weiterbeschäftigung nach zumutbaren Umschulungsbzw. Fortbildungsmaßnahmen (Ziff. 4) oder

- im Wege einer Änderungskündigung, zu welcher der Arbeitnehmer sein Einverständnis erklärt hat (Ziff. 5), möglich ist.

c) Kündigung trotz Widerspruch

Erfolgt trotz eines Widerspruchs des Betriebsrats eine Kündigung, so ist dem gekündigten Arbeitnehmer vom Arbeitgeber nach § 102 IV BetrVG eine Abschrift der Stellungnahme des Betriebsrats zuzuleiten.

X. Beteiligung des Betriebsrats in wirtschaftlichen Angelegenheiten

1. Unterrichtung und Beratung bei Betriebsänderung

Ist eine Betriebsänderung i.s.v. § 111 BetrVG geplant, so ist der Betriebsrat rechtzeitig und umfassend davon zu unterrichten und die beabsichtige Änderung mit dem Betriebsrat zu beraten (§ 111 S. 1 BetrVG).

„Umfassend unterrichten" bedeutet dabei, dass dem Betriebsrat die bisherige und zukünftig zu erwartende Entwicklung des Unternehmens unter Einbeziehung der geplanten Maßnahmen und deren Auswirkung auf die beschäftigten Arbeitnehmer zur Kenntnis zu bringen ist. „Rechtzeitig" heißt, dass dem Betriebsrat genügend Zeit verbleiben muss, um noch einen Sozialplan verhandeln und das Verfahren nach § 112 BetrVG abschließen zu können.

a) Geltungsbereich des § 111 BetrVG

§ 111 BetrVG findet Anwendung, wenn ein Unternehmen mit mehr als 20 wahlberechtigten Arbeitnehmern (also Arbeitnehmern, die mindestens ein halbes Jahr dort beschäftigt sind) von einer Betriebsänderung betroffen ist.

b) Betriebsänderung gem. § 111 BetrVG

Zu einer Betriebsänderung zählen nach § 111 S. 2 BetrVG insbesondere die Einschränkung, Stilllegung oder Verlegung eines Betriebs oder wesentlicher Betriebsteile, der Zusammenschluss mit anderen Betrieben, die Spaltung von Betrieben, die grundlegende Änderung der Betriebsorganisation, des Betriebszwecks oder der Betriebsanlagen bzw. die Einführung neuer Arbeitsmethoden.

aa) Betriebsstilllegung oder Betriebseinschränkung, § 111 Satz 2 Ziff.1 BetrVG

Nach § 111 Satz 2 Ziff. 1 BetrVG ist eine mitwirkungspflichtige Betriebsänderung gegeben, wenn eine Stilllegung oder Einschränkung des Betriebs oder eines wesentlichen Betriebsteils geplant ist.

Unter Betriebsstilllegung ist die nicht lediglich vorübergehende Aufgabe des Betriebszwecks oder der Betriebsorganisation zu verstehen.

Eine Betriebseinschränkung liegt vor bei einer erheblichen, ungewöhnlichen und nicht nur vorübergehenden Reduzierung der Leistungsfähigkeit des Betriebs, z.B. durch erheblichen Personalabbau.

Für die Beurteilung der Frage, ob eine Erheblichkeit gegeben ist, dienen die Zahlenwerte des § 17 KSchG als Anhaltspunkt. § 17 I KSchG regelt, ab welcher Anzahl von geplanten Entlassungen innerhalb eines Zeitraums von 30 Tagen der Arbeitgeber verpflichtet ist, das Arbeitsamt zuvor über die Kündigungen zu unterrichten. Die dort geltenden Zahlenwerte können hier entsprechend herangezogen werden:

Sind in einem Betrieb

- mit mehr als 20 bis zu 60 Arbeitnehmern mehr als fünf Arbeitnehmer,

- mit mehr als 60 aber weniger als 500 Arbeitnehmern 10% oder mehr als 25 Arbeitnehmer,

- mit über 500 Arbeitnehmern mindestens 30 Arbeitnehmer

durch die Maßnahme betroffen, so ist von einer erheblichen Herabsetzung der Leistungsfähigkeit des Betriebs auszugehen.

Ein wesentlicher Bestandteil des Betriebs ist betroffen, wenn ein erheblicher Teil der Beschäftigten von der Änderung erfasst wird. Wann ein erheblicher Teil des Betriebs von der Änderung berührt wird, kann wiederum anhand der o.g. Zahlenwerte des § 17 I KSchG festgestellt werden.

bb) Verlegung

Eine Verlegung des Betriebs oder eines wesentlichen Betriebsteils bedeutet eine nicht unerhebliche Änderung der örtlichen Lage. Hinsichtlich des wesentlichen Betriebsteils gelten die Ausführungen unter lit. aa) zur Betriebsstilllegung.

cc) Zusammenschluss oder Spaltung

Ein Zusammenschluss des Betriebs, d.h. eine Fusion mit anderen Betrieben führt ebenfalls zu einer Betriebsänderung. Dabei werden entweder die bisherigen Betriebe zu einem gänzlich neuen zusammengefasst oder ein bestehender Betrieb nimmt einen anderen Betrieb in sich auf, der dadurch seine arbeitstechnische Selbstständigkeit aufgibt.

Unter § 111 Satz 2 Ziff. 3 BetrVG fällt auch die Aufspaltung eines Betriebs in mehrere voneinander unabhängige organisatorische Einheiten.

dd) Organisation, Zweck oder Anlagen des Betriebs

Soll eine grundlegende Änderung der Betriebsorganisation, des Betriebszwecks oder der Betriebsanlagen erfolgen, so führt dies zu einer mitwirkungspflichtigen Betriebsänderung i.S.v. § 111 Satz 2 Ziff. 4 BetrVG.

Ob eine Änderung grundlegend ist, entscheidet sich danach, wie viele der Arbeitnehmer von dieser Maßnahme betroffen sind. Auch insoweit können die Zahlenwerte des § 17 I KSchG herangezogen werden.

ee) Einführung grundlegend neuer Methoden

Hier steht im Gegensatz zur Änderung der Betriebsanlagen oder der Betriebsorganisation die Art der Verwertung der Arbeitskraft der Arbeitnehmer im Vordergrund. Ziff. 5 ergänzt also Ziff. 4.

Zur Einführung neuer Methoden zählen z.B. Rationalisierungsmaßnahmen und der Einsatz anderer technischer Verfahren. Entscheidend ist hierbei nicht, dass die Fertigungsverfahren völlig neu sind und bisher in dem Geschäftszweig noch nicht eingesetzt wurden. Maßgeblich ist, dass die Methoden in dem entsprechenden Betrieb neu eingeführt werden.

ff) Wesentliche Nachteile i.S.v. § 111 Satz 1 BetrVG

Soweit keine Betriebsänderung nach § 111 Satz 2 Ziff. 1 – 5 BetrVG vorliegt, ist der Betriebsrat gem. § 111 Satz 1 BetrVG auch dann über eine geplante Änderung zu unterrichten, wenn diese wesentliche Nachteile für die Belegschaft oder wesentliche Teile der Belegschaft mit sich bringt.

Wesentlich sind die Nachteile, wenn sie von so großer Bedeutung sind, dass sie den Arbeitnehmern nicht zugemutet werden können (z.B. extrem erhöhte Fahrtkosten, notwendig werdende doppelte Haushaltsführung, Entlassung).

Ein erheblicher Teil der Belegschaft ist wiederum betroffen, wenn die Zahlenwerte des § 17 I KSchG zutreffen (s.o. unter F X 1 b aa).

gg) Folgen eines Verstoßes / Nachteilsausgleich gem. § 113 III BetrVG

Unterrichtet der Arbeitgeber den Betriebsrat nicht von einer geplanten Betriebsänderung i.S.v. § 111 BetrVG, so ist die Betriebsänderung einschließlich der damit verbundenen Folgen dennoch wirksam.

Soweit die betroffenen Arbeitnehmer wegen der Betriebsänderung entlassen wurden oder andere wirtschaftliche Nachteile erlitten haben, können sie vor dem Arbeitsgericht gegenüber dem Arbeitgeber einen finanziellen Nachteilsausgleich aus § 113 III BetrVG geltend machen. Dieser Nachteilsausgleich wird i.d.R. wegen des Sanktionscharakters des § 113 BetrVG höher ausfallen als die Abfindungen nach § 112 BetrVG.

2. Interessenausgleich

a) Inhalt und Charakter des Interessenausgleichs

Der Interessenausgleich ist eine Vereinbarung zwischen Arbeitgeber und Betriebsrat, die den zeitlichen und organisatorischen Ablauf der Betriebsänderung regelt und die Folgen der Betriebsänderung für die Arbeitnehmer abmildern soll. Er ist nicht erzwingbar und gem. § 112 I1 BetrVG schriftlich niederzulegen.

b) Abweichen vom Interessenausgleich / Nachteilsausgleich

Wird durch den Arbeitgeber von einem Interessenausgleich ohne wichtigen Grund abgewichen, so hat dies zur Folge, dass er den betroffenen Arbeitnehmern für den evtl. Verlust ihres Arbeitsplatzes oder sonstige wirtschaftliche Nachteile einen Nachteilsausgleich zu zahlen hat (§ 113 I, II BetrVG). Zu den sonstigen wirtschaftlichen Nachteilen zählen z.B. die durch die Betriebsänderung verursachten Umzugskosten.

c) Namensliste

Haben Arbeitgeber und Betriebsrat in dem Interessenausgleich die Arbeitnehmer, denen gekündigt werden soll, in einer Namensliste bezeichnet, so wird vermutet, dass die Kündigung durch dringende betriebliche Erfordernisse i.S.v. § 1 Abs. 2 KSchG bedingt ist. Die soziale Auswahl der Arbeitnehmer kann dann nur auf grobe Fehlerhaftigkeit hin überprüft werden. Diese Namensliste wird daher nicht ganz zu Unrecht „Todesliste" genannt.

3. Sozialplan

Nach § 112 I 2 BetrVG ist ein Sozialplan eine Einigung zwischen Arbeitgeber und Betriebsrat über den Ausgleich oder die Milderung der wirtschaftlichen Nachteile, die den Arbeitnehmern infolge der geplanten Betriebsänderung entstehen.

Der Sozialplan enthält **Abfindungsregelungen** für die Arbeitnehmer wegen des Verlustes ihres Arbeitsplatzes oder sonstiger durch die Betriebsänderung verursachter wirtschaftlicher Nachteile. Er hat die Wirkung einer Betriebsvereinbarung (§ 112 I 3 BetrVG), gilt also unmittelbar und zwingend. Dies hat zur Folge, dass der einzelne betroffene Arbeitnehmer sich zur Geltendmachung seiner Ansprüche direkt auf den Sozialplan i.V.m. §§ 112 I 3, 77 IV BetrVG berufen kann.

Kommt eine Einigung zwischen Arbeitgeber und Betriebsrat nicht zu Stande, so ist der Sozialplan durch Einschaltung der Einigungsstelle regelmäßig erzwingbar (§ 112 IV BetrVG).

§ 112 IV kommt ausnahmsweise nicht zum Tragen in den ersten vier Jahren nach der Gründung des Betriebs (§ 112a II BetrVG) oder wenn die Betriebsänderung allein Entlassungen auf Grund einer Stilllegung oder Einschränkung des Betriebs (§ 111 Satz 2 Ziff. 1 BetrVG) zur Folge hat und die Anzahl der betroffenen Arbeitnehmer bestimmte Obergrenzen nicht erreicht (vgl. § 112a I BetrVG).

4. Anzeigepflichtige Massenentlassungen gem. § 17 KSchG

Geplante Betriebsänderungen münden nicht selten in Massenentlassungen. Dann hat der Arbeitgeber die §§ 17 ff. KSchG zu beachten. Er hat den Betriebsrat gem. § 17 Abs. 2 KSchG schriftlich zu unterrichten. Darüber hinaus ist er verpflichtet, vor Ausspruch der Kündigungen die beabsichtigten, anzeigepflichtigen Entlassungen der Agentur für Arbeit ordnungsgemäß anzuzeigen. Die Anzeigepflicht hängt von der Betriebsgröße und der Anzahl der zu entlassenden Arbeitnehmer ab (so müssen z.b. in Betrieben mit in der Regel mehr als 20 und weniger als 60 Arbeitnehmern mehr als fünf Arbeitnehmer entlassen werden). Kleinbetriebe mit weniger als 20 Arbeitnehmern werden von § 17 Abs. 1 KSchG nicht erfasst. Bei der Beurteilung, ob die Verpflichtung zur Massenentlassungsanzeige besteht, ist auf die Abgabe der Kündigungserklärung und nicht darauf abzustellen, wann das Arbeitsverhältnis tatsächlich beendet wird (EuGH Junk, NZA 2005, 212; BAG, NZA 2007, 1101). Eine Massenentlassung liegt nur dann vor, wenn entsprechend viele Kündigungen innerhalb eines Zeitraums von 30 Kalendertagen erfolgen. Dabei kommt es allerdings immer auf das hinter der einzelnen Kündigungsentscheidung stehende unternehmerische Konzept an. Bei einem einheitlichen Kündigungskonzept sind die Kündigungen unabhängig von der 30-Tagesfrist als einheitliche Maßnahmen anzusehen (BAG, NZA 2006, 932).

Eine fehlende bzw. fehlerhafte Anzeige führt zur Unwirksamkeit der Kündigungen der einzelnen Arbeitnehmer (die diese allerdings in der Klagefrist des § 4 KSchG geltend machen müssen).

G. Tarifvertragliche Fragen

Der Tarifvertrag regelt die Rechte und Pflichten der Tarifvertragsparteien und enthält Rechtsnormen, die den Inhalt, den Abschluss und die Beendigung von Arbeitsverhältnissen sowie betriebliche und betriebsverfassungsrechtliche Fragen ordnen können (§ 1 I TVG).

I. Tarifvertragsparteien

Tarifvertragsparteien sind Gewerkschaften, einzelne Arbeitgeber und Vereinigungen von Arbeitgebern (§ 2 I TVG). Es können aber auch Zusammenschlüsse von Gewerkschaften und von Vereinigungen von Arbeitnehmern (Spitzenorganisationen) im Namen der ihnen angeschlossenen Verbände Tarifverträge schließen, wenn sie eine entsprechende Vollmacht haben (§ 2 II TVG).

Regelmäßig werden Tarifverträge zwischen den auf Branchenebene existierenden Gewerkschaften und dem jeweiligen Arbeitgeberverband geschlossen (Verbandstarifvertrag). Dabei bestimmen die Tarifvertragsparteien den räumlichen Geltungsbereich des Tarifvertrags und für welche Branche er gelten soll. Er gilt dann für sämtliche Arbeitnehmer der Branche, unabhängig davon, ob sie tatsächlich branchenspezifisch arbeiten oder z.B. in der Buchhaltung des Betriebs. Der Tarifvertrag kann aber auch auf bestimmte Arbeitnehmergruppen der Branche beschränkt werden. Der jeweilige sachliche und räumliche Geltungsbereich ist dem Tarifvertrag selbst zu entnehmen. Selbstverständlich müssen beide Tarifvertragsparteien für den Bereich räumlich und sachlich tarifzuständig sein, sonst ist der Tarifvertrag unwirksam.

Ein Firmentarifvertrag liegt vor, wenn die Gewerkschaft mit einem einzelnen Arbeitgeber einen Tarifvertrag abschließt.

II. Tarifbindung

In Art. 9 Abs. 3 GG ist die Koalitionsfreiheit verfassungsrechtlich geschützt. Hieraus folgt die Tarifautonomie, d.h. das Recht, Tarifverträge auszuhandeln und abzuschließen. Aus der Rechtsnatur des Tarifvertrags als Vertrag folgt, dass dieser nur verbindlich sein kann, d.h. bindende Regeln für das Arbeitsverhältnis der Parteien aufstellt, wenn sowohl der Arbeitnehmer als auch der Arbeitgeber an ihm beteiligt sind. Es gibt verschiedene Möglichkeiten, wie Tarifbindung eintritt.

1. Beiderseitige Verbandsmitgliedschaft

Die wichtigste Form der Tarifbindung ist die beiderseitige Verbandsmitgliedschaft (§ 3 I TVG). Danach ist ein Tarifvertrag auf das Arbeitsverhältnis der Parteien anwendbar, wenn der **Arbeitgeber Mitglied** des tarifschließenden **Arbeitgeberverbands** ist und der **Arbeitnehmer Mitglied** der tarifschließenden **Gewerkschaft**.

In diesem Zusammenhang ist auf die sog. OT-Mitgliedschaft in Arbeitgeberverbänden hinzuweisen: Der jeweilige Arbeitgeberverband kann seinen Mitgliedern in seiner Satzung die Möglichkeit einräumen, Verbandsmitglied zu sein, ohne der Tarifbindung zu unterliegen. Wenn die Satzung dies vorsieht, haben die Mitglieder ein Wahlrecht, ob sie als vollwertiges Verbandsmitglied auch der Tarifbindung unterliegen oder als OT-Mitglied ohne Einflussmöglichkeit auf die tarifliche Willensbildung an Tarifverträge nicht gebunden sein wollen.

Da bei einem Firmentarifvertrag der Arbeitgeber selbst Tarifvertragspartei ist, muss hier nur der Arbeitnehmer Mitglied der tarifschließenden Gewerkschaft sein.

Wenn der Tarifvertrag Rechtsnormen über betriebliche oder betriebsverfassungsrechtliche Fragen regelt, so reicht es gem. § 3 I TVG für eine Tarifbindung aus, wenn nur der Arbeitgeber Mitglied des Arbeitgeberverbands ist. Der Tarifvertrag erstreckt sich dann auch auf Arbeitnehmer, die nicht gewerkschaftlich organisiert sind. Hintergrund ist, dass viele solche Regeln (z.B. Schutzvorschriften, Rauchverbot) nur für den gesamten Betrieb gelten können.

2. Allgemeinverbindlichkeitserklärung

Nach § 5 IV TVG entfalten die Regelungen eines Tarifvertrags Wirkung in sämtlichen Betrieben innerhalb des Geltungsbereichs eines Tarifvertrags, wenn dieser Tarifvertrag für allgemeinverbindlich erklärt wurde. Erfasst werden von der Tarifbindung alle Betriebe innerhalb des betreffenden Tarifgebietes, unabhängig davon, ob die betroffenen Arbeitgeber und Arbeitnehmer bisher tarifgebunden waren oder nicht.

Mit der Allgemeinverbindlichkeitserklärung soll einer Gefahr von wesentlichen Nachteilen für Arbeitnehmer entgegengewirkt werden. Es handelt sich um eine Ermessensentscheidung. Die Allgemeinverbindlichkeitserklärung kann gem. § 5 I 1 TVG vom Bundesministerium für Wirtschaft und Arbeit ausgesprochen werden, wenn die tarifgebundenen Arbeitgeber mindestens 50% der unter den Geltungsbereich fallenden Arbeitnehmer beschäftigen und die Allgemeinverbindlichkeitserklärung im öffentlichen Interesse geboten ist.

Die für allgemeinverbindlich erklärten Tarifverträge werden beim Bundesministerium für Wirtschaft und Arbeit in ein **Tarifregister** eingetragen, aus dem Abschluss, Änderung und Aufhebung der Tarifverträge sowie Beginn und Ende der Allgemeinverbindlichkeit entnommen werden können (§ 6 TVG). Eine vollständige Liste der für allgemeinverbindlich erklärten Tarifverträge kann im Internet unter http://www. bma.de über den Link „Arbeitsrecht" abgerufen werden.

3. Beginn und Ende der Tarifbindung

Die Tarifbindung beginnt mit der Mitgliedschaft in dem jeweiligen Verband. Rückwirkend kann eine Mitgliedschaft nicht herbeigeführt werden. Soweit für eine Tarifbindung die Gewerkschaftszugehörigkeit vorausgesetzt ist (also keine individualvertragliche Einbeziehung, keine betrieblichen oder betriebsverfassungsrechtlichen Normen, keine Allgemeinverbindlichkeitserklärung gegeben ist), kann sich ein Arbeitnehmer daher erst ab dem tatsächlichen Eintritt in die Gewerkschaft auf tarifvertragliche Regelungen berufen.

Die Tarifbindung endet mit dem vereinbarten Ende des jeweiligen Tarifvertrags (§ 3 III TVG). Tritt ein Arbeitgeber vor dem Ende des Tarifvertrags aus dem Arbeitgeberverband aus, so ist er trotzdem bis zum regulären Ablauf des Tarifvertrags an ihn gebunden (§ 3 III TVG). Die Regelungen des Tarifvertrags gelten für ihn unmittelbar und zwingend weiter. Mit § 3 III TVG soll einer „Flucht aus dem Tarifvertrag" entgegen gewirkt werden.

Um inhaltsleere Arbeitsverhältnisse zu vermeiden, gelten nach § 4 V TVG die Regelungen eines Tarifvertrags nach seinem Ende abänderbar weiter, bis sie durch eine andere Abmachung (tarif- oder einzelvertraglich) ersetzt werden (sog. Nachwirkungszeitraum). Weil jetzt die zwingende Wirkung des Tarifvertrags entfällt, kann von den Regelungen des Tarifvertrags im Arbeitsvertrag auch zu Ungunsten des Arbeitnehmers abgewichen werden (vgl. dazu G V). Im Nachwirkungszeitraum gelten die Tarifregeln aber „statisch". Das heißt, auch wenn im Tarifvertrag auf eine Größe verwiesen wird, die sich verändert, etwa der Beitrag zur Rentenversicherung, ist nur der absolute Betrag zu zahlen, der noch während der Laufzeit geschuldet war. Die Beträge ändern sich nicht mehr. Nur wenn sich eine Anspruchsvoraussetzung (z.B. Alter, Betriebszugehörigkeit) im Nachwirkungszeitraum erfüllt, gelten die Tarifregeln, d.h. die Bezahlung ist nach dem nachwirkenden Tarifvertrag zu erhöhen, mehr Urlaub ist zu gewähren etc.

Wird im Nachwirkungszeitraum ein neuer Arbeitnehmer eingestellt, so kann er sich ebenfalls auf die Nachwirkung berufen, es sei denn, der Arbeitgeber hat mit ihm einzelvertraglich eine andere Vereinbarung getroffen. Der Arbeitgeber kann dabei auch dann untertarifliche Vereinbarungen treffen, wenn der Neueingestellte Gewerkschaftsmitglied ist.

III. Arbeitsvertragliche Einbeziehung von Tarifnormen

Wenn keine Tarifbindung vorliegt, können Tarifnormen gleichwohl auf ein Arbeitsverhältnis anzuwenden sein, wenn sie einzelvertraglich einbezogen werden. Die Vertragsparteien können im Arbeitsvertrag ausdrücklich auf einen Tarifvertrag oder Teile eines Tarifvertrags Bezug nehmen und ihn so zum Bestandteil des Arbeitsvertrags machen. Die Einbeziehung ist grundsätzlich an keine Form gebunden, es muss aber erkennbar sein, auf welchen Tarifvertrag und ggf. auf welche Bestimmungen im Einzelnen verwiesen werden soll (BAG, NZA 1999, 879; 2001, 510).

Wenn der Arbeitgeber als Mitglied des Arbeitgeberverbands tarifgebunden ist, so bezieht er Tarifverträge häufig ein, um einheitliche Arbeitsverhältnisse mit seinen Arbeitnehmern unabhängig von ihrer Gewerkschaftsmitgliedschaft zu gewährleisten.

Die Bezugnahme im Arbeitsvertrag kann auf einen bestimmten Tarifvertrag erfolgen (statische Verweisung) oder auf die jeweilige Fassung eines Tarifvertrags eines bestimmten Wirtschaftszweigs (kleine dynamische Verweisung) oder auf die jeweilige Fassung eines Tarifvertrags überhaupt (große dynamische Verweisung). Vor dem Hintergrund, dass mit einer Bezugnahme auf den Tarifvertrag einheitliche Arbeitsverhältnisse geschaffen werden sollen, ist im Zweifel eine dynamische Verweisung (Gleichstellungsabrede) gewollt. (BAG, NZA 2007, 634). Allerdings werden Bezugnahmeklauseln bei tarifgebundenen Arbeitgebern nicht mehr als Gleichstellungsabrede interpretiert (BAG, NZA 2007, 965; Preis/Greiner, NZA 2007, 173). Dynamische Verweisungen sollten schriftlich abgefasst werden.

Tarifverträge können in Arbeitsverhältnisse auch durch Betriebsvereinbarung oder durch betriebliche Übung einbezogen werden.

IV. Verbandsaustritt und Verweisungsklauseln

Wie bereits dargestellt, hat ein Verbandsaustritt des Arbeitgebers zur Folge, dass der gültige Tarifvertrag bis zu seinem Ende zwingend fortgilt und erst danach von ihm abgewichen werden kann. Wenn der Arbeitgeber in Arbeitsverträgen statisch auf einen bestimmten Tarifvertrag Bezug genommen hat, so ist dieser weiterhin Bestandteil des Arbeitsverhältnisses.

Wenn der Arbeitsvertrag eine dynamische Verweisungsklausel enthält („in der jeweils geltenden Fassung"), so stellt sich die Frage, ob wegen des Verbandsaustritts des Arbeitgebers nur der alte Tarifvertrag weiter gilt (und damit die Arbeitsbedingungen quasi „eingefroren" werden) oder durch den Verweis auf die jeweils geltende Fassung auch die nachfolgenden Tarifverträge Bestandteil des Arbeitsverhältnisses werden.

Dieses Problem ist jetzt durch die Rechtsprechung neu entschieden worden. Eine durch das Ende der Tarifgebundenheit des Arbeitgebers auflösend bedingte Dynamik ist dann als Vertragsinhalt nicht anzuerkennen, wenn sich hierfür weder im Vertragswortlaut noch in den den Vertragsschluss begleitenden Umständen ein Anhaltspunkt findet (BAG, NZA 2007, 965). Ohne klarstellende Regelung gilt daher auch bei einer dynamischen Verweisungsklausel im Falle des Verbandsaustritts des Arbeitgebers der neue Tarifvertrag.

Um insbesondere bei Umstrukturierungen eine größtmögliche Flexibilität zu erreichen, sollte die arbeitsvertragliche Bezugnahme auf die jeweilige tarifrechtliche Bindung des Arbeitgebers verweisen. Bei einem bereits verbandsgebundenen Arbeitgeber empfiehlt sich z.B. die folgende Formulierung:

> „Auf das Arbeitsverhältnis sind die jeweils für den Betrieb normativ geltenden (oder: bindenden) Tarifverträge in ihrer jeweils gültigen Fassung anzuwenden."

V. Gestaltungsmöglichkeiten in der Nachwirkungsphase

Es gibt verschiedene Möglichkeiten für den Arbeitgeber, sich den Tarifnormen, die in der Nachwirkungsphase nicht mehr zwingend sind, zu entziehen.

1. Betriebsvereinbarung

Um die nachwirkenden Tarifregelungen durch Betriebsvereinbarung abzuändern, muss die Regelungskompetenz des BetrVG gegeben sein. Einer Regelung über Betriebsvereinbarung steht vor allem § 77 Abs. 3 BetrVG entgegen, wonach Arbeitsentgelte und sonstige Arbeitsbedingungen, die üblicherweise durch Tarifvertrag geregelt werden, nicht Gegenstand einer Betriebsvereinbarung sein können. Jedoch gilt für den Nachwirkungszeitraum die Ausnahme, dass Betriebsvereinbarungen im Rahmen des § 87 Abs. 1 BetrVG zulässig sind (BAG, NZA 1994, 184). Insbesondere können also Vereinbarungen über

- Beginn und Ende der täglichen Arbeitszeit einschließlich der Pausen sowie die Verteilung der Arbeitszeit auf die einzelnen Wochentage,

- Fragen der betrieblichen Lohngestaltung, insbesondere die Aufstellung von Entlohnungsgrundsätzen und die Einführung und Anwendung von neuen Entlohnungsmethoden sowie deren Änderung,

- Festsetzung der Akkord- und Prämiensätze und vergleichbarer Leistungsbezogener Entgelte, einschließlich der Geldfaktoren, getroffen werden.

Nicht über Betriebsvereinbarungen können die eigentliche Lohnhöhe und die Arbeitszeit geregelt werden.

2. Änderungskündigung

Ferner besteht die Möglichkeit, im Wege der Änderungskündigung die Regelungen des nachwirkenden Tarifvertrags abzuändern. Dabei sind jedoch die Vorschriften des KSchG zu beachten. Ist es auf das betreffende Arbeitsverhältnis anwendbar, so ist die Änderungskündigung nur wirksam, wenn sie sozial gerechtfertigt ist (§§ 2 Satz 1, 1 II 1 KSchG). So ist z.B. eine betriebsbedingte Änderungskündigung, durch die die Vergütung der Beschäftigten herabgesetzt werden soll, nur zulässig, wenn der Arbeitgeber durch die Senkung der Personalkosten verhindert, dass der Betrieb stillgelegt wird, und die Kosten durch andere Maßnahmen nicht zu senken sind (BAG, NZA 1986, 824; BB 2002, 1914). Das Bedürfnis, Lohnkosten zu sparen, um auf dem Markt billigere Angebote machen zu können, reicht nicht aus.

3. Änderungsvertrag

Jederzeit zulässig ist es, die Regelungen des alten Tarifvertrags durch Verträge mit den Arbeitnehmern zu ändern. Diese werden regelmäßig nicht dazu bereit sein, insbesondere wenn sie z.B. erhöhten Kündigungsschutz genießen.

4. Neuer Tarifvertrag, Firmentarif

Durch einen neuen Tarifvertrag endet die Nachwirkung ohne weiteres. Dies kann insbesondere auch ein neuer Haustarifvertrag sein oder ein Tarifvertrag, der durch einen neu gegründeten Unternehmerverband abgeschlossen wird.

VI. Aufeinandertreffen mehrerer Tarifverträge

Probleme bei der Anwendbarkeit eines Tarifvertrags können sich ergeben, wenn mehrere Tarifverträge aufeinander treffen. Dabei können zum einen mehrere Tarifverträge auf ein und dasselbe Arbeitsverhältnis anzuwenden sein (Tarifkonkurrenz). Dies geschieht z.B., wenn in einem Bundesland ein Manteltarifvertrag für allgemeinverbindlich erklärt wurde, es aber gleichzeitig noch speziellere Tarifverträge für bestimmte Firmengruppen gibt.

Im Betrieb des Arbeitgebers können aber auch die Arbeitnehmer nur jeweils an einen Tarifvertrag gebunden sein, während er selbst mehreren unterliegt (Tarifpluralität). Das ist z.B. der Fall, wenn der Arbeitgeber Tarifverträge mit unterschiedlichen Gewerkschaften abgeschlossen hat.

Die gleichzeitige Anwendbarkeit mehrerer Tarifverträge in einem Betrieb würde dem Grundsatz der Tarifeinheit widersprechen. Daher gilt der Grundsatz, dass nur ein Tarifvertrag auf den gesamten Betrieb anzuwenden ist und der sachnähere, speziellere Tarifvertrag den sachfremderen, allgemeineren Tarifvertrag verdrängt (BAG, NZA 2003, 632).

VII. Verlust tariflicher Rechte und Ausschlussfristen

Häufig enthalten Tarifverträge Ausschlussfristen, die verlangen, dass der Anspruch innerhalb einer bestimmten Frist geltend gemacht und/oder eingeklagt werden muss, damit er nicht verfällt. Diese sind zulässig, soweit davon nur die Geltendmachung tariflicher Ansprüche betroffen ist.

Tarifvertragliche Ansprüche dürfen allerdings nicht durch einzelvertraglich vereinbarte Ausschlussfristen beseitigt werden, sondern gem. § 4 IV 3 TVG nur durch die tarifvertragliche Vereinbarung einer Ausschlussfrist.

Das Arbeitsgericht hat von Amts wegen zu beachten, ob die Ausschlussfristen eingehalten sind. Im Rechtsstreit muss die beklagte Partei sich daher nicht auf die Ausschlussfristen berufen.

Stichwortverzeichnis

Notizen:

2. Der Informationsdienst

für den erfolgreichen GmbH-Geschäftsführer

Der stets aktuelle Informationsdienst **für Geschäftsführer und Gesellschafter einer GmbH (& Co. KG)**

Erscheinungsweise, Umfang
- Erscheint zweimal im Monat
- Im Umfang von 8 Seiten und 6 Seiten DIN A4

Inhalt
- Neueste Informationen, Trends und Fakten von hoher Praxisrelevanz rund um die GmbH (& Co. KG) in Kurzform
- Insbesondere zu den Themen Geschäftsführerhaftung, Vergütung, Altersversorgung und steuerlich optimale Verträge mit der GmbH

Hauptanliegen
- Hinweise und Beratung zur Vermeidung von Steuer- und Haftungsfallen
- In einer auch für Laien verständlichen Form aufbereitet – mit Musterformulierungen und Checklisten

Nutzen für den Leser
- Informationskonzentration auf das für den Praktiker wirklich Wesentliche
- Die optimale Vorbereitung für das Gespräch mit dem Steuerberater

„Steuerzahler-Tip"
- Der Informationsdienst mit Steuertipps und Beratungs-Know-how für den Privatbereich
- Als ständige Beilage ohne Zusatzkosten

Leser-Service
- Hintergrundinformationen zu wichtigen Beiträgen gratis
- Gutachtendienst zu Vorzugskonditionen für Abonnenten

Fordern Sie **kostenlos** zwei aktuelle Ausgaben an:
VSRW-Verlag, Rolandstr. 48, 53179 Bonn, Fax 02 28 9 51 24 -90
Weitere Infos unter **www.vsrw.de**

Arbeitgeber-Tip

Machen Sie sich fit im Arbeitsrecht

Der monatliche Informationsdienst für die erfolgreiche Personalarbeit für Arbeitgeber und Vorgesetzte

- Wichtige Informationen für Ihr Unternehmen zum Arbeitsrecht, Sozialversicherungsrecht, zur Lohnsteuer und zu Fragen der Personalführung

- Mit Arbeitshilfen und Checklisten für ein rechtlich abgesichertes Verhalten gegenüber Arbeitnehmern, dem Finanzamt und den Sozialversicherungsträgern

- Inklusive ganztägiger Redaktionssprechstunde und Kennziffern-Dienst mit kostenlosen Hintergrund-Informationen zu den meisten Beiträgen

Notizen:

Notizen:

Notizen: